JN035664

准看護学校
入試問題解答集

◆英語・数学・国語◆

啓明書房

CONTENTS

◎本書の構成◎

①全国の主要な准看護学校で、近年実際に出題された問題を教科ごとに掲載しました。

②問題は学校ごと（出題年度にもよる）に掲載し、最後の問題の終わりに学校名を示してあります。すなわち、問題の末尾に学校名のないものは、その次の問題と同じ学校から出題されたということになります。

③解答は巻末にまとめて掲載してあります。必要と思われるものには、解法や解答のコツなどを（解説）という小見出しを付けて示しています。

④掲載問題内の文章は、明らかな誤植などを除き原則として各学校から送られてきたままで収録しています。そのため、一部の表記法はあえて統一していません。

准看護学校入学マニュアル

入学試験・学校選び・就職状況のすべて

◇◇◇ 准看護師の仕事と看護師の仕事 ◇◇◇

准看護師や看護師が働く病院では、さまざまな仕事がなされています。患者の診察や治療だけではなく、病院経営の事務的な運営、入院患者の身の回りの世話やこまごまとした相談、施設や設備、薬品類の管理など、私たちの目に映らないところにも実にいろいろな仕事があるのです。

その中で准看護師は看護師と一緒に、おもに患者の診察や治療、入院患者の世話などを担当しています。准看護師と看護師は制度として別の職種に分類されていますが、実際に行う仕事は、医師の診察の準備・手助けをしたり、注射や点滴などの投薬を行ったり、手術の準備や補助を行ったりと、特別の違いはありません。ただし、法律では「看護師が医師の指示を受けて」諸々の業務を行うとされているのに対して、准看護師は「医師および看護師の指示を受けて」行うとされています。また、給与をはじめとする労働条件では、はっきりとした格差があります。

◇◇◇ 准看護師になるためのコース ◇◇◇

准看護師になるには、二つのコースがあります。まず一つは、高校（または中学校）を卒業して２年制の准看護学校に入学する方法。もう一つは、中学校を卒業して高校の衛生看護科（３年制）に入学する方法。いずれも、卒業時に都道府県の准看護師試験に合格すれば、准看護師の免許が取得できます。

本書は、前者の２年制准看護学校の入試問題を集めたものです。准看護学校は本来中学校卒業者を対象とした学校でしたが、現在では入学者のほとんど（95％以上）が高校卒業者です。

また、看護師の免許を取るための３年制看護学校も入学資格が高校卒業とされています。つまり、もしみなさんが高校生だと

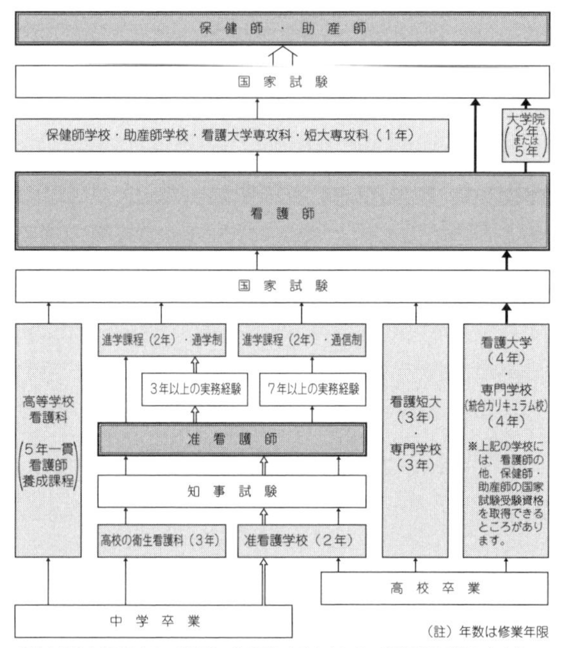

※平成19年４月以降から、保健師・助産師になるためには、看護師国家試験にも合格しなければ免許が取得できなくなりました。

したら、３年制看護学校も２年制准看護学校もどちらも受験できるわけです。看護師としての地位や待遇などを考えると、始めから看護師をめざした方がよいのでしょうが、看護学校は准看護学校より入試が難しく、また入試競争率も高いため入学が容易ではありません。仕事の内容は変わらないわけですから、まず准看護師をめざして、次のステップを考えるというのもひとつの方法です。

准看護師から看護師にステップアップするための教育機関も設けられており、努力次第で看護師になることもできます。そのためには、一般に「進学コース」と呼ばれる２年制看護学校に進まなければなりません。

◇◇◇ 准看護師がなくなるというのは本当？ ◇◇◇

日本看護協会では、「准看護師制度は廃止すべきだ」と提唱し続けてきました。その理由は、准看護師は実質的に看護師と同じ仕事をしているのに、待遇で差がつけられているのはおかしいということ、准看護師の養成制度での「お礼奉公」、准看護学校受験時に病院勤務を入学条件としていることなどが批判されていたのです。

そして、1996年暮れに厚生省（現厚生労働省）の「准看護師問題調査検討会」から「将来的には、准看護師制度は廃止し、看護師養成制度を一本化・統合化すべきだ」という報告書が出されました。これにより准看護師制度廃止の方向へ大きな流れが出来たと言えます。しかしこの報告書に対しては日本医師会が反対意見を出したため、すぐに廃止に向けて現実的な手続きがとられるということはありませんでした。

将来准看護師制度が実際に廃止されることになった場合には、現在准看護師として働いている人やこれから准看護師になる人が不利益をこうむらないような措置、たとえば「進学コース」に働きながら学べるプログラムを充実させるなどの対応策がとられるはずです。実際に平成16年度からは、准看護師として10年以上（現在は７年以上）の経験を持つ人を対象にした、通信制の看護師養成所２年課程が開校になりました。

◇◇◇ 准看護学校への入学 ◇◇◇

准看護学校を志望するにあたって知っておいてほしいことのひとつに、入学に際して病院勤務を義務づけている学校があることです。その場合、学校は昼間部定時制になり、半日は学校の授業を受けて半日は病院で働くことになります。これは、体力的にも精神的にもかなり大変なことで、そのせいだけではないでしょうが、途中でドロップアウトする人も少なくありません。准看護学生になることで、同時に看護補助者として働く社会人になるという覚悟は持っていたほうがよいでしょう。

全日制で病院勤務の不要な学校や、また、定時制で必ずしも病院勤務をしなくてもよいという学校もあります。病院勤務の要不要の違いは、地域により偏りがあり、これは各地の医師会の方針によるものでしょう。

前述した厚生労働省の検討会報告書で、このような慣習をやめるように指導すべきだとの意見が盛り込まれていました。受験にあたっては、病院勤務が必要か否かを学校に詳細を問い合わせた方がよいでしょう。

入学試験は、３年制の看護学校よりかなりやさしい内容となっています。出題のレベルは学校により多少のばらつきはありますが、だいたい中学校３年程度（高校入試程度）です。ただし一部には、高校１～２年程度の内容で出題する学校もあります。

入試科目も学校により異なりますが、国語はほとんどの学校が出題し、それに次ぐのが数学です。３番目に多いのが英語で、理科と社会を出題する学校はあまり多くありません。その他、作文を書かせる学校も多く、また面接はほとんどの学校で実施しています。

入試科目と出題レベルは募集要項を取り寄せたり学校に問い合わせたりして、できる限り早く確認しておく方がよいでしょう。とくに出題レベルについては、中学校の範囲から出題されるのか、それとも高校１年の範囲も含まれるのかということを確実に知っておかないと、入試対策のしようがありません。募集要項を見てもよく分からないときは、学校に尋ねてみましょう。

受験対策としては、志望校の過去の入試問題を見るのがいちばん良い方法です。入試問題非公開という学校がほとんどですが、個人には分けてくれる学校が中にはありますから、ぜひ問い合わせてみましょう。

◇◇◇ 准看護学校の種類・学費など ◇◇◇

看護師を養成する高等看護学校では、最近は４年制大学に移行する学校が多くなってきましたが、准看護学校では学校基本法で定める「学校」に該当するものは少なく（一部専門学校の認可を受けているところがこれにあたります）、ほとんどが「養成所」扱いとなっています。

学校経営の主体としていちばん多いのが都道府県や市・郡の医師会です。その他、医療・福祉系の専門学校を持つ学校法人、都道府県や市などの地方自治体、民間の総合病院、公立病院などがあります。医師会というのは、その地域の医師たちが集まって作っている民間団体です。したがって、医師会立の学校は、公立ではなく私立の学校になります。

准看護学校で必要な学費は、これら経営主体の違いなどによってさまざまです。いちがいには言えませんが、まず公立が最も安く、私立では初年度納入金の総額が100万円を超えるところもあり、学校によりかなり違います。また、医師会や民間病院が経営する学校の場合には、学生の勤務する病院が学費を払うという制度をとっていることもありますから、学費については事前によく調べた方がよいでしょう。

また、准看護学校にも、各種の奨学金制度が適用されます。日本学生支援機構（旧日本育英会）の他にも、都道府県・市町村、各地の医師会や病院協会などさまざまなものがあり、制度によって金額や返還方法も違ってきます。奨学制度の利用にあたっては、卒業後の進路なども考えて、長期の見通しを立てて申請するのがよいでしょう。

教科別・出題傾向と対策

本書では、英語・数学・国語の３教科にわたって、全国主要校の入試で実際に出題された問題を選定し掲載しています。３教科すべてが入試科目となっている学校はほとんどありませんので、受験勉強にあたっては学校から受験案内・募集要項等を取り寄せて、入試科目を確認することから始めて下さい。

教科別の出題頻度は、①国語、②数学、③英語、④理科、⑤社会の順になっています。また、一般教養または一般常識として、各教科の平易な内容を出題する学校もあります。

□国　語□

評論文・エッセイ・小説などを題材にした現代文の出題がほとんどです。その他、漢字の読み書き、熟語、文学史や文学作品の作者名、俳句・短歌などの出題がみられます。古文の出題はあまりみられず、出題されたとしも誰もが一度は触れたことのある代表的な作品（例：枕草子／清少納言）の文章が短く取り上げられます。

国語は短期間に学力を伸ばすのが難しい教科ですが、第一に必要なのは「文章を正確に理解する」ことです。そのためには、いろいろなタイプの文章を読み込んでいくしかありません。太宰治など試験によくとりあげられる作家でもよいですし、好きな小説やエッセイなどなんでもかまいませんから、とにかく読む習慣をつけることが大切です。

□数　学□

問題の構成は学校によってばらばらで、統一性はありません。また、ほとんどの学校が中学校で学習する範囲から出題していますが、高校一年程度の範囲まで出題する学校も少なからずあります。

比較的よく出題されるものには、次のような問題があります。

①数と式の計算問題…ｘやｙが含まれた数式の計算問題は、必ずといっていいほど出題されます。「数式の展開と因数分解」「二次方程式の解法」「二元連立一次方程式」などですが、ひねった計算問題は出ませんから基本をしっかり理解しておきましょう。

②二次関数と直線のグラフ…放物線と直線の交点を求める問題、二つの交点と原点がつくる三角形の面積を求める問題などが典型的です。これも基礎事項を理解しておけば難しくありません。

③図形問題…三角形の合同・相似、円の接線、円に内接する三角形などが題材にされます。中でも、「三平方（ピタゴラス）の定理」「円周角の定理」「接弦定理」などは、しっかりと理解して応用できるようにしておきましょう。

④連立方程式の応用問題…食塩水の「濃度、水、食塩の量」についての問題は頻出。問題文をよ

く読んで、どれをｘ，どれをｙとおけばよいのかが分かっていれば、簡単に解けます。似たような問題を何度か解けば、自信が持てるようになるでしょう。

数学は「基本」を理解したら、あとは「慣れ」です。練習のつもりでより多くの問題を解いて、理解を深めるのが近道です。

□英　語□

全体として、中学校で学習する程度の比較的やさしい問題が出題されます。中学校の教科書や基礎的な参考書を一通り勉強して理解しておけば、十分合格水準に達することができます。

①英単語・英熟語…「類義語・対義語」「語形変化（動詞の過去形・形容詞の比較級・名詞の複数形など）」に関する問題が出題されています。

②穴埋め問題…いろいろなパターンがありますが、たとえば「カッコに適切な助動詞や関係代名詞などを入れる」問題、「二つの文が同じ意味になるようにカッコを埋める」問題、「日本文に合うようにカッコを埋める」問題などが代表的です。

③語句の並べ替え…「日本文の意味になるように語句を並べ替える」という問題がほとんどです。

④会話文…「ＡとＢの会話を掲げ、いくつかの文を空白にして、選択肢の文から選ばせる」問題や、「Ａの言葉だけが全文掲載され、Ｂの言葉はすべて選択肢から選ぶ」という問題などがあります。

⑤長文読解…比較的短く、意味のとりやすい文章の出題が多く、時事問題を扱った難しい論説文などはあまりとりあげられていません。ちょっとした「落ち」がある「物語」や「お話」的な題材が多いようです。使われる英単語も難しいものはなく、設問は、提示文の意味をつかめれば簡単に解くことができる素直な問題ばかりです。

□理　科□

理科を出題する学校は少なく、出題傾向を特定することは難しいのですが、生物分野からの出題が多くみられます。基礎的な知識を問うものがほとんどで、計算問題などでも基本公式にあてはめればすぐに答えが導かれるもの、教科書に載っている練習問題程度の出題です。

範囲が広いので各項目にあまり深入りせず、高校入試直前対策用の「重要ポイント集」的な参考書をよく読んで、分からないところを詳しい参考書や教科書で勉強するのがよいでしょう。

□社　会□

社会は理科にもまして出題する学校が少ないのですが、問題のレベルは中学校の教科書程度です。教科書かうすめの参考書で、幅広い知識を身につけるのがよいでしょう。全体を見通す知識が身につけば、細かい知識が問われても、「推理」「推測」で問題を解くことができます。

英　語

◇受験対策のポイント◇

◎単語の暗記は中学校の範囲で

◎医療の専門用語は不要

◎日常的な英語に徹する

◎英作文より英文和訳

10◇英語問題◇

【1】　最も適当なものをア～エより１つ選び記号で答えなさい。

The (　　) are on each side of your heart, inside your chest cavity. They are the main organs of the respiratory system. Their main job is to transport oxygen and remove extra carbon dioxide.

ア．stomach　　イ．lungs　　ウ．brain　　エ．liver

【2】　最も適当なものをア～オより１つ選び記号で答えなさい。

The (　　) is one of the largest organs in a person's body. It is located just under your rib cage on the right side of your abdomen. It is essential for digesting food and ridding your body of toxic substances.

ア．heart　　イ．brain　　ウ．lung　　エ．muscle　　オ．liver

〔宮崎・児湯准看護学校〕

【3】　日本語の意味になるように（　　）内の語句を並べ換えなさい。ただし文頭に来る語も小文字になっています。

1．どうかしましたか。

(matter, with, what, is, the, you) ?

2．食事に出かけませんか。

(don't, out, a meal, for, go, we, why) ?

3．私は当時その機械の使い方がわかりませんでした。

I didn't know (the machine, those days, to, use, how, in) .

4．何かいいことがあったらいいのになあ。

I (good, wish, would, something, happen) to me.

【4】　次の１～３の対話文で、それぞれ下線部ア～エの語のうち、最も強く発音する語を選び記号で答えなさい。

1．A：When did you go to bed last night ?

B：<u>I</u>(ア) <u>went</u>(イ) to bed at <u>eleven</u>(ウ) <u>o'clock.</u>(エ)

2．A：Which subject do you want to choose?

B：Well, <u>let</u>(ア) me <u>see,</u>(イ) <u>nothing</u>(ウ) in <u>particular.</u>(エ)

3．A：How many people joined your group in the afternoon?

B：<u>Twelve</u>(ア) people <u>joined</u>(イ) <u>our</u>(ウ) group in the <u>afternoon.</u>(エ)

【5】 C：DがA：Bと同じ関係になるように、(　　) に適切な語を答えなさい。

	A	:	B	=	C	:	D
1．	first		January		second		(　　)
2．	go		gone		see		(　　)
3．	boy		girl		uncle		(　　)
4．	buy		sell		send		(　　)
5．	dry		wet		safe		(　　)

【6】 次の空所に入る適切な語句を答えなさい。

1．A：This jacket is very nice. (　　) (　　) is it ?

B：It's fifty dollars.

2．A：(　　) (　　) is it from here to the station?

B：It's about 2 kilometers from here to the station.

【7】 次の会話文の (　　) に入る最も適切なものを選び、記号で答えなさい。

1．A：It's very hot today. Let's buy (　　) cold to drink.

B：That's a good idea.

ア．some　イ．any　ウ．something　エ．thing

2．A：I don't feel well today.

B：(　　). You should go home early.

ア．That's too bad　イ．Excuse me

ウ．Nice to meet you　エ．No, you aren't

3．A：I want to eat something. (　　)

B：Let's go to that restaurant. It's very popular among young people.

A：That's a good idea.

ア．When are you going to eat?

イ．When shall we go to eat?

ウ．Where are you going?

エ．Where shall we go?

4．A：Hello?

B：Could I speak to Mr. Watanabe, please?

A：Watanabe? (　　)

ア．Oh, I'm sorry I don't know him.

イ．I'm afraid you have the wrong number.

ウ．May I ask you a favor?

エ．Could you give me some ideas?

【8】　次の（　　）に入る適切な語句をア～ウの中から選び、記号で答えなさい。

1．I like（ア．these　イ．this　ウ．that）songs very much.

2．This story（ア．was writing　イ．is written　ウ．was written）four years ago.

3．I have lost my hat. I must buy（ア．that　イ．it　ウ．one）someday.

4．My father tells me（ア．study　イ．studying　ウ．to study）English harder.

5．He enjoys（ア．ski　イ．to ski　ウ．skiing）on such a sunny day in winter.

6．（ア．When　イ．How long　ウ．How often）do you play golf? ---Twice a month.

7．She has a watch（ア．making　イ．made　ウ．that made）in France.

8．He is the first student（ア．that　イ．which　ウ．what）I made friends with.

【9】　次の各組の英文がほぼ同じ意味になるように、空所に適語を答えなさい。

1．Who can sing the best in your class?

= Who is the（　　）（　　）in your class?

2．Study hard, and your dream will come true in the future.

=（　　）you（　　）hard, your dream will come true in the future.

3．This apple is not as small as that one.

= That apple is（　　）（　　）this one.

4．I lost the key to my bicycle and still can't find it.

= I（　　）（　　）the key to my bicycle.

5．What did she buy at the shop? Do you know?

= Do you know（　　）she（　　）at the shop?

【10】　日本語に合う英文になるように、（　　）に適語を答えなさい。

1．失敗することを恐れないでください。

Don't be（　　）（　　）making mistakes.

2．忘れないでその手紙を投函して下さい。

Don't（　　）（　　）post the letter.

3．どのくらいそこに滞在するつもりですか。

（　　）（　　）are you going to（　　）there?

【11】　次の文は日本の子供の睡眠時間についての英文です。後の問いに答えなさい。

"Go to bed, Shota. I'll read a picture book to you." His mother worries about her 3-year-old son. (1) My son (early, to, to, doesn't, bed, go, want). Every night he goes to bed at 10 or later. And he gets up at 8. Is he getting enough sleep?

A study shows that 37% of young Japanese children don't go to bed before 10 at night. (2) American children go to bed about one hour earlier and get more sleep than Japanese children. French children go to bed 24 minutes earlier than Japanese children. Why don't Japanese children get enough sleep? One reason is their mothers. Japanese mothers go to bed later than mothers in other countries.

"Sleep is important for children's (　3　). So parents should change their children's (　4　)," says one group of doctors.

問1　下線部（1）の語句を並べかえて意味の通る英文にしなさい。

問2　翔太（Shota）の睡眠時間はおよそどのくらいか日本語で答えなさい。

問3　下線部（2）を日本文にしなさい。

問4　日本の子供たちが十分な睡眠時間がとれていない理由の一つは何か。日本語で答えなさい。

問5　空所（3）、（4）に入る語を下記から選び、それぞれ記号で答えなさい。

ア．dream　イ．parents　ウ．health　エ．job　オ．future
カ．lifestyles　キ．plans

【12】　次の各組の英文がほぼ同じ意味になるように、空所に適語を答えなさい。

1．Midori is a very good tennis player.
　= Midori can (　　) (　　) very well.

2．Hurry up, and you will be in time for the train.
　= (　　) (　　) hurry up, you will catch the train.

3．This box is larger than that one.
　= That box is (　　) (　　) large as this one.

4．Do you want me to take a picture?
　= (　　) (　　) take a picture?

5．Did you know the size of this city in those days?
　= Did you know (　　) (　　) this city was in those days?

【13】　日本語に合う英文になるように、(　　) に適語を答えなさい。

1．この本は難しくて私には読むことが出来ません。

This book is (　　) difficult (　　) me to read.

2．忘れないで明日の朝彼に電話をして下さい。

Please (　　) (　　) call him tomorrow morning.

3．今までに何度そこに行ったことがありますか。

(　　) (　　) (　　) have you ever been there?

【14】　次の１～３の対話文で、それぞれ下線部ア～エの語のうち、最も強く発音する語を選び記号で答えなさい。

1．A：How do you go to school?

B：I(ア) usually(イ) go to school(ウ) on foot(エ).

2．A：Why were you late for school?

B：Because(ア) I caught(イ) in(ウ) a traffic jam(エ).

3．A：What is the most popular sport in your country?

B：Football(ア) is the most popular(イ) sport(ウ) in my country(エ).

【15】　C：DがA：Bと同じ関係になるように、(　　) に適切な語を答えなさい。

	A	B	C	D
1．	clear	clearly	happy	(　　)
2．	foot	feet	wife	(　　)
3．	light	heavy	right	(　　)
4．	movement	move	choice	(　　)
5．	walk	walking	swim	(　　)

【16】　次の英文を読んで後の問いに答えなさい。

There are many ways of (1) (learn) things. Reading books is in one of them. This is a story of a girl (2) (　　) found the fun of reading.

(3) Mariko didn't read books very much before her English teacher, Mr. Suzuki, talked about reading. One day last summer, he said to the students, "I like travelling, and I read books about the places I'm going to visit. By (4) (do) so, my travelling becomes more (5) (　　). Reading gives us a lot of things. (6) Why don't you read some books during the summer vacation?"

問１　下線部（1）と（4）の語を適切な形にしなさい。

問２　下線部（2）の空所に入る語を下記から選び、記号で答えなさい。

ア．who　　イ．whom　　ウ．when　　エ．where

問３　下線部（３）を日本文にしなさい。

問４　下線部（５）に入る語を下記から選び、記号で答えなさい。

ア．interest　　イ．interested　　ウ．interesting

問５　下線部（６）とほぼ同じ意味になるように次の空所に適語を答えなさい。

＝（　　）（　　）reading some books during the summer vacation?

【17】　次の（　　）に入る適切な語句をア～エの中から選び、記号で答えなさい。

1．（　　）he like reading books?

ア．Do　　イ．Does　　ウ．Have　　エ．Are

2．She didn't（　　）her mother this morning.

ア．help　　イ．helps　　ウ．helped　　エ．helping

3．I am looking forward to（　　）you soon.

ア．see　　イ．sees　　ウ．saw　　エ．seeing

4．I went to the gym（　　）basketball with my friends.

ア．play　　イ．playing　　ウ．to play　　エ．played

5．The girl（　　）on the cellphone over there is my sister, Kana.

ア．talk　　イ．talks　　ウ．talking　　エ．talked

6．I bought a book（　　）by Nastume Souseki yesterday.

ア．write　　イ．wrote　　ウ．written　　エ．writing

7．I got a letter from a man（　　）in New York.

ア．which live　　イ．which lives　　ウ．who live　　エ．who lives

8．I like English the（　　）all the subjects.

ア．good of　　イ．better of　　ウ．best of　　エ．well of

【18】　次の各組の英文がほぼ同じ意味になるように、空所に適語を答えなさい。

1．Don't run in room, Taro.

＝Taro, you（　　）（　　）run in the room.

2．This box is lager than that one.

＝That box is not（　　）large（　　）this one.

3．We went to the supermarket to do shopping.

＝We（　　）（　　）in the supermarket.

4．She came to Japan ten years ago. She is still in Japan.

＝She（　　）（　　）in Japan for ten years.

5．The news surprised us all.

= We were all（　　）（　　）the news.

【19】 日本語の意味になるように（　　）内の語句を並べ換えなさい。

1．トムはいつも友人に親切です。

Tom（kind, his, to, friends, always, is）.

2．あなたは明日何時に出発する予定ですか。

What（are, time, going, to, tomorrow, you, leave）?

3．あなたは誰かギターが上手な人を知っていますか。

Do you know（who, the guitar, plays, anyone, well）?

4．私に何か冷たい飲み物をください。

Give（cold, me, something, drink, to）.

【20】 日本語に合う英文になるように、（　　）に適語を答えなさい。

1．この問題は難しすぎて解くことが出来ません。

This question is（　　）difficult（　　）solve.

2．この料理の作り方を教えます。

I will show you（　　）（　　）cook this dish.

3．だれもどうして彼が会合に遅れているのかわかりません。

（　　）knows（　　）he is late for the meeting.

【21】 次の英文を読んで後の問いに答えなさい。

Last Sunday our family had dinner at a restaurant. We enjoyed it very much. My sister could not finish her dinner. Then my father said to the man at the restaurant, "Will you give me a box for the leftovers? (1) I would like to bring home the food my daughter has left." My faher did not think (2) it was good to leave food.

Afer we came back home, my father said, "When I was a small boy, my faher was very poor. (3) I（eat, cooked, everything, had, my mother, to）. My parents always said I should be thankful that I had something to eat. So now I don't like to throw away"

注　leftovers : 残った料理

問1　下線部（1）を日本文にしなさい。

問2　下線部（2）の it は具体的にどういうことか。日本語で答えなさい。

問3　下線部（3）が「母が作ってくれたものなら何でも食べなくてはならなかった。」という意味になるように並べかえなさい。

問４　お父さんは、子供の頃、両親になんと言われていたのか日本語で答えなさい。

【22】　次の（　　）に入る適切な語句をア～エの中から選び、記号で答えなさい。

1．My father always（　　）a walk before breakfast.

ア．take　　イ．takes　　ウ．is taking　　エ．took

2．She asked me（　　）the windows.

ア．open　　イ．opens　　ウ．to open　　エ．opening

3．Look at the boy（　　）in the park.

ア．run　　イ．runs　　ウ．running　　エ．ran

4．When（　　）get up this morning?

ア．are you　　イ．were you　　ウ．did you　　エ．have you

5．My brother is（　　）young to go abroad alone.

ア．to　　イ．too　　ウ．much　　エ．more

6．Many people were surprised（　　）the TV news.

ア．at　　イ．of　　ウ．in　　エ．for

7．（　　）a wonderful picture that is!

ア．What　　イ．How　　ウ．Where　　エ．Why

8．Soccer is（　　）popular than baseball in my school.

ア．most　　イ．better　　ウ．much　　エ．more

【23】　日本語に合う英文になるように、（　　）に適語を答えなさい。

1．あなたに会えてうれしいです。

I'm（　　）（　　）see you.

2．私たちは何時に駅で会いましょうか。

（　　）（　　）shall we meet at the station?

3．あなたはどれくらいの間この自転車を使っていますか。

（　　）（　　）have you used this bike?

【24】　C：DがA：Bと同じ関係になるように、（　　）に適切な語を答えなさい。

	A	: B	= C	: D
1．	baby	babies	child	（　　）
2．	good	better	big	（　　）
3．	sing	sung	know	（　　）
4．	drive	drove	wear	（　　）

5．slow　　slowly　　easy　　（　　）

【25】　次の英文を読んで後の問いに答えなさい。

We have（　あ　）kinds of coins in Japan. They are the 1,5,10,50,100 and 500 yen coins. We see them every day, but can you remember their designs? Let's look at the 5 yen coin carefully for example. There are (1) <u>three things</u> on it. We can see a rice plant. We can also see a gear around the hole and the lines under the hole. Those lines are water. (2) <u>All three things were chosen for the designs of the coin in 1949.</u>

What can we learn from these things? A rice plant means to grow rice. A gear means to make things in the factories. Water means to catch fish. These show the three jobs many people did in those days in Japan.

Thus, every coin has every design meaning some important messages.

問１　空所（あ）に本文の内容に合う数字を答えなさい。

問２　（１）の下線部の３つのこととは何か。簡潔に日本語で答えなさい。

問３　（２）の下線部の英文を日本語にしなさい。

問４　五円玉の３つのデザインは具体的に何を表しているのか、日本語で答えなさい。

〔福島・会津若松医師会附属会津准看護高等専修学校〕

【26】　各組の単語の発音でアクセントの位置が他の三つと異なる語を答えなさい。

1．(January, December, October, September)

2．(always, guitar, English, someone)

3．(different, interesting, unhappy, beautiful)

4．(teacher, doctor, patient, operation)

5．(strawberry, pumpkin, orange, banana)

【27】　次の語の下線部の発音が同じ語を（　　）から選びなさい。

1．<u>th</u>us (<u>th</u>ink, bo<u>th</u>, <u>th</u>ought, fa<u>th</u>er)

2．ask<u>ed</u> (play<u>ed</u>, studi<u>ed</u>, show<u>ed</u>, help<u>ed</u>)

3．r<u>e</u>d (p<u>i</u>ck, s<u>ai</u>d, h<u>ea</u>t, m<u>ee</u>t)

4．l<u>oo</u>k (c<u>oo</u>k, s<u>oo</u>n, sh<u>oo</u>t, r<u>oo</u>m)

5．t<u>a</u>ke (Saturday, cake, candy, had)

【28】　Aのグループの文と同じ型の文を、Bグループから選びなさい。

【A】

1．The building on that hill is a hospital.

2．The music makes me happy.

3．Father gave me this bike.

4．Thank you very much.

5．You must walk more slowly.

【B】

ア．I will show you my picture.

イ．He is swimming in the river.

ウ．They love Fukusima.

エ．Call me Nao-chan.

オ．What is that animal?

【29】　各文の意味が通るように（　　）の中の正しい語句を選びなさい。

1．Both English and French（A. is, B. are）spoken in Canada.

2．Mr. Brown（A. has gone, B. has been）in Sanjo for a week.

3．There（A. were, B. is）some women in the shop.

4．Father（A. take, B. took, C. has taken）my picture yesterday.

5．You have to take care（A. on, B. with, C. of）your brother.

6．（A. When, B. What）can I leave this country?

7．My sister is interested（A. in, B. on, C. with）science.

8．He has（A. a few, B. a little）friends in Australia.

9．It will take one year for them（A. build, B. to build）this house.

10．Hurry up,（A. and, B. or）you can catch the train.

【30】　次の文を日本語に直しなさい。

1．I am glad to hear that my friend can get out of the hospital this summer.

2．That is the dress my sister is making.

3．I want to go to that school in order to learn a lot of things.

4．Did you see many girls enjoying skating in the park?

5．Would you tell me what to start?

6．When you feel sick, you had better go to your family doctor.

7．If you want to be a nurse, you should study harder.

【31】 次の語の下線部の発音が同じ語を（　　）から選びなさい。

1．think（they, both, that, together, father）

2．loved（asked, reached, studied, helped）

3．head（said, leader, bead, heat, heart）

4．book（soon, shoot, took, room）

5．same（Saturday, hat, candy, baby, had）

【32】 Aのグループの文と同じ型の文を、Bのグループから選びなさい。

【A】

1．The gift made me happy.

2．Show me your dress.

3．She can sing very sweetly.

4．Thank you very much.

5．What is your name?

【B】

① The school on that hill is very big.

② He is swimming in the river.

③ Father gave me this book.

④ You may call me Bob.

⑤ I love my own town.

【33】 各日本語文の意味になるように、（　　）内の語を並べ替えなさい。

1．なにか冷たい飲み物が欲しいですか。

Will（ア．to, イ．something, ウ．you, エ．cold, オ．want, カ．drink）?

2．あなたは三条を初めて訪問したのですか。

Is（ア．first, イ．your, ウ．visit, エ．this, オ．Sanjo, カ．to）?

3．彼らの何人かは私の友人です。

（ア．are, イ．some, ウ．my, エ．of, オ．them）friends.

4．私が言ったことを聞いて彼は怒りました。

What（ア．made, イ．I, ウ．angry, エ．said, オ．him）.

5．ブラウン氏が来年日本に来るかどうか私たちは知りません。

We don't（ア．if, イ．next, ウ．will, エ．come, オ．to Japan, カ．know. キ．Mr. Brown）year.

【34】 次の各グループで下線部の発音がちがう語を選びなさい。

1．cow　know　now　how

2．thought　taught　bought　boat

3．shoot　boot　book　soon

4．loved　liked　played　studied

5．both　they　that　these

【35】　各文の意味が通るように（　　）の正しい語句を選び、記号で答えなさい。

1．（A.　Is,　B.　Are）many languages spoken in Australia?

2．Mr. Yamada（A.　goes,　B.　has gone,　C.　has been）in Okinawa for a month.

3．There（A.　is,　B.　are,　C.　have）five oranges in the basket.

4．My father（A.　make,　B.　made,　C.　has made）a chair last year.

5．You have to take care（A.　on,　B.　with,　C.　of）your young brothers.

6．（A.　When,　B.　What,　C.　Who）did Mrs. Brown buy yesterday?

7．I am interested（A.　in,　B.　on,　C.　with）science.

8．Akiko needs（A.　much,　B.　a few,　C.　a little）books to read.

9．It will take one month for you（A.　get,　B.　to get,　C.　got）well.

10．Hurry up,（A.　and,　B.　or,　C.　but）you can't help the man.

【36】　次の各文の意味が通るように（　　）に入る語を選びなさい。

1．（Will,　Shall）we sing next?

2．The old mother（was,　were）loved by her three sons very much.

3．You may start（whenever,　whatever）you like.

4．（As,　So）it rained yesterday, he stopped going on a hike.

5．You must learn many things（if,　why）you want to be a good nurse.

【37】　次の文を日本語に直しなさい。ただし下線のある文はその部分を直しなさい。

1．One of my sisters lives in Kyoto.

2．Who is playing tennis?

3．Did you take that photo?

4．That girl showed me the way to your house.

5．They saw us dancing on the stage.

6．Where is the post office?

7．Have you ever read this book?

8．There are <u>many kinds of fruits</u> in this shop.

9．Tell me <u>what your teacher said</u>.

10．Taro isn't so tall as his father.

11．This book is easier than that one.

12．Can you play the piano? <u>No, I can't.</u>

13．My hobby is collecting Japanese butterflies.

14．I wonder when he will visit Japan.

15. Do you know what time it is now?

【38】 次の各文の（　　）の動詞を正しい形に直しなさい。

1. I have a cassette player（make）in China.
2. She（come）to Niigata with her friends last Saturday.
3. （do）you read that report yesterday?
4. （have）Mr. Tanaka already finished his work?
5. Mary（get）up at six thirty every morning.

【39】 次はブライさんのある日の日記です。各質問に答えなさい。

After a month without rain, in late August, darkness came at three o'clock in the afternoon. A small thunder began, and then the rain. I went indoors. I wanted to know how my children were in the house. They were upstairs, playing quietly. They were not surprised at the thunder. Tom was making a plastic model ship. Mary was drawing a picture. She likes comics. I looked out of the window. The rain became harder. The black earth turned blacker. The sky was low and everything was silent. Only the sound of the rain was heard.

（1）次の質問に英語で答えなさい。

1. What season was it?
2. Was it a fine day?
3. Where were the children?
4. What was Tom doing there?
5. Did the earth turn much blacker?

（2）本文の内容に一致すれば○を、一致しなければ×を書きなさい。

1. 一か月ほど雨が続いた。
2. 暗くなったのは午後三時頃だった。
3. 子供たちは雷に驚いた。
4. ブライさんは家の外にいた。
5. 雨はますます強くなった。
6. 雨やいろんな音が聞こえた。

【40】 次の文を読み、後の質問に答えなさい。

When it is cold, (ア)<u>we wear more clothes to keep us warm.</u> That is simple and almost anybody can understand（　A　）we do that. But many people don't seem to know the next important thing. It is dangerous to be too warm and ①<u>it</u> is also dangerous to be too cold.（　B　）

(イ)<u>we should know how to do</u>（　C　）②<u>it</u> is too warm and too cold.

1．下線アとイを日本語にしなさい。

2．①と②が何を表すか日本語で説明しなさい。

3．（A）（B）（C）に入るふさわしい語をそれぞれ選びなさい。

（A）who, why　（B）So, As　（C）when, what

4．次の日本文の意味になるように、（　）の語を並べ正しい英文にしなさい。

次の簡単なことを知るのは非常に大切です。

(to, thing, know, it, simple, important, the next, is, very).

〔新潟・三条市医師会准看護学院〕

【41】 次の英文の（　）内の語を適する形に直しなさい。

1．Look at the（ cry ）baby.

2．This essay was（ write ）by Mike.

3．This flower is（ beautiful ）than that one.

4．He（ interest ）in Japanese.

5．Let’s enjoy（ sing).

6．August is the（ hot ）month in Japan.

7．Taro（ go ）to school with me every day.

8．We have already（ know ）each other.

9．I have never（ see ）such a beautiful flower.

10．I have three bad（ tooth).

【42】 次の英文の（　）内の語を適する形に直しなさい。

1．Tomoko can run the（ fast ）of all.

2．He（ buy ）a new car yesterday.

3．The cup（ break ）by Tom was very expensive.

4．I enjoyed（ listen ）to the music.

5．How many（ child ）are there in this room?

6．This question is（ difficult ）than that one.

7．English is（ speak ）all over the world.

8．I haven’t（ see ）her for a long time.

9．How about（ go ）on a hike?

10．It has（ be ）cold since this morning.

〔島根・松江看護高等専修学校〕

【43】 次の文中の（　　）の中から適当な語（句）を番号で選びなさい。

a. She gets up（① on , ② in , ③ at）six every morning.

b. The sky is covered（① with , ② to , ③ at）clouds.

c. Do you have anything（① to do , ② doing , ③ do）today?

d. All the people（① shocked , ② were shocked , ③ were shocking）at the news.

e. Kate is good（① in , ② of , ③ at）painting.

f. You should be careful（① no , ② not to , ③ not）catch a cold.

g. Look at the bird（① flying , ② fly , ③ to fly）in the sky.

h. She couldn't go on a picnic（① but , ② if , ③ because）it rained so heavily.

i. She（① have eaten , ② had eaten , ③ had ate）*sushi* before she came to Japan.

【44】 次の日本語に合うように文中の（　　）に適語１語を入れなさい。

a. 今度の土曜日に福岡へ行くつもりです。

I（ 1 ）（ 2 ）to go to Fukuoka next Saturday.

b. 公園にはたくさんの犬がいました。

There（ 3 ）a（ 4 ）of dogs in the park.

c. 吉野ヶ里は佐賀で最も有名な遺跡です。

Yoshinogari is the（ 5 ）（ 6 ）remains in Saga.

d. 彼はなんと言ったらいいのか分かりませんでした。

He didn't know（ 7 ）（ 8 ）say.

e. 私を図書館に連れて行ってください。

Please（ 9 ）me to the（ 10 ）.

f. 彼女は２、３年で英語を話せるようになるでしょう。

She will be（ 11 ）to speak English in a（ 12 ）years.

g. 私は今お金の持ち合わせが全然ありません。

I have（ 13 ）（ 14 ）with me now.

h. クッキーを自由に召し上がって下さい。

Please（ 15 ）yourself（ 16 ）some cookies.

〔佐賀・佐賀市医師会立看護専門学校〕

数　学

◇受験対策のポイント◇

◎基礎事項を幅広く覚える

◎式や図は手で書いて覚える

◎難問・奇問はパス

◎基本問題をくり返し解く

26◇数学問題◇

【1】 次の計算をしなさい。

(1) $1-(-4)$

(2) $a+7a$

(3) $2x\times(-x)$

(4) $3(x+y)-4(x-y)$

(5) $4a^2b\div a$

(6) $\dfrac{2}{\sqrt{2}}\div\sqrt{18}$

【2】 図のような∠B＝90°の直角三角形ABCにおいて，AB＝4cm，AC＝6cmである。三角形ABCの面積を求めなさい。

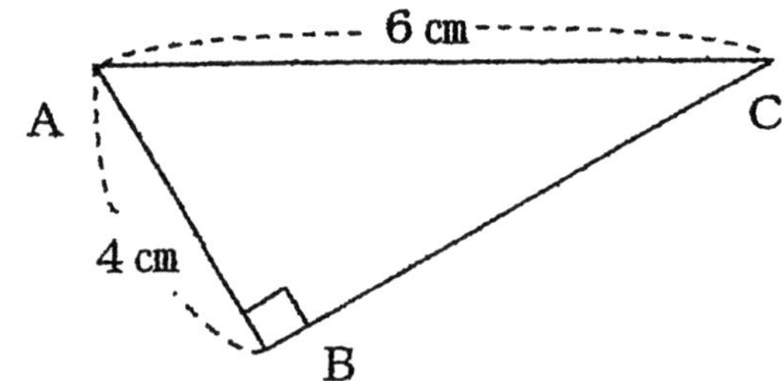

【3】 箱の中に，赤玉，白玉，青玉が1個ずつ，合計3個の玉が入っている。箱の中をよく混ぜてから玉を1個を取り出し，その色を確認した後，箱の中に戻す。これを繰り返して，玉を合計2回取り出すとき，2回のうち1回だけ赤玉が出る確率を求めなさい。

【4】 次の表は，ある学校の生徒10人が行った「上体起こし」の回数についての記録である。30回を基準として，基準より多い場合は正の数で，少ない場合は負の数で，「基準との差」を表したものである。この表をもとに，10人の「上体起こし」の回数の平均を求めなさい。

生徒	A	B	C	D	E	F	G	H	I	J
基準との差（回）	0	－5	＋3	－1	＋3	－1	＋2	－3	－2	－6

【5】 図のような円すいの，①側面になる扇（おうぎ）型の中心角，②側面積，③体積の大きさを，それぞれ求めなさい。円周率はπとする。

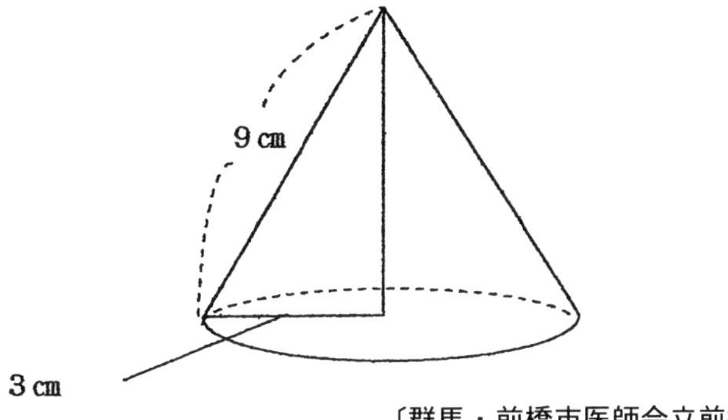

〔群馬・前橋市医師会立前橋准看護学校〕

【6】 次の方程式の解を求めてください。

(1) $3x^2-7=5$

(2) $\begin{cases} x=-3y+15 \\ 2x+y=10 \end{cases}$

【7】 次の問いに答えてください。

(1) ある円柱型の容器に水が5cm入っています。この円柱型の容器に，毎分3cmの割合で水を入れていきます。水を入れ始めてから10分後には，水の深さは何cmになっているでしょうか。

(2) (1)の問題にある円柱型の容器に入る水の深さが，26cmになるのは水を入れ始めてから何分後ですか。

【8】 大小2つのサイコロがある。この2つを同時に1回転がして，その出た目の数の和が11以上になる確率を求めてください。

〔埼玉・入間地区医師会立入間准看護学校〕

【9】 次の方程式を解きなさい。

(1) $\dfrac{x-1}{3}-\dfrac{1}{2}x=1$

(2) $\begin{cases} 2x+3y=-5 \\ 3x-y=9 \end{cases}$

【10】　次の図でℓ//mのとき，$\angle x$の大きさを求めなさい。

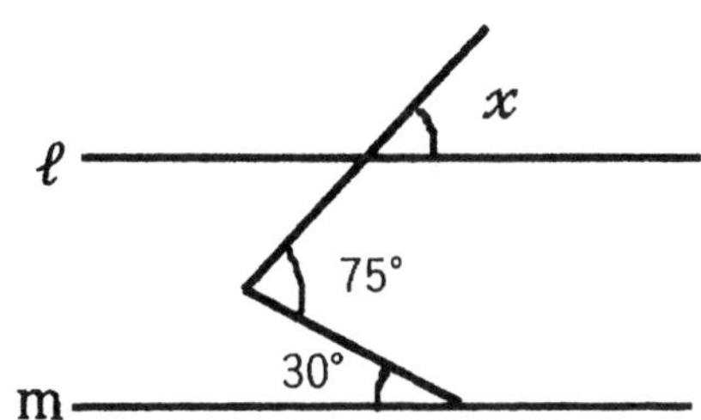

【11】　ペットボトルに水を入れて，底にあけた穴から水を抜いた。ペットボトルに入っている高さが$y$cmの水がx分間ですべてなくなるとすると，xとyとの関係は$y=ax^2$で表されるという。

実験をすると，高さが9cmの水がすべてなくなるのに6分かかった。

次の問いに答えなさい。

(1)　aの値を求めなさい。

(2)　高さ16cmまで水を入れてから，高さが1cmになるまで水を抜いた。水を抜いた時間は何分間でしたか。

〔千葉・木更津看護学院〕

【12】　A班とB班は，それぞれ折り紙で鶴を1000羽ずつ折ることにした。

A班の人数は5人で，A班では毎日1人10羽ずつ折ることにした。また，B班の人数は4人で，B班はA班が折り始めるまでに，すでに80羽折り終わっていた。

このとき次の問いに答えなさい。

(1)　B班で，毎日1人10羽ずつ折ると，残りの鶴をすべて折るのに何日間かかるか求めなさい。

(2)　A班が折り始める日から，B班で初めは毎日1人10羽ずつx日間折り，その後，毎日1人15羽ずつy日間折ると，A班と同じ日に1000羽の鶴が完成する。

x，yの値を求めなさい。

【13】　100人の学生について，数学が「好きか，好きでないか」および「得意か，得意でないか」について調査した。好きと答えた生徒は43人，得意と答えた生徒は29人，好きでもなく得意でもないと答えた生徒は35人であった。図を参考にして，次の問いに答えなさい。

(1)　数学が好きであり得意でもあると答えた生徒は何人ですか。

(2)　数学は好きだが得意ではないと答えた生徒は何人ですか。

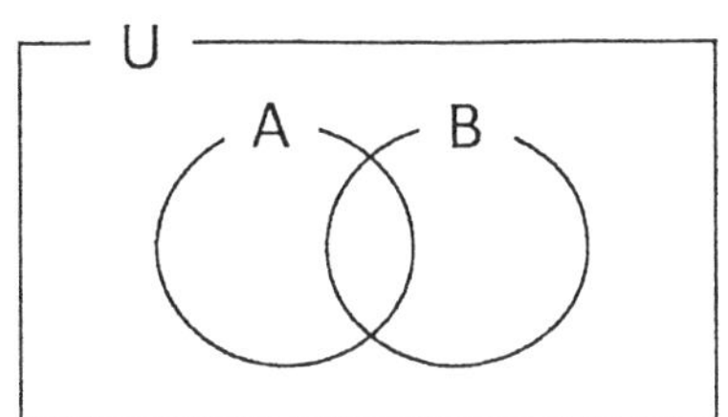

U：100人の学生の集合
A：数学が好きと答えた学生の集合
B：数学が得意と答えた学生の集合

【14】　図で，２点A，Bは双曲線 $y=\frac{12}{x}$ のグラフ上にあり，点Aの x 座標は－６，点Bの x 座標は正の数である。このとき，次の問いに答えなさい。

(1)　$y=ax$（a は定数）のグラフが点Aを通るとき，a の値を求めなさい。

(2)　線分ABと y 軸との交点をCとする。
　△AOCの面積：△BOCの面積＝３：２
のとき，点Cの座標を求めなさい。
　ただし，点Oは原点とする。

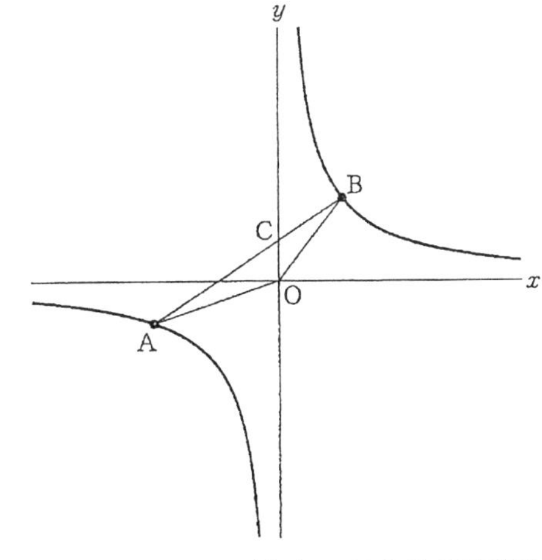

〔富山・砺波准看護学院〕

【15】　次の計算をしなさい。

(1)　$(3-7)^2+6^2\div(-2)$

(2)　$\frac{3}{4}\times\left(-\frac{2}{5}\right)+\frac{1}{6}$

(3)　$-2xy^2\div6x^2y\times(-3xy)$

(4)　$\sqrt{18}-\frac{10}{\sqrt{8}}$

【16】　次の問いに答えなさい。

(1)　右の図で，∠x の大きさを求めなさい。

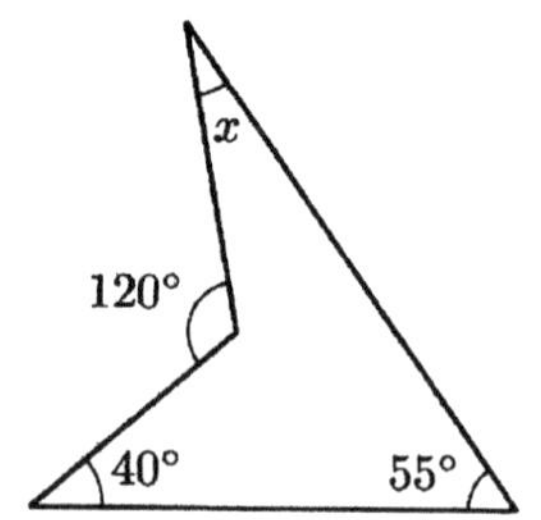

(2)　右の図において，点A，B，C，D，Eは円Oの円周上の点で，BDとCEは直径である。

∠BAE=130°のとき，∠x の大きさを求めなさい。

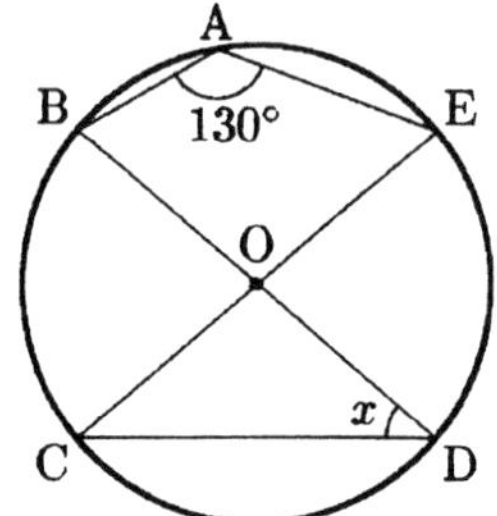

(3)　右の図の長方形ABCDにおいて，点Eは辺AB上の点である。EDを折り目として△AEDを折り返したところ，頂点Aが辺BC上の点Fに重なり，EB＝3 cm，BF＝4 cm，EF＝5 cmとなった。

このとき，線分CFの長さを求めなさい。

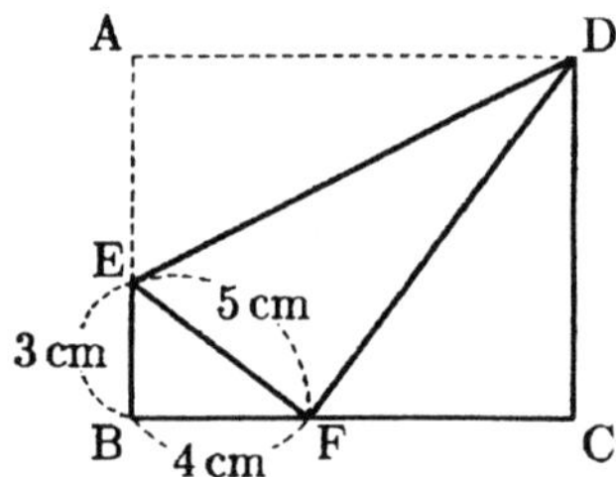

【17】　ある学校の今年度の入学者数は昨年度より8％増え，270人であった。また，今年度の入学者に対して通学方法について調査したところ，男子の45％，女子の60％が自転車通学で，その総数は141人であった。このとき，次の問いに答えなさい。

(1)　昨年度の入学者数を求めなさい。

(2)　今年度の女子の入学者数を求めなさい。

【18】　図のように，２つの関数 $y = ax^2$（a は関数）と $y = x^2$のグラフがある。点Aは $y = x^2$のグラフ上の点で，その x 座標は－２であり，点Bは $y = ax^2$のグラフ上の点で，その座標は（6，12）である。原点をOとして，次の問いに答えなさい。

⑴　定数 a の値を求めなさい。

⑵　２点A，Bを通る直線の式を求めなさい。

⑶　$y = ax^2$のグラフ上に x 座標が t である点Tをとる。ただし，$0 < t < 6$とする。△OABの面積と△TABの面積が等しくなるときの t の値を求めなさい。

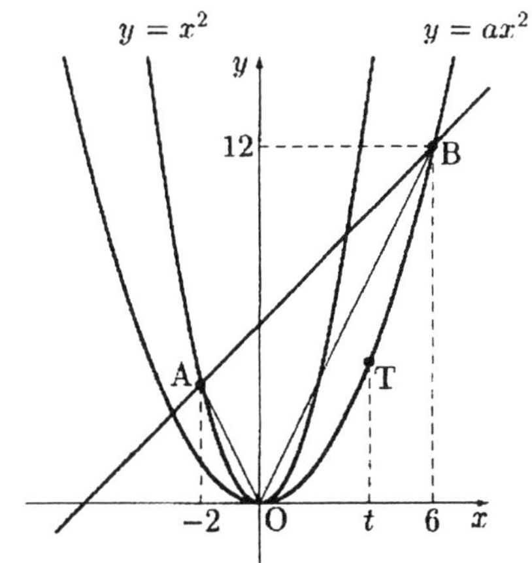

〔長野・長野看護専門学校〕

【19】　次の計算をしてください。

⑴　15＋{8－6÷2}×3－6

⑵　8.04＋6.4×0.5

⑶　－3＋(－3)×5

⑷　$\frac{1}{5}+\frac{2}{3}-\frac{1}{2}$

⑸　$\frac{2}{3}\times\frac{3}{7}\div\frac{2}{7}$

⑹　$0.3\times\frac{1}{3}\div\frac{7}{3}$

⑺　37.4÷1.7

⑻　11.52÷1.6－0.5

【20】　次の問いに答えてください。

太郎君と花子さんは一緒に一周４kmの池をめぐりました。１周するのに，太郎君は40分で出発点にもどり，花子さんは太郎君の到着から20分後に出発点へもどりました。

⑴　太郎君の歩く速度は時速（　　）kmである。

⑵　花子さんの歩く速度は時速（　　）kmである。

⑶　太郎君と花子さんは同時に出発し，逆方向に歩き出しました。

①二人は何分後に出会うでしょうか。

②またその地点は，太郎君からみて何km地点でしょうか。

(4) 太郎君と花子さんは一緒に20km先の目的地まで歩きました（歩行速度は(1)と(2)と同じ）。太郎君が早く目的地に着いたので，花子さんの事が気になり，引き返して花子さんを探し，また目的地に向かい出発しました。太郎君はどうしても，目的地に花子さんと同時に到着したいので，花子さんの所に戻ったり，目的地へ行ったりを繰り返し，一緒に目的地に着くことが出来ました。さて，太郎君はこのような行ったり来たりをしながら，花子さんと一緒に到着するまで何km歩いたでしょうか。

〔福岡・福岡市医師会看護専門学校〕

【21】 次の計算をしなさい。

(1) $3-(-4)\times 5$

(2) $-1.8-(-4.3)+3.5$

(3) $7\div 35\times(-25)$

(4) $4\times(-2)+(-3^2)$

【22】 兄は28枚，弟は22枚カードを持っている。兄が弟にカードを何枚かあげると，兄と弟のカードの枚数の比が２：３になった。兄は弟に何枚カードをあげたでしょうか？

【23】 50円切手と80円切手を合わせて10枚買い，710円払いました。50円切手と80円切手をそれぞれ何枚買いましたか？

【24】 下の図形で，x の値を求めなさい。

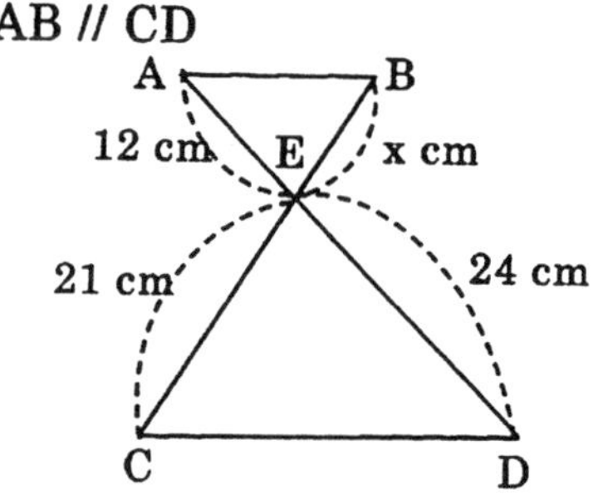

〔佐賀・鳥栖三養基医師会立看護高等専修学校〕

【25】 次の比例式，方程式を解きなさい。

(1) $2:x=4:7$

(2)　$9+4x=x$

(3)　$\dfrac{1-6x}{2}=\dfrac{2x-6}{5}$

(4)　$\begin{cases} 2x+5y+2=0 \\ x-2y+10=0 \end{cases}$

【26】　溶液の質量100g中に溶けている溶質の質量の割合を，質量パーセント濃度（以下濃度）といいます。例えば食塩水の場合，濃度は下の式で求めることができます。

$$\text{濃度（\%）}=\frac{\text{食塩の質量(g)}}{\text{食塩水の質量(g)}}\times 100$$

以下の問いに答えなさい。

ただし，必要な場合は小数第２位を四捨五入して小数第１位まで求めること。

(1)　水100gに x gの食塩を溶かしたとき，食塩水の濃度は y %になりました。x と y の関係を次のア～ウより１つ選び記号で答えなさい。

ア．比例　　　イ．反比例　　　ウ．比例でも反比例でもない

(参考)

比　例：一方が２倍，３倍，…になるとき，もう一方も２倍，３倍，…になる。

反比例：一方が２倍，３倍，…になるとき，もう一方は$\frac{1}{2}$倍，$\frac{1}{3}$倍，…になる。

(2)　水300gに15gの食塩を溶かしました。この食塩水の濃度は何%ですか。

(3)　４%食塩水500gに溶けている食塩の質量は何gですか。

(4)　５%食塩水が100gあります。これを２%食塩水に薄める場合，水を何g加えればよいですか。

〔宮崎・児湯准看護学校〕

【27】　次の計算をしなさい。

(1)　$2-(-5)$

(2)　$5-4\div(-2)^2$

(3)　$4x-2x\times\frac{1}{2}$

(4)　$(5x+6y)-(3x-2y)$

(5)　$(2a-b)^2$

(6)　$-6a^3b^2\div(-4ab)$

【28】　次の図のような，中心角60°のおうぎ形があります。このおうぎ形の弧の長さは，同じ半径の円の円周の長さの何倍ですか。

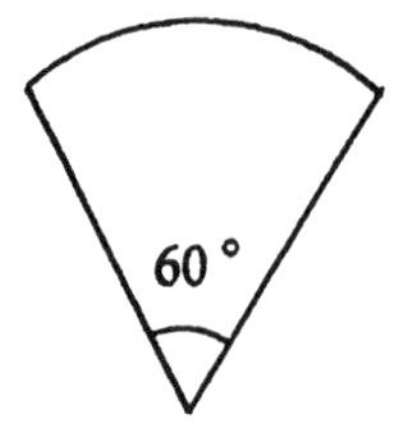

【29】　下の記録は，ある中学校の男子生徒10人が反復横とびを20秒間行ったときの結果を，回数の少ない方から順に並べたものです。反復横とびの記録の中央値を求めなさい。

記録〔43　46　46　52　53　55　56　56　56　57〕(単位：回)

【30】　ある中学校の全校の生徒数は男女合わせて155人である。この中学校の男子生徒の80％と女子生徒の60％が運動部に所属しており，運動部に所属している男子の人数は，運動部に所属している女子の人数より19人多い。このとき，男子の人数と女子の人数を，それぞれ求めなさい。

【31】　年賀状を業者にたのみ印刷しようと思う。100枚までは7920円，100枚を超える場合，10枚ごとに330円がかかる。予算は，12000円である。最大何枚まで注文ができるか，求めなさい。100枚以上は10枚単位で注文するものとする。

【32】　次のア～オのうち，関数 $y=-x^2$ について述べた文として正しいものをすべて選び，記号で答えなさい。

ア．$x=3$ のとき，$y=-6$ である。

イ．x のどの値にたいしても，つねに $y \leqq 0$ である。

ウ．$x>0$ のとき，x が1ずつ増加すると，y は1ずつ減少する。

エ．x の変域が $-1 \leqq x \leqq 2$ のとき，y の変域は $-4 \leqq y \leqq -1$ である。

オ．この関数のグラフは，関数 $y=x^2$ のグラフと x 軸について対称である。

〔群馬・前橋市医師会立前橋准看護学校〕

【33】　次の方程式の解を求めてください。

(1)　$\frac{2}{3}x+7=5$

(2)　$x^2-5x+6=0$

【34】 絶対値とは，ある数の０からの距離として考えた数値である。例えば３の絶対値は３であり，-7.2の絶対値は7.2である。絶対値が４である整数を求めてください。

【35】 次の計算の答えを求めてください。

(1) $8-3\times(4\times2-6)$

(2) $13\times\frac{5}{6}+11\times\frac{5}{6}$

(3) $3^2-(-2)^2$

(4) $3x+4y-5+x-y-1$

【36】 直径６cm，高さ12cmの円柱の体積を求めてください。ただし，円周率は3.14とします。

【37】 液体Ａと液体Ｂを２：３の割合で混ぜるとする。液体Ａ180mlに対して液体Ｂは何ml必要でしょうか。

【38】 ３％の食塩水500gをつくりたい。食塩は何g必要でしょうか。

【39】 **【38】**でつくった食塩水に100gの水を加えると食塩水の濃度は何パーセントになるでしょうか。

〔埼玉・入間地区医師会立入間准看護学校〕

【40】 次の計算をしなさい。

(1) $-11+27-9$

(2) $12\times\left(\frac{1}{3}-\frac{1}{4}\right)$

(3) $5^2+(-4)^2\div2$

(4) $2x\times(-3x)^3-15x^6\div(-3x^2)$

(5) $\frac{5x-2y}{3}-\frac{3x-y}{2}$

【41】 ある電話会社で，下のようなＡとＢの料金プランがある。１か月に x 分通話するときの電話料金を y 円とする。Ａプランで通話時間が150分だった時の電話料金が3300円のとき，次の問いに答えよ。ただし，電話料金とは基本料金と通話料金の合計である。

プラン	基本料金	通話料金
Aプラン	3000円	通話時間が90分までは０円 90分を超えると超えた分について１分あたりα円
Bプラン	1000円	通話料金にかかわらず１分あたり15円

(1)　αの値を求めよ。

(2)　$x > 90$のとき，Aプランの x と y の関係を式に表せ。

(3)　通話時間が170分のとき，AプランとBプランでは，どちらの電話料金が何円高いかを求めよ。

【42】　18％の食塩水 x gに水を120ml加えて14％の食塩水 y gを作った。

(1)　18％の食塩水 x gには何gの食塩が含まれているか。

(2)　x と y の値を求めよ。

【43】　次の図で x の角度を求めよ。

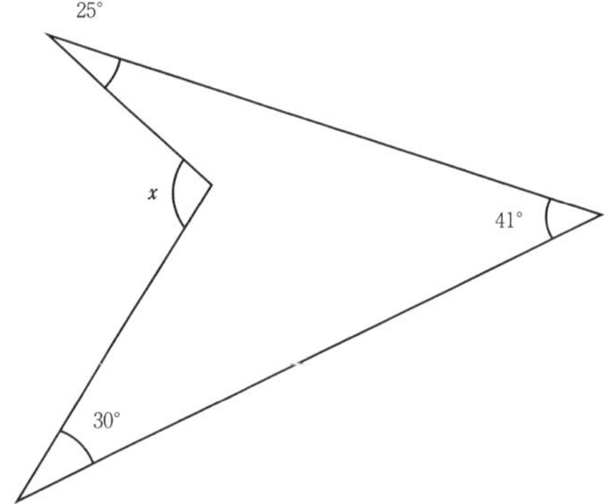

〔千葉・木更津看護学院〕

【44】　車がブレーキをかけて，きき始めてから止まるまでに進む距離を制動距離という。制動距離は，およそ車の速さの２乗に比例する。ある車が時速60kmで走っているときの制動距離を36mとする。

(1)　この車が時速 x kmで走っているときの制動距離を y mとして，y を x の式で表しなさい。

(2)　制動距離が16mのとき，この車の速さは時速何kmと考えられるか。

【45】 a，b は整数とする。a を７で割ると３余り，b を７で割ると４余る。このとき，次の数を７で割ったときの余りを求めなさい。

(1) $a+2b$

(2) ab

(3) a^6

(4) a^{2021}

【46】 図は，10人ずつの３つのグループA，B，Cの，20点満点の数学のテストの結果を表した箱ひげ図である。次の問いに答えなさい。

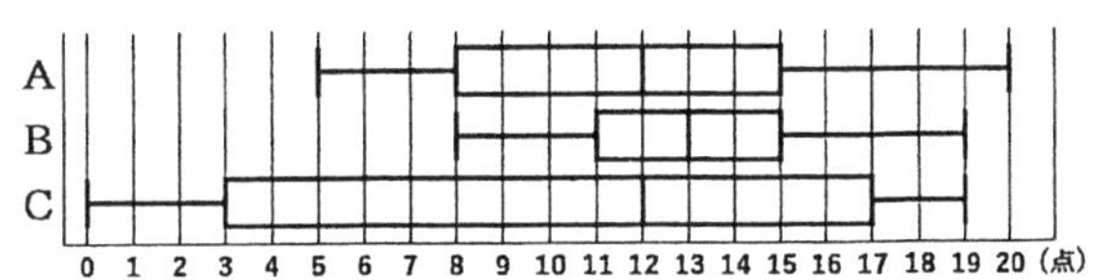

(1) この図から，グループAのデータの最小値，第１四分位数，第２四分位数（中央値），第３四分位数，最大値および範囲をそれぞれ求めなさい。

(2) この図から読み取れることがらとして正しいものを，下のア～エの中からすべて選びなさい。

ア．19点をとった生徒が，３つのグループA，B，Cすべてにいた。

イ．グループBで11点未満の生徒の人数は，13点以上の生徒の約半分である。

ウ．点数の範囲がもっとも大きいのはグループCである。

エ．グループAとCの平均値は等しい。

(3) 下のヒストグラムは，グループA，B，Cのどのデータを表したものか。記号で答えなさい。

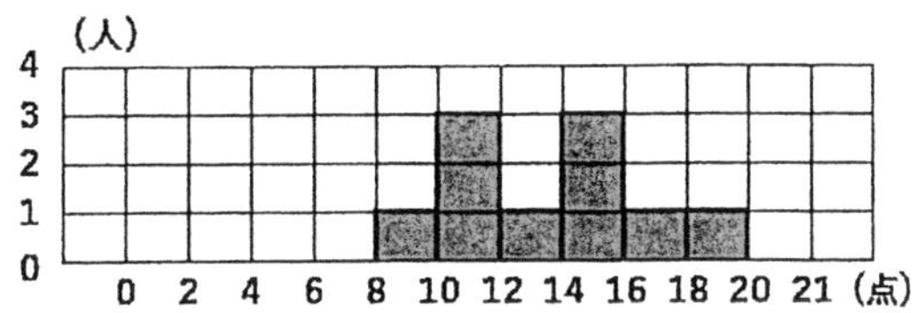

〔富山・砺波准看護学院〕

【47】 図の△ABCは，AB＝CA＝4cm，BC＝2cmである二等辺三角形である。円Oはこの三角形の内接円とする。また，辺BCの中点をM，線分AMと円Oとの交点（△ABCの内部にあるもの）をNとする。そして，点Nを通り辺BCに平行な直線と辺ABおよびCAとの交点をそれぞれD，Eとする。このとき，次の問いに答えよ。

(1) 線分AMの長さ h および△ABCの面積 S の値を求めよ。

(2) 内接円Oの半径 r の値を求めよ。

(3) △ABCと△ADEは相似であることを確かめよ（用いた相似条件を述べよ)。さらに線分の長さの比AM：ANを求めよ（答えは整数比で表せ)。

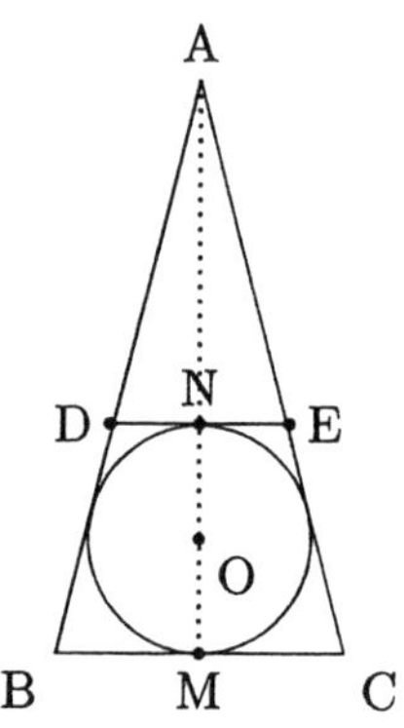

〔石川・石川県立総合看護専門学校〕

【48】 次の計算をしなさい。

(1) $765+90$

(2) $2.01-0.3$

(3) 7.7×3.8

(4) $19.852\div2.8$

(5) $\frac{7}{2}-\frac{1}{6}$

(6) $6\times\frac{5}{2}$

(7) $119\times9-19\times9$

(8) $3+8\div3\div2$

(9) $3-2-10+5$

(10) $\left(-\frac{3}{5}\right)^2$

【49】 次の比例式，方程式を解きなさい。

(1) $8:x=6:1$

(2) $12-2x=9-x$

(3) $\frac{3}{4}x-1=\frac{1}{3}$

(4) $\begin{cases} x = 3y \\ y = 3x + 8 \end{cases}$

【50】 溶液の質量100g中に溶けている溶質の質量の割合を，質量パーセント濃度（以下濃度）といいます。例えば食塩水の場合，濃度は下の式で求めることができます。

$$\text{濃度（\%）} = \frac{\text{食塩の質量(g)}}{\text{食塩水の質量(g)}} \times 100$$

以下の問いに答えなさい。

ただし，必要な場合は小数第２位を四捨五入して小数第１位まで求めること。

(1) 水100gに12gの食塩を溶かしました。この食塩水の濃度は何％ですか。

(2) ８％食塩水300gに溶けている食塩の質量は何gですか。

(3) ３％食塩水が150gあります。これを薄めて0.3％食塩水にする場合，水を何g加えればよいですか。

【51】 コロナウイルスに対するワクチン接種の効果は，喫煙経験の有無で差が出ることが知られています。

「喫煙者の抗体価は喫煙の経験がない人の半分程度で，禁煙した人と比べても８割ほどにとどまった」

※抗体価……血液検査で測定できる中和抗体(ウイルスを失活させる作用を持つ抗体)の量。

上の文章が正しいとすると「喫煙の経験がない人」の抗体価を100とした場合，「禁煙した人」の抗体価にもっとも近い数字をア～オより選び記号で答えなさい。

ア．40　　イ．50　　ウ．60　　エ．70　　オ．80

〔宮崎・児湯准看護学校〕

【52】 次の(1)～(6)の計算をしなさい。

(1) $-4-(-9)$

(2) $(-12)\times\frac{1}{3}$

(3) $\frac{5}{6}x + \frac{2}{3}x$

(4) $4(2a - b) - 3(a + b)$

(5) $(x + 3)(x - 5)$

(6) $\sqrt{50} - \sqrt{8}$

【53】　次の(1)〜(4)の問いに答えなさい。

(1)　方程式 $4x-5=x-6$ を解きなさい。

(2)　等式 $2x=\frac{7y+z}{3}$ を y について解きなさい。

(3)　2次方程式 $x^2+x-12=0$ を解きなさい。

(4)　連立方程式 $\begin{cases}(x+3):y=5:2\\4x-y=24\end{cases}$ を解きなさい。

【54】　Aさんは，家から学校まで1.2kmの道のりを毎分（＝分速）50mの速さで歩き，その後は毎分100mの速さで走ったところ，ちょうど19分で学校に着いた。

このとき，次の(1)，(2)に答えなさい。

(1)　Aさんが歩いた道のりを x m，走った道のりを y mとして，次のような連立方程式を作った。ア，イの空欄にあてはまる数，または式をそれぞれ答えなさい。

$\begin{cases}x+y=(\quad ア\quad)\\(\quad イ\quad)=19\end{cases}$

(2) Aさんが歩いた道のりは何mか，求めなさい。

【55】　2，3，4，5の4つの数が1つずつ書かれた4枚のカードがある。このカードから1枚ずつ2回続けてひき，最初にひいたカードを十の位，つぎにひいたカードを一の位として2けたの整数をつくる。このとき，2けたの整数が4の倍数となる確率を求めなさい。ただし，ひいたカードはもとに戻さないものとする。

【56】　図において，直線 l，m は平行である。∠ x の大きさを求めなさい。

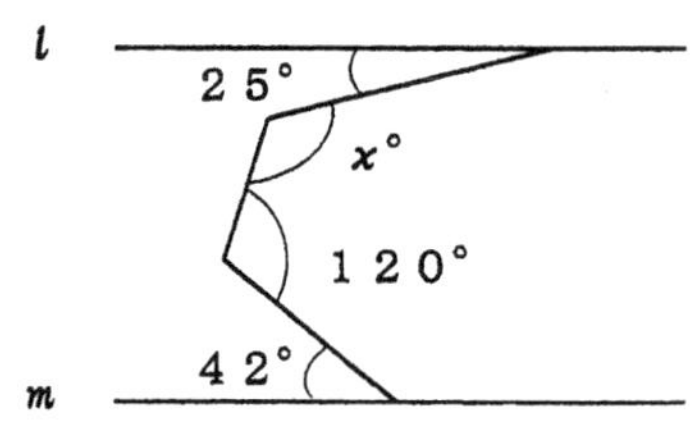

〔群馬・前橋市医師会立前橋准看護学校〕

【57】　次の(1)～(13)の計算をしなさい。

(1)　$2020-1952$

(2)　$18.9+7.26$

(3)　$4.8-3.9$

(4)　$3.6-8.5+4.3$

(5)　$0.4-\left(\frac{2}{3}-1\right)$

(6)　29×36

(7)　$0.12\times(-11.5)$

(8)　$2088\div58$

(9)　$(-4.8)\div0.16$

(10)　$\frac{3}{4}+0.25$

(11)　$-1+\frac{3}{5}$

(12)　$\left(-\frac{5}{3}\right)\times9-5\times(-3)$

(13)　$0.5+\frac{1}{3}-0.25\times0.2\div\frac{1}{6}$

【58】　次の(1)(2)で，（　　）にあてはまる数を求めなさい。

(1)　ある三角形で，底辺の長さが12cm，高さが底辺の長さの$\frac{1}{3}$である三角形の面積は，（　　）cm^2になります。

(2)　入間さんは，所持金から450円の買い物をしたので，買い物前の所持金の70％が残りました。最初に持っていた所持金は（　　）円です。

【59】　次の(1)～(3)の式について，x を求めなさい。

(1)　$15:9=x:3$

(2)　$8:x=1.6:\frac{3}{5}$

(3)　$1.25:0.75=10:(x-1)$

【60】　入間さんは，先生に言われて実験室で360gの水と15gの食塩を使用して食塩水をつくることになりました。このとき，次の(1)，(2)について答えなさい。

(1)　水と食塩をよく混ぜてつくった食塩水の濃さは，何％になりましたか。

(2)　この食塩水をしばらく火にかけ，水を何gか蒸発させたら，濃度が６％になりました。このとき，何gの水が蒸発したことになりましたか。

〔埼玉・入間地区医師会立入間准看護学校〕

【61】　次の計算をしなさい。

(1)　$-6-(-9)\times 3$

(2)　$-\frac{2}{3}-\frac{1}{2}+\frac{1}{4}$

(3)　$3^2+(-2^2)+(-4)^2$

(4)　$(2x-3y)\div\left(-\frac{1}{3}\right)$

(5)　$\frac{4x-2y}{3}-\frac{3x-y}{4}$

【62】　次の問いに答えなさい。

(1)　$3<\sqrt{2a}<5$にあてはまる整数aの個数を求めよ。

(2)　yはxの２乗に比例し，$x=2$のとき，$y=-8$となる。$x=5$のとき，yの値を求めよ。

〔千葉・木更津看護学院〕

【63】　次の問いに答えなさい。

(1)　$7-2\times(-5)$を計算しなさい。

(2)　$(-4x+7)-(6x-7)$を計算しなさい。

(3)　$(\sqrt{3}+2)(\sqrt{3}-2)$を計算しなさい。

(4)　２LのアルコールのうちaL使ったところ，残りはbLより少なくなった。このとき，aとbの間の関係を不等式で表しなさい。

(5)　１次方程式$5-2x=4x+2$を解きなさい。

(6)　関数$y=\frac{1}{3}x^2$で，xの値が１から２まで増加したときの変化の割合を求めなさい。

(7) 大小２つのさいころを投げて，大きいさいころの出た目を a，小さいさいころの出た目を b とするとき，２つの目の積 ab が奇数となる確率を求めなさい。

(8) 不等式 $|2x-1| \leqq 3$ を解きなさい。

【64】 ある店で，お弁当とお茶を１つずつ買ったところ，特売日だったので，お弁当は定価の20％引き，お茶は定価の10％引きだった。代金の合計は820円で，定価で買うより180円安くなったという。お弁当とお茶の定価をそれぞれ x 円，y 円として次の問いに答えなさい。

(1) お弁当とお茶の定価を求めるため，次のような連立方程式を立てた。空欄①には数字を，②には y を使った式をそれぞれ書き入れて連立方程式を完成させなさい。

$$\begin{cases} x+y=(\quad ① \quad) \\ 0.2x+(\quad ② \quad)=180 \end{cases}$$

(2) (1)の連立方程式を解いて，お弁当とお茶の定価をそれぞれ求めなさい。

【65】 １から100までの整数について，次のような数は何個あるか求めなさい。

(1) ４の倍数

(2) ４と５の公倍数

(3) ４で割り切れない数

(4) ４で割り切れるが５では割り切れない数

【66】 図のように，１辺の長さが１cmの正方形のカードをすき間なく並べて順番に図形を作る。段の数は順に１段ずつ増やし，一番下の段のカードの枚数は順に２枚ずつ増やす。あとの問いに答えなさい。

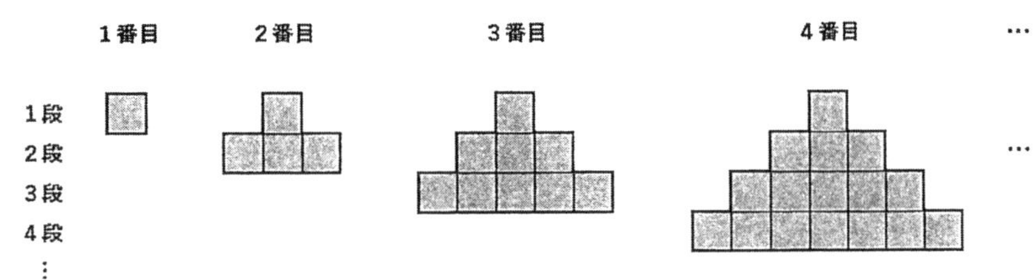

図形の周を太線で示し，カードとカードの境目を細線で示してある。

(1) ７番目の図形で使われる正方形のカードの枚数を求めなさい。

(2) n 番目の図形について次の①②に答えなさい。

① 一番下の段のカードの枚数を，n を使った式で表しなさい。

② 周の長さを，n を使った式で表しなさい。

【67】 図の直角三角形ABC を，辺ACを軸として１回転させてできる立体について，次の問いに答えなさい。

(1) この立体の名称を答えなさい。

(2) この立体の体積を求めなさい。

(3) この立体の表面積を求めなさい。

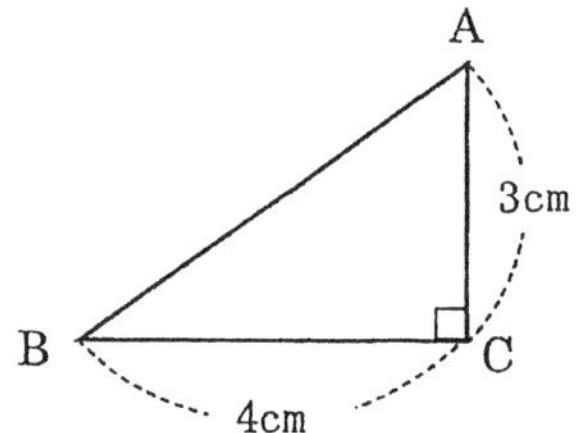

【68】 図のように，幅24cmのトタン板を両端から折り曲げて，雨どいを作りたい。
両端から x cm（$0 < x < 12$）のところで折り曲げるとして，次の問いに答えなさい。

(1) 雨どいの断面積を S cm^2 とするとき，S を x の式で表しなさい。

(2) 雨どいの断面積 S の最大値と，そのときの x の値をそれぞれ求めなさい。

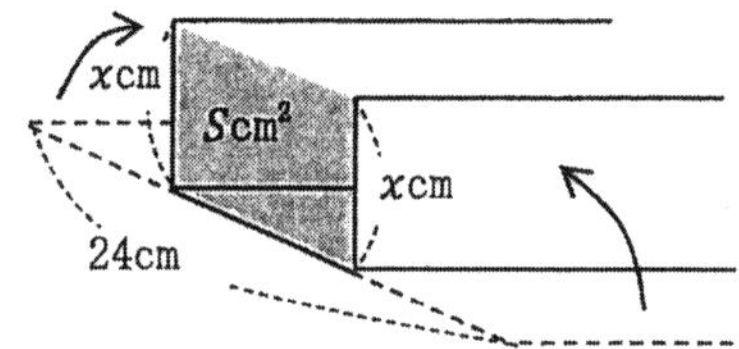

〔富山・砺波准看護学院〕

【69】 次の各問いに答えよ。

(1) $(2x+3y)^2+(2x-3y)^2$ を展開し整理せよ。

(2) $(a+2b)^2-(2a+b)^2$ を因数分解せよ。

(3) ある店でのリンゴと梨各１個の価格はそれぞれ150円と200円である。所持金1000円の範囲内で，リンゴと梨をそれぞれ１個以上買ってお釣りが最小（無しも含む）となるには，リンゴと梨それぞれ何個ずつ買えばよいか。

(4) １つのサイコロを３回投げるとき，その３回のうち１回は奇数の目が出て他の２回は偶数の目が出る確率を求めよ。ただし，サイコロの１から６までのどの目が出ることも同様に確からしいとする。

【70】 図は，a が正の定数のときの，２次関数 $y = ax^2$ と１次関数 $y = ax$ のグラフである。その交点は原点 O と点 P である。そして，点 P を通り y 軸に平行な直線と x 軸との交点を Q とする。このとき，以下の問いに答えよ。

(1) x の２次方程式 $ax^2 = ax$ すなわち $ax^2 - ax = 0$ を解け。

次に，この方程式の解は，２つのグラフの交点 O と P の x 座標を与えることに注目し，P の座標を求めよ。

(2) △OQP の面積 S を求めよ。

(3) ２次関数 $y = ax^2$ と１次関数 $y = ax$ のグラフで囲まれた範囲（点線部）の面積を S' とするとき，常に $S : S' = 3 : 1$ が成り立つことが分かっている。このことを用いて，$S' = 1$ となる a の値を求めよ。

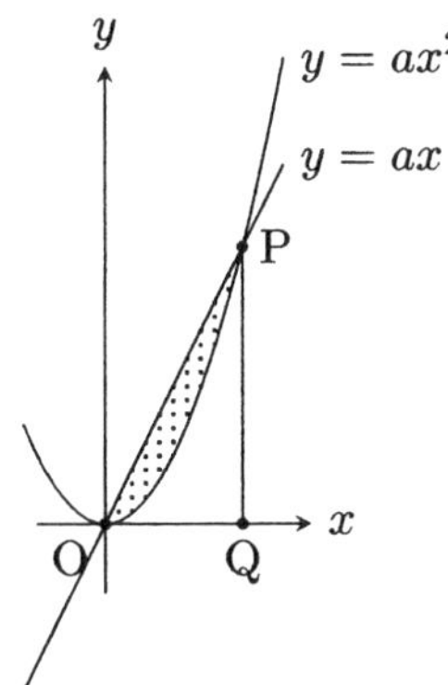

〔石川・石川県立総合看護専門学校〕

【71】 次の計算をしなさい。

(1) 1012－87

(2) 0.72＋3.6

(3) 5.1×9.7

(4) 50.24÷3.14

(5) $\frac{9}{7} - \frac{1}{4}$

(6) $3 \div \frac{5}{3}$

(7) $8 - (10 - 4) \div 2$

(8) $\frac{9}{2} + 3.2 \div \frac{4}{9} \times 3$

(9) $7 + (-3)$

(10) -7^2

(11) $3x^2y \div 6xy$

(12) $\sqrt{27}+\sqrt{12}$

(13) $(\sqrt{8}-\sqrt{5})(\sqrt{8}+\sqrt{5})$

(14) $(x+2)^2$

【72】 次の比例式，方程式，不等式を解きなさい。

(1) $4:6=3x:8$

(2) $\frac{1}{3}x=-9$

(3) $x^2-6x=0$

(4) $\begin{cases} 2x+9y=3 \\ 4y-x=-10 \end{cases}$

(5) $x-7>5x$

(6) $|x| \leqq 2$

【73】 溶液の質量100g 中に溶けている溶質の質量の割合を，質量パーセント濃度（以下濃度）といいます。例えば食塩水の場合，濃度は次の式で求めることができます。

$$\text{濃度（\%）}=\frac{\text{食塩の質量(g)}}{\text{食塩水の質量(g)}}\times 100$$

以下の問いに答えなさい。

ただし，必要な場合は小数第２位を四捨五入して小数第１位まで求めること。

(1) 水100 gに８ g の食塩を溶かしました。この食塩水の濃度は何％ですか。

(2) ３％食塩水600 g に溶けている食塩の質量は何 g ですか。

(3) 飽和食塩水の濃度は26％です。水200 g と100 g の食塩を混ぜました。何 g の食塩が溶けずに残りますか。

【74】 図のようなグラフ，ℓ ：$y=-x^2+2x+3$があります。以下の問いに答えなさい。

(1) ℓ を$y=a(x-p)^2+q$の形に変形しなさい。

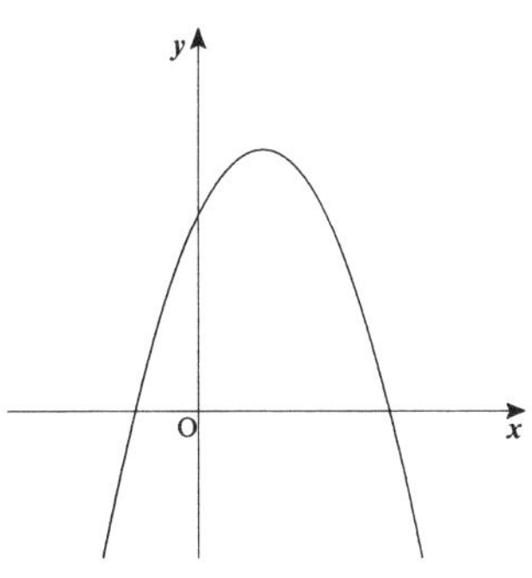

(2) $y=\frac{1}{2}x-3$のグラフとして最も適当なものをア～オから選び記号で答えなさい。

ア 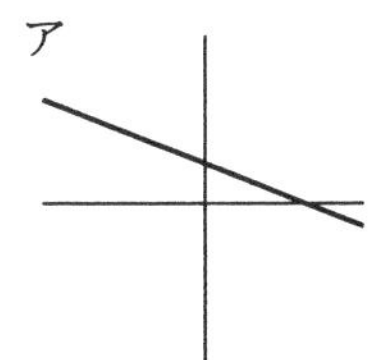
イ 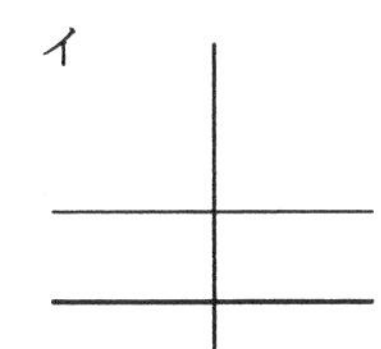
ウ 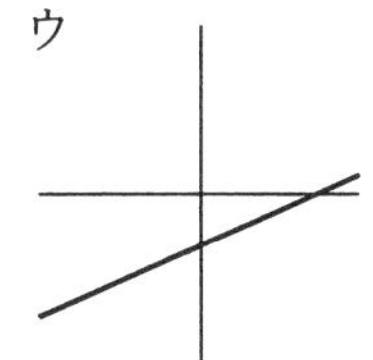
エ 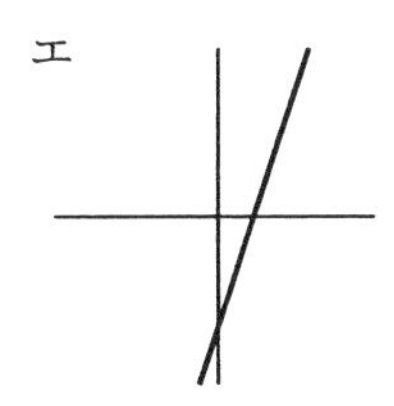
オ 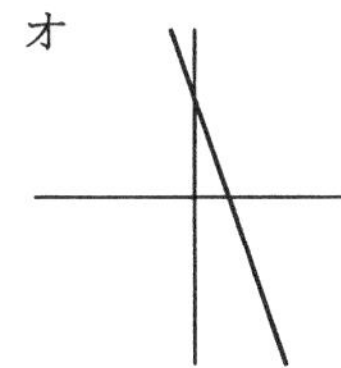

(3) $y=\frac{1}{2}x+b$が ℓ と交点をもつとき，bの値の範囲を求めなさい。

〔宮崎・児湯准看護学校〕

【75】 次の計算をしなさい。

(1) $-16+6$

(2) $-\frac{3}{2}-1$

(3) $(-1)^3-2\times(-1)$

(4) $\sqrt{32}-\sqrt{18}$

(5) $\sqrt{60}\div\sqrt{5}-\sqrt{5}\times\sqrt{15}$

(6) $\frac{\sqrt{2}}{2}(\sqrt{28}+\sqrt{2})-\sqrt{14}$

(7) $(x+2)^2-2(2x-1)$

(8) $92\times19+38\times4$

(9) 131^2-130^2

【76】 1から6までの目がある大小2個のサイコロを振り，出た目の和を考える。

(1) 出た目の和が5の倍数になるのは何通りあるか求めなさい。

(2) 出た目の和が素数となる確率を求めなさい。

【77】 図の曲線は，関数 $y = x^2$ のグラフである。点A，Bはグラフ上の点で，その x 座標はそれぞれ－2，1である。また，点Cは直線ABと y 軸の交点である。

グラフの1目盛りを1cmとする。このとき，次の問いに答えなさい。

(1) 点Aの y 座標を求めなさい。

(2) 直線ABの式を求めなさい。

(3) △AOBの面積を求めなさい。

(4) 点Cを通りOBに平行な直線と線分AOとの交点をDとする。このとき，線分CDの長さを求めなさい。

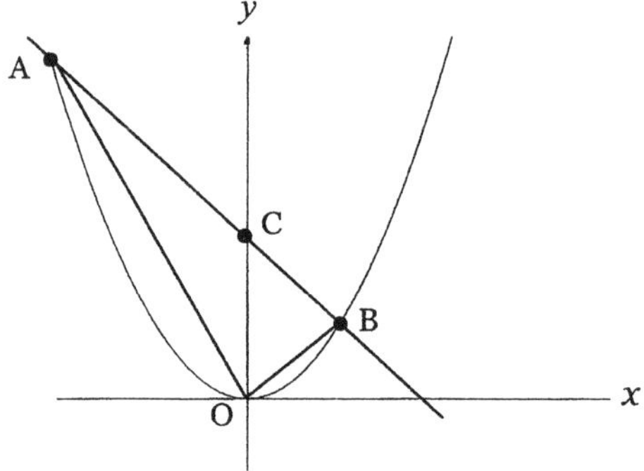

〔茨城・水戸市医師会看護専門学院〕

【78】 次の方程式・比例式・連立方程式を解きなさい。

(1) $4x + 6 = 5(x + 3)$

(2) $5 : (9 - x) = 2 : 3$

(3) $x^2 + 5x - 6 = 0$

(4) $\begin{cases} -x + 2y = 8 \\ 3x - y = 6 \end{cases}$

【79】 Aさんは，時給900円のアルバイトをしている。1日の勤務時間が7時間45分であるとき，日給はいくらになるか。

【80】 ラグビーの得点のルールは，以下の通りである。

(ア) トライ後，コンバージョンゴールを決めたとき：7点

(イ) トライ後，コンバージョンゴールには失敗したとき：5点

(ウ) ペナルティーゴールまたはドロップゴールを決めたとき：3点

(ア)，(イ)，(ウ) がそれぞれ何回あったかを，a，b，c とすると

「チームの得点＝$7a + 5b + 3c$」

と表すことができる。

つまり，あるチームの得点が20点であったとき，$7a + 5b + 3c = 20$となる。

この式を満たす，a，b，c の組み合わせをすべて書きなさい。

【81】 定価15000円の製品を２割引きで買った。消費税を10％として，消費税込みでいくら支払ったか。

【82】 図のように，１，２，３，４，５の数字を１つずつ書いた５枚のカードがある。この５枚のカードから同時に３枚のカードを取り出すとき，取り出した３枚のカードに書いてある数の積が３の倍数になる確率を求めよ。

ただし，どのカードが取り出されることも同様に確からしいものとする。

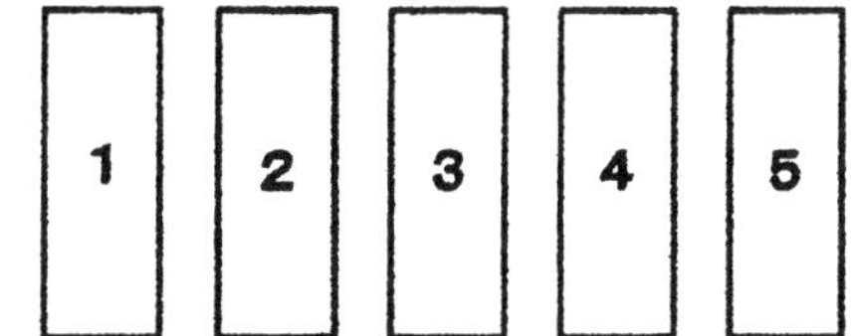

【83】 底面の半径が３cm，高さが４cmの円錐の，(1)表面積，(2)体積を求めなさい。円周率はπとする。

【84】 子猫を飼い始めた。体重は最初1.2kgであった。毎週初めに体重測定をしていると100gずつ増えている。何週間後に体重は当初の倍になると予想されるか。

【85】 $2 < \sqrt{a} < 3$を満たす自然数を小さい順に書きなさい。

〔群馬・前橋市医師会立前橋准看護学校〕

【86】 次の計算をしなさい。

(1) $24 \div (-6)$

(2) $49 \div (-7) - 4 \times (-6)$

(3) $5^2 + 9 \div (-3^2)$

(4) $\frac{5}{6} + 2^2 \div \left(\frac{4}{3}\right)^2$

(5) $(12x - 6) \div \frac{3}{4}$

【87】 $2x + 3y = 36$を満たす自然数 x，y の組をすべて求めなさい。

【88】　12％の食塩水と８％の食塩水を混ぜて９％の食塩水400gを作りたい。

(1)　12％の食塩水 x g，８％の食塩水 y gには，それぞれ何gの食塩が含まれているか？

(2)　上の食塩水を混ぜて９％の食塩水400g作るには，それぞれ何gずつ混ぜればよいか？

〔千葉・木更津看護学院〕

【89】　次の各問いに答えよ。

(1)　$12x^3y^4 \div (2xy)^5 \times (-x^2y)^3$を計算せよ。

(2)　$(x-y)^2 + yz - zx$ を因数分解せよ。

(3)　放物線 $y = ax^2$が点P(２，２)を通るとき，定数 a の値を求めよ。次に，この放物線において，x の変域が$-1 \leqq x \leqq 2$のときの y の変域を求めよ。

(4)　１つのサイコロを２回投げるとき，１回目に出た目の数と２回目に出た目の数との差の絶対値が３になる確率を求めよ。ただし，サイコロの１から６までのどの目が出ることも同様に確からしいとする。

【90】　濃度５％の食塩水100gを作るつもりが，塩分計で測ったところ，食塩の量が超過していて濃度5.5％の食塩水ができていた。水の量は変わらないとして，次の問いに答えよ。

(1)　当初予定した食塩水中の食塩の量および水の量はそれぞれ何gか。

(2)　実際に加えた食塩の量を x gとすると，出来上がった食塩水の量は何gか，x を用いて表せ。

(3)　x を求めよ（答えは小数第１位までの数値で与えよ)。

【91】　駅伝の選手Aが走る区間は，前半の５kmは平地で後半の５kmは一定の勾配の上り坂である。A選手は平地および上り坂ともそれぞれ一定の速さで走るとして，このような上り坂を走る速さは平地の場合の速さの $\frac{2}{3}$ であるという。このとき，次の問いに答えよ。

(1)　A選手が前半の５kmを t 分かかるとすると，後半の５kmは何分かかるか，t を用いて表せ。

(2)　A選手が次の中継地点までの10kmを35分で走りきるためには，平地を分速（１分間に進む距離）何mで走る必要があるか（答えは小数第１位までの数値で与えよ)。

〔石川・石川県立総合看護専門学校〕

【92】　次の式を計算しなさい。

(1)　105－42 －７－21

(2)　$11^2+13^2+2\times11\times13=(\qquad)^2$

(3) $\frac{3}{4}+\frac{3}{8}+\frac{3}{12}-0.375$

(4) $\sqrt{3^2+2\times2\times3+2^2}$

(5) $\frac{5}{11}\times\frac{5}{9}\div\frac{5}{11}\div\frac{5}{9}$

(6) $(-2)^3\times7-(-3)^2\times5$

(7) $\left\{3^2-(-4)^2\right\}^2-\left(2^3-7\right)\times6$

(8) $\left\{\left(\frac{5}{4}-\frac{11}{2}\right)\div\frac{2}{3}+\frac{1}{4}\right\}-\frac{5}{24}$

【93】 100円玉２枚と50円玉３枚を同時に投げたとき，次の問いに答えなさい。

(1) ５枚すべてが表になる確率を求めよ。

(2) 表になった金額の合計が50円になる確率を求めよ。

〔佐賀・鳥栖三養基医師会立看護高等専修学校〕

【94】 次の計算をしなさい。

(1) $-3+9$

(2) $\left(\frac{3}{7}\right)^2$

(3) $9x^2\times8x$

(4) $\sqrt{32}-\sqrt{8}$

(5) $(\sqrt{3}-1)^2$

(6) $(a-1)(b+1)$

【95】 次の比例式，方程式，不等式を解きなさい。

(1) $x:9=7:6$

(2) $2x+9=3x+14$

(3) $x^2-2x-8=0$

(4) $\begin{cases} 3x+y=-7 \\ x-2y=-7 \end{cases}$

(5) $3\leqq x+\frac{1}{2}x$

(6) $|x-5\ =1$

【96】 16と18の最小公倍数を答えなさい。

【97】 一か月間で何冊の本を読んだか20人に調査したところ表のようになりました。読んだ本の冊数の中央値を求めなさい。

読んだ本(冊)	0	1	2	3
人数(人)	10	3	2	5

【98】 球の体積は$V=\frac{4}{3}\pi r^3$で求めることができます（ｒは半径です)。
半径$\frac{3}{4}$cmの球の体積を求めなさい。

【99】 図のようなグラフ，$\ell : y=\frac{1}{3}x^2-3$，$m : y=x+3$があります。点A，Bはこの２本のグラフの交点です。

(1) 放物線ℓの頂点Ｃの座標を求めなさい。

(2) 点Ａと点Ｂの座標をそれぞれ求めなさい。

(3) 点Ｃを通る直線で三角形ＡＢＣの面積を２等分する直線の式を求めなさい。

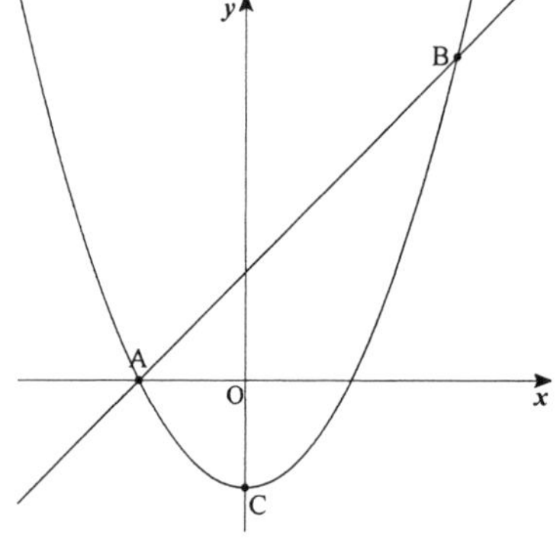

〔宮崎・児湯准看護学校〕

【100】 次の計算をしなさい。

(1) $15+(8-11)$

(2) $\frac{4}{5}-\frac{3}{4}$

(3) $15+(-3)^2$

(4) $\sqrt{36}-4$

(5) $\sqrt{3}\times\sqrt{15}-\sqrt{20}$

(6) $\sqrt{28}\div\sqrt{7}-(2\sqrt{3})^2$

(7) $(a-3)^2-(a-1)(a-9)$

(8) $196\times204-202\times198$

(9) $38^2-2\times38\times8+8^2$

【101】　記号【　】を，【　】の中の３つの数の平均を求め，さらにその平均の小数点以下を四捨五入して整数にする式記号である，と約束する。

例えば，【２，３，５】は，（２＋３＋５）÷３＝3.33…（平均）なので，小数点以下を四捨五入して３，すなわち，【２，３，５】＝３である。

このとき，次の式の値を求めなさい。

(1)　【－３，８，9.5】の値を求めなさい。

(2)　【$\sqrt{2}$, $\sqrt{2}$, $\sqrt{2}$】の値を求めなさい。

(3)　【－１，４，x】＝３を満たす最大の整数xを求めなさい。

【102】　図の△ABCは，∠ABC＝90°，AB＝12cm，BC＝16cm，CA＝20cmの直角三角形である。また，△DEBは，∠DEB＝90°，DE＝９cm，EB＝12cm，BD＝15cmの直角三角形である。ただし，頂点Eは辺CA上にある。次の各問いに答えなさい。

(1)　∠C＝aとするとき，∠ABEの大きさをaの式で表しなさい。

(2)　線分AEの長さを求めなさい。

(3)　辺BCとDEの交点をＦとするとき，線分の長さの比EF：FDを求めなさい。

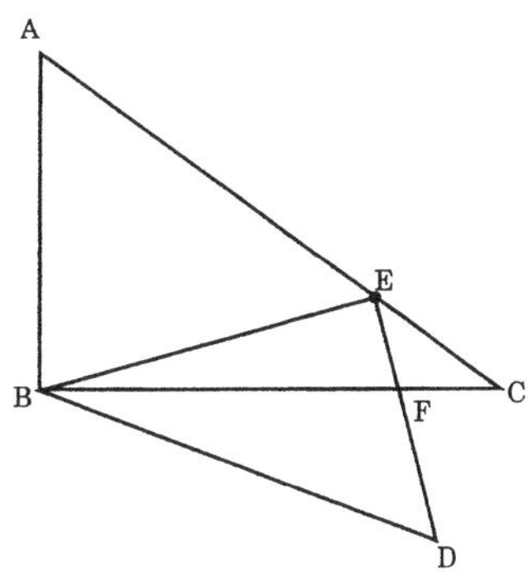

〔茨城・水戸市医師会看護専門学院〕

【103】　次の計算をしなさい。

(1)　$8+(-2)$

(2)　$(-7)\times(-6)$

(3)　$2a-\dfrac{5a}{3}$

(4)　$(21x-18y)\times\dfrac{1}{3}$

(5)　$(x+y)^2-(x-y)^2$

(6)　$\sqrt{12}\times\sqrt{27}$

【104】　白玉３個，赤玉２個が入った袋から，同時に２個の玉を取り出すとき，１個が白玉で，１個が赤玉になる確率を求めなさい。

【105】　次のx，yの値を求めなさい。

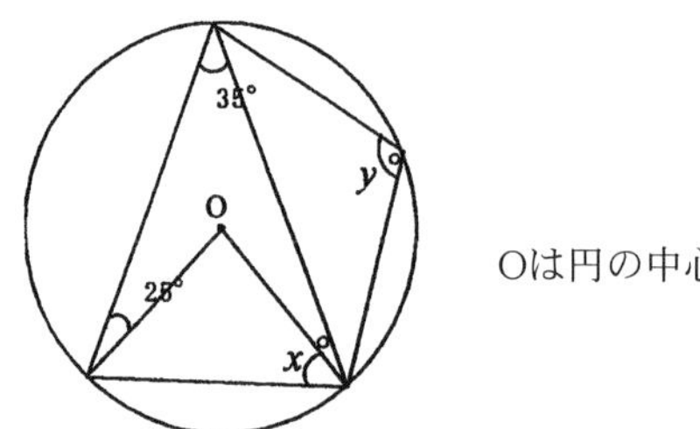

Oは円の中心

【106】　関数$y = ax^2$において，$x = \frac{1}{3}$のとき，$y = 1$である。このとき，次の(1)〜(3)の問いに答えなさい。

(1)　aの値を求めなさい。

(2)　xの変域が$-1 \leqq x \leqq 3$のとき，yの変域を求めなさい。

(3)　xの値が-2から１まで増加するときの，変化の割合を求めなさい。

【107】　次の図形を，直線ℓを軸として１回転させてできる立体について，次の(1)〜(2)の問いに答えなさい。ただし，円周率はπとする。

(1)　立体の名称を書きなさい。

(2)　体積と表面積を求めなさい。

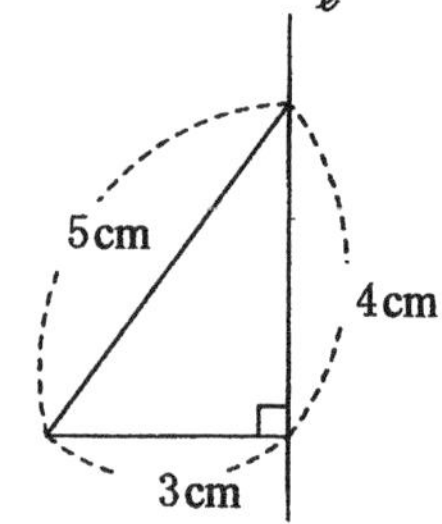

〔群馬・前橋市医師会立前橋准看護学校〕

【108】　濃度５％の食塩水100gがある。このとき，次の問いに答えよ。

(1)　この食塩水中の食塩の量は何gか。

(2)　この食塩水にさらに水を加えて濃度４％の食塩水を作りたい。このとき，加える水の量は何g必要か。

【109】 二人の選手A，Bがタイムトライアルのため，一周400mのトラックを同じスタート地点を同時に出発し，同じ向きにトラックを周回し5000m走るとする。それぞれの選手は各々一定の速さで走り，A選手がちょうど10周してスタート地点を通過する際に，B選手に追いつかれたとする。このとき，次の問いに答えよ。

(1) B選手の速さはA選手の速さの何倍か。

(2) B選手がゴールしたとき，A選手はゴール地点まで残り何mの地点にいるか（答えは小数位1位までの数値で答えよ)。

【110】 図の△ABCにおいて，辺ACの長さは1，辺BCの長さは2で，点Mは辺BCの中点で線分AMの長さは1である。このとき，次の問いに答えよ。

(1) ∠BAMおよび∠BACの大きさを求めよ。

(2) 辺ABの長さと△ABMの面積を求めよ。

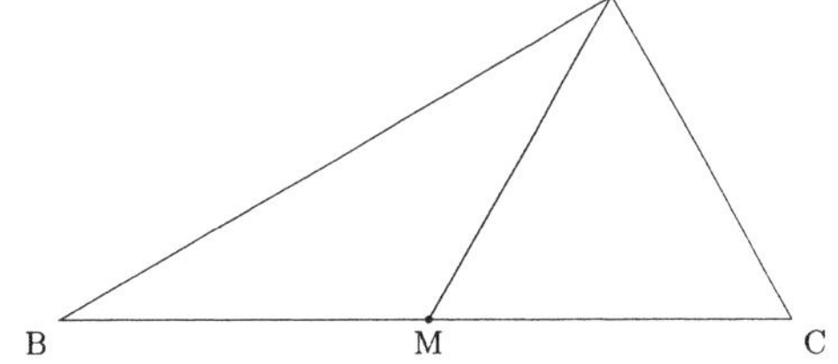

〔石川・石川県立総合看護専門学校〕

【111】 次の［　　］に適切な数値を入れなさい。

(1) $(-2)-3\div 5+2\times 4=$［①］

(2) $\frac{3}{5}+\frac{2}{3}\times\frac{4}{5}+\frac{1}{9}\times\frac{-2}{5}=$［②］

(3) $\frac{1}{(\sqrt{3}-1)^2}=\frac{\boxed{③}}{2}$

(4) $2x^2-3x+1=(2x-$［④］$)(x-$［⑤］$)$

(5) $2x^2-(\sqrt{2}+2\sqrt{3})x+\sqrt{6}=(2x-$［⑥］$)(x-$［⑦］$)$

【112】 次の空欄に適切な数値を入れなさい。

2点（1，1）と（－3，5）を通る直線の式は

$y=($ ① $)x+($ ② $)$

である。

【113】　次の空欄に適切な数値を入れなさい。

太郎と次郎の２人がいる。太郎は自宅から15km離れた公園に向かって，時速４kmの速さで自宅を出発した。次郎も太郎が出発して45分後に，時速６kmの速さで自宅を出発して，太郎と同じ経路で同じ公園に向かった。次郎が太郎に追い付くのは，次郎が出発して（　　）分後である。

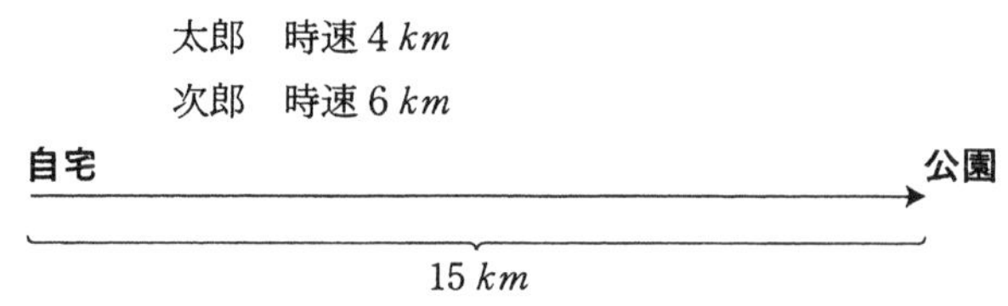

【114】　次の空欄に適切な数値を入れなさい。

水溶液の入った瓶がある。この瓶から１分間に72滴落とすと，瓶は３時間10分で空となる。４時間ちょうどで瓶を空にするには，１分間当たり（　　）滴落とすようにすればよい。

【115】　次の空欄に適切な数値を入れなさい。

半径15cmの円に内接する長方形を考える。図のように長方形の一辺が12cmなら，隣り合うもう１辺の長さは（　　）cmである。

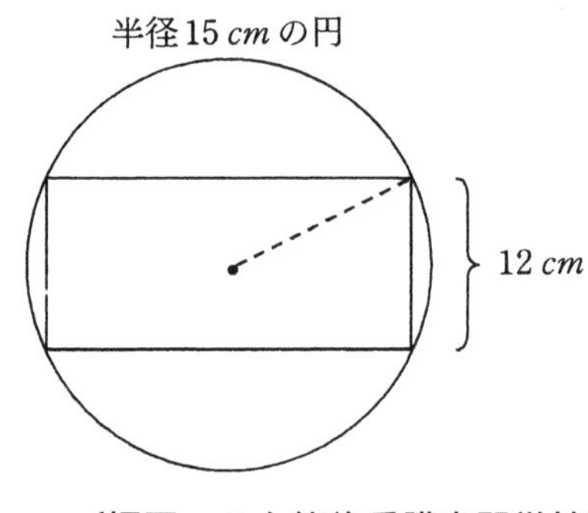

〔福岡・八女筑後看護専門学校〕

【116】　次の計算をしなさい。

(1)　$307-69$

(2)　$1.02+0.8$

(3)　50.2×0.91

(4)　$4\frac{2}{5}\div3$

(5)　$12\times\left(\frac{3}{4}-\frac{2}{3}\right)$

(6)　$7\div10+2\div15$

【117】 次の比例式，方程式，不等式を解きなさい。

(1) $8:3=x:5$

(2) $2(7-x)=18$

(3) $\frac{x}{4}+\frac{5}{6}=\frac{1}{2}$

(4) $\begin{cases} x+2y=5 \\ 2y=-3x-1 \end{cases}$

(5) $x^2+15x-54=0$

(6) $3-2x \geqq -5$

【118】 $a=-3$のとき，$a^2-8a-20$の式の値を求めなさい。

【119】 正８角形の対角線は何本引くことができますか。

【120】 面積１km^2あたりの人口を人口密度といいます。

Ｓ市の面積は438.79km^2，人口は29，262人です。

Ｔ町の面積は102.11km^2，人口は10,071人です。

人口密度が高いのはどちらですか。またその人口密度を四捨五入して整数で求めなさい。

【121】 溶液の質量100g中に溶けている溶質の質量の割合を，質量パーセント濃度（以下濃度）といいます。例えば食塩水の場合，濃度は下の式で求めることができます。

$$\text{濃度（\%）}=\frac{\text{食塩の質量（g）}}{\text{食塩水の質量（g）}}\times 100$$

以下の問いに答えなさい。ただし，必要な場合は小数第２位を四捨五入して小数第１位まで求めること。

(1) 濃度a％の食塩水bgがあります。溶けている食塩の質量をa，bを用いて表しなさい。

(2) 水200gに10gの食塩を溶かしました。この食塩水の濃度は何％ですか。

(3) ６％食塩水400gを３％に薄めたい。水を何g加えればよいですか。

【122】　右のようなグラフ

ℓ ： $y = x^2 - 6x + 5$

m ： $y = -x^2 + 2x + 15$

があります。

点A，Bはグラフの交点です。

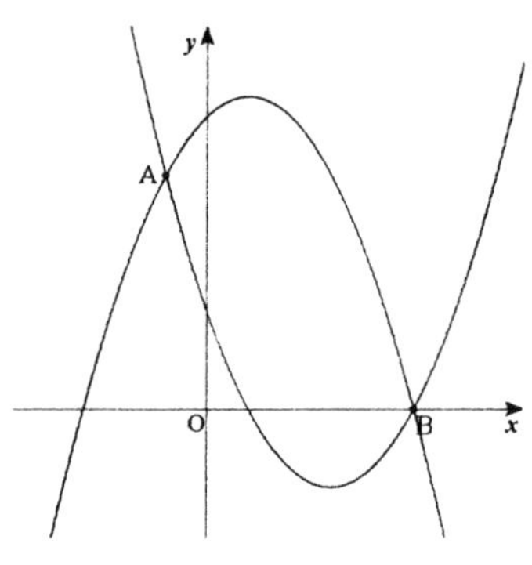

(1)　放物線 ℓ の頂点の座標を求めなさい。

(2)　点Aと点Bの座標をそれぞれ求めなさい。

(3)　y 軸に平行な直線で放物線 ℓ，m で囲まれる部分の面積を２等分します。この直線の式を求めなさい。

〔宮崎・児湯准看護学校〕

【123】　次の計算をしなさい。

(1)　$7-(6-9)$

(2)　$\frac{3}{2}-\frac{2}{3}$

(3)　$5-(-2)^2$

(4)　$\sqrt{16}-\sqrt{25}$

(5)　$\sqrt{8}-\sqrt{6}\times\sqrt{3}$

(6)　$6\sqrt{3}\div\sqrt{12}-(\sqrt{2})^2$

(7)　$(x+4)^2-(x+2)(x+6)$

(8)　$3456+6543-37\times3\times9$

(9)　38^2-32^2

【124】　A，B，Cの３人がじゃんけんを１回する。このとき，次の各問いに答えなさい。

(1)　３人の手（グー・チョキ・パー）の出し方は全部で何通りあるか，求めなさい。

(2)　Aだけが勝つとき，３人の手の出し方は何通りあるか，求めなさい。

(3)　A，B，Cの３人のうち，２人が勝つ確率を求めなさい。

【125】 A君は午前9時ちょうどに家を出発して，分速80mの速さで図書館に向かった。けれども，疲れたので途中の公園で10分間休憩し，その後，初めと同じ速さで図書館に向かった。A君の妹は，9時10分に家を出発して自転車で図書館に向かった。

A君が出発してからの時間(分)を x 軸に，家からの道のり(m)を y 軸にとって，2人が進む様子をグラフに表したのが下の図である。

(A君が進む様子が実線で，A君の妹の進む様子が二重線で表してある)

次の各問いに答えなさい。

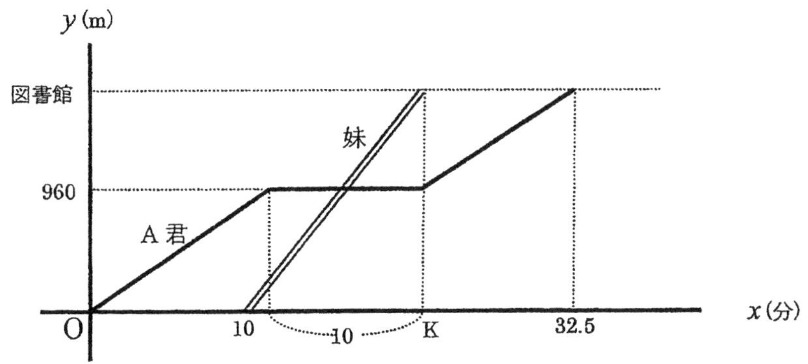

(1) グラフの x 軸の点Kの x 座標を求めなさい。

(2) A君の家から図書館までの道のりを求めなさい。

(3) 妹が進む様子について，y を x の式で表しなさい（1次関数の式を求めなさい)。

(4) 妹が公園の前を通過するのは，A君が休憩を始めてから何分後か，求めなさい。

〔茨城・水戸市医師会看護専門学院〕

【126】 次の問いに答えなさい。

(1) $a=-3$，$b=8$ のとき，式 $4a+3b$ の値を求めなさい。

(2) 次の式を因数分解しなさい。 $25x^2-9y^2$

(3) 方程式 $x^2=15x-56$ を解きなさい。

(4) $x=\sqrt{2}+1$，$y=\sqrt{2}-1$ のときの，式 x^2+xy+y^2 の値を求めなさい。

(5) 連立方程式を解きなさい。

$$\begin{cases} 5x+3y=6 \\ -3x-2y=1 \end{cases}$$

(6) 次の比例式を解きなさい。 $4:(x-5)=20:80$

【127】 方程式 $x-2a=3(a+1)$ の解が，$x=23$ のとき a の値を求めなさい。

【128】 長さ2mのロープで，縦の長さが横の長さよりも40cm長い長方形を作ります。このと

き，この長方形の縦と横の長さを求めなさい。

【129】　１枚80円のクッキーを15枚と，１本100円の緑茶を何本か買って，合計の代金が1500円になるようにします。緑茶は何本買えますか。

【130】　２個のさいころを同時に投げるとき，次の⑴，⑵に答えなさい。

⑴　目の和が６になる確率

⑵　目がどちらも奇数である確率

〔茨城・真壁医師会准看護学院〕

【131】　次の計算をしなさい。

⑴　$(-13)+7$

⑵　$(-6)\times(-8)$

⑶　$\dfrac{5x}{2}-3x$

⑷　$3(a+3b)-(a+4b)$

⑸　$(x+y)^2-2x(x-y)$

⑹　$\sqrt{48}-\sqrt{27}$

【132】　いくつかの円を用いて，下の図のように三角形を作る。このとき，次の⑴，⑵の問いに答えなさい。

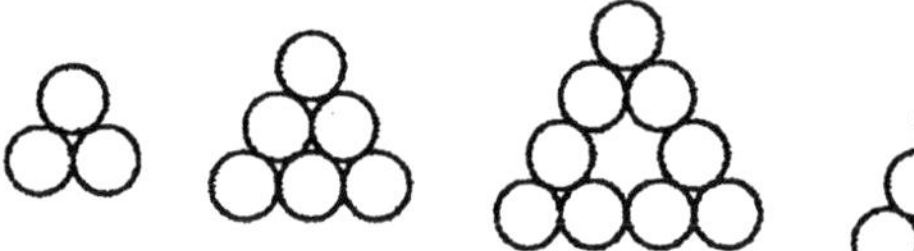
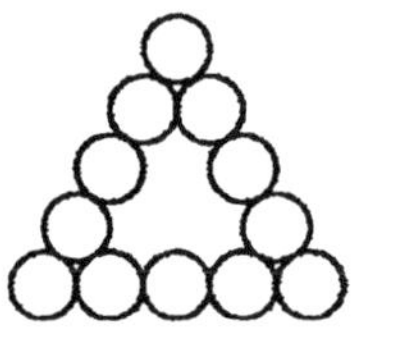

⑴　１辺の円の数が８個のとき，三角形全体で使われている円の個数を求めなさい。

⑵　100個の円でできる最大の三角形を作るとき，余る円の個数を求めなさい。

【133】　関数 $y=ax^2$ のグラフ上に，点A$(-1,\ 2)$と点B$(3,\ b)$がある。次の⑴～⑶の問いに答えなさい。ただし，座標軸の１目盛りを１cmとする。

⑴　a，b の値を求めなさい。

⑵　２点A，Bを通る直線の式を求めなさい。

⑶　原点をOとするとき，三角形OABの面積を求めなさい。

【134】 次の x, y の値を求めなさい。

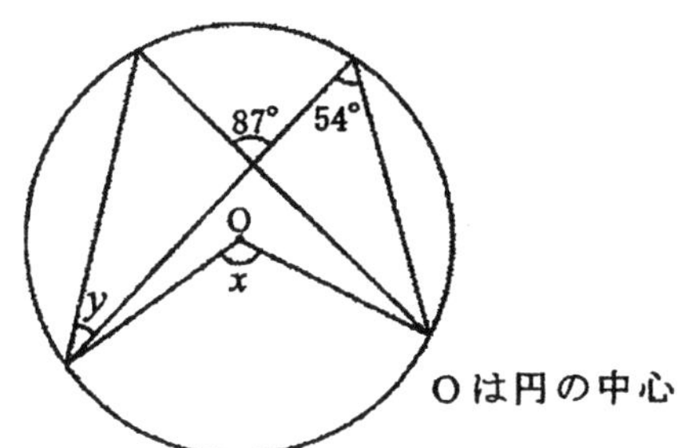

〔群馬・前橋市医師会立前橋准看護学校〕

【135】 次の計算をしなさい。

(1) 854×285

(2) 57684÷836

【136】 次の方程式を解きなさい。

(1) $3(3x+5)=7x+29$

(2) $x+3y=5y-2x+1$

$2x+y=3x+2$

【137】 800mlの８％食塩水に水200mlを加えると何％食塩水になりますか。

〔千葉・木更津看護学院〕

【138】 次の各問いに答えよ。

(1) １から100までの自然数で，９の倍数であるものは何個かを答えよ。

(2) 縦の長さが x cm，横の長さが y cmである長方形の面積が10cm^{2}であるとき，y を x の式で表せ。

(3) 次はあるグループ８人の年齢のデータである。

51，37，76，67，51，45，86，56

このデータの平均値と中央値を求めよ。

(4) １つのサイコロを２回投げるとき，１回目に出た目の数と２回目に出た目の数の和が８になるような場合の数は何通りあるか。可能なすべての場合を書き上げて調べよ。

【139】　図のように，座標平面上に１次関数 $y = x + 1$ のグラフが x 軸および２次関数 $y = ax^2$（a は正の定数）のグラフの右半分と交わる点をそれぞれP，Qとする。さらに，点Qから x 軸に下ろした垂線の足をRとする。このとき，線分の長さの比PO：ORが１：２であるような場合について，次の問いに答えよ。

⑴　点Rの x 座標を求めよ。

⑵　点Qの座標を求め，次に a の値を求めよ。

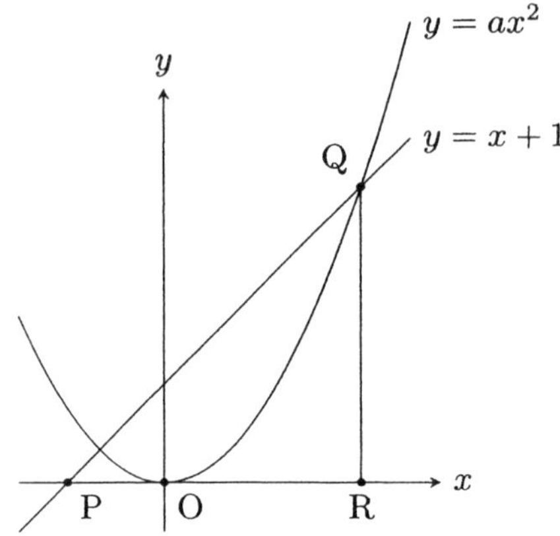

【140】　図のように，平面上で互いに外接している半径１の３つの円A，B，Cがある。その２円AとBとの接点をP，２円BとCとの接点をQ，２円CとAとの接点をRとする。このとき，次の問いに答えよ。

⑴　線分AQの長さおよび△ABCの面積を求めよ。

⑵　△ABCの内部にある３つの円弧$\overset{\frown}{PQ}$，$\overset{\frown}{QR}$，$\overset{\frown}{RP}$で囲まれた図形（灰色の部分）の面積 S を求めよ。

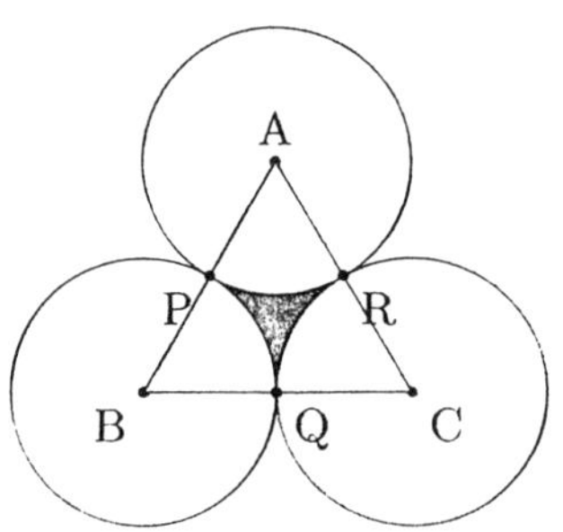

〔石川・石川県立総合看護専門学校〕

【141】　次の方程式を解きなさい。

⑴　一次方程式　$8x + 2 = 3x + 17$

⑵　一次方程式　$0.3x + 0.2 = 0.1x - 2$

(3) 連立方程式 $\begin{cases} x+2y=5 \\ 2x-3y=3 \end{cases}$

(4) 二次方程式 $x^2-5x=0$

(5) 二次方程式 $x^2+7x+5=0$

【142】 次の各問いに答えなさい。

(1) 2点$(-1,\ 5)$，$(3,\ 2)$を通る直線の式を求めなさい。

(2) $3x^2-30x+75$を因数分解しなさい。

(3) $2 \leqq \sqrt{n} \leqq 2\sqrt{3}$を満たす自然数 n の個数を求めなさい。

(4) y は x の二乗に比例し，$x=-5$ のとき $y=10$である。y を x の式で表しなさい。

(5) 十の位が a，一の位が b である2桁の自然数を a，b を用いた式で表しなさい。

【143】 図の各値を求めなさい。

(1) ① x の値 ② y の値

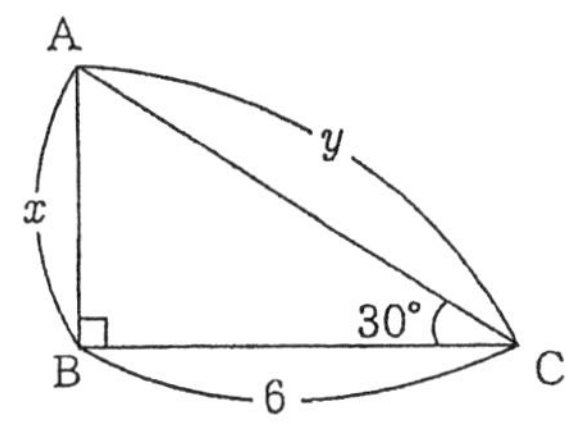

(2) ① x の値 ② y の値

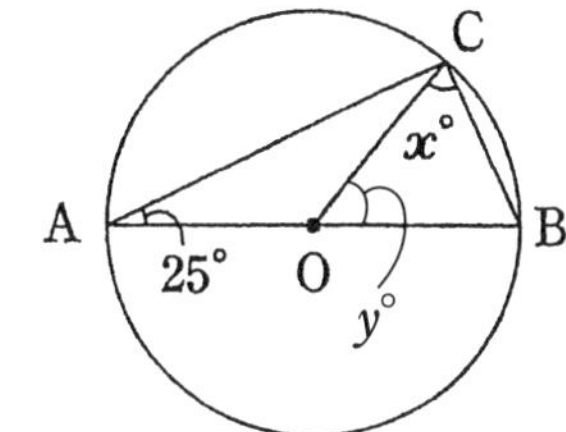

(3) 三角形の面積

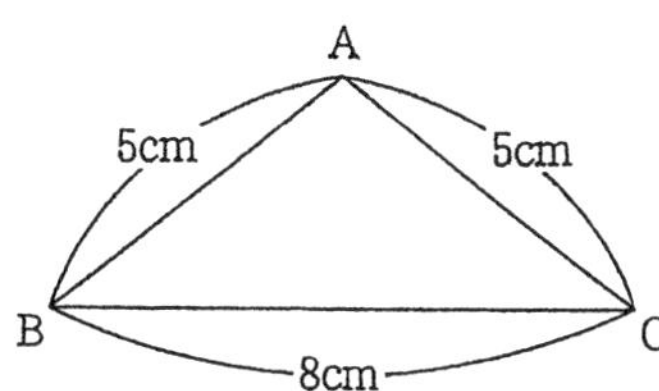

〔山口・萩准看護学院〕

【144】 次の計算をしなさい。

(1) $4-(-2)\times 5 \div (-2) \times 3$

(2) $(2-\sqrt{5})\times(\sqrt{5}-3)$

(3) $\dfrac{3^{19}-(-3)^{18}}{3^{15}}$

(4) $\dfrac{\sqrt{3}+3}{3-\sqrt{3}}$

【145】　次の(　　)に適切な数値または式を入れなさい。

(1)　5％の食塩水300ｇと(　①　)％の食塩水100ｇを混ぜ合わせると，10％の食塩水ができる。

(2)　x 切片が5，y 切片が－2の直線の方程式は，y ＝(　②　)となる。

(3)　点(2，3)を通り，傾きが－1の直線の方程式は，y ＝(　③　)となる。

(4)　1から501までの整数の合計は(　④　)である。

(5)　いま，直角三角形ABCの各辺の長さは，辺 $a = 5$ cm，辺 $b = 3$ cm，辺 $c = 4$ cmである。この三角形の3つの頂点A，B，Cを通る外接円の半径は(　⑤　)cmである。

(6)　次の(ア)～(エ)の各関数のグラフとして最も適切なものを下のグラフから1つずつ選び，グラフの番号（①～⑨）を記入しなさい。

(ア)　$f(x) = -x^2 + 3x + 5$

(イ)　$f(x) = 2x - 8$

(ウ)　$f(x) = (x - 3)(x - 2)$

(エ)　$f(x) = -2x + 3$

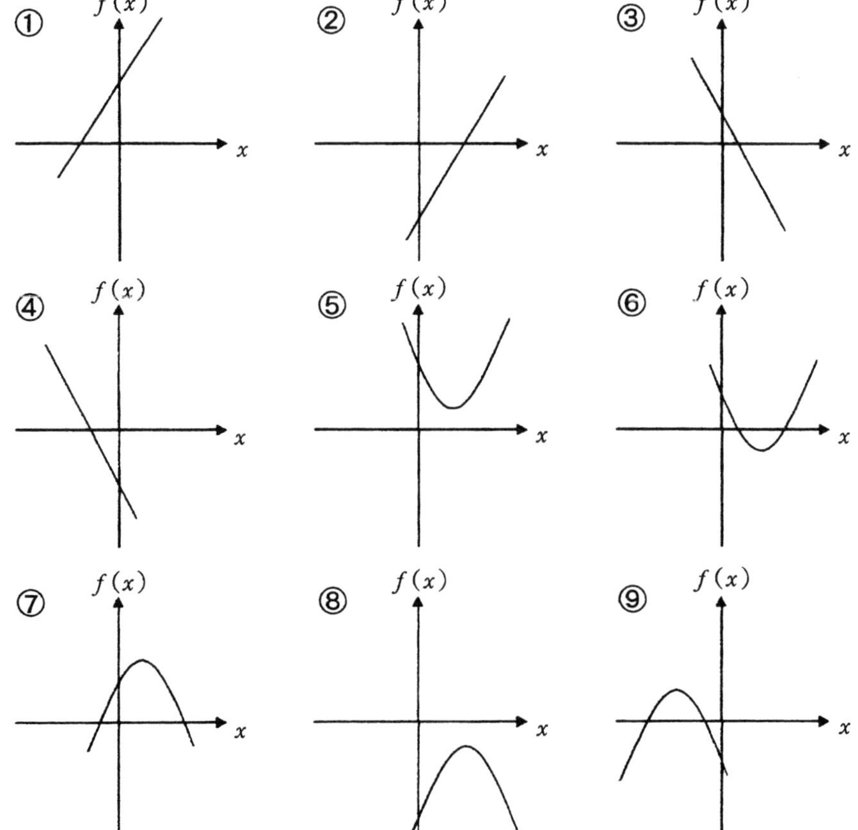

(7)　$0 < m < n$ である2つの整数 m と n は，最大公約数が7で，最小公倍数が210で，

$m+n=91$であるという。このとき，$m=$(　⑥　)，$n=$(　⑦　)である。

〔福岡・八女筑後看護専門学校〕

【146】　次の式を計算しなさい。

(1) $\frac{1}{2}-\frac{1}{4}-\frac{1}{8}$

(2) $\frac{1}{3}+\frac{1}{6}+\frac{1}{9}$

(3) $4.125\times0.25\times\frac{16}{11}$

(4) $\frac{5}{7}\div\frac{5}{7}$

(5) $\sqrt{8}\times\sqrt{49}\div\sqrt{2}$

【147】　赤玉が５個入った袋と白玉が５個入った袋があり，それぞれ１から５の数字が書いてある。それぞれの袋から無作為に赤玉と白玉を１個ずつ取り，その数字を足すものとする。このとき奇数になる確率をA，偶数になる確率をBとする。正しいものを選びなさい。

①A＝B　　②A＜B　　③A＞B

【148】　１周が3.6キロメートルの正方形の道がある。それぞれの角を時計回りにA，B，C，Dとする。太郎は分速100メートルの自転車でAを出発点とし，BCDを通りAに戻る。花子は秒速１メートルで歩いてCを出発点とし，Dを通りAに戻る。次の問いに答えなさい。

(1) 太郎と花子が同時に出発すると，先にAに戻るのはどちらか。

(2) 同時にAに戻るには，太郎は何分早く出発すればよいか。

(3) 同時にAに戻るには，花子は分速何メートルで歩けばよいか。

〔佐賀・鳥栖三養基医師会立看護高等専修学校〕

【149】　次の計算をしなさい。

(1) $8-(2-5)$

(2) $-\frac{3}{5}+\frac{2}{3}$

(3) $3\times(-2)-(-1)^3$

(4) $\sqrt{32}-\sqrt{50}$

(5) $\sqrt{35}\times\sqrt{28}\div 7\sqrt{5}$

(6) $(4\sqrt{3}-\sqrt{72})\div 2\sqrt{2}$

(7) $(x-5)^2-(x-4)(x-6)$

(8) $177\times 39-13\times 175\times 3$

(9) 64^2-36^2

【150】 1から6までの目があるサイコロを2回振り，1回目，2回目の出目をそれぞれ a，b とする。

(1) $a+b=6$ となる場合の数を求めなさい。

(2) $\sqrt{a+b}$ が整数となる確率を求めなさい。

(3) a^2-b^2 が素数となる確率を求めなさい。

【151】 図の△ABCは，∠A＝90°，AB＝6cm，BC＝12cmの直角三角形である。∠Bの二等分線と∠Cの二等分線の交点をDとするとき，次の問いに答えなさい。

(1) ACの長さを求めなさい。

(2) ∠BDCの大きさを求めなさい。

(3) 面積の比△ABD：△ACDを求めなさい。

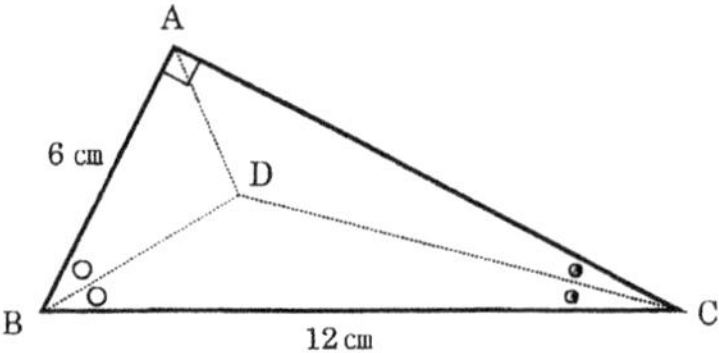

【152】 図の曲線は，関数 $y=ax^2$ のグラフで，点Oは原点，点A$(-2,\ 2)$ はこの曲線上の点である。また，点B$(2,\ 6)$ を座標平面上にとる。このとき，次の問いに答えなさい。ただし，座標の1目盛りを1cmとする。

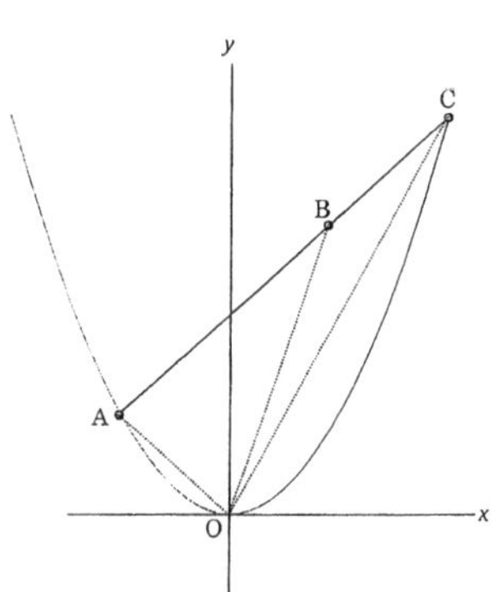

(1) a の値を求めなさい。

(2) 直線ABと放物線の交点のうち，A以外のものをCとする。点Cの座標を求めなさい。

(3) 面積の比△AOB：△BOCを求めなさい。

(4) 線分ABを x 軸の周りに1回転したときに，線分ABが通過する部分の面積を求めなさい。

〔茨城・水戸市医師会看護専門学院〕

【153】 次の各問いに答えなさい。

(1) $(-3)^2\times(-7)-(-2)^3$を計算しなさい。

(2) $\frac{2}{5}a + 2b + \frac{1}{2}a + \frac{1}{2}b$ を計算しなさい。

(3) $a = -2$，$b = \frac{1}{2}$ のとき，$(3a^2b - 6ab^2) \div 3ab$ の値を求めなさい。

(4) 等式 $b = \dfrac{a + 4c}{2}$ を，a について解きなさい。

(5) $(x - 3)(x + 3) + (x + 6)(x - 3)$ を計算しなさい。

(6) $a^2 - 7a + 12$ を因数分解しなさい。

(7) $4\sqrt{3} - \sqrt{2} \times 3\sqrt{6}$ を計算しなさい。

(8) 一次方程式 $5x + 4 = 7x + 10$ を解きなさい。

(9) 連立方程式 $\begin{cases} x + y = -7 \\ 4x - 2y = 20 \end{cases}$ を解きなさい。

(10) 二次方程式 $2x^2 + 5x + 1 = 0$ を解きなさい。

【154】 y 個のみかんを，x 人に6個ずつ配ったら3個余った。このとき，y を x の式で表しなさい。

【155】 次の表は y が x に反比例する関係を表している。□にあてはまる数を求めなさい。

x	−2	−1	0	1	2	3
y	−12	−24	╳	24	12	□

【156】 図のように，整数1，2，3，4，5を1つずつ書いた玉が5個入っている袋があります。この袋の中から同時に2個の玉を取り出すとき，取り出した2個の玉に書かれた数の積が奇数になる確率を求めなさい。ただし，どの玉の取り出し方も同様に確からしいものとする。

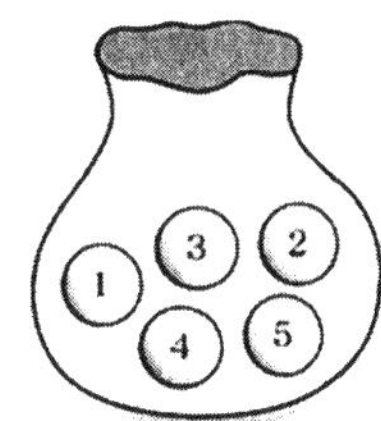

【157】 図のように，点Oを中心とする円があり，点A，B，Cは円周上の点である。∠BAC＝54° のとき，∠x の大きさを求めなさい。

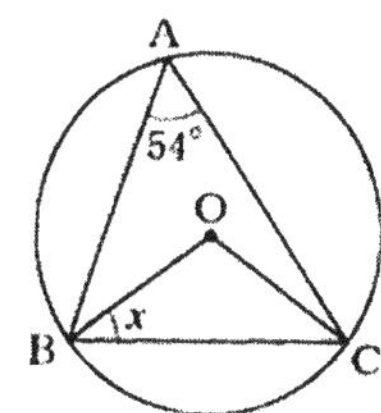

【158】 $\frac{112}{15}$ と $\frac{280}{33}$ のどちらにかけても積が正の整数となるような分数のうち，最小のもの

を求めなさい。

〔栃木・宇都宮准看護高等専修学校〕

【159】次の方程式や連立方程式を解きなさい。

(1) $2+x=2(3-x)$

(2) $x^2+7x-18=0$

(3) $\begin{cases} x+2y=1 \\ 2x-3y=9 \end{cases}$

【160】 yがxに反比例し，$x=3$のとき，$y=-2$である。このとき，yをxの式で表しなさい。

【161】 3枚の硬貨を同時に投げるとき，3枚とも表が出る確率を求めなさい。

【162】 底面の半径が r，高さが h の円すいがある。この円すいの体積をVとするとき，Vを r，hを用いて表しなさい。ただし，円周率はπとする。

〔群馬・前橋市医師会立前橋准看護学校〕

【163】 下記より正しいものを選びなさい。

① $\frac{5}{11}>0.5$　② $\frac{7}{13}<0.5$　③ $\frac{7}{13}>\frac{8}{15}$　④ $\frac{8}{15}<0.5$

【164】 1より大きい整数のうち，1と自分以外の整数では割り切れない整数を素数といいます。100から110の間に素数はいくつあるか答えなさい。

【165】 1周20kmの円があります。Aさんは点Pから時計回りに時速4kmで円をまわります。1時間15分後に，Bさんが点Pから反時計回りに時速10kmで円をまわります。Aさんが1周まわる間に，何回Bさんと会いますか。

【166】 袋の中にまったく同じもので，赤玉が2個，白玉が3個入っています。無作為に1個ずつ2回取り出すとき，赤玉―赤玉となる確率をA，赤玉―白玉となる確率をB，白玉―白玉となる確率をC，白玉―赤玉となる確率をDとします。下記より正しいものを選びなさい。

①A＝B＝C　②B＝C＝D　③C＝D＝A　④D＝A＝B

【167】 半径１の円に内接する正六角形の面積を求めなさい。

〔佐賀・鳥栖三養基医師会立看護高等専修学校〕

【168】 次の計算をしなさい。

(1) $11-17+7$

(2) $-\frac{3}{4}+\frac{1}{6}$

(3) $(-2)^3+12\div(-4)$

(4) $2\sqrt{12}-\sqrt{27}$

(5) $\sqrt{5}\times2\sqrt{3}\div\sqrt{20}$

(6) $\frac{3}{\sqrt{2}}(\sqrt{8}+2)-\sqrt{18}$

(7) $(x-2)(x+3)-x(x+1)$

(8) $119\times28-28\times121$

(9) $36^2-2\times36\times30+30^2$

【169】 図の円の半径は6cmで，点A，B，Cはこの円の円周上にある。点Oは円の中心で，$\angle AOB=90°$，$\angle OAC=15°$である。このとき，次の問いに答えなさい。

(1) ∠BOCの大きさを求めなさい。

(2) BCの長さを求めなさい。

(3) △AOCの面積を求めなさい。

【170】 図の曲線は，関数 $y=x^2$ の $x\geqq0$ の部分のグラフである。点Oは原点，点A，Bはこの曲線上の点で，x 座標はそれぞれ１，２である。このとき，次の問いに答えなさい。ただし，座標の１目盛りを１cmとする。

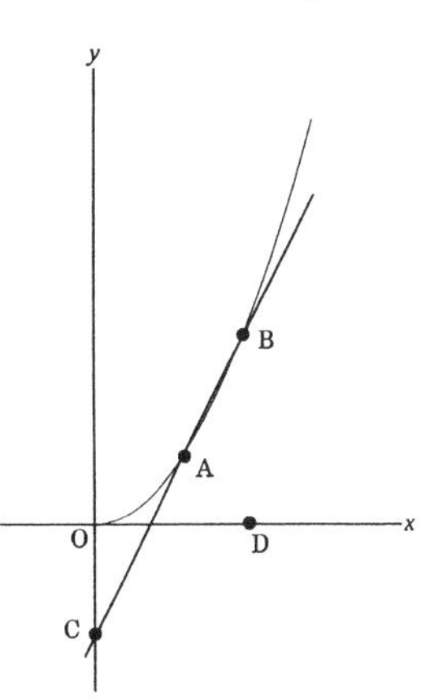

(1) 直線ABと y 軸の交点Cの座標を求めなさい。

(2) △AOCの面積を求めなさい。

(3) x 軸上の正の部分に点Dをとり，面積について，△AOC＝△AODとなるような点Dの座標を求めなさい。

(4) (3)で定めた点Dに対して，△ABDを x 軸の周りに１回転してできる立体の体積を求めなさい。

〔茨城・水戸市医師会看護専門学院〕

【171】　次の計算をしなさい。

(1)　$3(a+2b)+2(-a+b)$

(2)　$4(2x-y)-6(x+3y)$

(3)　$5\mathrm{a}-\frac{10a-b}{3}+\frac{b}{2}$

(4)　$\frac{3m-1}{2}-\frac{m+1}{3}$

(5)　$12a^2b^2 \div 6ab \times 3a$

(6)　$\frac{3}{2}a^2 \div \left(-\frac{1}{6}a\right) \times a$

【172】　次の問いに答えなさい。

(1)　1箱 a kgのみかん箱2箱と，1箱 b kgのみかん箱3箱がある。これら5箱のみかん箱の平均の重さを式に表せ。

(2)　連立方程式　$5x-7y=2x-3y+5=7$　を解け。

(3)　2直線 $y=-3x+5$，$y=\frac{2}{3}x+\frac{4}{3}$ の交点を通り，傾き3の直線の式を求めよ。

(4)　2つのさいころを同時に投げるとき，目の数の積が12の倍数になる確率を求めよ。

【173】　ある中学校の今年度の入学者数は，昨年度の入学者数とくらべて4人増加し，279人であった。これを男女別にみると，昨年度より男子の人数は6％増加し，女子の人数は4％減少した。今年度の入学者の男子と女子の人数をそれぞれ求めなさい。

【174】　図の線分ABを直径とする円において，∠BAC＝40°，∠BOD＝36°であるとき，次の角度を求めなさい。
ただし，点Oは円の中心である。

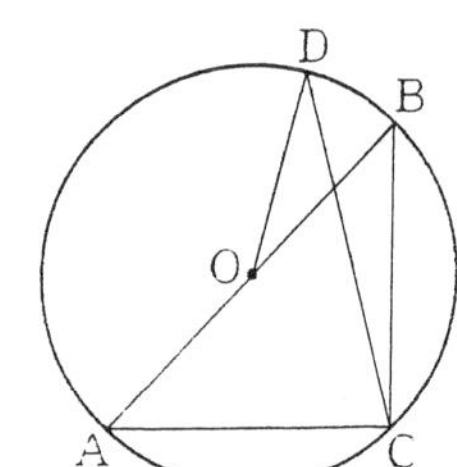

(1)　∠BCD

(2)　∠ODC

〔栃木・宇都宮准看護高等専修学校〕

【175】　次の計算をしなさい。

(1)　$(-3)+(-5)$

(2)　$3x-5x+4x$

(3)　$4x^2y \div 2xy \times 3y$

(4)　$(\sqrt{50}-\sqrt{8}) \div 3$

(5)　$(x+2y)(x-2y)-y(3-4y)$

【176】　次の方程式や連立方程式を解きなさい。

(1)　$\frac{x}{3}+2=\frac{3}{4}x-3$

(2)　$x^2-x-42=0$

(3)　$\begin{cases} x+y=-1 \\ x-3y=11 \end{cases}$

【177】　a 個のみかんを b 人の子どもに１人６個ずつ配ると２個余る。このとき，a を b の式で表しなさい。

【178】　２人の男子Ａ，Ｂと，３人の女子Ｃ，Ｄ，Ｅの計５人の中から２人をくじ引きで選ぶとき，男子１人と女子１人が選ばれる確率を求めなさい。

【179】　y は x の２乗に比例し，$x=2$ のとき，$y=-8$ である。このとき，y を x の式で表しなさい。

【180】　次の x，y の値を求めなさい。

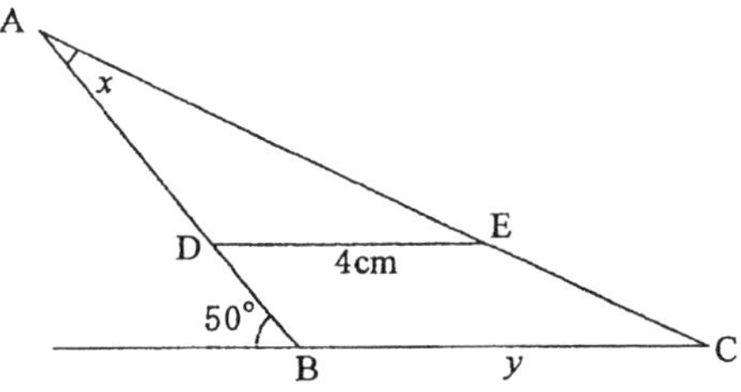

DE // BC，DA ＝ DE，AD : DB ＝2 : 1

【181】　１次関数 $y=-2x+5$ …①について，次の(1)〜(3)の問いに答えなさい。

(1)　①のグラフの傾きを書きなさい。

(2)　①のグラフと x 軸の交点の座標を求めなさい。

(3)　①のグラフ上で，x 座標と y 座標が等しい点をＰとする。点Ｐの座標を求めなさい。

【182】　図は，底面が正三角形で側面がすべて長方形の三角柱ABCDEFで，底面の１辺は３

cm，三角柱の高さは８cmである。辺BE，CF，AD上にそれぞれ，点P，Q，Rをとり，AP，PQ，QR，REを結ぶ。次の⑴，⑵の問いに答えなさい。

⑴　この三角柱の体積を求めなさい。

⑵　AP＋PQ＋QR＋REの長さが最小となるとき，次の①，②の問いに答えなさい。

①AP＋PQ＋QR＋REの長さを求めなさい。

②三角すいPDEFの体積を求めなさい。

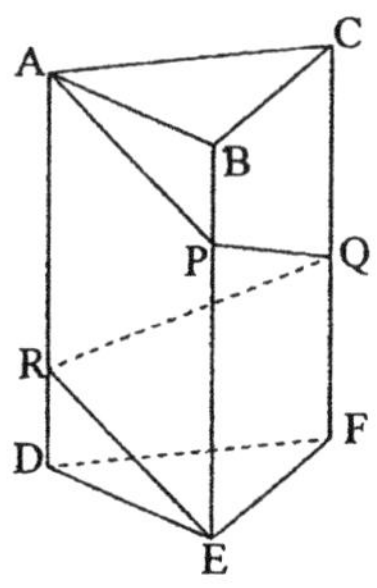

〔群馬・前橋市医師会立前橋准看護学校〕

【183】　次の計算をしなさい。

⑴　$(-6)\div 3$

⑵　$\dfrac{4x-y}{3}+\dfrac{2x-y}{6}-x$

【184】　次の連立方程式を解きなさい。

⑴　$\begin{cases} x=5+2y \\ 3x+y=8 \end{cases}$

⑵　$\begin{cases} 3x-4(x+y)=8 \\ 2(x-y)+y=2 \end{cases}$

【185】　濃度15％の食塩水と，５％の食塩水を混ぜて８％の食塩水を600g作りたい。それぞれ何g混ぜるとよいですか。15％の食塩水を x g，５％の食塩水を y gとして方程式を立てて，解きなさい。

〔千葉・木更津看護学院〕

【186】　次の各問いに答えよ。

⑴　$(-1.5)^3-\dfrac{9}{13}\times\left(\dfrac{7}{2}-0.25\right)$を計算せよ。

(2) $5\sqrt{27}-2\sqrt{48}$を計算し，$\sqrt{3}=1.732$としてその値を小数第３位まで表せ。

(3) 底面の縦と横の比が３：５の長方形で，縦の長さがx cmのとき，高さが７cmの四角柱の体積をy cm^{3}とし，yをxの式で表せ。

(4) yはxに反比例し，$x=3$のとき，yの値は３である。$x=6$のときyの値を求めよ。

【187】 ２次方程式 $x^2+ax-3=0$ を間違えて，$x^2-ax-3=0$ を解いたため，１つの解が$x=3$になった。このとき，定数aの値を定めて，もとの方程式の解を求めよ。

【188】 図のような１辺が８cmの立方体ABCD－A′B′C′D′において，辺CC′の中央をE，辺B′C′の中央をFとするとき，次の問いに答えよ。

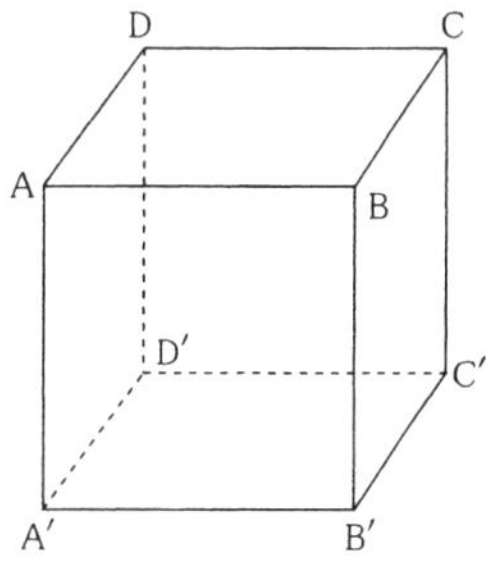

(1) DA′，EFの長さを求めよ。

(2) 四辺形DA′EFの面積を求めよ。

〔石川・石川県立総合看護専門学校〕

【189】 次の計算をしなさい。

(1) $2-(-3)^3\times 2$

(2) $4a^2b\div 2ab\times(3b)^2$

(3) $(a+2b)^2-(a+3b)(a-3b)$

(4) $\dfrac{2x+1}{3}-\dfrac{x-3}{4}$

(5) $\sqrt{6}+\sqrt{8}\times 2\sqrt{3}$

【190】 次の各問いに答えなさい。

(1) 白玉２個と赤玉３個が入った袋がある。

①玉を１個取り出すとき，それが赤玉である確率を求めなさい。

②玉を同時に２個取り出すとき，次の確率を求めなさい。

ア．１個が白で１個が赤である確率。

イ．２個とも白である確率。

(2) ３枚の硬貨を同時に投げるとき，次の確率を求めなさい。

①３枚とも表である確率。

②少なくとも２枚が表である確率。

【191】　次の各問いに答えなさい。

(1)　八角形の対角線の数を求めなさい。

(2)　$x^2-4xy+4y^2$ を因数分解しなさい。

(3)　$a=\frac{1}{2}$，$b=\frac{1}{3}$のとき，$a(4a-3b)+3b(a+1)$の値を求めなさい。

(4)　yはxの２乗に比例し，$x=-2$のとき$y=16$である。yをxの式で表しなさい。

(5)　10％の食塩水200gと20％の食塩水300gを混ぜると何％になるか求めなさい。

【192】　図の各値を求めなさい。

(1)　①xの値　　②四角形ABCDの面積

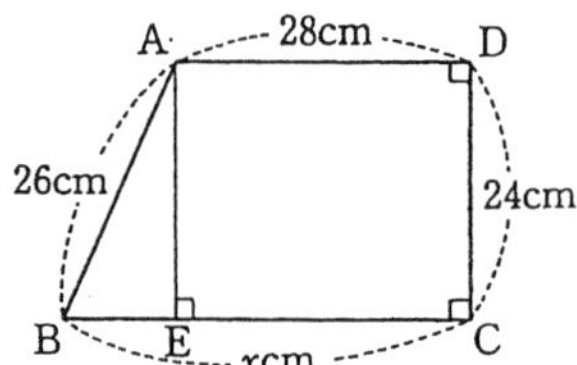

(2)　①中心角の大きさ　　②線分BCの長さ　　③斜線部の面積

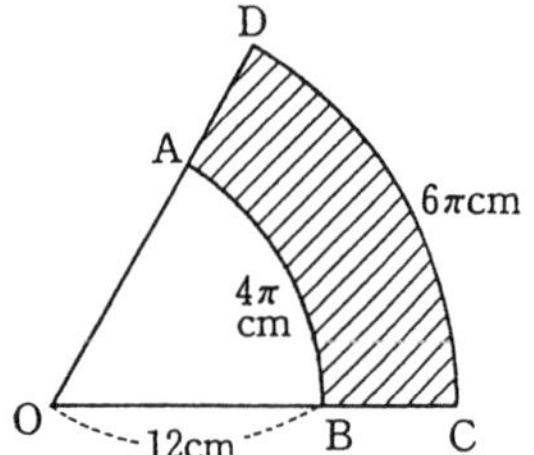

〔山口・萩准看護学院〕

【193】　次の計算をしなさい。

(1)　$8-14+2$

(2)　$-\frac{3}{5}+\frac{2}{3}$

(3)　$12+(-2)^2\times(-4)$

(4)　$\sqrt{32}-\sqrt{18}$

(5)　$\sqrt{6}\times\sqrt{8}\div2\sqrt{3}$

(6)　$2(x-2y)-(3x-y)$

(7)　$(x-2)^2+4x-5$

(8) $2.4\times37+2.4\times63$

(9) 37^2-13^2

【194】 次の各問いに答えなさい。

(1) x^2+4x-5 を因数分解しなさい。

(2) 1次方程式 $0.3x+1=-0.4x-0.4$ を解きなさい。

(3) 連立方程式 $\begin{cases}3x+2y=11\\4x-y=11\end{cases}$ を解きなさい。

(4) 2次方程式 $x^2=3x$ を解きなさい。

(5) y が x に反比例し，$x=4$ のとき，$y=-3$ である。$x=6$ のときの y の値を求めなさい。

(6) 次のように，数がある規則に従って並んでいます。この数の列の初めから8番目の数を求めなさい。ただし，答えが分数であるときは，それ以上約分できない形にしなさい。

$1,\ \frac{5}{4},\ 1,\ \frac{13}{16},\ \frac{17}{25},\ \frac{7}{12},\ \cdots\cdots$

【195】 女子2名と男子2名の4人を1列に並べることを考えます。

(1) 両端に女子を並べるとき，4人の並べ方は何通りありますか。

(2) 女子と男子を交互に並べるとき，4人の並べ方は何通りありますか。

(3) 4人を自由に並べるとき，女子2人が隣り合う確率を求めなさい。

【196】 図の曲線は，関数 $y=ax^2$ のグラフです。点A（-2, 4）はこの曲線上の点で，点Bは y 軸上の点で，その y 座標は -8 です。また，点Cは y 軸に関して点Aと対称な点です。このとき，次の問いに答えなさい。

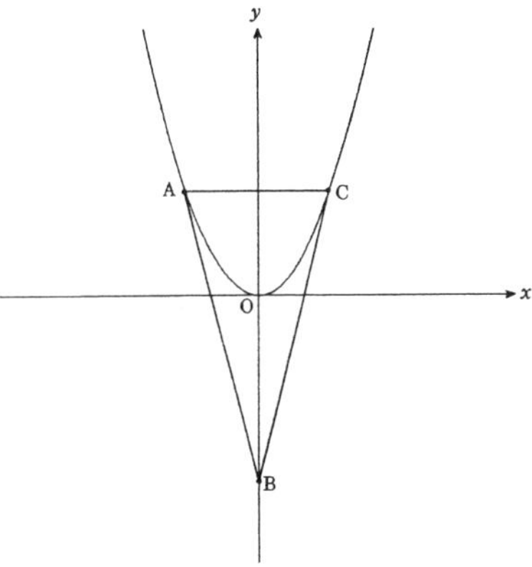

(1) a の値を求めなさい。

(2) △ABCの面積を求めなさい。

(以下，座標の1目盛を1cmとします)

(3) △ABCを y 軸の周りに1回転させるときにできる立体の体積を求めなさい。

(4) (3)のとき，原点を通り，回転軸（y 軸）に垂直な面で立体を切断して2つの立体をつくります。このときにできる，大きい方の立体の体積を求めなさい。

〔茨城・水戸市医師会看護専門学院〕

【197】　次の計算をしなさい。

(1)　$-2x(2y-3x)$

(2)　$-8xy\left(-\frac{1}{4}x^2y-\frac{1}{2}y^2\right)$

(3)　$(-4x+6y)\times\left(-\frac{1}{8}xyz\right)$

(4)　$(8a-3b)(4a+5b)-(2a+3b)(3a-2b)$

(5)　$(x-3)^2+(x+3)(2x-1)$

(6)　$2\sqrt{6}\times\sqrt{20}$

(7)　$\sqrt{5}\times(-\sqrt{2})\times\sqrt{10}$

(8)　$5x<3x-4$

(9)　$7x+2\geqq 5x+16$

(10)　25％のアルコールと５％のアルコールを混ぜて，20％のアルコールを1,000g作りたい。それぞれ何gずつ混ぜればよいですか。

〔栃木・宇都宮准看護高等専修学校〕

【198】　次の計算をしなさい。

(1)　$5+(-9)$

(2)　$3x+15x\div(-3)$

(3)　$(-a)^2\times(-4b)$

(4)　$(\sqrt{18}-\sqrt{8})\div\sqrt{2}$

(5)　$(x-2y)^2+(x+3y)(x-3y)$

【199】　yはxに比例し，$x=8$のとき，$y=2$である。このとき，yをxの式で表しなさい。

【200】　大小２つのさいころを投げるとき，出た目の数の和が６となる確率を求めなさい。

【201】　$5<\sqrt{3n}<6$を満たす整数nをすべて求めなさい。

【202】　図において，BC//DEである。このとき，x，yの値を求めなさい。

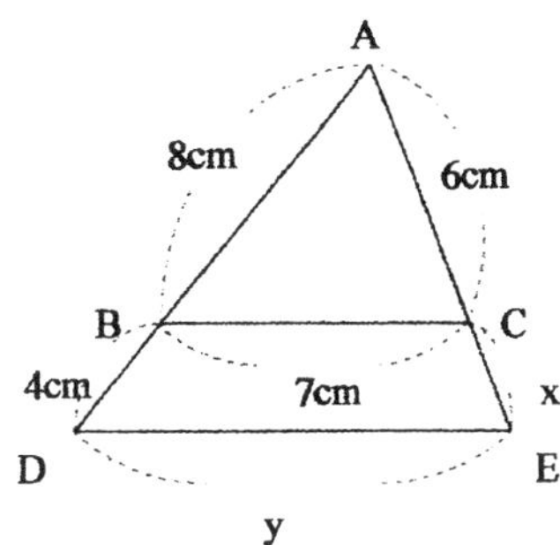

【203】　関数 $y=ax^2$ において，$x=3$ のとき $y=3$ である。このとき，次の(1)～(3)の問いに答えなさい。

(1)　a の値を求めなさい。

(2)　x の変域が $-2 \leqq x \leqq 1$ のとき，y の変域を求めなさい。

(3)　x の値が -2 から 1 まで増加するときの変化の割合を求めなさい。

【204】　図は，底面の円の半径が３cm，母線の長さが５cmの円すいである。次の(1)，(2)の問いに答えなさい。ただし，円周率はπとする。

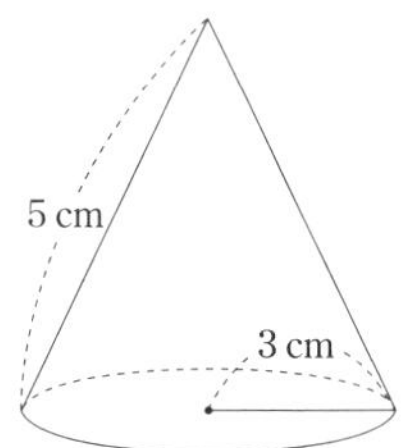

(1)　この円すいの展開図を考える。側面のおうぎ形の中心角を求めなさい。

(2)　この円すいの体積と表面積を求めなさい。

〔群馬・前橋市医師会立前橋准看護学校〕

【205】　放物線 $y = ax^2$ と直線 $y = -x + 6$ のグラフの交点をA，Bとする。点Aの x 座標は -6，点Bの x 座標は３であるという。このとき，次の問いに答えよ。

(1)　$y = ax^2$ の係数 a の値を求めよ。

(2)　座標軸の原点をOとし，△AOBの面積を求めよ。

【206】　AB＝3，BC＝5である長方形ABCDがある。
対角線ＢＤを折目として，△ABDを△BCDの上に折り重ねて，辺ADと辺BCの交点をPとする。

(1)　PDの長さを求めよ。

(2)　△BPDの面積を求めよ。

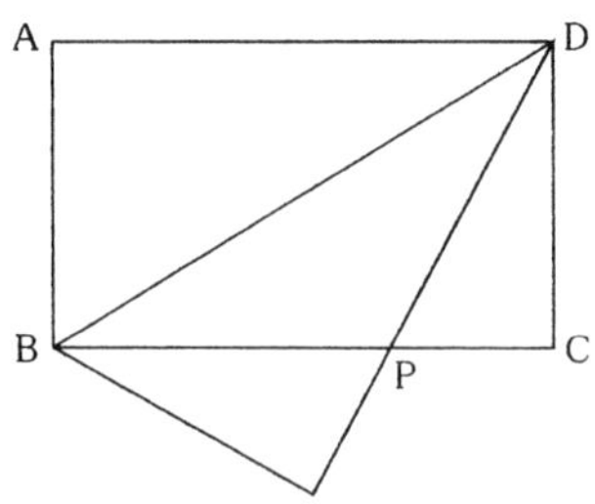

〔石川・石川県立総合看護専門学校〕

【207】　次の各問いに答えなさい。

(1)　$x=26$のとき，$x^2-2x-24$の値を求めなさい。

(2)　x^2-36y^2を因数分解しなさい。

(3)　$-\frac{16}{3}$より大きく$\sqrt{13}$より小さい整数は何個あるか求めなさい。

(4)　yはxに比例し$x=4$のとき$y=12$である。yをxの式で表しなさい。

(5)　yはxの一次関数で，そのグラフは2点（1，3），（4，6）を通る。yをxの式で表しなさい。

【208】　図のようなすべての辺の長さが10cmの正四角すいについて，次の各問いに答えなさい。

(1)　側面積を求めなさい。

(2)　表面積を求めなさい。

(3)　線分ACの長さを求めなさい。

(4)　高さを求めなさい。

(5)　体積を求めなさい。

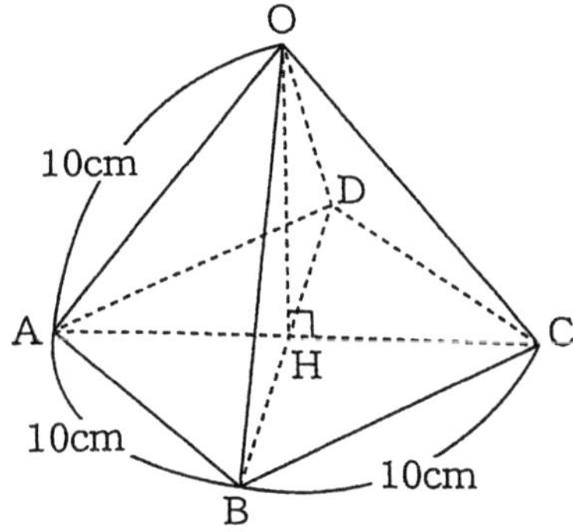

〔山口・萩准看護学院〕

【209】　次の計算をしなさい。

(1)　$12-27+9$

(2)　$-\frac{2}{3}+\frac{1}{6}$

(3)　$-4+6^2\div(-4)$

(4)　$\sqrt{72}-\sqrt{5}\times\sqrt{10}$

(5)　$(\sqrt{27}-\sqrt{12})\div\sqrt{3}$

(6)　$2(x-3)-(x-5)$

(7)　$(x-3)(x+5)$

(8)　$(2x-3y)^2$

(9)　98×102

【210】　次の各問いに答えなさい。

(1)　a^2-4a を因数分解しなさい。

(2)　1次方程式 $2x+3=-3x+33$ を解きなさい。

(3)　連立方程式 $\begin{cases}2x+5y=1\\4x-5y=17\end{cases}$ を解きなさい。

(4)　2次方程式 $x^2-12=x$ を解きなさい。

(5)　24に自然数 n をかけて，ある数の2乗にしたい。最も小さい n の値を求めなさい。

(6)　xy 平面上で，3点（2，1），（4，5），（a，9）を通る直線がある。a の値を求めなさい。

〔茨城・水戸市医師会看護専門学院〕

【211】　濃度20％のブドウ糖水溶液を薄めて，5％のブドウ糖水溶液1000mℓを作りたい。それぞれの量を答えなさい。

(1)　20％ブドウ糖液の量

(2)　加える水の量

〔栃木・宇都宮准看護高等専修学校〕

【212】　40ℓ入る空の容器に，毎分8ℓずつ水を入れ，満水になったら水を止める。水を入れ始めてから x 分後の水の量を y ℓとするとき，次の(1)，(2)の問いに答えなさい。

(1)　x の変域を求めなさい。

(2)　y を x の式で表しなさい。

【213】　赤玉3個と白玉2個が入った袋から玉を1個取り出し，それを袋に戻さずに続けてもう1個取り出すとき，2個とも赤玉が出る確率を求めなさい。

【214】　図において，x，y の値を求めなさい。

(1)

65°

O

x°

Oは円の中心

(2)

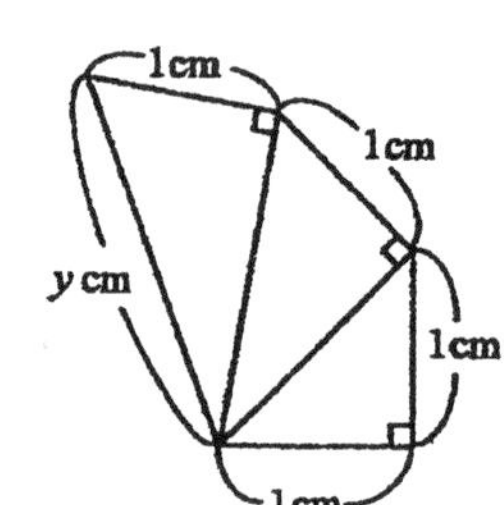

【215】　図の直方体アとイは相似であり，AB＝3cm，AD＝4cm，AE＝2cm，A′D′＝6cm，A′E′＝3cmである。次の(1)〜(3)の問いに答えなさい。

(1)　アとイの相似比を求めなさい。

(2)　辺A′B′の長さを x cmとするとき，x の値を求めなさい。

(3)　アとイの体積の比を求めなさい。また，アとイの表面積の比を求めなさい。

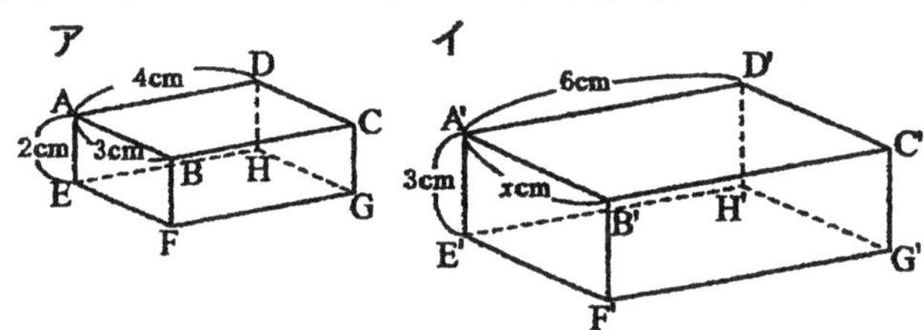

〔群馬・前橋市医師会立前橋准看護学校〕

【216】　次の方程式を解きなさい。

(1)　一次方程式　$7x-6=3(x-4)$

(2)　一次方程式　$\dfrac{5x-1}{2}=\dfrac{2+7x}{3}$

(3)　連立方程式　$\begin{cases} 5x+2y=4 \\ 2x+y=1 \end{cases}$

(4)　二次方程式　$9x^2-4=0$

(5)　二次方程式　$(x-5)(x+2)=44$

【217】　次の各問いに答えなさい。

(1)　1，2，3，0の4個の数字から2個選んで2桁の整数を作るとき，全部で何通りできるか答えなさい。

(2)　大小2つのさいころを同時に投げるとき，次の確率を求めなさい。

①出る目の数の和が２桁になる確率。

②出る目の数の積が６の倍数になる確率。

③出る目の数の差が３になる確率。

(3)　３枚の硬貨を同時に投げるとき，少なくとも１枚裏になる確率を求めなさい。

【218】　次の各問いに答えなさい。

(1)　次の式を因数分解しなさい。

①$6a^2b+18ab^2$

②$a^2-14a+49$

③$5x^2+15x-20$

(2)　yはxに比例し，$x=3$のとき，$y=-6$である。yをxの式で表しなさい。

(3)　内角の和が900°である多角形は何角形か求めなさい。

【219】　図のような円錐について次の問いに答えなさい。

(1)　側面を展開してできるおうぎ形の中心角の大きさを求めなさい。

(2)　底面積を求めなさい。

(3)　側面積を求めなさい。

(4)　高さを求めなさい。

(5)　体積を求めなさい。

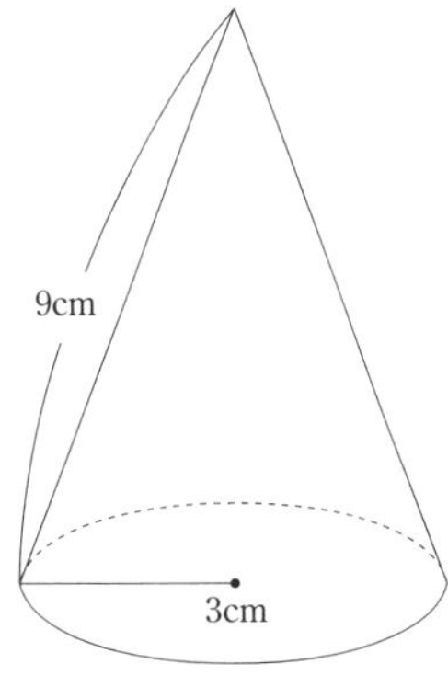

〔山口・萩准看護学院〕

【220】　yがxに反比例し，$x=2$のとき，$y=6$である。このとき，yをxの式で表しなさい。

【221】　次の(1)，(2)の問いに答えなさい。

(1)　五角形の内角の和を求めなさい。

(2)　正五角形の１つの外角の大きさを求めなさい。

【222】　３枚の硬貨を同時に投げるとき，１枚が表で２枚が裏が出る確率を求めなさい。

【223】　次の(1)，(2)において，x，y の値を求めなさい。

(1)　　　　(2)

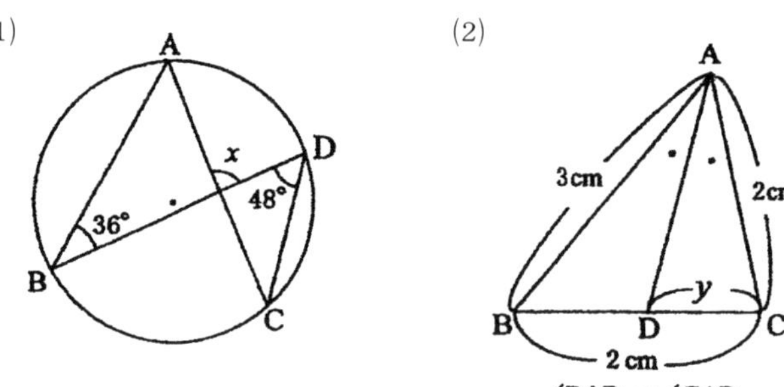

【224】　図の直方体ABCD―EFGHは，AB＝3cm，AD＝4cm，AE＝2cmである。次の(1)～(3)の問いに答えなさい。

(1)　対角線ACの長さを求めなさい。

(2)　対角線AGの長さを求めなさい。

(3)　点Aから辺BFを通って点Gまで糸をかける。

かけた糸の長さが最も短くなるときの糸の長さを求めなさい。

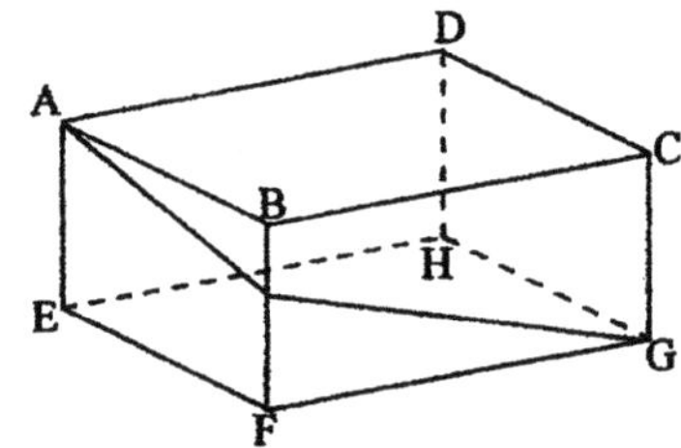

〔群馬・前橋市医師会立前橋准看護学校〕

【225】　図において，(1)は斜線部分の面積，(2)は円すいの高さと体積，(3)は x，y の値を求めなさい。

(1)　　　　(2)　　　　(3)

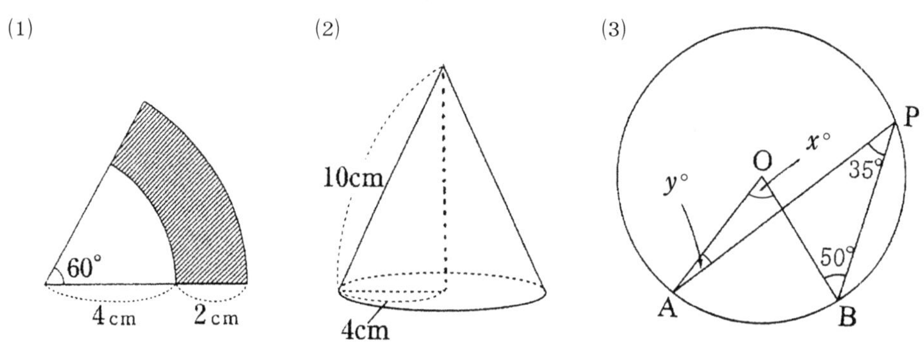

【226】　図のような，２点Ａ（６，９），Ｂ（－４，４）を通る関数$y=ax^2$がある。次の問いに答えなさい。

⑴　aの値を求めなさい。

⑵　直線ABの式を求めなさい。

⑶　点Ｃの座標を求めなさい。

⑷　三角形OABの面積を求めなさい。

⑸　二次関数において，$-6 \leqq x \leqq 2$のときのyの変域を求めなさい。

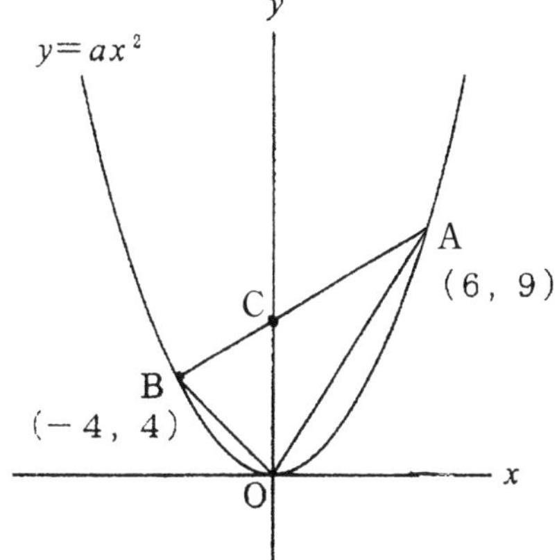

〔山口・萩准看護学院〕

【227】　１辺の長さが４cmの正三角形の面積を求めなさい。

【228】　袋の中に，１，２，３の数字が１つずつ書かれた３個の玉がある。この袋の中から１個の玉を取り出し，その玉をもどしてから，また１個の玉を取り出す。このとき，２回とも同じ数字が書かれた玉が出る確率を求めなさい。

【229】　図は，AB＝５cm，AD＝３cmの長方形ABCDである。この長方形ABCDを，辺CDを軸として１回転させてできる立体について，次の⑴～⑶の問いに答えなさい。ただし，円周率はπとする。

⑴　立体の名称を書きなさい。

⑵　立体の体積を求めなさい。

⑶　立体の側面積を求めなさい。

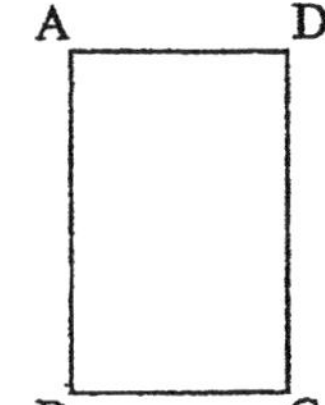

〔群馬・前橋市医師会立前橋准看護学校〕

【230】　座標平面上に，三角形OABがあり，点Ａ，点Ｂの座標はそれぞれ（６，６），（９，－３）である。各問いに答えなさい。

⑴　２点Ａ，Ｂを通る直線の式を求めなさい。

⑵　点Ｃは，点Ａ，Ｂを通る直線とx軸との交点である。点Ｃの座標を求めなさい。

⑶　△OACの面積を求めなさい。

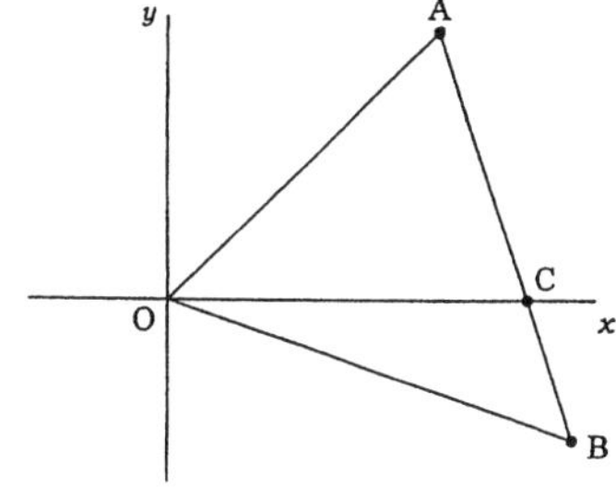

(4) 点Aを通り，直線OBに平行な直線の式を求めなさい。

(5) 原点を通り，△AOBの面積を2等分する直線の式を求めなさい。

〔山口・萩准看護学院〕

【231】 図において，AB//CD，2つの線分ADとBCの交点をEとするとき，線分CDの長さを求めなさい。

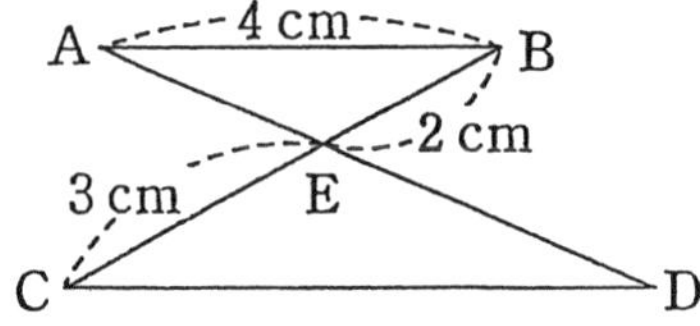

【232】 AB＝CD＝5 cm，BC＝AD＝10cmの長方形ABCDの辺AD上を点PがAを出発し，毎秒1 cmの速さで進む。点Qは点Pと同時にBを出発し，毎秒2 cmの速さでCまで進む。点Pは点QがCに到着したときに同時に止まる。点PとQが同時にそれぞれAとBを出発して，x 秒後の四角形ABQPの面積を y cm^2 とするとき，下の問いに答えなさい。

(1) 出発して2秒後の四角形ABQPの面積を求めなさい。

(2) 四角形ABQPの面積が長方形ABCDの面積の半分になるのは何秒後か求めなさい。

(3) PQの長さが一番長くなるのは何秒後か求めなさい。

(4) y を x の式で表しなさい。

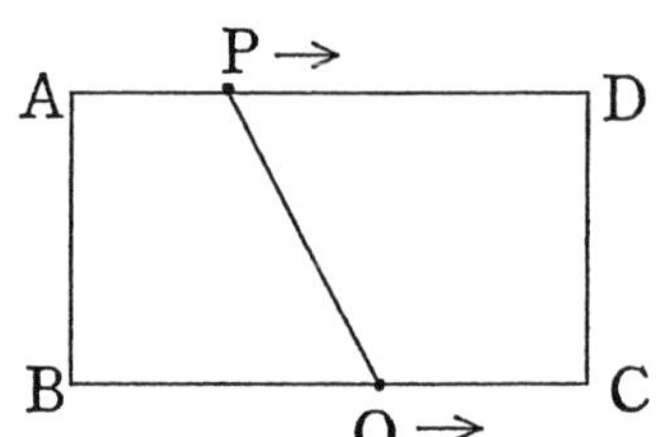

〔茨城・水戸市医師会看護専門学院〕

【233】 1から5までの数字を書いた5枚のカードがある。このカードから1枚ずつ2回続けて取り出し，左から右へ並べて2桁の整数を作る。

(1) 2桁の整数で34以下となる整数は全部で何個できるか。

(2) 2桁の整数が奇数となる確率を求めなさい。

【234】 2直線 $y=\frac{4}{5}x+1$…①，$y=\frac{1}{5}x+4$…②がある。①と②と y 軸で囲まれた△ABCがある。

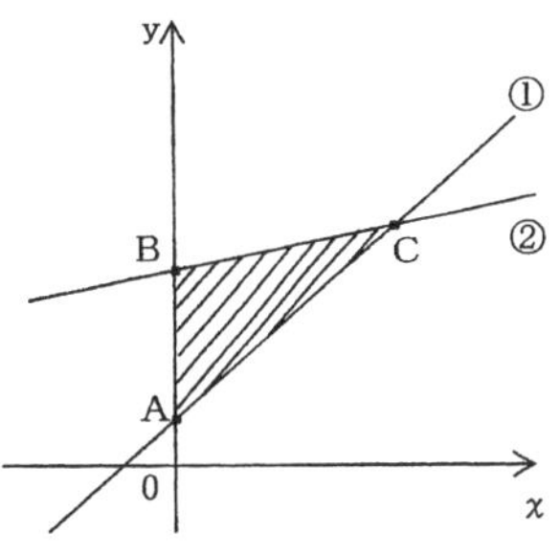

⑴ ①と②の交点Cの座標を求めなさい。

⑵ △ABCの面積Sを求めなさい。

⑶ △ABCを y 軸のまわりに1回転させてできる立体の体積Vを求めなさい。

【235】 次の問いに答えなさい。

⑴ △ABCで∠ABC＝120°かつAD＝DB＝BCである。∠CAB＝x を求めなさい。

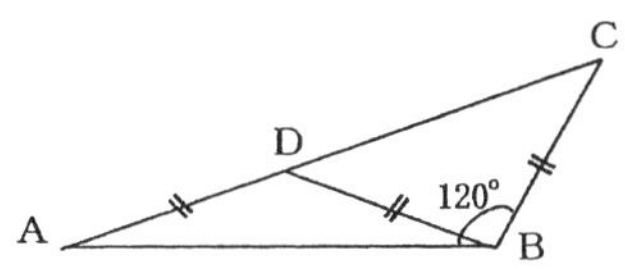

⑵ 図でAB，CD，EFは平行で，AB＝12，CD＝18，EF＝x である。x を求めなさい。

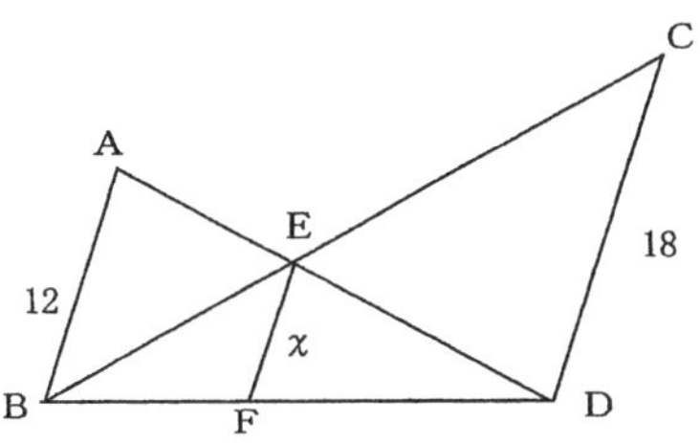

〔佐賀・佐賀市医師会立看護専門学校〕

【236】 図は関数 $y=ax^2$ のグラフである。次の問いに答えなさい。

⑴ a の値を求めなさい。

⑵ この関数で，x の値が0から3まで増加するときの変化の割合を求めなさい。

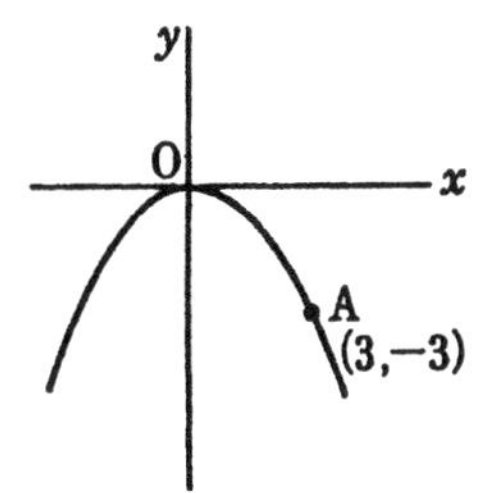

〔岐阜・岐阜市医師会准看護学校〕

【237】 108を素因数に分解しなさい。

〔愛知・名古屋市医師会看護専門学校〕

【238】　次の問いに答えなさい。

(1)　大小２つのさいころを投げるとき，

①　出る目の数の和が４になる場合は何通りあるかを求めなさい。

②　出る目の数の和が10以上になる確率を求めなさい。

(2)　２つのさいころを同時に投げるとき，出る目の積が１桁の数である確率はいくらか。１から６までのどの目が出ることも同様に確からしいものとして答えなさい。

(3)　大小２つのさいころを同時に投げる。このとき出る大きなさいころの目の数を a，小さなさいころの目の数を b とする。

①　a と b の積 ab が３の倍数になる場合は何通りあるか求めなさい。

②　b を a で割った商 $\frac{b}{a}$ が整数になる確率を求めなさい。

〔鳥取・倉吉看護高等専修学校〕

オ．道がつづら折になって、いよいよ天城峠に近づいたと思ふ頃、雨脚が杉の密林を白く染めながら、すさまじい早さで麓から私を追ってきた。

〔作品名〕

①源氏物語　②方丈記　③金閣寺　④徒然草　⑤ぼっちゃん

⑥伊豆の踊子　⑦土佐日記　⑧枕草子　⑨平家物語　⑩奥の細道

〔作者名〕

①川端康成　②夏目漱石　③鴨長明　④紫式部　⑤吉田兼好

⑥紀貫之　⑦清少納言　⑧森鷗外　⑨松尾芭蕉　⑩太宰治

〔大阪・河﨑会看護専門学校〕

【131】次のことわざから似た意味のことわざを二つずつ四組選び、それぞれ記号で答えなさい。

ア．あぶはち取らず　イ．笑う門には福きたる

ウ．紺屋の白ばかま　エ．かえるの子はかえる

オ．猫に小判　カ．朱に交われば赤くなる

キ．ぬかにくぎ　ク．弘法にも筆の誤り

ケ．豚に真珠　コ．豆腐にかすがい

サ．医者の不養生　シ．二兎を追う者一兎も得ず

〔山口・萩准看護学院〕

の戸惑い遠慮する心によって、遭難者は燈台守一家の団欒を守った。その勇気と人間性のすばらしさに人生の事実を感じ、それを書くのが文芸である。

ウ．難破し、やっと燈台にたどり着いたが、燈台守一家の平安を壊したくないと、一瞬ためらったため、再び怒濤に呑まれてしまう。この人生の片隅にひそやかに花咲く深い愛と自己犠牲の精神に人間の真実が見られ、それが世の中の空洞を埋めるということを教えるのが文芸である。

問七　『惜別』の作者は、青森県生まれで、本名、津島修治。屈折した罪悪意識を道化と笑いで包んだ秀作が多い。戦後は虚無的・頽廃的な社会感覚を作品化した。代表作に『斜陽』、『桜桃』、『人間失格』などがある。この作者名を漢字で書きなさい。

【129】　次の①～③は同義のことわざを、④～⑥には反対の意のことわざを後から選び、記号を書きなさい。

①猿も木から落ちる　②泣きっ面に蜂　③忠言耳に逆らう

④三人寄れば文殊の知恵　⑤うどの大木柱にならぬ　⑥あとは野となれ山となれ

ア．下手の横好き　イ．善は急げ　ウ．弱り目にたたり目

エ．立つ鳥あとを濁さず　オ．良薬口に苦し　カ．弘法にも筆の誤り

キ．山椒は小粒でもぴりりと辛い　ク．馬耳東風　ケ．船頭多くして船山に登る

【130】　次の文章は、有名な文学作品の冒頭文（書き出し文）である。それぞれの作品名、作者名を後より記号で答えなさい。

ア．つれづれなるままに、日暮らし硯に向かひて、心にうつりゆくよしなしごとを、そこはかとなく書きつくればあやしうこそものぐるほしけれ。

イ．春はあけぼの、やうやうしろくなりゆく山ぎは、少しあかりて、紫だちたる雲の細くたなびきたる。

ウ．月日は百代の過客にして、行きかふ年もまた旅人なり。舟の上に生涯をうかべ、馬の口とらへて老いを迎ふる者は、日々旅にして旅をすみかとす。

エ．行く川の流れは絶えずして、しかも、もとの水にあらず。よどみに浮かぶうたかたは、かつ消えかつ結びて、久しくとどまりたるためしなし。

誰も知らない〔　a　〕だって、この世の中にあるのです。しかも、そのような、誰にも目撃せられていない人生の片隅に於いて行われている事実にこそ、〔　　　C　　　〕のです。それを天賦の不思議な④ショッカクで捜し出すのが文芸です。文芸の⑤ソウゾウは、だから、世の中に表彰せられている〔　b　〕よりも、さらに〔　c　〕に近いのです。文芸が無ければ、この世の中は、すきまだらけです。文芸は、その不公平な空洞を、水が低きに流れるように自然に充溢させて行くのです。」

そんな話を聞かせてもらうと、私のような野暮な山猿にも、なるほど、そんなものか、やはりこの世の中には、文芸というものが無ければ、油の注入の少い車輪のように、どんなに始めは勢いよく廻転しても、すぐに軋って破滅してしまうものかも知れない、と合点が行く。

（新潮文庫『惜別』より）

問一　文章中の傍線部①〜⑤のカタカナは漢字に改め、漢字には読みを書きなさい。

問二　空欄a〜cに最もふさわしい言葉を次から一つずつ選び、その記号を書きなさい。

　ア．事実　　イ．真実

問三　二重線A「拉し去った」の意味に最も近いものを次から一つ選び、その記号を書きなさい。

　ア．連れ戻していってしまった。　　イ．無理に連れていってしまった。　　ウ．流し沈めてしまった。

問四　〔　B　〕に、最もふさわしい言葉を次から一つ選び、その記号を書きなさい。

　ア．長者の万灯より貧者の一灯　　イ．事実は小説よりも奇なり　　ウ．天は自ら助くる者を助く

問五　〔　C　〕に、最もふさわしい言葉を次から一つ選び、その記号を書きなさい。

　ア．高貴な宝玉が光っている場合が多い

　イ．美しい思い出を心に刻むことが多い

　ウ．悲しい現実にも出会える機会が多い

問六　この文章の主旨に最も近いと思われるものを次から一つ選び、その記号を書きなさい。

　ア．難破し、やっと燈台にたどり着いたが、燈台守一家の平安を壊したくないと、一瞬ためらったため、再び怒濤に呑まれてしまう。この誰にも知られぬ秘められた一瞬の優しい心の動きにこそ人間の魂の美しさがあり、人生の真実がある。それを明らかにするのが文芸である。

　イ．難破し、やっと燈台にたどり着いたが、燈台守一家の平安を壊したくないと、一瞬ためらったため、再び怒濤に呑まれてしまう。こ

【126】次の①～④の作品の作者と考えられている人物をそれぞれ後のア～エから選び、記号で書きなさい。

〔栃木・宇都宮准看護高等専修学校〕

①枕草子　②方丈記　③徒然草　④奥の細道

ア．吉田兼好　イ．清少納言　ウ．松尾芭蕉　エ．鴨長明

〔群馬・前橋市医師会立前橋准看護学校〕

【127】中国に由来し、次の意味を持つ熟語等をそれぞれ後から一つずつ選びなさい。

①一度口に出した君子の言葉は、後になって取り消すということはできない。

②その友人のためなら、たとえ首を切られても後悔しないほどの真実の交友。

③人生における吉凶・禍福は変転して予測できない。

ア．断腸の思い　イ．綸言汗の如し　ウ．逆鱗に触れる　エ．塞翁が馬　オ．臥薪嘗胆

カ．羊頭狗肉　キ．管鮑の交わり　ケ．刎頸の交わり　ケ．蛍雪の功　コ．漱石枕流

【128】次の文章を読んで、後の問いに答えなさい。

その日であったか、また、別な日であったか、周さんは更にこんな①ソッキョウの譬話でもって私を②ケイハツしてくれた事があった。

「難破して、自分の身が怒濤に巻き込まれ、海岸にたたきつけられ、必死にしがみついた所は、燈台の窓縁。やれ、嬉しや、と助けを求めて叫ぼうとして、窓の内を見ると、今しも燈台守の夫婦とその幼い女児とが、つつましくも仕合わせな夕食の最中だったのですね。ああ、いけない、と男は一瞬戸惑った。遠慮しちゃったのですね。たちまち、どぶんと大波が押し寄せ、その内気な遭難者のからだを一呑みにして、沖遠く拉し去った、とまあ、こんな話があるとしますね。遭難者は、もはや助かる筈はない。怒濤にもまれて、ひょっとしたら吹雪の夜だったかもしれないし、ひとりで、誰にも知られず死んだのです。もちろん、燈台守は何も知らずに、③一家団欒の食事を続けていたに違いないし、もし吹雪の夜だとしたら、月も星も、それを見ていなかったわけです。結局、誰も知らない。〔　　　B　　　〕、なんて言う人もあるようですが、

などという冒険はとんでもないことなのだ。イモ洗いにしろ、新しい行動を開発したのは全て少年少女のサルだった。そして、年取ったオトナはそれを拒否した。②これは人間世界でも同じことがいえる。

4 いつの時代にも冒険は若者の特権であった。そして未知の世界を探り、未知のことを調べていくこと、そこには必ず危険がつきまとい、また保守的な力がその伸張を阻止するが、若者たちは自分の力でそれを克服し、広い広い世界へ羽ばたいてきたのである。若者たちにはそれを可能にする力が、元来備わっているのである。

（河合雅雄『学問の冒険』より）

幸島…宮崎県にある無人島

パイオニア…先駆者

問一　傍線部①「それ」とは、どのような気持ちを指すのか。次の□□に当てはまる言葉を文中より抜き出して書きなさい。

□□をすることを恐れる気持ち。

問二　1～3の段落で対比されているのは何と何の行動か。次の〔　〕に当てはまる言葉を文中より抜き出して書きなさい。

〔　　〕たちと、〔　　〕たち。

問三　傍線部②「これは人間世界でも同じことがいえる。」とは、どういうことがサルの世界と人間の世界で同じだというのか。文中の言葉を使って四十字以内で書きなさい。

問四　筆者の主張が最も強く表れている段落はどれか。1～4の段落番号で書きなさい。

〔茨城・真壁医師会准看護学院〕

【125】　次の各文の傍線の部分を、下のカッコの中の指示にしたがって適当な表現に改めなさい。

①どうぞゆっくり寝てください。（尊敬語に）

②父がよろしくと言っておりました。（謙譲語に）

③我が家の家宝を心ゆくまで見てください。（尊敬語に）

④弟がこれから訪ねるということです。（謙譲語に）

⑤次回には必ず来てください。（尊敬語に）

122 次の傍線部を正しい敬語表現に書き直しなさい。〔群馬・前橋市医師会立前橋准看護学校〕

①母が、「よろしく。」とおっしゃいました。
②先生は、ひとりで外国に行ったらしい。
③社長はただいまご不在でございます。

123 次の四字熟語とほぼ同じ意味で使えるものをそれぞれ選び、記号で答えなさい。〔茨城・水戸医師会看護専門学院〕

①大同小異　②暗中模索　③変幻自在

ア．千変万化　イ．深謀遠慮　ウ．枝葉末節　エ．粉骨砕身　オ．自画自賛
カ．厚顔無恥　キ．同工異曲　ク．周章狼狽　ケ．五里霧中

124 次の文章を読み、後の問いに答えなさい。

1 ある日、二歳になるエゴと名付けられたメスが、海に撒かれた餌を拾うために、勇敢にも水の中へ飛び込んだのである。この才女のサルこそ幸島の水泳ザルのパイオニアであった。やがて他のサルたちもエゴに続けとばかり、餌を拾うため海へ入るようになった。海という未知の世界に飛び込むのは冒険であったが、①それをのり越えたがために、かれらの世界が広がったわけである。

2 興味のあることは、若いサルたちはやがて餌を拾うために入るのではなく、海に入ること自体の面白さを発見した。ことに夏の日盛りにこの紺碧の海に入ると、涼しくて気持ちのよいことを知り、今度は岩からダイビングするスリリングな遊びも覚えた。そして泳ぐだけでなく、そのうちに潜ることも覚え、時には海底から藻をつかんできたりするようにもなった。海は、かれらの生活に広がりと豊かさを与えてくれたのである。

3 だが、年寄りのオトナのサルたちは決して海へ入ろうとしなかった。かれらは保守的で、もはや未知の世界へ挑戦する欲求を失っていた。あえてそんな危険を冒さなくとも、今の生活に安住する道をかれらは選んだ。海が危険だということが強く体に染みついた身には、海に入る

【119】　次のそれぞれの組の空欄に共通してあてはまり、慣用句を完成させる漢字を答えなさい。

〔茨城・水戸市医師会看護専門学院〕

①□を出す　□を割る　□を利く
②□を出す　□を切る　□を焼く
③□が出る　□がつく　□を洗う
④□につく　□が利く　□をかける
⑤□につく　□を明かす　□が高い
⑥□を割る　□が黒い　□を探る

【120】　次の文章を読んで、後の問いに答えなさい。

〔栃木・宇都宮准看護高等専修学校〕

祇園精舎の鐘の〔　Ａ　〕、諸行無常の響きあり。娑羅双樹の花の色、盛者必衰のことわりをあらはす。おごれる人も久しからず、ただ春の夜の〔　Ｂ　〕のごとし。たけき者もつひには滅びぬ、ひとへに風の前の塵に同じ。

問一　本文中の〔　Ａ　〕・〔　Ｂ　〕にあてはまる語を次のア～オから選び、記号で書きなさい。
　ア．嵐　　イ．歌　　ウ．音　　エ．声　　オ．夢

問二　本文中の「ことわり」の意味として、最も適切なものを次のア～オから選び、記号で書きなさい。
　ア．可能　　イ．現実　　ウ．幻想　　エ．絶対　　オ．道理

問三　この冒頭部から始まる作品名を漢字で書きなさい。

【121】　次の①～④の熟語と同じ構成のものを、後のア～カから選び、記号で書きなさい。

①寒冷　②帰宅　③腹痛　④明暗

ア．往復　イ．劇的　ウ．就職　エ．堂々　オ．日没　カ．豊富

エ．『道草』などの小説のテーマ

問十　この文で筆者が最も主張したいと思われる内容を次から選び、記号で答えなさい。

ア．明確な目標を設定し、それにむかって着実に努力することこそ「自己実現」の方法として最適である。

イ．「自己実現」の道筋は、出世とか金もうけとかにはなく、社会に貢献する仕事の中にあるものだ。

ウ．生きていることがそのまま「自己実現」の過程であり、その過程にこそ意味があると言える。

エ．言葉が一般化することは恐ろしいことで、「自己実現」という言葉の内容を取り違えている人も多い。

〔千葉・木更津看護学院〕

【118】　次の短歌を読んで、問いに答えなさい。

金色のちいさき鳥のかたちして銀杏ちるなり夕日の岡に

与謝野晶子

問一　短歌はどの季節の情景をうたったものか、季節名を漢字で書きなさい。

問二　短歌に使われている表現技法を次から二つ選び、記号で答えなさい。

ア．倒置法　　イ．体言止め　　ウ．対句　　エ．反復法　　オ．押韻　　カ．比喩

問三　短歌からどんな様子が想像されるか。最も適切なものを一つ選び、記号で答えなさい。

ア．夕方に吹く風で銀杏の葉がどんどん散っていく様子

イ．金色の小さい鳥が一斉に銀杏の木から飛び立っていく様子

ウ．金色の小さな鳥の形に似た銀杏の木が夕日に映えて美しい様子

エ．金色の小さな鳥のように見える銀杏の葉が散っていく様子

オ．銀杏の葉が小さい鳥のように見えて懐かしく思う様子

問四　この短歌の作者「与謝野晶子」の作品を次から二つ選び、記号で答えなさい。

ア．一握の砂　　イ．みだれ髪　　ウ．枕草子　　エ．野菊の墓　　オ．君死にたまふことなかれ

示してくれる。

明確な目標があってそれに到達するなんてものではなく、生きていることそのままが自己実現の過程であり、その過程にこそ意味があるのだ。従って、よそ目には「道草」に見えるかも知れないが、それが自己実現の過程になっている、と考えられる。

（河合隼雄『おはなしおはなし〈自己実現〉』より）

問一　①考えはじめたの主語を一文節の形で書きだしなさい。

問二　②まどわされると同じ意味で使われている「れる」はどれか記号で答えなさい。

ア．試験のことばかりが思われる
イ．船が岸壁を離れる
ウ．あすは仕事に行かれると思う
エ．自分の名前が呼ばれる

問三　③の文は何文節に区切られるか。数字で答えなさい。

問四　④なまやさしいの品詞名は次のどれか。記号で答えなさい。

ア．名詞　イ．副詞　ウ．形容動詞　エ．形容詞

問五　（⑤）に適する人物名（作者）は次のどれか。記号で答えなさい。

ア．島崎藤村　イ．夏目漱石　ウ．三島由紀夫　エ．森鷗外

問六　「⑥」に適する語を選び記号で答えなさい。

ア．自己　イ．道草　ウ．葛藤　エ．本職

問七　ａ「自己」を他の言葉で表現している部分を、文中から六文字で抜き出しなさい。

問八　ｂ自分の意識では簡単にコントロールできない力に対して人間が抱く感情を表わしている部分を、文中から十五字以内で書き出しなさい。

問九　「自己実現」という言葉はどういう意味で一般化されているのか。次から適当なものを選びなさい。

ア．雑誌や新聞などにかかれ、たいていの人が知る言葉
イ．言葉に対する誤解やそれに振り回される人の多さ
ウ．自分のやりたいことをできる限りするという幸福感に満ちたもの

4．栄□盛衰　ア．枯　イ．古　ウ．子　エ．来　オ．故

5．隠忍□重　ア．事　イ．地　ウ．持　エ．辞　オ．自

【117】 次の文章を読んで、後の問いに答えなさい。　〔埼玉・飯能看護専門学校〕

ノイローゼや悩みの相談を受けているうちに、われわれの先輩の臨床家たちは、たんに悩みの解決などということを超えて、「自己実現」ということが大切であると①考えはじめた。そのうちこの「自己実現」という言葉も一般化して新聞や雑誌などにも書かれ、今ではおそらくたいていの人が知っているほどになった。しかし、言葉が一般化することは恐ろしいことで、そこには誤解がつきまとい、それに②まどわされる人も多く出てきた。

③そこで、もう一度きっちりと捉えなおす必要があると感じたのでその話をした。

「自己」を実現する、と言うと、ともかく「自分のやりたいこと」をできる限りすること、そして、それは幸福感に満ちたものなどと思う人がいる。「自己実現を目標にして努力している」とか、「自己実現を達成した」などという人さえ出てくる。しかし「自己実現」というのはそんな④なまやさしいことではない。

実現しようとする^a「自己」とはいったい何なのだろうか。奥底に存在して「実現」を迫ってくるものは、混沌そのものと言っていいほどつかみどころのないものなのだ。

^b自分の意識では簡単にコントロールできない力に対して、どうしようもないと感じつつ社会の組織や自分を取り巻く多くの人達との間に何とか折り合いをつけてゆかねばならない。その時出世とかお金もうけとか、一般の評価の方に従い過ぎると、たとえ社会的には称賛されるかも知れないが、「自己実現」の道筋からはずれてくるかも知れない。

（　⑤　）の『道草』は自己実現ということを感じさせてくれる名作である。主人公である健三という中年男性は、自分の意志とは関係なく、周囲に現れてくる人たちとの間の葛藤や、妻との間のどうにもならない感情の行き違いに、どうしようもない思いをしつつ生きている。健三は自分の「本職」としての大学教授の仕事をやろうとしつつ、変なゴタゴタに巻きこまれ「道草」ばかりくわされたと思っている。しかし、彼が「　⑥　」と思っているそのことが、高い次元から見れば、自己実現の道を歩んでいることになる。『道草』のなかには、そのような高い視点からの見方が、どうしようもないやり切れなさを感じつつ生きている健三の姿の描写のなかに、うまく入り、それが自己実現の道筋であることを

エ．「母上」の涙は、子供たちと別れねばならない悲しみのために流したものだから。

問十　傍線部⑩「運命を担いあげる」の説明として、最も適当なものを次の選択肢の中から一つ選び、記号で答えなさい。

ア．妻が死に至る病にかかるという事態になっても、仕事だけは続けようということ。
イ．妻が病によって死ぬであろう厳しい現実に対して、敢然と立ち向かおうということ。
ウ．妻が病床にあるのだから、自分が代わりに子供たちの面倒を見ようということ。
エ．妻の病気を子供たちに移さないために、両者を必死になって引き離そうということ。

問十一　傍線部⑪「死が総てを救った」となぜ言えるのか。その理由として最も適当なものを、次の選択肢の中から一つ選び、記号で答えなさい。

ア．妻は死んで天国へ行き、私と子供たちは「母上」の死を受け入れて新たな生活を始めることができるから。
イ．妻は死によって病気の苦しみから解放され、私と子供たちは「母上」に会えない辛さから解放されたから。
ウ．妻の死によって、私たち家族が抱えてきたそれまでの葛藤や苦しみが終わりを告げたから。
エ．妻の死に対する毅然とした態度は、私と子供たちのこれからを励まし心の拠り所となるから。

問十二　傍線部⑬「自分の心の破れる」とはどういうことか。その説明として最も適当なものを、次の選択肢の中から一つ選び、記号で答えなさい。

ア．子供たちのために会ってはなるまいと決めた覚悟が、こわれてしまうこと。
イ．何としても死の病気と闘おうとする意思が、もろくも崩れ去ってしまうこと。
ウ．死を受け入れ、最後まで強い母であろうとした決心が揺らいでしまうこと。
エ．こらえていた自分のこれまでの苦しみや不満を、子供たちに訴えてしまうこと。

【116】　次の文の□にはいる漢字を下のア～オから一つ選び、記号で答えなさい。

1．用意周□　　ア．党　イ．到　ウ．刀　エ．島　オ．倒
2．付和雷□　　ア．堂　イ．動　ウ．道　エ．同　オ．銅
3．前代未□　　ア．文　イ．門　ウ．聞　エ．紋　オ．悶

ウ．今は自分や妻の病気よりも、子供たちの熱病を治さねばならないという熱い思い。
エ．自分や妻の熱病とも子供たちの病気とも、結果を考えずに最後まで向き合うしかあるまいという、強い決心。

問六　傍線部⑤の「…一生涯私を駆り立てるだろう」とはどういうことか。その説明として最も適当なものを、次の選択肢の中から一つ選び、記号で答えなさい。
ア．妻の表情にあらわれた壮絶な決意が、今後ずっと自分を突き動かしつづけることだろうということ。
イ．今後妻の表情がよみがえるごとに、当時の悲惨な苦労をなつかしく振り返るに違いないということ。
ウ．必死に病に立ち向かう妻の表情を思い出すたびに、命のはかなさを感じないではいられないだろうということ。
エ．妻の苦しげな表情を思い出すたびに、何もしてやれなかった後悔に責めさいなまれることだろうということ。

問七　傍線部⑥の説明として最も適当なものを、次の選択肢の中から一つ選び、記号で答えなさい。
ア．微笑みの中に、死ぬことを受け入れるほかないという悲壮な思いを表明していたということ。
イ．死ぬかもしれないがそれでも病と戦うというけなげな決意を、微笑みの中に示していたということ。
ウ．不治の病と何とか付き合って行くつもりだという意思を、微笑みの形で表していたということ。
エ．不治の病など何ほどのこともないという自分の強い気持ちを、微笑みの中に隠していたということ。

問八　傍線部⑦に表れている「母上」の気持ちの説明として最も適当なものを、次の選択肢の中から一つ選び、記号で答えなさい。
ア．子供たちとまた会うために死の病と戦おうという勇ましい決意。
イ．何としても子供たちの成長を見届けたいという子供たちへの強い愛情。
ウ．子供たちを何としても熱病から救ってやらねばならないという義務感。
エ．自分の死後子供たちがどうなってしまうのかという不安感。

問九　傍線部⑧について、「その熱い涙はお前たちだけの尊い所有物だ」と言うのはなぜか。その理由として最も適当なものを、次の選択肢の中から一つ選び、記号で答えなさい。
ア．「母上」の涙は、子供たちのために様々な苦労をした上で流したものだから。
イ．「母上」の涙は、子供たちのこれからの成長のみを願って流したものだから。
ウ．「母上」の涙は、子供たちの言葉が伝わってこないことを悲しんで流したものだから。

イ．いつまで経っても聞き分けがないこと。
ウ．まだ幼くてものごとが分かっていないこと。
エ．幾つになっても可愛らしいこと。

⑫崇高な
ア．高貴な様子が漂っていること。
イ．神仏と同様の威厳があること。
ウ．優しい思いやりに満ちていること。
エ．気高く尊いこと。

問三　傍線部②はどういうことを述べているのか。その説明として最も適当なものを、次の選択肢の中から一つ選び、記号で答えなさい。
ア．母上の不治の病は夫や子供にまで移っていったということ。
イ．母上の病気が子供たちとの生活をこわしてしまったということ。
ウ．母上が病気によって死に追いやられたということ。
エ．母上が不治の病によって絶望の淵へと追いやられたということ。

問四　傍線部③からは「母上」のどのような気持ちが読み取れるか。その説明として最も適当なものを、次の選択肢の中から一つ選び、記号で答えなさい。
ア．夫が育児に掛かりっきりになっていることを羨ましがっている。
イ．自分の病気について誰も説明してくれないことにいらだっている。
ウ．自分の病気のことを夫が気にしていないことに不満を感じている。
エ．なぜ自分の見舞いに来ないのかと悲しみながらも腹立たしい思いでいる。

問五　傍線部④には「私」のどのような気持ちが表れているか。その説明として最も適当なものを、次の選択肢の中から一つ選び、記号で答えなさい。
ア．子供たちの看護に専念するためにも、まずは自分の正体不明の病気と格闘しなければならないという自覚。
イ．家族の病気や仕事のことで追い詰められた状態だが、何があっても家族を守るために戦おうと悲壮な決意。

お前たちが六つと五つと四つになった年の八月の二日に死が殺到した。死が総てを圧倒した。そして⑪死が総てを救った。

お前たちの母上の遺言書の中で一番⑫崇高な部分はお前たちに与えられた一節だった。

〔 c 〕この書き物を読む時があったら、同時に母上の遺書も読んでみるがいい。母上は血の涙を泣きながら、死んでもお前たちに会わない決心を翻(ひるがえ)さなかった。それは病菌をお前たちに伝えるのを恐れたばかりではない。お前たちの清い心に残酷な死の姿を見せて、お前たちの一生をいやが上に暗くする事を恐れ、お前たちの伸び伸びて行かなければならぬ霊魂に少しでも大きな傷を残す事を恐れたのだ。幼児に死を知らせる事は無益であるばかりでなく有害だ。葬式の時は女中をお前たちにつけて楽しく一日を過ごさして貰いたい。そうお前たちの母上は書いている。

（有島武郎「小さき者へ」による。なお、問題作成上一部改めたところがある。）

注　Resignation…あきらめ、断念。

注　内外の母親…自分の母親と夫の母親。

注　涙堂…眼の下のふくらみ。涙袋。

問一　空欄a～cに入る最も適当な語を、次の各選択肢の中からそれぞれ一つずつ選び、記号で答えなさい。

a　ア．しとしと　イ．さめざめ　ウ．くよくよ　エ．しくしく

b　ア．たぶん　イ．しばらくは　ウ．かろうじて　エ．ともかくも

c　ア．嫌でも　イ．心して　ウ．もし　エ．進んで

問二　傍線部①⑨⑫の本文中における意味として最も適当なものを、次の各選択肢の中からそれぞれ一つずつ選び、記号で答えなさい。

①小康

ア．病人の容体がしばらく安定しているということ。

イ．健康状態が次第に良くなるということ。

ウ．精神面での安定がしばらく得られるということ。

エ．病状がその時以上に悪くはならないということ。

⑨頑是ない

ア．腕白で親を困らせること。

解らない高熱に侵された。その病気の事を私は母上に知らせるのに忍びなかった。病児は病児で私を暫くも手放そうとはしなかった。③お前達の母上からは私の無沙汰を責めて来た。私は遂に倒れた。病児と枕を並べて、今まで経験した事のない高熱の為に呻き苦しまねばならなかった。私の仕事？　私の仕事は私から千里も遠くに離れてしまった。それでも私はもう私を悔もうとはしなかった。④お前たちの為に最後まで戦おうとする熱意が病熱よりも高く私の胸の中で燃えているのみだった。

正月早々悲劇の絶頂が到来した。お前たちの母上は自分の病気の真相を明かされねばならぬ羽目になった。そのむずかしい役目を勤めてくれた医師が帰って後の、⑤お前たちの母上の顔を見た私の記憶は一生涯私を駆り立てるだろう。真蒼な清々しい顔をして枕についたまま母上には⑥冷たい覚悟を微笑に云わして静かに私を見た。そこには死に対する注Resignationと共に⑦お前たちに対する根強い執着がまざまざと刻まれていた。それは物凄くさえあった。私は凄惨な感じに打たれて思わず眼を伏せてしまった。

愈々H海岸の病院に入院する日が来た。お前たちの母上は全快しない限りは死ぬともお前たちに逢わない覚悟の臍を堅めていた。二度とは着ないと思われる――そして実際着なかった――晴着を着て座を立った母上は注内外の母親の眼の前で（　a　）と泣き崩れた。女ながらに気性の勝れて強いお前たちの母上は、私と二人だけいる場合でも泣顔などは見せた事がないといってもいい位だったのに、その時の涙は拭くあとからあとから流れ落ちた。⑧その熱い涙はお前たちだけの尊い所有物だ。それは今は乾いてしまった。大空をわたる雲の一片となっているか、谷河の水の一滴となっているか、太洋の泡の一つとなっているか、又は思いがけない人の注涙堂に貯えられているか、それは知らない。然しその熱い涙は（　b　）お前たちだけの尊い所有物なのだ。

自動車のいる所に来ると、お前たちの中熱病の予後にある一人は、足の立たない為めに下女に背負われて、――一人はよちよちと歩いて、――一番末の子は母上を苦しめ過ぎるだろうという祖父母たちの心遣いから連れて来られなかった――母上を見送りに出て来ていた。お前たちの⑨頑是ない驚きの眼は、大きな自動車にばかり向けられていた。お前たちの母上は淋しくそれを見やっていた。自動車が動き出すとお前達は女中に勧められて兵隊のように挙手の礼をした。母上は笑って軽く頭を下げていた。お前たちは母上がその瞬間から永久にお前たちを離れてしまうとは思わなかったろう。不幸なものたちよ。

それからお前たちの母上が最後の気息を引きとるまでの一年と七箇月の間、私たちの間には烈しい戦が闘われた。母上は死に対して最上の態度を取る為めに、お前たちに最大の愛を遺すために、私を加減なしに理解する為めに、私は母上を病魔から救う為めに、⑩自分に迫る運命を男らしく肩に担い上げるために、お前たちは不思議な運命から自分を解放するために、身にふさわない境遇の中に自分をはめ込むために、闘った。血まぶれになって闘ったといっていい。私も母上もお前たちも幾度弾丸を受け、刀創を受け、倒れ、起き上り、又倒れたろう。

【113】次の短歌を読んで、問いに答えなさい。

のど赤き玄鳥（つばくらめ）ふたつ屋梁（はり）にゐて
足乳ね（たらち）の母は死にたまふなり

斎藤茂吉

問一　この短歌の作者名をひらがなで書きなさい。

問二　斎藤茂吉の代表的な歌集を一つ選び、記号で答えなさい。

ア．『奥の細道』　イ．『古今和歌集』　ウ．『みだれ髪』　エ．『赤光』

問三　次の文章は問題の短歌について説明したものです。①～④にあてはまる言葉をア～キの中から選び、記号で答えなさい。

この歌に使われている「玄鳥（つばくらめ）」という言葉は、現代語の「つばめ」のことで、（　①　）と言われるものです。二行目の「足乳ね（たらちね）の」は「母」にかかる（　②　）で、作者は、今まさに死にゆく臨終の母と、これから命を育もうと巣作りをしている番（つがい）のつばめとを（　③　）させています。また、「のど赤き」の「赤」は、生きている命の赤さと同時に、深い悲しみを（　④　）しています。

ア．倒置法　イ．古語　ウ．対照　エ．口語　オ．枕詞　カ．掛詞　キ．象徴

〔茨城・水戸市医師会看護専門学院〕

【114】次のことわざの（　）にあてはまる漢字を後のア～シの中から選び、記号で答えなさい。

①（　）の耳に念仏　②（　）に真珠　③（　）も歩けば棒に当たる
④（　）も木から落ちる　⑤井の中の（　）　⑥（　）に小判

ア．牛　イ．猫　ウ．馬　エ．犬　オ．猿　カ．鬼
キ．豚　ク．神　ケ．鳥　コ．虫　サ．蛙　シ．水

【115】次の文章は、作家有島武郎が自分の子供たちへあてた文章です。これを読み、後の問いに答えなさい。

どういう積もりで運命がそんな①小康を私たちに与えたのかそれは分からない。然し②彼はどんな事があっても仕遂ぐべき事を仕遂げずにはおかなかった。その年が暮れに迫った頃お前達の母上は仮初（かりそめ）の風邪からぐんぐん悪い方へ向いて行った。そしてお前たちの中の一人も突然原因の

問五　波線部①「生きる上でどうしても省くことのできない営み」とほぼ同じ意味で使われている表現を本文後半部分より四字で抜きだしなさい。

問六　波線部②「相互医療」とはどのようなことか。文中の語を使って、四十字以内で説明しなさい。

問七　波線部③「その行為」の内容に当たるものとして最も適するものを次の中から選び、記号で答えなさい。

ア．専門技術を身につけた医師などのプロフェッショナルを養成し、その資格を認定する行為。

イ．人が生きていく上での基本的な行為である出産の補助や病気の治療、死亡認定をする行為。

ウ．文化的な制度を整えたり、人々がより快適に暮らせるような公共施設を設置したりする行為。

エ．もめ事が起こったときに当事者の間に入って仲裁し、双方の言い分を聞いて和解させる行為。

問八　波線部④のような仕組みを作ることで、近代の社会にどのような構造が生まれたか。そのことについて説明した次の文中の空欄に入る語を、本文中から抜きだして答えなさい。（指定の字数で答えること）

従来は自分たちでやってきた、生きていく上での必要不可欠な行為までも専門職に（①二字）し、税金や料金を（②三字）てサービスを（③二字）するという構造。

問九　波線部⑤のような状況になってしまった理由として最も適するものを次の中から選び、記号で答えなさい。

ア．国家が公共サービスにばかり力を注ぎ、それ以外の個人的な市民の生活や家族単位での生活の中で必要とされる「命の世話」に目を向けなくなったから。

イ．安全な環境で暮らすことに慣れてしまった市民が、災害という非日常的な事態が訪れた時に対処方法がわからず戸惑い、混乱するばかりだったから。

ウ．「命の世話」までもが、近代化によるサービスの中に組み込まれ、消費者として享受することが当然という意識が植え付けられてしまったから。

エ．国家が認定した資格がなければ、「命の世話」に関わる行為が許されない状況になってしまい、すべて有資格者に従わざるを得なくなったから。

〔佐賀・鳥栖三養基医師会立看護高等専修学校〕

保育士や教師という形で国家免許資格をもったプロを養成した。

医療であれば看護師とか放射線技師、都市の安全であれば消防士や警察官の養成。もめ事は自治体が間に入り、苦情処理というかたちでやるか、あるいは弁護士にイライ[f]する。こうした人たちを育て、その人たちに公正な調停、仲裁をやってもらう。

④「命の世話」にかかわる一番基本的なことについては、ソーシャル・サービスとして行政が行う。あるいはそれに準じて、警備保障のような民間のサービス企業をつくり、プロに任せる。

その結果、病気は減り、町は衛生的になり、町は夜一人でも歩ける安全なものになりました。寿命は延び、難病は減り、不治の病が減った。調停はより公正なものに変わっていったし、介護も家族だけにかかる負担が軽減された。間接的に、女性の自由な時間、自由な行動が可能になるような時間がカクホ[g]されてきました。

近代化は、「命の世話」のプロフェッショナルを養成し、それをソーシャル・サービスとしてやっていくという仕組みを整えていったのです。専門職つまりプロに、自分たちがやるべき命の世話を委託し、我々は税金やサービス料を支払って、国家や民間企業からのサービスを購入する、という構造が出来上がったのです。そうして、安心、安全、衛生、快適、便利な町、つまりアメニティ[h]の高い町ができていったわけです。しかし、今回の災害で典型的に見られるように、あるいは、行政や企業の不祥事等において、⑤こうしたサービス業務が劣化し、停止したときに、我々に何かできるかと言うと、文句を付けることしかないんです。我々は業務をきちんと果たしている。納税しているし、サービス料も払っている、だから我々には落ち度はない。サービスが劣化、停止したりするのは、サービスを提供する側に問題がある、責任がある、としてクレームを付けるのです。

（鷲田清一『語りきれないこと』より）

問一　二重傍線部a「ハゲしく」、b「センザイ」、c「カクトク」、f「イライ」、g「カクホ」のカタカナを漢字で書きなさい。

問二　二重傍線部d「サポート」、e「クオリティ」、h「アメニティ」の意味をそれぞれ次の中から選び、記号で答えなさい。

ア．品質　イ．苦情　ウ．快適　エ．過程　オ．支援

問三　空欄A～Cに入る語をそれぞれ次の中から選び、記号で答えなさい。

ア．ところが　イ．そして　ウ．だから　エ．あるいは　オ．たとえば

問四　［　Ⅰ　］に入る四字熟語として最も適するものを次の中から選び、記号で答えなさい。

ア．起死回生　イ．切磋琢磨　ウ．生老病死　エ．生殺与奪

【112】 次の文章を読んで、後の問いに答えなさい。

この十年程、クレーマーやモンスター・ペアレンツなど、言葉ハゲ[a]しく文句を付け、責任を問う人の存在がクローズアップされてきています。わたしたちはいま、センザイ[b]的にクレーマーでしか有り得ない存在になっているのではないか。そしてそれは、何故でしょう。

わたしたちには、生きる上でどうしても省くことのできない営み[①]があります。（ A ）出産、つまり命の再生産がそうだし、個人の再生産、毎日の食と排泄がそうです。食べるという行為は食材をカクトク[c]し、調理を行うプロセスです。排泄というのは、排泄物の処理という、生き物として生き続けるかぎり片時も免除できないことです。

生まれた子どもを保育し、教育し、知恵を伝えていくこと。これも絶対に省略できない。

病気になったときに治療、看病し、介助することも、生きていく上で外せない。お年寄りでじぶん一人ではいろんなことができなくなり、サポート[d]を必要としている人を介護するという営みもある。人が亡くなったときに看取るという営み、そして見送る営み。いろんな人が一緒に暮らしている中でもめ事が起こったとき、その解決をすること。これらはいずれも、［ I ］と言われるプロセスの中で、生き物として絶対に削除できない項目です。

こうしたことを、人間は生きる上で最低限必要なこととして、長らく家族および地域で、相互ケアでやってきた。近所に助産師さんがいて、自宅で家族が手伝って出産していた。かつては基本的には地産地消で、周囲の農家の人が野菜を届けてくれたり、近くの漁村の人が魚を届けてくれる。（ B ）近くの市場で買ってじぶんで調理してきた。排泄物処理も農家と連携してやってきた。治療も、お医者さんにかかることも大病の場合にはあったけれど、下痢や腹痛、怪我くらいなら、みんなそれなりの応急処置とか救急の知恵を持っていた。救急箱もあったでしょう。じぶんたちでせんじ薬を作って飲ませたり、体のツボを押したりして、とりあえずしのぐ知恵を持っていた。

人類学で「相互医療」[②]と言われるこうしたカルチャーは、かつてはどこにでも見受けられました。介護や看取りもじぶんたちでやり、じぶんたちで体を清めて葬儀をしていた。もめ事の解決については、何となく顔役みたいな人が地域にはいて、その人たちが両側の言い分を聞いて、まあまあと収める。地域のカルチャーがあって、それが全てを担っていたわけです。

（ C ）、社会が近代化していくプロセスの中で、それらが生命の根幹にかかわるもので、生命の基本とも言える大事な営みであるが故に、クオリティ[e]を上げて、少しでもより安全、安心に暮らせるようにプロフェッショナルを養成することを、国家がやり始めます。出産、治療、死亡認定については全部、医師というプロフェッショナルを養成した。しかも、技術があれば誰にでもできるのではなく、国家が免許を資格認定した人のみ、その行為を許される[③]。排泄物処理については、地方自治体が下水道を設置して処理することで衛生度を高めたし、教育に関しては、

（室生犀星「第二の詩集」春の雪より）

問一　この詩は、次のア〜エのどれにあたるか。次から一つ選び記号で書きなさい。
ア．文語自由詩　イ．口語自由詩　ウ．文語定型詩　エ．口語定型詩

問二　この詩の（　　）に入る言葉を、次から一つ選び記号で書きなさい。
ア．はげしい　イ．さびしい　ウ．やかましい　エ．あたたかい

問三　この詩の第一連と第二連との間には、どのような対比がみられるか。次から一つ選び記号で書きなさい。
ア．現実的と理想的　イ．聴覚的と視覚的　ウ．感覚的と理知的　エ．自然的と人口的

問四　傍線「白鳥のむらがり」は、何を例えているか。詩の中の最も適当な部分をそのまま二十字以内で書きなさい。

問五　この詩の評として最も適当なものを、次から一つ選び記号で書きなさい。
ア．漢語を効果的に使って、雪の降る日の身のひきしまるような緊張感をうたっている。
イ．擬人法などを用いて、雪の降る日の安らかで心楽しい気持ちをうたっている。
ウ．文語表現をところどころにまじえ、雪の降る日の幻想的な美しさをうたっている。
エ．連用形を繰り返してリズムを整え、雪の降る日のはずむような喜びをうたっている。

〔茨城・真壁医師会准看護学院〕

【111】　次の①〜⑩の語の意味をア〜コからそれぞれ選び、記号で書きなさい。

①会得（えとく）　②葛藤（かっとう）　③毅然（きぜん）　④薫陶（くんとう）　⑤迎合（げいごう）
⑥研鑽（けんさん）　⑦拘泥（こうでい）　⑧沽券（こけん）　⑨示唆（しさ）　⑩若干（じゃっかん）

ア．こだわること。　イ．それとなく教えること。　ウ．多少。いくらか。　エ．他の機嫌をとること。
オ．断固としたさま。　カ．徳によって教育すること。　キ．人の値打ち。体面。　ク．深く極めること。
ケ．もつれ争うこと。　コ．よく理解すること。

〔群馬・前橋市医師会立前橋准看護学校〕

も、先生に是非お会いしたいとおっしゃっています。その時は、よろしくお願いします。

〔茨城・水戸市医師会看護専門学院〕

【110】 次の詩を読み、後の問いに答えなさい。

春の雪

雪のふる日は
くだらない人々の心も
また喧しい子供らも静まると見える
みんなだまっている
雪のふりつもるおとを聴いている
梢からは
たまりかねて雪がはねられる
（　　）音がする
羽音のように柔らかい音である

私は机にむかっている
降ってはつもりつもっては降る
はげしい雪をながめて居れば
自分で降りながら喜んでいるようだ
決してさむくはない日
この美しい白鳥のむらがりは
私の窓をうずめてたわむれる

問七　文中で述べている内容と合うものを次から二つ選び、記号で答えなさい。

ア．小林さんを助けたのは、プラットホームから墜落するのを傍で見ていた母である。
イ．小林さんが「母の助け」と確信している以上、命が助かったのは「亡母の助け」というのは真実である。
ウ．客観的な裏づけがない以上、命が助かったのが亡母の助けというのは真実になりえない。
エ．大事故や大病から奇跡的に一命をとりとめたのはたんなる幸運だけに過ぎない。
オ．我々の人生には、眼にみえぬ誰かがうしろからあと押しをしてくれたから乗りきれたと思うことがある。

107　次の熟語の構成はア～エのどれか。当てはまるものを選び、記号で答えなさい。

①徐行　②盛衰　③幼稚　④摂取　⑤乾湿　⑥不遇　⑦主催

ア．同じような意味の漢字を重ねたもの　（例　岩石）
イ．反対または対応の意味を表す字を重ねたもの　（例　大小）
ウ．上の字が下の字の意味を打ち消しているもの　（例　非常）
エ．上の字が下の字の意味を修飾しているもの　（例　美人）

108　次の表現の（　　）には身体に関する言葉が入ります。当てはまる漢字一文字を書きなさい。

①（　）ごなし
②（　）に負えない
③（　）によりをかける
④（　）が棒になる
⑤（　）から火が出る

109　次の文中のア～ウが敬語表現として正しい場合は○を、正しくない場合は×を書きなさい。

先生は昨日、会議のために東京へ[ア]行ったのですか。私は相談したいことがあったのですが、お留守だったので、また別な日に[イ]参ります。母

今日までそんな人に出会うたび、私は③落莫とした気持ちで相手の顔をみてきた。そしてその人の心の砂漠のような味けなさを想像した。
小林さんが墜落した時、命が助かったのが亡母の助けというのは事実ではないとしよう。しかし小林さんが「母の助け」と確信している以上、それは小林さんにとって真実なのだ。事実と真実のこのちがいがわからぬ④エセ合理主義者はいかに人間として索漠としていることか。

（遠藤周作『誰かの、あと押し』から）

問一　波線のカタカナは漢字に、漢字はひらがなに直しなさい。

問二　（　A　）に入る接続語として最も適切なものを、次から一つ選び、記号で答えなさい。

ア．だから　イ．つまり　ウ．それで　エ．しかし

問三　傍線①の「この幸福」とはどんなことをいっているのでしょう。最も適切なものを次から一つ選び、記号で答えなさい。

ア．気持ちよく酒に酔って墜落したということ
イ．墜落したがかすり傷一つなかったということ
ウ．墜落したがすぐに母が助けに来てくれたということ
エ．墜落した場所が空き地だったということ
オ．墜落したということの話が有名だということ

問四　傍線②の「あまた」と同じ意味の言葉を、文章中から選び二文字（漢字を含む）で抜き出しなさい。

問五　傍線③の「落莫とした」の意味として最も適切なものを次から一つ選び、記号で答えなさい。

ア．非常に落ちついた様子
イ．さっぱりした様子
ウ．ものさびしい様子
エ．落ち着きのない様子
オ．涙が出るほど悲しい様子

問六　次の文は傍線④の「エセ合理主義者」を説明しています。（　）にあてはまる言葉を文章中から選び、漢字二文字で書きなさい。

「エセ合理主義者」とは、見せかけだけの合理主義者ということで、文章中では（　ア　）と（　イ　）のちがいがわからない人、（　ウ　）のような味気ない心をもち、人間として（　エ　）としている人と表現している。

ア．ためらい　イ．わびしさ　ウ．あこがれ　エ．よろこび

【105】次の作品の作者名を選び記号で答えなさい。

1．源氏物語　2．枕草子　3．奥の細道　4．徒然草　5．方丈記

ア．紀貫之　イ．大伴家持　ウ．紫式部　エ．松尾芭蕉　オ．小林一茶
カ．清少納言　キ．藤原定家　ク．吉田兼好　ケ．鴨長明

〔福島・会津若松医師会附属会津准看護高等専修学校〕

【106】次の文章を読んで、後の問いに答えなさい。

小林秀雄という日本の①優れた文学者のことは改めて②ショウカイする必要はないだろう。その小林さんが酒に酔って水道橋のプラットホームから下の空き地に墜落したことがあった。有名な話である。

「外濠(そとぼり)の側に、駅の材料置場があって、左手にはコンクリートの塊(かたま)り、右手には鉄材の堆積、その間の石炭殻と雑草とに覆われた一間ほどの隙間に狙いでもつけた様に、うまく落ちていた。胸を強打したらしく非常に苦しかったが、我慢して半身を起し、さしこんだ外灯の光で、身体中をていねいに調べてみたが、かすり傷一つなかった。一升瓶は、墜落中、握っていて、コンクリートの塊りに触れたらしく、微塵になって、私はその③ハヘンをかぶっていた。私は黒い石炭殻の上で、外灯で光っている④硝子を見ていて、母がたすけてくれた事がはっきりした」

小林さんの①この幸福を（なぜならその一週間前にはやはり同じように水道橋の駅のホームから墜ちた人は即死しているのである）たんなる偶然さ、と考える人は多いかもしれぬ。（　A　）、小林さんは確信をもって亡き「母が助けてくれた」と信じた。読者のなかにもこの小林さんと同じ思いをされた方が②あまたおられる筈だ。大事故や大病から奇跡的に一命をとりとめたのはたんなる幸運だけではなく、きっと亡くなった肉親か友人があの世から助けてくれたのだと考えておられるだろう。

ふりかえって見ると我々の人生には、我々の意志だけで乗りきったり、うまく運んだりしているのではなく、眼にみえぬ誰かがうしろからあと押しをしてくれた――そうとしか思えぬことがある。

ここまで読まれて⑤シッショウされた読者もおられるだろう。客観的な裏づけのないそんな出来事に「亡き母の助け」とか「眼にみえぬもののあと押し」を考えるのは愚かだと。

なものはどれか、記号で答えなさい。

ア．菜の花や月は東に日は西に

イ．鯉ゆけば岸は明るく水温む

ウ．明るくてまだ冷たくて流し雛

エ．行く春を近江の人と惜しみける

オ．目にあてて海が遠くなり桜貝

問四　次の文はAさんが傍線部②をスピーチ原稿用に書き直したものである。（　）に適する言葉を書きなさい。

＊日本庭園の場合は、生きた自然の素材を直接生かして新しい自然空間を（　　　）。

問五　次の文はBさんが傍線部③をまとめなおしたものである。文中の1、2に入れる二字の熟語として適切なものをそれぞれ書きなさい。

＊これは人々とブナとの（　1　）的距離が近いことを表すと同時に、日常生活での（　2　）的距離が近いことを表している。

問六　次の文はCさんが傍線部④について、その理由をまとめたものである。（1）（2）にはそれぞれ十文字以内、（3）には二十文字以内の適する言葉を書きなさい。

＊ブナが顔を出す機会が少ないのは、ブナが（　1　）である上に、（　2　）であるため（　3　）からである。

【104】次の文章を読んで、後の問いに答えなさい。

わが①草の戸のはつゆき見んと、よそにありても、②空だにくもり侍れば、いそぎかへることあまたたびなりけるに、師走中の八日、はじめて雪降りける（　③　）、

はつゆきや幸い庵にまかりある

問一　本文中の俳句から季語を抜き出しなさい。

問二　①草の戸と同じものを表すことばを、俳句を含む本文中から一つ抜き出しなさい。

問三　②空だにくもり侍れば、いそぎかへることあまたたびなりけるにとあるが、作者は何のためにこのようなことをしたのか。簡潔に書きなさい。

問四　次のうち（　③　）に入れるのに最も適していることばはどれか。一つ選びなさい。

の感情の起伏が詠み込まれている。そのほか、自然の素材を直接活かすものに華（花）道があり、自然の心に触れるものとして茶道がある。②日本庭園の場合は、生きた自然の素材を直接活用して、新たな自然空間を創出しようとするものである。
庭園を造成するという同じ目的を持ち、同じような自然の素材を活用しながら、日本庭園と西洋庭園の間には明らかなちがいが生まれている。その結果から、人々は両者の間にある国民性や民族性の違いを痛感させられるのである。庭園を通して、それぞれの民族の感性が問われているとも言えるであろう。
日本ではまれなことではあるが、ヨーロッパの庭園にはブナが主木として植えられている例がおおい。③これは人々の居住空間とブナとの距離の近さを表すと同時に、日常生活でのブナに対する親近感の深さをも表している。ヨーロッパのブナ林が人家の近くにあるばかりでなく、日常の散策の機会を通じて人々に親しまれているのである。
その点、④日本の伝統文化の中でブナが顔を出す機会は少ない。これはブナが主として奥山の存在だからであろう。しかもブナは幹の美しさを除けばおおむね地味である。葉はごく普通の形だし、花はもちろん目立たず、知る人ぞ知るというのがブナの存在だったのである。ブナが日本人の多くに認められるようになったのは、周知のとおり最近のことにすぎない。同じ奥山の樹木でも、トチノキやホオノキは葉の大きさがずぬけているし、花にも実にも特徴がある。といってブナは孤高を保つという性質のものではない。ブナの美しさはやはり樹木の林立した森林にある。

（北村昌美「ブナの森と生きる」より）

問一　二重傍線部「否定できない」の「ない」と品詞や意味・用法が同じものはどれか。次の傍線を引いた「ない」の中から一つ選びア～エの記号で答えなさい。
ア．今年は、雪が少ない。
イ．戸外は、もう寒くない。
ウ．その本は、図書館にしかない。
エ．決心は、今も変わらない。

問二　（　）に入れる言葉として最も適切なものを、ア～エから選び記号で答えなさい。
ア．しかし　　イ．ところで　　ウ．つまり　　エ．だから

問三　傍線部①に関して、ア～オの俳句のうち、「冬から春への季節の推移と、春を迎えての生気や喜びが感じられる句」としてもっとも適切

エ．平城京に都を移す
オ．西郷隆盛が西南戦争をおこす
カ．京都で応仁の乱がおこる

問五　傍線④「ものごとを大きな全体としてとらえている人」とありますが、具体的にどのような人を指しますか。文中の表現を用いて三〇字程度で説明しなさい。

問六　次のア～エのうち、本文の内容に合うものには○を、合わないものには×を書きなさい。
ア．物理学や数学はテストのために法則を丸暗記しても、それは本当に物理や数学を理解したことにはならない。
イ．物事に強い関心をもつことが、理解力を高めることであり、記憶力を強くすることにつながる。
ウ．脳は脈絡を追ってものごとを理解すれば、記憶をたどることも可能であり、でたらめな間違いをすることもない。
エ．人間の脳は脈絡のないものを憶えることが苦手なので、訓練で記憶力を高めるべきだ。

〔宮崎・児湯准看護学校〕

【103】　次の文章を読んで、後の問いに答えなさい。

日本人の自然観の特色の一つに、自然に対する繊細な感受性がある。自然との一体感が薄れ日本人の自然観が著しく変容した中で、詩歌や華道、茶道、日本庭園などの伝統文化の世界に見られるように、この感受性だけはほとんどそこなわれることなく受け継がれている。もちろん明治以前の姿そのままとは言えない。（　　）季節の移り変わりを意識した日常の挨拶や、床の間の掛け軸や生け花など、今なお日本人の心に残る繊細さに、ほっとした思いがすることもまた否定できない。

その感受性が生まれた大きな理由は、日本の自然の多彩さであろう。日本の風景は変化に富んでいて、四季の移り変わりも他の国に例を見ないほど鮮やかである。自然との一体感が強かったかつての時代には、その変化に富む自然から、しらずしらずのうちに日本人は多くの芸術的感動を得ていた。これらがしだいに形をなし、文化として結晶したのが伝統文化である。

例えば伝統文化の一つに俳句がある。中には定型をとらず季語を必要としないものもあるが、ふつう俳句に生命を与えるのはこの季語である。①季語には自然の移り変わりと、それに対する日本人の感性が織り込まれている。季語を含ませることによって、短詩の表現不足を補うばかりか、表現の幅を広げ余韻を持たせるのが俳句の奥深さだといえよう。短歌もまた例外ではない。季語こそないが、そこには四季の移り変わりや人間

のない事柄を憶えることは脳が最も苦手とする仕事です。そこで文字とか筆記用具とかコンピューターなどが工夫されたのですから、そういう道具を十分に使いこなすことが肝心です。「記憶力のいい人」を「頭のいい人」と考える人もいますが、丸暗記は脳の本来のはたらきではないことを十分に心得る必要があります。「記憶力をよくしよう」などと努力するのではなく、ものごとを理解することが先決です。記憶力の弱い人というのは、むしろものごとを理解しない人、ものごとに強い関心を持てない人である場合が多いのです。④ものごとを大きな全体としてとらえている人は、忘れたことでもたぐりよせることができるし、仮に間違えてもでたらめな間違いはしません。

　もっとも、ものごとの脈絡は理解、つまり言語的にとらえられなくても、「なんとなくわかる」という形で非言語的にもとらえられます。そのためには、繰り返しその対象に接する努力が必要となります。

（千葉康則（ちばやすのり）「ヒトはなぜ夢をみるのか――脳の不思議がわかる本」より）

問一　傍線①「スポーツの習得の速い人などを「記憶力がいい」ということは少なく」とありますが、これはなぜですか。次の文章の（　）に合う五文字以内のことばを文中からそれぞれ書き抜きなさい。

　スポーツの習得は（　1　）でおぼえるもので（　2　）な記憶にあたる。それに対して「記憶力がいい」とは一般に、学校の勉強などの（　3　）を指すため。

問二　（Ａ）、（Ｂ）、（Ｃ）にはそれぞれ「記憶力」と「理解力」のどちらかが入ります。正しい方を答えなさい。

問三　傍線②「脳」とありますが、脳を表す英単語として最も適当なものをア～オより選び記号で答えなさい。

ア．trachea　イ．skull　ウ．brain　エ．bosom　オ．face

問四　傍線③「年号」とありますが、次の年号のできごととして正しいものをア～カよりそれぞれ選び記号で答えなさい。

①七一〇年
②一〇一六年
③一四六七年
④一六一五年

ア．大坂夏の陣で豊臣氏が滅びる
イ．北条泰時が御成敗式目を定める
ウ．藤原道長が摂政となる

エ．猿も木から落ちる　　オ．寝耳に水

〔佐賀・鳥栖三養基医師会立看護高等専修学校〕

【102】次の文章を読んで、後の問いに答えなさい。

人の名前をたいへんよくおぼえている人がいるかと思うと、人の顔をよくおぼえている人もいます。つまり、記憶といっても、言語的なものと非言語的なものに分けられます。後者には、身のこなしのような、いわゆる「体でおぼえる」ものやメロディーやリズムをおぼえることなど、さまざまなものが含まれます。しかし、一般には、①スポーツの習得の速い人などを「記憶力がいい」ということは少なく、名前とか数字のようなものをおぼえる、つまり言語的記憶のいい人を「記憶力のいい人」ということが多いようです。学校の勉強は主として言語的なものですから、成績のいい人を「記憶力のいい人」ということもあるようです。

しかし、言語的記憶にも二種類あります。ひとつは、乱数表や電話番号、名前のように、脈絡（みゃくらく）のない個別のことばを憶（おぼ）えるものです。記憶力の調査をするときには、主として、脈絡のないことばについて行なうことがふつうです。これは丸暗記といわれるものです。

もうひとつは、脈絡のあることばを憶える場合です。たとえば、その流れを理解して、歴史的事実を憶えるとか、物理学の法則を憶えるというような場合です。もっとも、物理学の法則にしても、それが導き出された過程を抜きにして覚える場合は丸暗記ということになります。

この辺の関係を無視して記憶力がいいとか悪いとかいっても無意味です。つまり、ある事柄を憶える場合、その事柄をしっかりと理解することができれば、ひとりでに憶えてしまうものです。たとえば、小説にしても、その話のなりゆきをしっかりととらえれば、ひとりでに憶えてしまいます。このような意味で記憶力のいい人はじつは「（　Ａ　）のいいひと」という方が正しいでしょう。つまり、ことばは実際の事象を表現したものであり、あらゆる事象はすべてつながっていますから、そのつながりを脈絡としてとらえれば、②脳はひとりでにそれを収納するのです。

近頃は、勉強をテストのためのものととらえ、テストは憶えたことばをそのままテスト用紙の上に書き写してくればいいと考える人がふえたので、丸暗記を記憶と考える傾向が強くなりました。受験指導として、物理学や数学のような、脈絡を追うべき科目まで暗記科目に含めていることも少なくないようです。このように、なにごとによらず丸暗記に頼ってきた人から見れば、ものごとを理解しながら憶えている人は「（　Ｂ　）のいいひと」に見えるでしょう。しかし、正しくは「（　Ｃ　）のいいひと」なのです。

もっとも、乱数表のような数字をよく憶える人もいますが、もともと脈絡のないものでも、ごろ合わせとかストーリーをつくるとかして、いちおう脈絡をつけて憶えるのがふつうです。歴史上の③年号をそのようにして憶えた思い出を持っている人も少なくないでしょう。しかし、脈絡

ウ．正式にお礼を述べることを、照れくさいと思っている。
エ．急に背後から現れた藤原老人の姿に驚き、困惑している。

問七　波線部⑦について、次の問いに答えなさい。
(1)　藤原老人の目には、夏代はどのように映っていたか。その印象がうかがえる描写を、文中から十五字程度で抜き出しなさい。
(2)　この時の夏代の心情として最も適切なものを次から選び、記号で答えなさい。
ア．謝意をどう表現してよいか分からず、とまどいを感じている。
イ．人のあたたかみを実感し、ふいにあふれた涙に動揺している。
ウ．恥ずかしいという思いが最高潮に達し、気が動転している。
エ．素直にお礼が言えた自分に、驚きと誇らしさを感じている。

問八　波線部⑧「そのぶん心も軽くなったような気がした」とあるが、夏代はどのようなことを思い、心が「軽くなったような」気がしているのか。三十字以内で答えなさい。

【101】　次の各問いに答えなさい。

(1)　次の漢字の読みを書きなさい。
①土砂　②安否　③把握　④悪寒　⑤喪失

(2)　次の傍線部のカタカナを漢字に直しなさい。
①建物がトウカイした。　②空港がヘイサされた。　③シンスイの被害。
④地震へのタイサクをする。　⑤事故によるフショウ。

(3)　次の空欄に漢字一字を入れてことわざを完成させ、それとほぼ同じ意味を持つものを後の語群から選び、記号で答えなさい。
①やぶから（　）　②弘法にも（　）の誤り　③他山の（　）
④のれんに（　）押し　⑤紺屋の（　）袴

〈語群〉
ア．人のふり見て我がふり直せ　イ．糠(ぬか)に釘　ウ．医者の不養生

夏代の身体の内側を駆けまわった。

⑦夏代は「お礼です」と叫ぶように言ってほおずきを老人に渡し、驚いた顔の老人と犬に「さよならっ」と言った。

駅へ続く坂道を、夏代は駆け昇った。心臓がばくんばくんと音を立てた。終わりかけた夏の風が夏代の頬をすべっていった。

そう思ってしたことでなくとも、優しさとか善意とかいうものは確かに人間を救うことがあるんだな。わけのわからなくなった頭の中で、夏代はそんなことを考えていた。

何か月ぶりかで走った。何か月ぶりかで身体が汗のぶんだけ軽くなり、⑧そのぶん心も軽くなったような気がした。

（鷺沢　萠『ほおずきの花束』より）

問一　二重傍線部ａ「ガマン」・ｂ「モドって」・ｃ「アンガイ」・ｅ「頷いた」・ｆ「トウトツ」の漢字には読みがなを書き、カタカナは漢字に直しなさい。

問二　二重傍線部ｄ「合点がいった」の意味を次から選び、記号で答えなさい。

ア．思いついた　イ．思い出した　ウ．納得がいった　エ．感激した

問三　空欄Ａ・Ｂに当てはまる適切な語句を次から選び、記号で答えなさい。

ア．不覚にも　イ．忽然と　ウ．無防備に　エ．けだるそうに　オ．こともなげに

問四　波線部①「それ」と②「これ」が指している内容を具体的に示しなさい。

問五　波線部③「夏代はほおずきを買った」について、「ほおずき」は夏代のどのような気持ちを表しているか。最も適切なものを次から選び、記号で答えなさい。

ア．直接お礼に行くことを決め、すがすがしい気持ち。

イ．手土産を携えてお礼に向かう、誇らしい気持ち。

ウ．久びさによい出来事にあって、朗らかな気持ち。

エ．時期に先駆けたものを見つけ、喜ばしい気持ち。

問六　波線部④⑤⑥「あの」からは、夏代のどのような心情が読み取れるか。最も適切なものを次から選び、記号で答えなさい。

ア．見知らぬ年配の人と会って話すことに、緊張している。

イ．気難しそうな藤原老人の表情を見て、気後れしている。

年とった方がニコニコしながら言った。なんだかここ数か月のうちで、久しぶりに他人に優しくされたような気がして、夏代は〔　B　〕涙ぐみそうになりながら「ハイ」と答えた。

帰り際、夏代はお巡りさんたちから一枚の紙きれを渡された。財布を拾ってくれた人の住所や電話番号が書いてあるもので、電話してお礼を言っておきなさいと言われた。

「藤原俊造　七十二歳」

紙きれの一行目に読みにくい行書体でそう書かれていて、住所は世田谷区玉堤となっている。ここから歩いても、さほどの距離ではなかった。

夏代は久しぶりに、ほんとうに久しぶりに明るい気持ちになっていたから、電話をするよりも直接行ってお礼を言おうと考えた。

駅前から銀杏の並木道をずっと歩いていくと、途中にある花屋の店先に明るいオレンジ色の花が咲いていた。何の花かと思って近寄ってみると、それは花ではなく少し早いほおずきの実だった。③夏代はほおずきを買った。愛想のいい店のおばさんが、「少しおまけしときますね」と言いながら一本余分に持たせてくれた。

夏代はほおずきを花束のように抱えながら並木道を歩き、坂道を下り、昇り、また下った。

川っぷちの町に着いて、商店街で訊ねながら行くと、その家はcアンガイ簡単に見つかった。

ひっそりとした、木造の小さな家の門柱に「藤原」という表札が見えた。人気のない玄関の引き戸の前で、なんとなく入りかねていると、背後で足音が聞こえた。

犬を連れた老人が立っていた。柴犬に似た雑種らしい犬は、はっはっと息を吐きながら立ち止まった主人を見あげている。

「④あの……藤原俊造さんですか」

「そうですが」

老人は不思議そうに、ほおずきの花束を抱えた奇妙な女の子を見つめた。

「⑤あの、あたし、お財布拾ってもらった者なんですけども……」

「ああ」

老人はd合点がいったようにe頷いた。

「⑥あの、ほんとにありがとうございました」

そう言って頭を下げたとたん、fトウトツに冷たい涙が滝のように夏代の頬を流れ落ちた。びっくりしたのと恥ずかしいのが一緒くたになって、

②わたしはいつの間にか時代の変化から取り残されてしまった。
③わたしは時の経過とともに愛する者たちとの別れを何回も経験した。
④わたしは別の土地で新しく生まれ変わる機会を選ばず故郷に残った。
⑤わたしの青春の思い出はいつまでも朽ち果てることがない。

問六　傍線部(4)「私は絶句して、答えることが出来なかった」とあるが、「私」が絶句した理由を二十五字以内で書きなさい。

〔石川・石川県立総合看護専門学校〕

【100】　次の文章を読んで、後の問いに答えなさい。

高校三年生の夏代は、夏休み前から悪いことばかりが続き、失意のうちにあった。試験の結果は最悪で、思いを寄せていた男の子にふられ、その上、財布までなくしてしまった。翌日駅前の交番へ出向いた。
交番には若いお巡りさんと年とったお巡りさんがひとりずついて、年とった方が夏代に椅子をすすめた。
「落としたのはどこ?」
「あのバス停のとこ……だと思うんですけど」
「どんな財布?」
「えーと茶色い皮のヤツで、わりとおっきくて、一方がボタンになってて……。」
そこのところで、今まで奥の扉のむこうにいた若い方が、扉から半分顔を見せて大声で言った。
「あー、届いてるよ、①それ」
若いお巡りさんは机の引出しから、（　A　）夏代の財布を取り出した。
「②これでしょう」
「そうです!」
夏代は飛びあがりたいのをaガマンして、財布を引き取るためのいろいろな書類に住所や名前を書きこんだ。中のものは何ひとつ失くなっていなかった。
「良かったねえ、無事bモドってきて」

問一　傍線部a「渡り合った」、b「呑み込み」、c「お布施」、d「上り」のそれぞれの本文中の意味として適当なものを、次の各郡の①〜⑤の中から一つずつ選んで、その番号を書きなさい。

a．渡り合った

①言い争った　②困り果てた　③探し回った　④考え抜いた　⑤友達になった

b．呑み込み

①記憶　②感知　③理解　④忖度　⑤共感

c．お布施

①生前に積む善行　②仏さまからのめぐみ　③葬儀で遺族にあげる香典
④葬儀のときにかかる費用　⑤僧にあげる品物や金銭

d．上り

①理解　②完成　③役者　④順番　⑤台詞

問二　空欄〔　A　〕、〔　B　〕に入る漢字を、それぞれ一字ずつ書きなさい。

問三　傍線部⑴「このほうが正しいと思うようになった」の、「このほう」が指す内容について、次の①〜⑤の中から適当なものを一つ選んで、その番号を書きなさい。

①アンデルセンがパンを食べていたことを、心の底では認めたくないこと。
②お洒落なパン屋の名前がなぜアンデルセンなのか、納得していないこと。
③アンデルセンが童話作家であるという知識を、まったく持っていないこと。
④アンデルセンと言えば、北欧の童話作家のことだと思い込んでいること。
⑤アンデルセンはマンションをさがす目的だということを、忘れてしまっていること。

問四　傍線部⑵「若い人は、必ず絶句する」とあるが、若い人が絶句する理由を二十五字以内で書きなさい。

問五　傍線部⑶「時は流れわたしは残る」とは、ここではどのような意味となるか。次の①〜⑤の中から適当なものを一つ選んで、その番号を書きなさい。

①わたしは成長しないままいたずらに年だけ取ってしまった。

「パン屋でしょ」

「すぐそういう風に言わないでよ。そのモトのアンデルセンを聞いているのよ」

「ええと、アンデルセン……、何だっけ」

[(2)]若い人は、必ず絶句する。

「あ、判った。北欧の、なんとかって港にある人魚の像――違ったかな」

すぐには思い出せないらしい。子供の頃に「絵のない絵本」の「マッチ売りの少女」を読んで涙ぐむ代わりに、「オバQ」や「ゲゲゲの鬼太郎」に夢中だったのであろう。「※ミラボー橋」の歌詞ではないが、「[(3)]時は流れわたしは残る」というところである。

まだ大丈夫とうぬぼれているうちに、人生の折り返し地点を過ぎてしまったなあ、という実感があったせいか、週刊誌の連載エッセイに[c]お布施のことを書いた。書きながら、布施というディレクターがおいでになることを思い出して、電話をかけてみた。彼は私が脚本を書いた番組の収録中である。苗字の由来、お布施との関係を聞くと、知らないと言う。

〔　B　〕の居所が悪かったのであろう、私はカッとなってしまった。

「あなた、自分の苗字について、親に聞いたり調べたことないの」

怠慢でした、済みませんと、謝らせてしまって電話を切った。切ってから、私はハッとした。怒っている私も、向田という苗字の由来を調べたり親にたずねたことは、ただの一度もないのである。生まれたときからくっついている空気のようなもので、格別気にしたことはなかったのだ。布施さんがそう反論されなかったのは、私の台本の[d]上りが遅いので収録に忙しく、それどころではなかったのである。

そういえば、電話で若い編集者にアンデルセンについて、お説教を垂れていたとき、こういうやりとりがあった。

「あなた達、子供のときアンデルセンとかグリムの童話を読んだことないの」

偉そうに言った私に、彼はこう反論した。

「アンデルセンは思い出したけど、グリムは知らないなあ。どんなの書いてるんですか」

[(4)]私は絶句して、答えることが出来なかった。

（向田邦子「アンデルセン」による）

※「ミラボー橋」の歌詞……アポリネール作・堀口大学訳の「ミラボー橋の下をセーヌ河が流れ／われらの恋が流れる／わたしは思い出す／悩みのあとには楽しみが来ると／日も暮れよ、鐘も鳴れ／月日は流れ、わたしは残る……」を指す。

かもその駅の近辺に私のと酷似した名前のマンションがあったらしく、そこへ飛び込んで、

「そんな人は住んでいませんよ」

という管理人と渡り合ったというかたまでおいでになる。年に二、三人はこういう遭難騒ぎがある。

十年住むと、さすがに教え方もうまくなった。相手が十代二十代の、お洒落で原宿あたりを歩いたことがありそうな人だと、

「アンデルセンをご存知?」

「パン屋でしょ」

「あの真裏のマンションよ」

これで済むのである。

その通り、アンデルセンはパン屋とケーキ屋の中間のような洒落た店である。十年前に開店したときは、客がトレイを抱えて好きなパンを取る形式が人気を呼び、このあたりの名物のひとつになっていた。

ところが、四十代五十代のかただとこうはゆかない。

「青山通りにアンデルセンというパン屋がありますが……」

と言わなくてはならない。

「はあ、アンデルセンがパン屋ですか」

そのかたは少し面白くないという口調でこうつけ加えられた。

「まあ、アンデルセンもパンを食ったでしょうから、仕方がないでしょうがね」

そしてもう一度、「アンデルセンがパン屋になりましたか」と繰り返されたりする。

こういうかたは、正直いって道順の呑み込みもよろしくなく、同じことを何度も繰り返して言わねばならなかったりして、締切が迫っているときなどかなり焦々(いらいら)した。

だが、落着いて考えてみると、このほうが正しいと思うようになった。アンデルセン、と聞いて間〔　A　〕を入れず「パン屋でしょ」という若い人に反撥(はんぱつ)を覚えるようになった。

たまには意地悪をして聞いてみる。

「アンデルセンてご存知?」

エ．過去を重視して現在は軽視しなさい。

オ．充実した思春期を送らなければいけません。

問六　本文において、筆者が「君たち」に向けて、最も伝えたいメッセージはどういうことか。その説明として適切なものを次のア～オから一つ選び、記号で書きなさい。

ア．ものわかりのよさげな大人は、夢を追い求めることを勧めるということ。

イ．急に言われ始めた、夢を重視する考えは、不要な考えであるということ。

ウ．「夢を持ちなさい」というアドバイスは、素敵なものであるということ。

エ．自分の夢を実現するためには、犠牲を払わなければならないということ。

オ．自分の現在を束縛するような夢は、捨ててしまった方がよいということ。

〔群馬・前橋市医師会立前橋准看護学校〕

【98】　①～⑤のことわざの意味として正しいものを、次のア～カから選び、記号で書きなさい。

①石の上にも三年　②鬼の目にも涙　③敵は本能寺にあり　④判官びいき　⑤三つ子の魂百まで

ア．真の目的は別にある

イ．一か所に我慢していればいつかは成功する

ウ．無慈悲なものにも一面の情がある

エ．ひいきしすぎて不利・迷惑を及ぼす

オ．幼い時の性質は一生消えない

カ．弱者に味方したい気持ち

【99】　次の文章を読んで、後の問いに答えなさい。

はじめて訪れる、しかも土地不案内の人に自分の住まいを要領よく教えるのは、なかなかむつかしい。私はマンション暮しだが、私の住んでいる青山界隈はそれこそマンション部落で、似たような名前の建物だらけである。地下鉄表参道駅下車と教えたのに外苑前で降りてしまい、し

らの生活は、「大人になるための準備」として運営されているのでもなければ、「夢への②ジョソウ」として立案されたものでもない。子供であることの楽しさは、元来、そこのところ（未来や過去と切り離されているところ）にある。

「夢」を持つことは、一見、前向きで③スバらしい取り組みであるように見える。しかしながら、注意深く検討してみると、「夢」は「未来のために現在を犠牲にする」要求を含んでいる。

ということは、「夢を持ちなさい」という一見素敵に響くアドバイスは、その実、「今を楽しむ」という子供自身にとって最も大切な生き方を真っ向から否定する命令（具体的には「〔　Ⅱ　〕」ということ）でもあるわけで、とすれば、悪質な「夢」に囚(とら)われた少年少女は、オ不確かな未来のために、かけがえのない思春期を台無しにしているのかもしれない。

自分の将来に「夢」を設定した人間は、その夢から④ギャクサンして、現在の生活を設計しなければならなくなる。

（中略）

もし、君の⑤イダいている夢が、自分自身の内側から自然に湧き上がってきた夢であるのなら、現在の娯楽や休息を多少犠牲にしてでも、将来のために努力を傾ける価値がある。でも、もし仮に君のイダいている「夢」が、「夢を持たねばならない」という義務感から無理矢理に設定したお仕着せの人生設計であるのだとしたら、ほかならぬ自分自身をがんじがらめにするそんな不自由な夢からは、早めに目を覚ました方がよい。

（小田嶋隆「13歳のハードワーク」による）

問一　本文中のア～オの漢字の読みをひらがなで書きなさい。

問二　本文中の①～⑤のカタカナの部分を漢字で書きなさい。

問三　本文中の〔　A　〕・〔　B　〕に当てはまる語を次のア～オから選び、記号で書きなさい。

ア．というのも　　イ．つまり　　ウ．にもかかわらず　　エ．だから　　オ．たしかに

問四　本文中のⅠ「夢なんかなくても、子供時代は楽しかった」とあるが、その理由は、子供の楽しさが元々どのようであるからか。それが述べられている一文を抜き出し、最初と最後の四字を書きなさい。（句読点も字数に含む）

問五　本文中の〔　Ⅱ　〕に入れる文として適切なものを次のア～オから一つ選び、記号で書きなさい。

ア．夢を実現するために現在を大事にしなさい。

イ．将来のために今の楽しみを我慢しなさい。

ウ．今という時間を大切にして生きなさい。

⑧注意

ア．急行　イ．膨張　ウ．縦横　エ．兼職

【96】次の①～⑤の作家の作品を、後のア～オの中からそれぞれ選んで、記号で書きなさい。

①太宰治　②芥川龍之介　③森鷗外　④夏目漱石　⑤川端康成

ア．鼻　イ．門　ウ．青年　エ．古都　オ．人間失格

〔茨城・真壁医師会准看護学院〕

【97】次の文章を読んで、後の問いに答えなさい。

君たちは、

「夢を持ちなさい」

「夢のない人生には価値がない」

「夢を持たない人間は、誰にも愛されない」

「夢があってこそ人は輝く」

てなことを信じているかもしれない。

〔Ａ〕、昨今、ものわかりのよさげな大人は、誰もが異口同音[ア]に、

「自分だけの夢に向かって努力しなさい」

といった調子のお話を子供に吹き込む決まりになっているからだ。

この「夢」を中心に据えた[イ]キョウクン[①]話は、ある時期から急に言われはじめたことで、私が子供だった頃は、さして人気のあるプロットではなかった。というよりも、私が子供だった50年前には、夢を持っている子供はむしろ少数派だった。事実、私は、自分が夢を持っていた記憶[ウ]を思い出すことができない。

〔Ｂ〕、夢なんかなくても、子供時代は楽しかった。[Ⅰ]当然だ。子供は「いま、ここ」にあるがままにある存在で、その時々の一瞬一瞬を、その場その場の感情のままに生きている。その、あるがままの子供たちは、「将来の展望[エ]」や「未来への希望」を特段に必要としていない。彼

②ひと肌（　　）　人を助けるために、自分の力を貸すこと。
③立て板に（　　）　つかえることなくすらすら話すこと。

【94】　次の四字熟語の読みをひらがなで書きなさい。
①言語道断なことを言う。
②泰然自若とした態度でいる。
③我田引水の行いをする。

【95】　次の熟語と同じ組み立てのものをア～エから一つ選び記号で書きなさい。
①痛感
ア．孤立　イ．記号　ウ．取捨　エ．希望
②英語
ア．県立　イ．外国　ウ．真実　エ．利害
③開放
ア．変遷　イ．読書　ウ．急行　エ．日没
④存在
ア．絵画　イ．看病　ウ．前後　エ．牛乳
⑤変換
ア．強弱　イ．発言　ウ．高原　エ．動揺
⑥新緑
ア．読書　イ．善悪　ウ．近海　エ．日没
⑦読書
ア．放水　イ．地震　ウ．真偽　エ．河川

二行目の「き」のように（④）を踏んでいるのが特徴です。また、Bの「そを聴きにゆく」の「そ」とは（⑤）を指しています。

ア．「停車場」　イ．「一握の砂」　ウ．「赤光」　エ．切れ字　オ．韻　カ．音　キ．平成
ク．昭和　ケ．明治　コ．訛　サ．人　シ．歌　ス．川柳　セ．俳句　ソ．三行短歌

【90】 次の表現の（　）には身体に関する言葉が入ります。当てはまる漢字一文字を書きなさい。ただし、同じ漢字は一回しか使えません。

①借金で（　）がまわらない。
②ここは（　）の見せどころだ。
③やっと（　）の荷を下ろした。
④（　）に負えない問題が起こった。
⑤恥ずかしさに（　）から火が出る思いだった。

【91】 傍線部の漢字の読みをひらがなで書きなさい。

1．病床数を一般に公開する。　2．痛みを伴う治療に耐える。
3．カーテンの綻び（ア）を繕う（イ）。　4．その報告は事実を歪曲している。

【92】 傍線部のカタカナを漢字で書きなさい。

1．海を眼下にノゾむ。　2．人生をカエリみる。
3．痛みがヤワらぐ。　4．カイゴシの資格。
5．コウレイシャの施設。

〔茨城・水戸市医師会看護専門学院〕

【93】 次の（　）に適切な言葉を入れて、下の意味の慣用句を完成させなさい。

①油を（　）　無駄話などで時間をつぶすこと。

漢字二字で書きなさい。

「無国籍の文化の流浪の民になってしまうだろう。」とは、本来は世界的（ア）をもっているはずの、自国の（イ）の文化をもたずに、どこの国の文化かわからない中で、誇れるものもなくさまよう状態のこと。

問七　この文章の題名を「心から心へ」とした作者の考えに合うものには○を、合わないものには×をつけなさい。

ア．長い時間をかけて桜を愛してきた日本人の心を大切にしたい。

イ．日本の伝統や文化に対して冷淡になる時間が必要である。

ウ．自分の国の文化を誇りに思っている外国を旅してみたい。

エ．もう一度日本の伝統や文化について考えていきたい。

オ．外国人に対して説明する知識の共有化が課題である。

【89】　次の短歌を読んで、問いに答えなさい。

A　やはらかに柳あをめる　北上の岸辺目に見ゆ　泣けとごとくに

B　ふるさとの訛なつかし　停車場の人ごみの中に　そを聴きにゆく

問一　AとBは同じ作者の短歌です。作者の名前をア～エの中から選び、記号で答えなさい。

ア．斎藤茂吉　　イ．与謝野晶子　　ウ．北原白秋　　エ．石川啄木

問二　次の言葉を現代仮名遣いで書きなさい。

ア．やはらか

イ．あをめる

問三　次の文章は短歌について説明したものです。①～⑤に当てはまる言葉を、ア～ソの中から選び、記号で答えなさい。

AもBも（①）時代を生きた作者の、代表的な歌集（②）に収められている作品の一つで、この形式は、（③）とよばれているものです。AもBも、ふるさとを思う気持ちが五・七・五・七・七の三十一音の中に巧みに表現されています。Aでは一行目の「や」や

日本の伝統や、日本の文化に対してきわめて冷淡だ。いや、外国人に対して説明する最低の知識さえもっていない人も多い。

日本的なものを、遅れたものとして見る脱皮志向の時間があまりに長すぎたのだ。私たちはもう一度そのことについて考えなければならないところに来ているといえるだろう。私たちにとって、最も固有なものこそが、世界的価値をもつものなのだということを――。もしそうでなければ、私たちはもう、④無国籍の文化の流浪の民になってしまうだろう。

（馬場あき子『最新　うたことば辞林』から）

問一　波線のカタカナは漢字に、漢字はひらがなに直しなさい。

問二　（　A　）に入る接続語として最も適切なものを、次から一つ選び、記号で答えなさい。

ア．ところが　　イ．つまり　　ウ．そして　　エ．しかし

問三　傍線①の「そういう伝統の感覚」とはどのような感覚でしょう。最も適切なものを次から一つ選び、記号で答えなさい。

ア．日本人なら桜の知識はだれでも持っているという感覚

イ．日本人には同じ遺伝子が組み込まれているという感覚

ウ．「さくら」ときいただけで馥郁たる気持ちになる感覚

エ．西欧の文化に対して日本の文化は劣っているという感覚

オ．伝統は身につきすぎた古いものだという感覚

問四　傍線②の「その国に流れた不幸な時間」と同じ意味で使われている表現を文章中から抜き出しなさい。

問五　傍線③の「いなしつづけてきた」の「いなす」にはいろいろな意味があります。その使い方として間違っているものを次から一つ選び、記号で答えなさい。

ア．食後はめいめいに自分の食器をいなした。

イ．失敗をいなすような言葉は人を傷つける。

ウ．彼はいつも相手の質問を適当にいなす。

エ．しつこく居座る物売りがいなされた。

オ．力士が相手にいなされてよろけた。

問六　次の文は、傍線④の「無国籍の文化の流浪の民になってしまうだろう。」を説明しています。ア、イに当てはまる言葉を本文中から選び、

1．友人がピアノを弾いた。
2．それは、誤解だ。
3．来賓が果実を食べた。
4．お祝いに色紙をもらった。
5．大事なお客様が来る。
6．お宅にあいさつに行く。

〔福島・会津若松医師会附属会津准看護高等専修学校〕

【88】 次の文章を読んで、後の問いに答えなさい。

心から心へ

たとえば「さくら」という言葉をきいた時、日本人なら桜の知識を何も持たなくても、ある共通のアフクイク感を思い浮かべるだろう。まるで遺伝子としてそれが組み込まれているように――。血を継ぐようにして無意識に継いできた①そういう伝統の感覚を不思議に思い、愛している。

私たちは近代以降、西欧のイブンブツに触れるたび深いコンプレックスを感じ、それを手に入れ消化することに知的な文化の香りがあると信じてきたが、戦後はいっそう、敗北さえ加わって、日本的なもののすべてに反発を感ずるようになっていった。そこには戦争によって喪った人生の時間へのウ哀惜もあり、生き急ぐ思いもあっただろう。

戦後も二十年くらい経った頃、私はふいに桜の美しさに気がついた。植物の生命のかがやきが、②その国に流れた不幸な時間とは無縁のかがやきをもって、つねに生きつづけていたことに気がついた。〔　A　〕吉野の桜に会いに行った。桜はそこに、たしかに自然そのものとして咲き匂っていたが、同時にエタクサンの桜の文化のやさしさを思い出させてくれた。桜を日本人の記憶にまで高めていったものは、長い時間をかけて桜を愛してきた日本人の心だったのである。

私たちはそうした伝統というものを、身につきすぎた古いものを嫌うように、軽く③いなしつづけてきたのかもしれない。外国を旅してみればすぐわかることだが、どの国の人々も、自国の固有の文化を誇りに思い、それを旅人に理解させたいと願っている。それに比べると私たちは、

問六　傍線⑤「私的」とありますが、〔　B　〕には私的の対義語が入ります。当てはまる漢字二文字の言葉を答えなさい。

問七　次のア～エのうち、本文の内容に合うものには○を、合わないものには×を書きなさい。

ア．発掘は長期にわたる地味な仕事だが、遺跡が見つかった後は魔法のように高い評価を受けることができる

イ．発掘によって得られたものは、昔の人が生活の中で捨てたものでも、その生活をよみがえらせ、歴史を語ってくれる

ウ．当時の貴族は庶民から搾取することによって、蘇や氷室など非常にぜいたくな生活をしていた

エ．長屋王は政治家としても文化人としても、もっと評価されるべき人物である

〔宮崎・児湯准看護学校〕

【85】次の傍線のカタカナを漢字に直しなさい。ただし必要であれば送り仮名をつけること。

①試験のココロガマエ　②末梢神経とチュウスウ神経
③本のジョブンを書く　④センレンされたデザイン
⑤幸せなバンネンを送る　⑥長い間県庁にツトメル
⑦世論をハンエイした政治　⑧若気のイタリ
⑨カダイな期待がかかる　⑩オウカクマクを鍛える

【86】次の傍線部の漢字には読みを書き、カタカナは漢字に直しなさい。

1．紳士淑女　2．宵の明星
3．欲に溺れる　4．崇高な志
5．権威が失墜する　6．センデンする
7．ジョウチョ不安定　8．ボウダイな量
9．キョウフを感じる　10．ヒゲキを招く

【87】次の傍線部の言葉を1・2は丁寧語に、3～6は尊敬語か謙譲語に直しなさい。

べきことには、ツルまで飼って鑑賞していたのだ。

飲食物では、すでに、牛乳を飲んでいる。「蘇(そ)」という、牛乳を加工したチーズのようなものも食べている。

それだけではない。かれらは、「氷室(ひむろ)」という天然の冷蔵庫まで作っていたのである。この冷蔵庫は、奈良の山中にある。冬の間に池などにできた氷にさらに水をかけ、厚くする。切り出した氷と、カヤという草とを交互に重ね合わせて、何十段にもして保存する。夏になると、それを山から運んで冷房のために使ったり、飲用に使ったりしたのである。当時の庶民の生活とは比べものにならないほど、ぜいたくな暮らしぶりである。

発掘というのは、ただ土をほり返す地味な仕事だが、ごみとして捨てられた木簡から、魔法のように昔の生活がよみがえってくることもある。その魔法にみせられて、わたしたちは今日も歴史と「対話」するために土をほり返している。

（出典　寺崎保宏「長屋王木簡の発見」）

問一　傍線①「木簡(もっかん)」とありますが、木簡とは木片に文字などが書かれたもののことです。木簡がとても重要なものであることがわかる言葉を文中から六文字で書き抜きなさい。

問二　（　Ａ　）に当てはまる言葉を文中から五文字で書き抜きなさい。

問三　傍線②「貴族の暮らしが次々と明らかになってきた」とありますが、具体的にどのようなことがわかったのですか。最も適当なものを次のア～エより選び記号で答えなさい。

ア．一流の文化人が取り入れた最先端の文化について

イ．当時の政治について

ウ．権力者達の勢力争いについて

エ．長屋王という貴族の私的な暮らしについて

問四　傍線③「奈良時代」とありますが、次のア～カのうち奈良時代の出来事・人物・書物には○を、奈良時代と関係のないものには×を書きなさい。

ア．聖徳太子　　イ．風土記　　ウ．聖武天皇　　エ．遣唐使の廃止

問五　傍線④「天武天皇」とありますが、天武天皇の兄が行った政治改革を何と言いますか。次のア～エより選び記号で答えなさい。

ア．大化の改新　　イ．正徳の治　　ウ．南北朝の合一　　エ．壬申の乱

①垢抜ける　②歯に衣着せぬ　③枚挙にいとまがない　④尾ひれをつける　⑤立て板に水

ア．高慢　イ．誇張　ウ．洗練　エ．率直　オ．断念　カ．多量　キ．流暢　ク．無愛想

〔佐賀・鳥栖三養基医師会立看護高等専修学校〕

【84】次の文章を読んで、後の問いに答えなさい

今回の発掘は、開始から約二年がたっていた。これまでに、たくさんの建物やみぞのあとが発見されていて、重要な場所だという予感はあった。ただ、そのやしきの主については、全くと言っていいほど、手がかりがなかった。

ふつう、発掘調査で、やしきの主が分かるということはほとんどない。また、いつものように所有者を特定できずに終わるのかと考えながら、建物の東のはしにあるみぞをほっていた。

すると、そこには、四万点もの①木簡が捨てられていたのである。一つでも宝石のように貴重な木簡である。それが、こんなに大量に、しかも、いちどに発見されたのだから、わたしたちのおどろきと興奮は、言い表しようがないほどだった。「今度こそ、〔　Ａ　〕が特定できるかもしれない。」と、調査員たちは、胸の高鳴りをおさえるのに苦労した。そうしたときに見つかったのが、あの木簡だったのである。

あの木簡は荷物を送るときに付けられた札である。「長屋親王宮（ながやしんのうのみや）」というのは、荷物が送られてきたやしきの名前だ。その下の「鮑大贄十編（あわびおおにえじっぺん）」は、アワビを十束運んできたことを示している。これがみぞに捨てられていたということは、この場所が、他ならぬ長屋王のやしきだったということになる。

発見は、これだけではなかった。発見された木簡を調べていくにつれて、②貴族の暮らしが次々と明らかになってきたのである。

長屋王は今から千三百年近く前の③奈良時代の人である。④天武天皇の孫に当たり、大臣にまでなった有力な政治家であると同時に、優れた文化人でもあった。ところが、勢力争いに巻きこまれ、四十六歳のとき自殺に追いつめられ、悲劇的な最期をとげたことは分かっていた。だが、このような〔　Ｂ　〕な活動は知られているが、千三百年も前のことなので⑤私的な生活についてはほとんど分かっていない。四万点の木簡は、そんな長屋王の私的な生活を知る格好の材料となったのである。

では、木簡からうかがい知ることのできた生活とは、どんなものであろうか。

長屋王のやしきの中には、たくさんの建物がある。そこには、王の家族のほかに、服や食器や武器などを作る職人たち、さらには、画家や僧侶など、王に仕えていた多くの人たちも住んでいた。また、いっしょに暮らしていたのは、人間だけではない。犬や馬も飼っていた。おどろく

□□□□□につながらないから。

問八　波線部④に適する四字熟語を考え、漢字で答えなさい。

問九　この文章の筆者は「やまびこ挨拶」をどのように捉えているか。最も適当なものを次の中から選び、記号で答えなさい。

ア．従業員の連帯感を高める「やまびこ挨拶」は、利用客への礼儀にかなっている上に、すべての客に好印象を与える効果もある。

イ．「やまびこ挨拶」は利用客へのサービスというよりも、従業員たちの結束を固め、やる気を出させるために効果的である。

ウ．「やまびこ挨拶」は従業員の質を低下させてしまったが、店に活気を出すことによって、客の購買意欲を高める効果がある。

エ．今やほとんどの店で実施されている「やまびこ挨拶」は、従業員が業種を越えた連帯感を築き上げるために効果的である。

【80】傍線部の漢字の読みを書きなさい。

①弔問客に挨拶をする。　②竹馬の友と再会した。

③筋肉が弛緩する。　④新しい寺を建立する。

⑤老舗の和菓子屋。

【81】次のカタカナを漢字に直しなさい。

①薬物の誤用によるゲンカク。　②ゾウオの念を抱く。

③内臓のシッカン。　④テンテキにより治療する。

⑤部下の心をショウアクする。

【82】次の①～③には反対語を、④～⑤には四字熟語が完成するよう適当な漢字を書きなさい。

①希薄↕（　）　②秩序↕（　）　③節約↕（　）

④一目（　）然　⑤周章（　）狽

【83】次の慣用表現と意味の上で関係の深い熟語を後から選び、記号で答えなさい。

ア．あいまいでわかりにくい表現
イ．遠回しでやわらかな表現
ウ．はっきりとした直接的な表現
エ．事実とは異なった表現

D「士気を鼓舞し」
ア．やる気を奪い立たせ
イ．心を躍らせ
ウ．協調性を高め
エ．気分を良くし

問四　空欄Ⅰ・Ⅱに入る語として適当なものを次の中から選び、記号で答えなさい。
ア．もし　イ．なぜなら　ウ．また　エ．たとえば　オ．ところが

問五　波線部①「やまびこ挨拶」とはここでは、どのような挨拶のことか。最も適当なものを次の中から選び、記号で答えなさい。
ア．大自然の中にこだましていくやまびこのように、すがすがしい響きを持つ挨拶。
イ．一人の店員が、来店した客に対して、全く同じ言葉をただ繰り返すだけの挨拶。
ウ．もてなしの気持ちを表現するために、店員全員が心を込めて一斉にする挨拶。
エ．一人に続いて、他の店員たちも次々と、同じ言葉を機械的に叫ぶだけの挨拶。

問六　波線部②「むしろ逆効果」とあるが、ここではどのような点が逆効果なのか。最も適当なものを次の中から選び、記号で答えなさい。
ア．繰り返される「やまびこ挨拶」が利用客からは聞き流されてしまい、購買意欲には影響を与えていない点。
イ．かつては利用客への感謝を表していた「やまびこ挨拶」が、新鮮味を失って形式的なものになってしまった点。
ウ．客に好感を与えるための「やまびこ挨拶」が、過剰サービスとなって、結果的に客に不快感を与えてしまう点。
エ．「やまびこ挨拶」を実施することで従業員の意識と質は向上したが、売り上げを伸ばす効果は期待できない点。

問七　波線部③「客に当惑を抱かせたり～店側の本意ではないはずだ」とあるが、なぜ本意ではないのか。次の形式にあうように波線部③より後の本文中から抜き出し五字で答えなさい。

「やまびこ挨拶」の評判は芳しくなかった。「意識したことがない」「気にならない」は少数意見で、ほかは「心がこもっていない」「反射的に叫んでいるだけ」「パーソナルな対応ではなく、適当にこなしている感じ」と手厳しい。「何も買わないで帰るときにあちこちから『ありがとうございました』と叫ばれると、『買わずに帰る俺への嫌みか』と言いたくなる」という声もあった。

（Ⅱ）、学生たちや私と同じような印象を抱く客が少なくないとしたら、つまり、利用客がこの挨拶に満足していなかったとしたら、「やまびこ挨拶」をサービスの一環として実施している店は見込み違いをしていることになる。次回何かを買うかもしれない潜在的顧客や、たまたま目当ての商品が見つからなかった常連客の背中に「ありがとうございました」のこだまを浴びせかけるのは、②むしろ逆効果ということだ。

③客に当惑を抱かせたり不快感を味わわせたりするのは、店側の本意ではないはずだ。そして商売人であれば、提供する商品とサービスを充実させること、従業員のやる気を出させ質を向上させること、経営の無駄を省いて価格に反映させること、客心理を研究して満足度を高めることなどが売り上げ増に直結することをジュクチしているに違いない。したがって、店の方針として「やまびこ」を採用するのは、そろばん□□のうえでの戦略である。とすると、必ずしも客に好印象を与えないこの挨拶は、もとより来店客を歓迎したり気持ちよく送り出したりするためのものではないということになる。つまり、「やまびこ挨拶」は客のためではなく、店の従業員のために考案されたという推論が成り立つ。

人間の行うコミュニケーションに意味のないものはない。挨拶一つとっても、全員で一斉に声をそろえて叫ぶのも、お客さんに向かってにっこり微笑むのも、深々とお辞儀をするのも、または挨拶しないで無視するのも、すべて意味のある行為だ。送り手と受け手がそこに同じ意味を見出しているとは限らないが、そこに意味が発生することに変わりはない。

店員たちが、あの元気良い挨拶を客に対してではなく自分たちのために発していると考えると「やまびこ挨拶」の意義が見えてくる。全員がそれぞれ大声を出すことで、キンチョウ感の持続と連帯感の確認が図られる。士気を鼓舞し、仕事へのモチベーションを高めるという効果も期待できる。しかも表向きは客への礼儀にかなったものとなっているから、④□□□□だ。

（野口恵子「かなり気がかりな日本語」より）

問一　傍線部a「イセイ」、b「キボ」、c「芳しく」、d「潜在」、e「ジュクチ」、f「キンチョウ」について、カタカナは漢字に直し、漢字には読みを書きなさい。

問二　二重傍線部A「□で押した」、C「そろばん□□」の空欄に適する漢字を入れて慣用句を完成させなさい。

問三　二重傍線部B「婉曲表現」、D「士気を鼓舞し」の意味として、最も適当なものを次の中から選び、記号で答えなさい。

B「婉曲表現」

①形容動詞の連体形をわざと終止形のように使うことによって、聞く人に違和感をあたえないようにすること。
②現代の言葉における気づきにくい変化や現象を、大げさに再現することによって可視化しようとすること。
③自分の本音を「的な」を付けて別の人の台詞を引用したようにすることによって、角が立たないようにすること。
④「的」という接尾辞を文法的な規則からはずれた使い方をすることによって、若者風な表現になるということ。
⑤自分の感情を相手に投げつけるのではなく冷徹な振りをすることによって、人間関係が良好になるということ。

問七　この文章は、内容から見て前半と後半の二つの部分に分けることができる。後半の最初の段落を、本文中の【①】〜【⑤】の段落の中から選んで、その番号を書きなさい。

〔石川・石川県立総合看護専門学校〕

【79】次の文章を読んで、後の問いに答えなさい。

コンビニエンスストア、大型新古書店をはじめ、多くの店で採用されている「やまびこ挨拶[①]」というものがある。

客が入ってくると、その姿を認めた店員が「いらっしゃいませ」と叫ぶ。すると、その声を聞いた他の店員たちが次々とこだまのように「いらっしゃいませ」と続ける。同様に、レジをすませた客、または何も買わなかった客が出口へ向かうと、その背中に「ありがとうございました」がこだまする。おおかたの店員は客のほうに頭を上げるでもなく、体の向きを変えるでもない。商品の在庫の確認をしながら、棚の本やCDを並べ替えながら、伝票の整理をしながら、あるいは他の客の対応をしながら、ただ叫ぶ。

銀行でも、案内係の行員が□で押したように[A]「いらっしゃいませ」「ありがとうございました」と声をはりあげる。金融機関には不釣り合いなほどのイセイ[a]の良さだ。

私はかねてから、この「やまびこ挨拶」が気になっていた。この「気になる」は婉曲表現[B]で、「不快」を意味する。とはいえ、何を快いとし、何を不快とするかは個人差がある。私が快いとするものを不快と思う人もいるだろうし、その逆もあるだろう。「やまびこ挨拶」は、ある程度のキボ[b]の客商売であれば、小売店だけでなく、飲食店、美容院、銀行と、業種を越えて取り入れられている。利用客に受け入れられているということなのだろう。「元気が良くて気持ちがいい」「客へのサービス精神に満ちている」と、好評なのだろう。そう思っていた。

（　Ⅰ　）、大学生との話のなかで、外国人学習者に教えるべきか否かに悩まされる「変な日本語」に話題が及んだとき、彼らが挙げたもののなかにこの「やまびこ挨拶」があった。

形のように使うやり方は四国方言などにも見られるので、それほど珍しいことではない。

興味深いのは、「こんなの、無理じゃね?」と面と向かって言うのではなく、「的な」を付すことでオブラートに包むような言い方になっていることである。「こんなの、無理じゃね?」はある意味で感情的で情緒的な表現であり、これをそのまま相手に投げつけると、罵倒（ばとう）や反論になりかねない。誰しも自分の心の中は他人に踏み込まれたくないシンセイ[e]な領域であり、そこから出てきた感情や思いは真実を表しているが、そのまま口にすると問題になるので、冷静に間接化して「的な」をつけると言ってもいい。

私は、カプセル化するようなものだと説明しているが、生ものや汚物をそのまま相手に投げつけるわけにはいかないが、容器に密閉してしまえば、直接影響が及ぶことは回避できる。本音を語りながら、その直情をぶつけない方策ということができる。個人的には、1人で複数の人物を演じ分ける落語のような一人語りの言語文化が日本語の根底にあるので、(4)こういったやや演技じみた表現技法が発達してきたのではないかと考えているが、それは別の機会に譲ろう。

（加藤重広『言語学講義——その起源と未来』ちくま新書による。一部改変）

問一　傍線部a～eの片仮名の語を漢字で書きなさい。

問二　空欄〔 A 〕～〔 C 〕にあてはまる語を、それぞれ次の①～⑤の中から選んで、その番号を書きなさい。

（ただし、同じものを二回以上選んではならない）

①なぜなら　②しかし　③例えば　④要するに　⑤結局

問三　傍線部(1)「単に説明を済ませて同意書をとればよい」とあるが、このやり方がインフォームド・コンセントとして安易な印象を与えるのはなぜか。本文中の語句を使って四十字以内で書きなさい。

問四　傍線部(2)「リスクが全くなくて完治する治療法があればインフォームド・コンセントは問題にならない」とあるが、その理由を二十五字以内で書きなさい。

問五　傍線部(3)「台詞や発話引用に「的」を付ける言い方」とあるが、このような言い方をする理由は何か。次の空欄に入る語句を、本文中から二十字以内で抜き出しなさい。（句読点も一字に数える）

（　　　　　　　　　　　）ようにするため

問六　傍線部(4)「こういったやや演技じみた表現技法」とあるが、これはどういうことを指しているのか。次の①～⑤の中から適当なものを一つ選んで、その番号を書きなさい。

らないが、患者にコウレイシャ[a]が多く、この表現は初級英語レベルではないので、説明は辞書の語義記述のようになってしまいがちだ。「インフォームド」は「十分に情報を与えられていること、きちんと説明を受けていること」を指し、もう少し踏み込むなら、患者が自分で判断できるだけの情報や知識を持っている状態を意味している。その状態で、「同意」することが、インフォームド・コンセントであるが、これは1つの名詞句にまとめることが難しい。

「説明を十分に受けた上での同意」なので「説明と同意」とした案もあったが、これでは、単に説明を済ませて同意書をとればよいよう[(1)]で、安易な印象を与えるという人もいる。

【①】プロジェクトの中で提案された「納得診療」は秀逸でわかりやすいという評価もあったが、インフォームド・コンセントは重大な決断を必要とする手術や治療法の選択などに際して必要になるものであり、「診療」というよりは「治療法選択（への同意）」であって、テキセツ[b]でないという意見が医療現場から出たそうである。

【②】確かに、リスクが全くなくて完治する治療法があればインフォームド・コンセントは問題にならない。[(2)]問題になる場面では、いずれの方法にもリスクがあり、さまざまな可能性があるので、患者が「納得」できるかというと、そこまで行かないことが多いだろう。〔　A　〕、インフォームド・コンセントを説明するところから始めることになってしまうのだとも言う。

【③】語彙や表現といった可視化しやすいものの研究は、わかりやすいかもしれないが、気づきにくい変化や現象の中にも言語学がタイショウ[c]にすべきテーマがある。

【④】例えば、「的」という接尾辞は名詞について形容動詞の語幹をつくる機能を持っていて、「官僚」という名詞について「官僚的」という形容動詞語幹をつくる。〔　B　〕、しばらく前から、台詞や発話引用に「的」を付ける言い方が聞かれるようになっている。[(3)]〔　C　〕、「説明を聞いた人がみんな、『こんなの、無理じゃね?』的な顔してて……」のような使い方だ。

【⑤】これは「的」の前がフツウ[d]の名詞句ではなく発話の引用（厳密には、心内文など思っているだけで実際には発話していないことが多い）になっているだけで、形容動詞相当の表現をつくっていることは本来の用法と変わりがない。さらに後ろの名詞句が脱落して、「なんだかさ、『自分の責任を人に押しつけるのか』的な……」のように、なることもある。

引用されるとその全体が名詞句扱いされる現象は日本語以外でも見られるが、品詞性の変化は重要なポイントだ。また、形容動詞の連体形だけで終わり、後ろに名詞が現れないなんて変だと考える人もあろうが、「そんな馬鹿な！」などはよく使われる表現で形容動詞の連体形だけで終わっている。「そんな馬鹿だ」と終止形にするほうが違和感が強いのではなかろうか。「だ」や「じゃ・や」ではなく、「な」を終止

ウ．社会が、過去は受け継ぐものではないとする世界になっただけでなく、人びとが狭い世界は自分の帰る場所ではないと考え、共同体に閉じこもるような故郷の町や村を捨てたから

エ．社会が、過去は単に知識として知るのみでよいとする世界になっただけでなく、人びとが棚田の景色や村祭りの神楽、方言などを狭い世界のものだと恥じるようになったから

問七　傍線オ「二十世紀の社会」とはどのような世界だと筆者はとらえているか。次から適当なものを選びなさい。

ア．近代以前のままの世界

イ．私たちの暮らす世界

ウ．過去が受け継がれる世界

エ．すべてが変わるだけの世界

問八　傍線カ「等身大の世界」を言いかえた言葉を、本文中から七文字で抜き出して書きなさい。

問九【　キ　】に適する言葉を次から選びなさい。

ア．空間　　イ．社会　　ウ．空間　　エ．伝統　　オ．歴史

問十　次の中から本文の内容と一致するものを選びなさい。

ア．過去が何なのかを知ることによって、人びとは歴史の中の自分の役割を見つけ出し安心した

イ．自分の技が生かせる世界に住む人びとは、広い世界との結び付きを持つことができなかった

ウ．知識としての過去が蓄積されたために、私たちの世界から受け継がれていく過去を感じさせる場所や時空が消えていった

エ．過去が受け継がれていく世界を守れば、歴史は生きた歴史になる

〔千葉・木更津看護学院〕

【78】次の文章を読んで、後の問いに答えなさい。

主に国立国語研究所などが中心になってわかりにくい外来語をわかりやすい表現に置き換えようというプロジェクトが行われたことがあった。これは、語彙論のなかでも受容度や理解度を踏まえて実践的な提案を目指したものなので、社会貢献型の研究と言うことができる。

「インフォームド・コンセント」のような用語は、医療関係者が理解していても、患者の側が理解していなければ十分に用をなすものにな

二十世紀の社会は、【 キ 】とは何かという感覚自体を、知らないうちに、変化させていたのである。

（内山節『「里」という思想』）

問一　傍線ア「過去には、二種類のものがあるような気がする」を文節に区切ると何文節になりますか。算用数字で答えなさい。

問二　傍線イ「その地域の方言の中に隠されているもの」を言いかえた言葉として適当なものを次から選び記号で答えなさい。

ア．知識としての過去

イ．精神の習慣

ウ．歴史の中の自分の役割

エ．生きている過去

問三　（ ウ ）に入る言葉として適当なものを選び記号で答えなさい。

ア．なぜなら　イ．そして　ウ．したがって　エ．つまり

問四　傍線①「議論されてはいない」の「ない」と同様の意味で使われているものを選びなさい。（一つとは限らない）

ア．全然お金がない

イ．まったくわからない

ウ．押さないでください

エ．つたない演技を見せてしまった

問五　本文中から欠落している次の文が入る場所として適当な箇所を選びA～Fの記号で答えなさい。

「あるいはそれがみつけだせないとき、人びとは不安の中に投げ込まれた。」

問六　傍線エ「私たちの暮らす世界から、生きている過去を感じさせる場所や時空が消えていった」とあるが、その理由として最も適当なものを選びなさい。

ア．社会が、広い世界との結び付きを善とする価値観の中で展開しただけでなく、人びとが狭い世界で生きることを恥と考え、自分の帰る場所としての故郷を捨てたから

イ．社会が、変化を善とする価値観の中で展開しただけでなく、自分の存在を介して受け継げる、自分の帰る場所としての歴史の空間的範囲を乗り越えることをよしとしたから

去から受け継がれたものを感じ取ることもあるだろう。〔B〕

　歴史学と歴史哲学が異なるのは、歴史学が事実として展開した歴史を明らかにしようとするのに対して、歴史哲学は、人間にとって歴史とは何かを課題にしていることである。だから、歴史哲学は人間たちが作りだしたもっとも古い学問のひとつであった。（　ウ　）、過去とはいったい何なのかを、昔から人々は知りたかったからである。

　それを知ることによって、自分たちには存在理由があることを人々はみつけだした。すなわち、過去をどのように受け継ぎ、どのような未来へと向かう過程に自分たちは存在しているのかを知ることによって、歴史のなかの自分の役割をみつけだし、安心したのである。〔C〕

　といっても、今日では、歴史哲学は歴史学の一万分の一も①議論されてはいない。それは社会に暮らす人々が、過去は受け継ぐものではなく、乗り越えるものだと考える精神の習慣を持っているからであろう、歴史への対応だけが課題であり、過去も未来も思慮の彼方にあるというのが、近代社会での暮らし方である。とともにもう一つの理由として、私たちの社会が、次第に過去を受け継げなくなってきたこともあげられる。〔D〕

　過去から受け継がれてきた景色も、言語も、技や習慣や自然も、ときに大きくつくり変えられ、ときに失われていった。いわば、エ私たちの暮らす世界から、生きている過去を感じさせる場所や時空が消えていったのである。〔E〕

　なぜそれらは消えていったのであろうか。近代社会、とりわけオ二十世紀の社会が過去を乗り越えていくことを善とする、変化のなかに展開したということも理由のひとつだろう。だが、それだけが原因だったのだろうか。私には、その奥にもう一つの原因があったような気がする。〔F〕

　二十世紀とは、人びとが広い世界の中で生きようとした時代であった。狭い世界で生きることを恥と感じる時代といってもよい。だから多くの人々が村や町を捨てて都市に出た。さらに都市を捨てて、世界に出ようとする者もいた。

　といっても、最近の歴史社会学が明らかにしているように、近代以前の社会においても、結構人々は共同体のなかに閉じこもっていたわけではなく、広い世界との結び付きをもっていたのである。だが当時の人々にとっては、どれほど広い世界で生きていたとしても、自分の帰る場所は、共同体や自分の技が生かせる世界にあった。

　つまり、近代になって変わったのはこのような関係である。近代人たちは自分の帰るカ等身大の世界を捨てた。それは過去が受け継がれていく世界を捨てることでもあった。

　私は、人間には、自分の存在を介して受け継げる歴史の空間的範囲、というものがあるような気がする。だから、その「範囲」であるローカルな世界を克服対象にしたとき、過去を受け継げなくなり、すべてが変わるだけの世界にまきこまれていった。その結果、生きている過去が消え、歴史は単なる過去の出来事、過去の知識になっていった。

ア．未来。将来。　イ．過去。　ウ．写実。写真。　エ．現実。実在。　オ．幻想。幻惑。

【75】次の文章を読んで、後の問いに答えなさい。

ゆく河の流れは絶えずして、しかも、もとの水にあらず。よどみに浮かぶ①うたかたは、かつ消えかつ〔　　〕て、久しくとどまりたる②ためしなし。世の中にある人とすみかと、またかくのごとし。

問一　空欄に入る語を次から選んで、記号で答えなさい。

ア．生れ　イ．住み　ウ．生じ　エ．結び　オ．滅び

問二　傍線部①「うたかた」、②「ためし」の意味を次から選んで、それぞれ記号で答えなさい。

ア．先例・前例　イ．試験　ウ．試行　エ．水の泡　オ．歌会

問三　この冒頭部から始まる作品の作品名を漢字で書き、作者は次のア～オから選び、記号で答えなさい。

ア．松尾芭蕉　イ．鴨長明　ウ．吉田兼好　エ．清少納言　オ．小林一茶

【76】次の①～④の作者の作品を、後のア～オからそれぞれ選び、記号で答えなさい。

①樋口一葉　②森鷗外　③石川啄木　④志賀直哉

ア．悲しき玩具　イ．走れメロス　ウ．城の崎にて　エ．たけくらべ　オ．高瀬舟

〔群馬・前橋市医師会立前橋准看護学校〕

【77】次の文章を読んで後の問いに答えなさい。

過去には、二種類のものがあるような気がする。（ア）そのひとつは年表に書かれている過去であり、つまり知識として私たちが知っているような過去である。それは、もはや体験することのできない過去といってもよく、たとえば鎌倉幕府が、いつ、どのような過程を経て成立したというようなものである。〔A〕

ところが過去には、もうひとつ、現在にまで受け継がれてきたものがある。それは棚田の景色の中にあるものだったり、村祭りの神楽の中にあるものや、（イ）その地域の方言の中に隠されているものだったりする。ときには森の景色や地域の様々な習慣、農民や職人が用いる技の中に、過

読書を必要ないとする意見の根拠として、読書をするよりも体験することが大事だという論がある。これは、根拠のない論だ。体験することは、読書することとまったく矛盾しない。本を読む習慣を持っている人間が多くの〔 A 〕をすることは、まったく難しくはない。むしろいろいろな体験をする動機づけを〔 B 〕から得ることがある。

たとえば、藤原新也のアジア放浪の本（『印度放浪』朝日新聞社、など）を読んで、アジアを旅したくなる若者がいる。本に誘われて旅をするというのはよくあることだ。あるいはコウコガクの本を読み、実際にイセキ掘りの手伝いに行く者もある。読書がきっかけとなって体験する世界は広がってくる。

それ以上に重要なことは、読書を通じて、自分の〔 C 〕の意味がカクニンされるということだ。本を読んでいて「自分と同じ考えの人がここにもいた」という気持ちを味わうことは多い。まったく生まれも育ちも違うのに、同じ考えを持っている人に出会うと、自分の考えがコウテイされる気がする。自分ではぼんやりとしかわからなかった自分の体験の意味が、〔 D 〕によってはっきりとすることがある。「あれはこういう意味だったのか」と腑に落ちることが、私は読書を通じてたくさんあった。

暗黙知という言葉がある。自分ではなかなか意識化できないが、意識下や身体ではわかっているという種類の知だ。言語化しにくいけれども何となくからだでわかっているような事柄は、私たちの生活には数多い。むしろそうした暗黙知や身体知が、氷山でいうと水面の下に巨大にあり、その氷山の一角が明確に〔 E 〕化されて表面に出ている、という方がリアリティに即しているだろう。本を読むことで、この暗黙知や身体知の世界が、はっきりと浮かび上がってくる。自分では言葉にして表現しにくかった事柄が、優れた著者の言葉によってはっきりと〔 F 〕化される。こうした文章を読むと共感を覚え、線を引きたくなる。

（齋藤孝著『「読書力」経験を確認する』より）

問一　本文中のa～bの漢字の読みをひらがなで書きなさい。

問二　本文中の①～④のカタカナを漢字に改めなさい。

問三　二重傍線部X「矛盾」の語の意味を次のア～オから選び、記号で答えなさい。

ア．否定しない　　イ．関係しない　　ウ．つじつまが合わない　　エ．戦わない　　オ．合致しない

問四　本文中の〔 A 〕～〔 F 〕に当てはまる語を次のア～ウから選び、記号で答えなさい。

ア．言語　　イ．体験　　ウ．読書

問五　傍線部ア「リアリティ」の意味を後のア～オからそれぞれ選び、記号で答えなさい。

ア．運動会は雲一つない晴天に恵まれた。
イ．どのような困難にも彼はくじけない。
ウ．友人のさりげない一言が胸にしみた。
エ．君の夢が実現する日もそう遠くない。

【71】 次の①～③の傍線の敬語は、ア～ウのどれにあたるか。適切なものを選び記号で書きなさい。

①お客様から商品に関するご意見をうかがう。
②私は病院に勤めています。
③校長先生が私達の教室にいらっしゃる。

ア．尊敬語　イ．謙譲語　ウ．丁寧語

【72】 次の傍線の漢字の読みをひらがなで書きなさい。

①交渉が円滑に運ぶ。　②表面上だけ取り繕う。
③新商品の開発に携わる。　④流れの緩やかな川。
⑤願い事が成就する。

【73】 次の傍線のカタカナを漢字で書きなさい。

①電車の運行がフッキュウする。　②アヤマった結論に行きつく。
③ヨウイには解決しない。　④荷物をアズける。
⑤武器をステる。

【74】 次の文章を読んで、後の問いに答えなさい。

〔茨城・真壁医師会准看護学院〕

問二　②には四文字、③には二文字が入ります。本文中より選んで書きなさい。
問三　（　④　）に入る言葉を、次のア～エの中から一つ選び記号で書きなさい。
　ア．しかし　　イ．もちろん　　ウ．しかも　　エ．だから
問四　作者の文章の書き方についての考えを、本文の言葉をつかい、次の条件に従って書きなさい。
【条件】
・「最初の一行」「最後の一行」を入れて書く。
・五十五字以内で書く。

【69】　次の四字熟語の読みをひらがなで書きなさい。また、意味をア～オの中から選び、記号で書きなさい。
①朝令暮改　②一触即発　③空前絶後　④千差万別　⑤優柔不断
ア．さしせまった事態。
イ．過去に例がなく、将来にも例がないであろうと思われる、非常にめずらしいこと。
ウ．決断力に乏しいこと。
エ．法律や命令などがすぐに変わること。
オ．非常に種類や区別の多いこと。

【70】　次の①・②の傍線の語のうちで、例文と同じ使い方のものをア～エの中から一つ選び記号で書きなさい。
①例：言い訳しないのも長所の一つだ。
ア．このアルバムには、彼らの思い出がたくさん詰まっている。
イ．雨の降る日は、近くの図書館で読書をして過ごす予定だ。
ウ．あまりに小さいので、すぐに見つけることができなかった。
エ．集団で行動するときに、集合時間を守るのは大切なことだ。
②例：教室では騒がないようにしよう。

る。

文章でも同じことが言える。書き出しの数行と結びの数行は、読み手の気持ちを大きく支配する。その点にぬかりがあると、せっかくの内容も死んでしまう。

テレビ番組が最初の一分を重視するのは、そこで「何が始まるんだろう」とひきつけておかなければ、チャンネルをまわされてしまうからである。文章の場合も、最初の数行でひきつけておかないと、「これはたいしたことはないな」と読み手に思われ、あとはナナメに読まれてしまうおそれがある。テレビ番組の最後の一分は味を残すためである。見ている者の胸に、ジーンと何かが残るようにする。〔　①　〕である。鐘をゴーンとつき終わったあと、鐘のまわりに響きが残る、あれである。また見ている者に、「うーん、これは考えさせるな」と思わせるのも、最後の一分である。文章の場合も、最後の数行で、グサリと何かを読み手の胸につきささなければ、「これはよく書けている」という印象をあたえにくい。そこで、②□□□と③□□には、配慮が必要になってくる。

魚の料理をするとき、どこに包丁をつきさせば、内臓がうまくすっぽりととりだせるか、そこにはコツがある。ただめちゃくちゃに包丁をつき立ててもだめである。文章の場合も同じで、書き出しが適切でないと、主題が前面に出てこない。余計なものがそこへ出て来てしまって、主題が後退してしまう。ある出来事を書く場合、どこから書くか、ということが、たえず問題になる。その出来事の核心に肉薄していくためには、どこにきりこんだらいいか、ということである。一つの論を展開するときも同じで、最初の一行の、しかも最初の言葉で、その論の中心部へ突入するアングルが決まってしまうと考えていい。

最初の一行、あるいは一語に、論全体をささえる基本姿勢が出る。また、出すように書き出さなければならない。そのためには、稲妻のような早さで、論全体を整理し、その核心に向かって照明をあてていく操作をしなければならない。すると、書き出しの言葉が、ポンと頭に浮かんでくる。

小説の最後の一行は、余韻の効果に重点をおいているが、普通の文章の場合は、根本的に違ってくる。どうしても、全体の論を、そこでしっかりとおさえなければならない。〔　④　〕、それは最後の段落全体で考慮されなければならないが、とくに、最後の数行、あるいは最後の一行が重要な意味を持ってくる。「結局私の言いたいことはこれだ」の「これだ」が、最後に、キッパリと言いきられていないと、その文章はだれた、たるんだものになってしまう。

（大河原忠蔵「文章を書く」より）

問一　〔　①　〕には二字熟語が入ります。文章の前後をよく読み、本文中より選んで書きなさい。

【65】【　】の中に記されている熟語の構成と同じものを下のア～エの中から選び、記号で答えなさい。

①【岩石】　ア．滅亡　イ．御身　ウ．遠足　エ．病院
②【洋画】　ア．存在　イ．着席　ウ．伸縮　エ．和服
③【高低】　ア．隆起　イ．定時　ウ．得失　エ．予知
④【非常】　ア．下駄　イ．試写　ウ．未熟　エ．虹色

【66】次の四字熟語の（　）に入る言葉を左のひらがなから選び、漢字二字に直して書きなさい。

①大器（　）　②（　）万別　③取捨（　）　④（　）無実

かんそう　ゆうめい　むちゅう　どうおん　せんさ　ばんせい　せんたく　めんもく

【67】次の①～④の（　）には、いずれも「こうしょう」という言葉が使われています。最も当てはまる漢字をア～カの中から選び、記号で答えなさい。ただし、同じ漢字は一回しか使えません。

①こちらの希望を伝えて（　）をするように助言した。
②新しい学校の（　）をデザインすることに決まった。
③日本には昔から文字でなく（　）で伝わった文化がある。
④江戸時代には士農（　）という身分の違いがあった。

ア．考証　イ．公称　ウ．工商　エ．交渉　オ．口承　カ．校章

〔茨城・水戸市医師会看護専門学院〕

【68】次の文章を読み、後の問いに答えなさい。

テレビでドキュメンタリー番組などをつくっている人は、最初の一分と最後の一分を非常に重要視している。かりにそれが三十分番組だとすると、三十分の中の一分ぐらいどうでもいいんじゃないかという気になるが、実際に、「最初の一分、最後の一分」という目でテレビを見ると、意外と、その一分に、見るものが支配されていることに気づく。最初の一分、最後の一分は、同じ一分でも、まんなかの一分と質が違うのであ

時々その部屋を覗（のぞ）きに行った。二枚の半纏（はんてん）でおぶった石がいつも座ったまま目をつぶって体を揺（ゆす）っている。[2]人手が足りなくなって昼間も普段の倍以上働かねばならぬのに夜はその疲れ切った体でこうして横にもならずにいる。[3]私は心から石にいい感情を持った。私は今まで露骨に邪慳（じゃけん）にしていた事を気の毒でならなくなった。全体あれ程喧（やかま）しくいって置きながら、自身輸入して皆に伝染（うつ）し、暇を出すとさえ云われた石だけが家の者では無事で皆の世話をしている。石にとってはこれは痛快でもいい事だ。[4]私は痛快がられても、皮肉をいわれても仕方がなかった。ところが石はそんな気持は気振りにも見せなかった。只一生懸命に働いた。普段は余りよく働く性（たち）とは云えない方だが、その時はよく続くと思う程に働いた。その気持は明瞭（はっきり）とは云えないが、想（おも）うに、前に失策をしている、その取り返しをつけよう、そういう気持からではないらしかった。もっと直接な気持かららしかった。私には総（すべ）てが善意に解せられるのであった。私達が困っている、だから石は出来るだけ働いたのだ。それに過ぎないと云う風に解（と）れた。長いこと楽しみにしていた芝居がある、どうしてもそれが見たい、嘘をついて出掛けた、その嘘が段々仕舞には念入りになって来たが、嘘をつく初めの単純な気持は、困っているから出来るだけ働こうと云う気持ちと石ではそう別々な所から出たものではない気がした。

私達のは幸に簡単に済んだが肺炎になったきみは中々帰って来られなかった。そして病人の中にいて、遂にかからずに了った石はそれからもかなり忙（せわ）しく働かねばならなかった。[5]私の石に対する感情は変って了った。少し現金過ぎると自分でも気が咎（とが）める位だった。

一か月程してきみが帰って来た。暫くすると、それまで非常によく働いていた石は段々元の木阿弥（もくあみ）になって来た。然し私達の石に対する感情は悪くはならなかった。間抜けをした時はよく叱りもした。が、じりじりと不機嫌な顔で困らすような事はしなくなった。大概の場合叱（しか）って三分（ぶん）あとには平常（ふだん）の通りに物が云えた。

＊きみ・石……女中（家政婦）

問一　流行感冒にかかった順に人物を書きなさい。

問二　「人手が足りなくなって」とは具体的にどう足りなくなったのですか。

問三　「私は心から石にいい感情を持った」のはどうしてですか。

問四　「私は痛快がられても、皮肉をいわれても仕方がなかった」のはどうしてですか。その理由を二つ書きなさい。

問五　「私の石に対する感情は変って了った」で、変わる前と後を説明しなさい。

問六　このできごとと「私」に対しての感想を書きなさい。

〔福島・会津若松医師会附属会津準看護高等専修学校〕

③人通りがトダエル　④イサマシイ行進曲をきく
⑤指先のカンカクがするどい人　⑥アツイ板をのこぎりで切る
⑦コイ緑色のセーター　⑧書類をフクシャする
⑨ショウサイな報告を受ける　⑩ゴジを見つけたらお知らせください

〔宮崎・児湯准看護学校〕

【63】次の漢字の読みがなを書き、傍線のひらがなを漢字で書きなさい。

1．分別　2．解雇　3．免疫　4．小言　5．猛威　6．自粛
7．きょうくんを学ぶ　8．父のかんびょうをする
9．自己しょうかい　10．けいさつ官になる
11．かぜをひく　12．自然かんきょう

【64】次の文は、志賀直哉の「流行感冒」の一節です。これを読んで、後の問いに答えなさい。

そしてとうとう[1]流行感冒に取り附かれた。植木屋からだった。私が寝た日から植木屋も皆来なくなった。四十度近い熱は覚えて初めてだった。腰や足が無闇とだるくて閉口した。然し一日苦しんで、翌日になったら非常によくなった。ところが今度は妻に伝染した。妻に伝染する事を恐れて直ぐ看護婦を頼んだが間に合わなかったのだ。この上はどうかして左枝子にうつしたくないと思って、東京からもう一人看護婦を頼んだ。一人は妻に一人は左枝子につけて置く心算(つもり)だったが、母と離されている左枝子は気むずかしくなって、中々看護婦には附かなかった。間もなく*きみが変になった。用心しろと喧(やかま)しく云っていたのに無理をしたので尚悪くなった。人手がないのと、本人が心細がって泣いているので、時々此方(こっち)の医者に行って貰(もら)う事にして、俥(くるま)で半里程(はんみち)ある自身の家へ送ってやった。然し暫(しばら)くするとこれはとうとう肺炎になって了(しま)った。

今度は東京からの看護婦にうつった。今なら帰れるからとかなり熱があるのを押して帰って行った。仕舞(しまい)に左枝子にも伝染(うつ)って了って、健康なのは前にそれを済ましていた看護婦と、*石とだけになった。そしてこの二人は驚く程によく働いてくれた。

未(ま)だ左枝子に伝染(うつ)すまいとしている時、左枝子は何時(いつ)もの習慣で乳房を含まずにはどうしても寝つかれなかった。石がおぶって漸(よう)く寝つかせたと思うと直ぐ又眼を覚まして暴れ出す。石は仕方なく、又おぶる。西洋間といっている部屋を左枝子の部屋にして置いて、私は眼が覚めると

問六　傍線⑥「誠心誠意」とありますが、この言葉の意味として最も適当なものをア～エより選び記号で答えなさい。
ア．相手の立場に立って
イ．真心を尽くして
ウ．深く反省して
エ．法律に従って

問七　傍線⑦「明白」とありますが、この言葉と反対の意味で使われている言葉を文中から二文字で書き抜きなさい。

問八　傍線⑧「場の内部にあるもの」とありますが、それは何ですか。文中から四文字で書き抜きなさい。

問九　傍線⑨「スイス」とありますが、スイスと国境を接していない国をア～オより一つ選び記号で答えなさい。
ア．スペイン　イ．フランス　ウ．ドイツ　エ．オーストリア　オ．イタリア

問十　傍線⑩「日本はそんな不親切な教育をしていいのか」とありますが、出来ない子供を進級させることを「不親切」と考える理由として最も適当なものをア～エより選び記号で答えなさい。
ア．学校の評判を落とすことにつながるから
イ．親が子どもの能力を過信することになるから
ウ．その子供が出来るようになる機会を奪うことになるから
エ．出来る子供の努力を正しく評価しないことになるから

問十一　次のア～エの内、本文の内容に合うものには○を、合わないものには×を書きなさい。
ア．日本人は場の倫理を捨て、個の倫理を獲得するべきだ
イ．個の倫理は能率的ではあるが弱者には厳しい
ウ．日本人は場の倫理を優先するあまり、自分の欲するものを主張できなくなっている
エ．場の倫理と集団の倫理は対立しているため相容れない

【62】　次の傍線のカタカナを漢字に直しなさい。ただし必要であれば送り仮名をつけること。
①高いエントツのある建物　②命のオンジンをさがす

していいのか」というのである。ここで「親切」という言葉が出てくるのが面白い。場の論理は、出来ない子供も何とか進級させるのが親切であるのに対して、個の論理は、出来ない子はそれにふさわしい級に留めておくのが親切と考えるのである。日本人で個人主義とか自立とか唱える人でも、個の論理のこのような厳しさについて知らぬ人が多い。

（出典　河合隼雄「働きざかりの心理学」）

問一　傍線①「昭和ひとけた生まれ」とありますが、西暦では何年ごろのことですか。ア～エより選び記号で答えなさい。

ア．１９０６～１９１４
イ．１９１６～１９２４
ウ．１９２６～１９３４
エ．１９３６～１９４４

問二　傍線②「飲み物は何が欲しい」とありますが、英語ではどのように聞かれたと考えられますか。適切ではないものをア～エより一つ選び記号で答えなさい。

ア．What would you like to drink?
イ．Do you want something to drink?
ウ．Can I have something to drink?
エ．What are you going to drink?

問三　傍線③「知的な制御が働いて」とありますが、これはどういうことですか。最も適当なものをア～エより選び記号で答えなさい。

ア．理性でもってアメリカ社会の習慣を無視しようとしたこと
イ．合理的に判断し、好きな飲み物を注文しようと考えたこと
ウ．毅然とした態度で、日本の習慣を持ち込む努力をしたこと
エ．事前の知識が言ってはならない言葉を言わせなかったこと

問四　傍線④「自分の心の動き」とありますが、これと同じ意味を表す言葉を文中から四文字で書き抜きなさい。

問五　傍線⑤「発想の根本が違っている」とありますが、日本人とアメリカ人の発想の根本にはそれぞれ何があるのですか。四〇字以内で説明しなさい。

注文する。それらのことが自然に行われる。彼らは「場」の倫理に対して、「個」の倫理を確立しているので、個人の欲求に基づいて主張し、次に各自の間でその調整を行う。

もちろん、このように単純に「場」と「個」を割切ってしまっても、場のことを考えつつ個人の欲求も出来るだけ満たしてゆこうと日本人は努力するし、アメリカでも個人の欲求を主張して全体のことを忘れるなどというのではない。しかし、大切なことは⑤発想の根本が違っているということである。

このような対立を、個と集団と言わずに、場という言葉を用いたことを説明しなければならない。集団という場合、それは対立概念(がいねん)である個の存在を前提としており、集団は個のあつまりと考えられたりする。しかし、筆者のいう場は、もう少し曖昧(あいまい)なものであり、人間が何人か寄ると、できてしまっているもので、個人が集まってつくるようなものではなく、その場のなかで個の存在は非常に曖昧になってくるのである。

たとえば交通事故があった場合、場の倫理に従うと、加害者も被害者もどちらも「すみません」と言って会うことになる。そうすると、二人の間に共通の場ができて、そのなかで加害者が丁寧に非を認め、また後で花をもって見舞いに行ったりすると、被害者としてはその場の平衡状態をあまりにも危うくするような補償金などは要求できなくなるのである。ここで、金を要求すると、時に加害者のほうが「あれほどちゃんと非を認めて、あやまっているのに、未だ補償金まで要求しやがる」などと怒り出すときがある。この感情はわれわれ日本人としては納得されるが、もしも英語に訳したら絶対に了解不能である。「非を認めたら、それに相応する罰金を払う」のが個の倫理なのである。

場の倫理によると、まったく補償金を取らないというのではない。ただ場の平衡状態をあまりにも崩(くず)すことはしないのである。法律に定める罰金を払うため、加害者が一生働きつづけるなどということは、加害者が⑥誠心誠意非を認めたときは、被害者は要求できないのである。欧米ではむしろこのような要求をするのは当然のことなのである。

ただ、後にもくり返し述べるように、場の倫理には言語的な規約が存在しないので、平衡状態の判断は難しく、その間にいろいろ思惑(おもわく)が働くので、なかなか決着し難い。その点、⑦法律による場合は明白である。

このような例をあげると、両者の長短が明らかになってくる。場の倫理においては、⑧場の内部にあるものを何とかして存続させようとする。そのため場内の弱者に対しての配慮がある。しかし、それは多くの点で曖昧さを伴い、時間を要する。個の倫理は弱者にきびしい、能率的である。個の倫理の厳しさを如実(にょじつ)に示す例として、⑨筆者がスイス留学中に体験したことを示そう。

長男が幼稚園に入園したので、ちょいちょい見学に行ったが、そのときスイスでは小学校から幼稚園に落第(らくだい)があることを知って驚いてしまった。日本ではそんなことはあり得ないと私が言うと、幼稚園の先生がそれに対して言った言葉が印象的である。⑩「日本はそんな不親切な教育を

⑤正解をいきなり示した形となってしまい、この後相手が自分に過度に依存してくる恐れがあったから。

問五　傍線部(3)「大義名分」のこの文章における意味として適当なものを、次の①〜⑤の中から一つ選んでその番号を書きなさい。

①多くの人々を納得させるための方便としての理由付け。
②天に対して恥じないための普遍的で道徳的な理由付け。
③自分自身が心から受け入れるための個人的な理由付け。
④法律を作った趣旨との整合性を保つための法学的理由付け。
⑤世の中の人々を目覚めさせるための刺激の強い理由付け。

問六　傍線部(4)「堂々と」と同様の意味となる語句を、本文中から六字で抜き出しなさい。

問七　傍線部(5)「一種の強迫観念から解き放たれる必要がある」とあるが、その理由を五十字以内で書きなさい。

〔石川・石川県立総合看護専門学校〕

【61】　次の文章を読んで、後の問いに答えなさい。

わが国の倫理(りんり)観、それも①昭和ひとけた生まれぐらいまでのものが受け継いできているものを、「場の倫理」と名づけよう。これは一言にして言えば、与えられた「場」の平衡(へいこう)状態の維持に最も高い倫理性を感じるものである。これは例をあげて説明するのが解りやすいと思うので、簡単な例をあげてみよう。

筆者がアメリカに留学したときのことであるが、パーティに招かれると、②飲み物は何が欲しいと聞かれる。こちらの心に反射的に浮かんでくる言葉は「何でも結構です」ということだが、これはアメリカでは禁句と知っているので、③知的な制御が働いて何か飲み物を指定するが、ほとんどの場合、それは先の誰かと同じものを注文してしまう。

このようなときの④自分の心の動きを内省してみると、「何が飲みたい」などという欲求がまるで認知されず、ただ、他人に対して目立たないこと、何か変わったことを言って場の平衡を乱さないことという配慮(はいりょ)が働いていることに気づくのである。心理状態を説明するために、ここにはくどくどと述べたが、このような経験をされた人は解ることだが、これらのことは一瞬のうちに反射的に生じてしまう。まことに見事に訓練されてきたものだと我ながら感心してしまうくらいである。

これに対して、アメリカ人は何のためらいもなく、「自分の欲する」ものを述べ、またそれが無い場合でも、主人は無いと断り、代りのものを

あるはずなのに、なぜか大手を振って「私、こういう事情でしばらくは定時に退社します」と女性が口にして、周囲も「それなら仕方ない」と許可するのは、この「出産と育児」ぐらいだ。かつて、女優の和泉雅子が「私は子どもがいないので、産休を取ったつもりで北極タンケンに行かせてもらう」と宣言、北極行きを実行したが、それに続く人がつぎつぎに出た、という話は聞かない。そして、「出産と育児」を経験していない女性たちは、「私たちはどんなに疲れていても休めないのに」と、ペースを落としながら仕事する〝働くママ〟たちに敵意の目を向けることさえある。〔　D　〕、「出産と育児」でさえも、堂々とペースダウンすることを許さない職場も少なくないのだ。

働くときには、「私が仕事をするのは自分らしさを実現するため」という大義名分に縛られて走り続け、そのペースを落とすときには、「出産や子育てがありますから」という大義名分ぐらいしか持ち出せない、という状況に陥っている働く女性たち。必要なのは、子どもがいようがいまいが、もっと自由にペース調整ができるようになるということだろう。そのためには、周囲も女性たちがゆったりと働くことにカンダイにならなければならないし、女性たちも「いつも成長、進歩しなければ」「私は立ち止まっちゃいけないんだ」という一種の強迫観念から解き放たれる必要がある。

（香山リカ『「悩み」の正体』による）

問一　傍線部a～eの片仮名の語を漢字で書きなさい。

問二　空欄〔　A　〕～〔　D　〕にあてはまる語を、それぞれ次の①～⑤の中から一つずつ選んで、その番号を書きなさい。（ただし、同じものを二回以上選んではならない）

①いずれにしても　②たとえば　③一方　④もちろん　⑤もっとも

問三　傍線部(1)「自分が止まっちゃう」とあるが、具体的に何が止まると言っているのか。その答えとなる部分を本文中から八字で抜き出しなさい。（ただし、読点も一字に数える）

問四　傍線部(2)「この質問はやや踏み込みすぎるかもしれない」とあるが、そのように筆者が考えた理由について適当なものを、次の①～⑤の中から一つ選んでその番号を書きなさい。

①相手が秘密にしておきたいことを探る内容で、相手が心を開いてくれない恐れがあったから。
②正解が見つからないような難しい内容で、相手を必要以上に考えこませてしまう恐れがあったから。
③相手の今までの話と直接関係のない内容で、相手の話が本題から逸れていってしまう恐れがあったから。
④相手の生き方に自分の価値観を押し付ける内容で、相手を混乱させたり怒らせたりする恐れがあったから。

「大学院はいろいろな刺激があったんですよ。自分が成長している、という実感もありました。それがなくなったら生活にぽっかり穴があきそうで、何かを食べて気を紛らわさずにはいられないんです」

仕事だけでもかなり多忙で、人生を伴走してくれる夫もいるというのに、その上、なぜここまで自分に鞭（むち）打って走り続けなければならないのだろう。そのあたりを尋ねると、「忙しいのが好きなわけではないし、沖縄なんかでのんびりするのも好きなのですが、仕事や家庭だけだと(1)自分が止まっちゃう気がする」という答えだった。(2)この質問はやや踏み込みすぎるかもしれない、と危惧（ぐ）しながら「止まるのはいけないことですか」とさらに尋ねると、彼女は首を傾げながら「うーん、いったん止まるとそのまま倒れてダメになりそうで……」とつぶやいた。

「仕事」や「勉強」がただの生活のaカテを得る手段や義務ではなく、「自分らしさの実現」や「自己の成長、進歩のためのステップ」だという考え方が広まっている。とくに、男女雇用機会均等法以降、ますます社会に進出するようになった女性たちのあいだで、この職業観、人生観が根強く支持されている。女性が働くのは、「女性にも仕事を通して自己実現する権利がある」というように「権利」としての側面が強くあったのだ。それは女性も男性と同じように仕事を得るためのわかりやすい(3)大義名分でもあったのだろうが、まじめな女性たちには「仕事をするからには、〝生きがい〟や〝自分らしさ〟をbカクトクしなければならない」という強いメッセージに聞こえたのかもしれない。「仕事をします」あるいは「大学院に行って勉強します」と言ったときには、自分は「自分らしく成長、進歩し続けることを誓います」という宣言もしてしまったのだ。そう思い込んでいる女性もいるのではないか。

〔　A　〕、男性たちは、そんな〝宣言〟などしなくても雇用さえあれば、あまり考えることなく仕事に就くことができる。学校を卒業して就職する男性に、「どうして、何のために働くの？」と尋ねる人はほとんどいないだろう。そして、「とりあえずみんな働くから」「生活のために」と働く意味まで深く考えずに就職した男性のほうが、途中で疲れやストレスを感じたときには、働くペースを落としたり、あるいは仕事以外の趣味やボランティアなどに生きがいを見出したり、と働き方をシフトチェンジしやすいのではないだろうか。

それに比べて、「働くこと」が自分自身の価値や意味と最初から強くかかわっている女性たちは、たとえその疲労が多忙すぎることの結果によるものだったとしても、「いや、私のがんばりが足りないからだ」「ここで手を抜いては私自身がダメという証明になってしまう」とさらにペースを上げようとする。周囲にも「女性が男性と対等に働くからには、相当の覚悟があってのことだろう」とプレッシャーをかける雰囲気がある場合もあれば、そんなムードはないのに、当の女性側が一方的に「立ち止まることは許されていない」と思い込んでいる場合もある。

〔　B　〕、そんな女性たちが少しペースを落とすことをまわりからも許され、自分でも受け入れられるのは、いまだに「出産と育児」だけなのではないだろうか。〔　C　〕、自分の体調不良やcカイゴ、あるいは趣味や恋愛など、ほかにも「ちょっと休みたいな」と思う場面はたくさん

③いとつきづきし。昼になりて、ぬるくもていけば、火桶の火も白き灰がちになりてわろし。

問一　ア〜キに当てはまる語句を次から選んで書け。

からす　つとめて　夕暮れ　ほたる　あけぼの　をかし　夜

問二　傍線部①〜③の現代語訳としてどれが適切か、次から選んで書け。

とても似つかわしい　言うまでもなく　これはまた、言いようもなく趣深い
当然のこと　大変ぎすぎすしている　はたと考えてしまう

問三　この文章に関して次のⅠ〜Ⅴに、適切な事柄をそれぞれ後の語群から選んで答えよ。

この文章は、平安時代中期に（　Ⅰ　）によって書かれた（　Ⅱ　）という随筆文学である。随筆文学には、鎌倉時代に（　Ⅲ　）によって書かれた「方丈記」や、吉田兼好によって書かれた「（　Ⅳ　）」がある。なお、（　Ⅱ　）と同時代には、紫式部によって書かれた膨大な「（　Ⅴ　）」がある。

〈語群〉
大伴家持　清少納言　和泉式部　松尾芭蕉　吉田兼好　鴨長明　枕草子
大鏡　伊勢物語　源氏物語　平家物語　徒然草　万葉集　奥の細道

〔富山・砺波准看護学院〕

【60】　次の文章を読んで、後の問いに答えなさい。

あるとき、診察室に三十代前半の女性がやって来た。あらかじめ書いてもらった問診表の「相談したいこと」には、「過食が止まらない」とある。「家族構成」の欄には「夫と二人暮らし」と、「職業」のところには「会社員、大学院生」とも書かれている。

「学生で会社員で……家庭もあるんですか？」と尋ねると、「製薬会社で働きながら社会人大学院に通い、主婦業はまあそこそこ」という答えが返ってきた。くわしい話を聞く前に、先走って「それは忙しいでしょう。ストレスがたまって過食衝動が出ても当然ですね」と口に出してしまったところ、まじめそうだがおしゃれにも隙（すき）がないその女性は、顔を上げて「いえ、違うんです」ときっぱり答えた。

彼女が話してくれたところによると、仕事、学業、そして家事で疲れているのは確かだが、それはストレスだとは思わない。それよりも彼女が心配しているのは、あと数カ月で大学院修了を迎えた後のことなのだという。

①十六夜　②曖昧　③西瓜　④秋刀魚　⑤異口同音

【58】次の①～⑤の語句の（　）内に漢字一字を記入して熟語を完成させなさい。また、それぞれの熟語の意味として、最も適当なものを選び、記号で答えなさい。

①（　）面楚歌　②五十歩（　）歩　③一石（　）鳥　④（　）変万化　⑤（　）事休す

ア．一つのことで二つの利益を得ること
イ．短い期間のこと
ウ．四方すべて敵に囲まれること
エ．一つの石だけでは鳥を捕れないと言うこと
オ．さまざまに変化すること
カ．一面に素晴らしい歌人が入ること
キ．すべてが終わりであること
ク．何事も休憩が大事だということ
ケ．どちらもたいした違いのないこと
コ．五十歩歩けばすぐ六十歩になること

【59】次の文章を読んで、後の問いに答えなさい。

春は（ア）。やうやう白くなりゆく、山ぎは少し明かりて、紫だちたる雲の細くたなびきたる。

夏は（イ）。月のころは①さらなり、闇もなほ、（ウ）の多く飛びちがひたる。また、ただ一つ二つなど、ほのかにうち光りて行くもをかし。雨など降るもをかし。

秋は（エ）。夕日のさして山の端いと近うなりたるに、（オ）の寝どころへ行くとて、三つ四つ、二つ三つなど飛び急ぐさへあはれなり。まいて雁などのつらねたるが、いと小さく見ゆるはいと（カ）。日入りはてて、風の音、虫のねなど、②はたいふべきにもあらず。

冬は（キ）。雪の降りたるは、いふべきにもあらず、霜のいとしろきも、またさらでもいと寒きに、火など急ぎおこして、炭もてわたるも

【56】 次の文章を読んで、後の問いに答えなさい。

ランチを注文して料理が運ばれてくるまでなら10分以内が五割。病院の待合室に腰掛けていられるのは45分以内が五割。携帯メールの返信は60分以内が四割強だという。（ A ）せずに待てる時間を答えた人の割合である。シチズン時計の意識調査から引いた。

記録的な大雪に見舞われ、（ B ）待つことを強いられた三連休であったろう。車で帰宅中にジュウタイ①に巻き込まれ、普段なら30分の道のりに三時間をツイ②やしたわが身は幸運な部類かもしれない。

東海北陸道の県内区間で260台が立ち往生した。県が自衛隊に派遣ヨウセイ③し、解消するのにおととい深夜までかかった。一般道に脱出後、本誌の取材に応じた男性は空腹と不安に耐えたのが18時間に及んだという。いらいらを通り越し、生きた心地がしなかったに違いない。

昨年十二月の大雪でも新潟、群馬県境の関越道で2100台が立ち往生したのに、（ C ）教訓を生かせなかったのだろうか。中日本高速道路の対応や、自衛隊に派遣ヨウセイした県のタイミングについて検証を望みたい。

食料や水などの配布に対し、ドライバーから感謝の声が相次いだ（ D ）、情報①を得られなかったことへの不満が聞かれた。一刻も早く救出しようと懸命だったと察するが、SNSなどで進捗④状況をこまめに発信できなかったものか。待つ身のいらいらを解消するのは、待たせる②者のキヅカ⑤いである

（令和三年一月十二日　北日本新聞　天地人より）

問一　イ．Aにあてはめるのに最も適当な語句を、文中から選んで答えよ。

ロ．B・C・Dにあてはめるのに最も適当な語句を、次から選んで答えよ。

ので　ひたすら　もっとも　半面　けれども　なぜ　しかし　したがって　いつまでも

問二　二重傍線部①～⑤のカタカナは漢字に、漢字には読みを書け。

問三　傍線部①「情報」とあるが、どういう情報と考えられるか、具体的に答えよ。

問四　傍線部②「待たせる者」とは、例えばどういうことか、二つあげよ。

問五　この大雪の状況で、筆者が望んでいることはどんなことか、三点あげよ。

問六　この文章に適切な表題を十五字程度で記せ。

【57】 次の①～⑤の語の読みを書きなさい。

ア．少量の藻
イ．二、三匹の金魚
ウ．ガラスの蓋
エ．適当に日光の当たる場所

問七　傍線ⅱの具体的な内容として最も適当なものは次のどれか。
ア．地球の将来、人類の運命を科学者の手に託することをやめ、自分でデータを集めて分析し、判断すること
イ．このままいくと地球は大変なことになるという見方について、万人が認める証明を一刻も早くすること
ウ．今以上のエネルギーと資源の浪費を前提とする経済発展を止め、世界中で一律に生活水準を下げること
エ．先進国の経済・消費の水準を下げ、地球全体で資源エネルギー消費を再配分する方法を本気で考えること

問八　傍線ⅲの内容に当てはまらないものは次のどれか。
ア．人間は生きているが野生動物が次々と絶滅している
イ．地球温暖化やオゾンホールの影響に関しデータを集める
ウ．資源の枯渇や大気汚染が進み廃棄物もたまっている
エ．地球の将来について科学者たちから悲観論が出されている

問九　本文中から「その時になってからでは、後に戻れないからである。」という一文が欠落している。この文が入るのはどこか。A～Eの文字で答えなさい。

問十　本文の主題として最も適当なものは次のどれか。
ア．地球環境に関し、今のうちから破滅的な状態を回避するため、経済発展の抑制などの対策を立てる必要がある
イ．地球環境を損なわず子孫に伝えていくためには、途上国が無駄な消費を避けるべきである
ウ．資源の浪費を前提とする経済発展がこれ以上続かないように、先進国は途上国への援助を縮小すべきである
エ．人類にとって今一番大事なことは現在の経済レベル、消費の水準を維持していくことである

〔千葉・木更津看護学院〕

う楽観論に与することは真平御免である。

　これ以上のエネルギーと資源の浪費を前提とする経済発展を止めるべきである。もっと低い経済のレベル、消費の水準でも人間は幸福に生きられる。今一番大切なことは、社会に急激な大混乱を起こさず、延び切ってしまった経済戦線を徐々に計画的に一体どこまで整理縮小することができるかを真剣に討議することである。そして日本や西欧先進国が消費を下げた分のエネルギーや物質を、未だ豊かさを味わったことのない、途上国に廻さなくてはならない。

＊カタストロフィ・・・悲劇的な結末

（鈴木孝夫『人にはどれだけの物が必要か』より）

問一　出来ないの「ない」と同様の意味で使われているものはどれか。

ア．情けないやつだ
イ．全くやる気がない
ウ．かけがえのない存在
エ．言い訳はしない

問二　あらゆると同じ品詞の語はどれか。

ア．大きな声で叫ぶ
イ．とてもいい気持だ
ウ．たぶん間に合うだろう
エ．魂をゆさぶる歌声

問三　このことは地球を金魚鉢に例えて見ると簡単に理解できる。を文節に区切ると何文節になるか。数字で答えなさい。

問四　（　エ　）に適する語は次のどれか。

ア．そして　イ．ところが　ウ．それでも　エ．さらに

問五　枯渇の対義語は次のどれか。

ア．精彩　イ．喪失　ウ．潤沢　エ．豊潤

問六　傍線ⅰの条件に当てはまらないものは次のどれか。

ことができる。

（　エ　）条件を同じにしておいて、ただ金魚だけを十匹にも増やすと、すぐに死ぬものが出始め、それが腐り水が濁って、結局金魚は全滅してしまう。A

金魚が少ないときは、日光によって藻が呼吸して金魚に必要な酸素を出し、同時に不要な炭酸ガスを吸収してくれる。水や藻に付着していた各種のプランクトンや苔が繁殖して魚の餌となる。そして金魚にとって有害な排泄物は、藻や他の微生物の栄養として吸収されてしまうから水が汚れない。このようにして安定し持続する物質環境が、金魚鉢という小宇宙のなかに成立するのである。

しかし鉢の大きさに比べて金魚の数が多すぎる場合は、水中の酸素が不足し、金魚の排泄物が水の中に残ってしまうから、金魚が死ぬことになる。B

地球という金魚鉢では、今まさにこのことが起こり始めていると考えられる。いまのところ人間自身が死ぬまでには至っていないが、人間以外の野生動物はすでに次々と絶滅している。資源はオ枯渇し、大気の汚染は進む。他方分解吸収されない廃棄物はたまる一方である。地球は金魚鉢とは桁違いに大きく、またその中の生物系や物質環境のしくみも遥かに複雑だから、破滅的な状態に至るまでには時間もかかるし、いろいろな紆余曲折もあって簡単に直線的には行かない。

だがこのまま進めば人間にとっても＊カタストロフィは確実に来る。しかしいつどのような形でそれが訪れるかは今のところ誰にも分からないのである。気象学者、生物学者そして人口学者、経済学者の中にも悲観論と楽観論が対立している。地球温暖化やオゾンホールの影響をめぐってすら賛否両論がある段階だ。つまり「科学的」には、このまま行くと地球は大変なことになるという見方について、万人が認める証明は未だ出来ていないのである。C

しかし私は地球の将来、人類の運命を科学者の手に託することはまったく意味がないと考えている。良心的な科学者ほど十分なデータを集め、それを分析し、確信が持てるまでは判断を下さないものだからだ。そしてほとんどの科学者たちが確信をもって、地球は破滅すると言い出した時は、もう遅いのである。D

舟に荷物を次々と積み込んで、まだ大丈夫と言っているうちに、突然傾きだす。この時になって、船が沈むのは間違いないなどと聞かされてももう遅いのと同じく、ⅱ充分安全な範囲で荷を積むのを止めることが賢明というものであろう。E

その意味で私は地球号という宇宙船は、とっくに転覆か爆発かの危険ラインを越してしまったと確信している。だからかけがえのない、この美しい世界を、イチかバチかのかけの対象にはしたくない。これだけ各方面からⅲ危険信号と警告が出ているのだから、まだ大丈夫だろうとい

E　ア．ぎくり　イ．あっけらかん　ウ．はっ　エ．どきっ

F　ア．大きな　イ．あったかい　ウ．しっとりとした　エ．ぎすぎすした

問六　父さんと顔を合わせたくない様子が分かるところを一つ選んで書きなさい。

問七　黙ってお金を失敬してしまった僕に対する父さんと母さんの考え方を書きなさい。

【52】　ア～オは四字熟語です。ア～ウの漢字の読みを平仮名で、エ～オの片仮名を漢字で書きなさい。

ア．取捨選択　イ．温故知新　ウ．優柔不断　エ．ユウゲンジッコウ　オ．キショウテンケツ

〔埼玉・入間地区医師会立入間准看護学校〕

【53】　次の傍線の漢字の読みを書きなさい。

①一点を凝視する　②昼夜兼行で工事を進める　③緩やかなカーブを曲がる

④懸念が広がる　⑤順応性が求められる

【54】　次の文中のカタカナ部を漢字に改めて書きなさい。

①問題のカクシンに迫る　②テンケイテキな例を挙げる

③美しい音楽にトウスイする　④侵攻をソシする　⑤野原で花をツむ

【55】　次の文章を読んで、後の問いに答えなさい。

地球は一つの閉鎖環境系であり、今のところ人間の力で地球外から物質を地球内に取り込むことは不可能だし、人間にとって不要となった廃棄物を地球の外に排出することも（ア）出来ない。それなのに人間はいま、この地球の無機有機の両者を併せた自然の環境を、過度の生産と消費活動によって、（イ）あらゆる点で妨げることに血道をあげているのだ。

（ウ）このことは地球を金魚鉢に例えて見ると簡単に理解できる。ガラスの金魚鉢に、二、三匹の金魚と少量の藻を入れ、天然の水を満たしたうえでガラスの蓋をする。そしてこの鉢を適当に日光の当たる場所に置けば、ⅰ外部から水や餌を補給しないでも、金魚は長い間丈夫に生き続ける

父さんは九州の海辺の町で育った。ぼくも小さいころ、一度行ったことがある。しかし、おじいさんはぼくが生まれる前に亡くなったので、写真でしか知らない。写真のおじいさんは、父さんと同じように背の低い人だった。

「話はそれだけだ」

父さんは、ぱんぱんと手をはたいた。

「いいか、裕介。昨日のことはもう忘れろ。父さんも忘れる。母さんにも忘れてもらおう」

父さんは笑っているのに、なぜか、ぼくはまた泣き出したくなった。

「おい、どうした。元気出せよ。昼飯まだだろう。ラーメンでも食いに行くか」

父さんがぼくの肩に手をかけた。〔　F　〕手だった。

昨日のことは、ぜひとも忘れたい。だが、今日のことはいつまでもわすれないだろう、と僕は思った。

（砂田　弘「お父さんたちの四季」から）

問一　傍線Aに「返すあてはあるのか」とあります。母さんのこの言葉に対する裕介の返事を書き抜きなさい。

問二　傍線Bに「魔がさした」とあります。この言葉を使って短文を作りなさい。

問三　傍線Cに「几帳面」とあります。この言葉の使い方として不適当なものはどれですか。ア～エから選びなさい。

ア．几帳面も度が過ぎると神経質な人と思われますよね。

イ．弟は几帳面だから、手帳に細かくスケジュールを書く。

ウ．几帳面なたちで、よく忘れ物をする。

エ．ある程度の慎重さと几帳面さがあれば、問題なくこなせる仕事だ。

問四　傍線Dに「嘘つきは泥棒の始まり」とあります。これと同じような意味を持つ言葉はどれですか。ア～エから選びなさい。

ア．嘘も方便

イ．嘘つきは世渡り上手

ウ．嘘も誠も話の手管

エ．嘘と盗みは隣同士

問五　〔　E　〕〔　F　〕に入る言葉として不適当と思われる言葉をア～エから選びなさい。

いきなり父さんは腰をかがめると、相撲の仕切りの格好で身構えた。ぼくはおどろいた。幼稚園の頃、ふざけて父さんと相撲を取った記憶はあるが、小学生になってからは一度もない。

しかし、父さんは本気のようだった。唇をかみしめ、ぼくをにらみつけている。

「ようし」

ぺっぺっと手のひらにつばを飛ばすとぼくも仕切りの姿勢を取り、

「それっ」

掛け声もろとも、両手を突き出し、頭から父さんの胸めがけて突っ込んでいった。曙か貴ノ花になったつもりだった。だが父さんのもろ手づきで、ぼくはあっけなく、砂場のそばまで突き飛ばされた。

「だらしないぞ。もういちどやるか」

父さんは早くも芝生の上で身構えている。かっとなって、ぼくは二度三度飛び掛かっていったが、そのたびにまるでゴムまりのようにはね飛ばされた。

頭がくらくらし、草にまみれた体のあちこちが、ちくちくする。悔し涙がこみあげてくる。

父さんは、ぼくの手をつかんで引き起こすと、

「裕介、いくつになった」

とたずねた。父さんがぼくの年を知らないはずはない。だが、ぼくは素直に答えた。

「十歳、もうすぐ五年生になるよ」

「そうか」

父さんは腕組みし、

「父さんも昔、そうだ。やはり十歳ぐらいだったかな。おやじの背広のポケットから、五十円失敬したことがある。屋台のたこ焼きが食いたくてね。あのたこ焼きはうまかった」

雲が途切れ、春の日差しが広がり始めた空を見上げて話し始めた。

「でも、すぐばれちゃった。おやじは父さんを浜辺に連れ出して、何も言わずに、さんざん投げ飛ばした。家の裏が海だったものでね。そうだ、かもめが舞っていた」

母さんにつられて美香も笑った。矯正中の歯にはめた金具がきらきらひかっている。なんということだ。悔しかったが、言い返す言葉がない。

「お父さんに話しますからね。覚悟しておいて」

最後に母さんは言った。強烈なとどめのパンチだ。脇に抱えた雑誌が、いやに重たい。ますますゆううつになった。

今日は三月最初の金曜日。父さんが帰ってくるのは、十時過ぎだろう。ぼくはいつもより早く、九時半にベッドにもぐりこんだ。だが、父さんの会社は週休二日制だから、明日はいやでも顔を合わせなければならない。

翌朝、僕が学校に出かける時、父さんはまだ寝ていた。牛乳をコップ一杯飲み、トーストを一枚食べたきり、家を出た。学校についたのは七時半、教室に一番乗りしたのは、入学以来初めてだった。

時間のたつのがなんと早かったことか。あっという間に四時間目が過ぎ、終業のチャイムが鳴った。

家に帰りたくなかったが、家出をしようにも行くあてはない。当番でもないのに掃除を手伝い、一時近くなってやっと校門を出た。

わざわざ遠回りをして、スーパーの隣の本屋に立ち寄った。マンガ週刊誌は売り切れていた。ずらりとマンガの並んだ棚の前で、しばらく立ち読みをしていたが、店のおじさんがぼくをにらみつけ、大きなくしゃみをしたので、棚に本を押し込むと、あわてて店を飛び出した。

できるだけゆっくり、家へ向かって歩いた。四つ角を曲がった時、（　Ｅ　）とした。門の前に父さんが立っているのが見えたからだ。トレパン姿で、サンダルをつっかけている。

「よう、お帰り」

父さんが手を挙げた。笑ってはいないが、怒っているふうでもない。

「ちょっとそこまで散歩に行こう」

ぼくが近づくのを待ってそういうと、父さんは大股ですたすた歩きだした。門の脇にランドセルを置いて、ぼくもいやいや父さんの後を追った。

父さんは背が低く、ぼくより三十センチぐらい高いだけだ。おまけに、最近おなかも出てきた。髪の毛も少し薄くなっていることに、ぼくは初めて気づいた。

五分後、ぼくと父さんは、児童公園の芝生の上に並んで立っていた。風の冷たい日で、昼下がりの公園はがらんとしていた。

小さな女の子が二人、ぶらんこをこいでいる。人影はそれだけだった。

「さあ、かかってこい」

ア．推察　イ．記憶　ウ．盛衰　エ．普及　オ．順調　カ．滅亡　キ．変遷

〔群馬・前橋市医師会立前橋准看護学校〕

【51】 次の文章を読んで、後の問いに答えなさい。

「うそじゃない。ちょっと借りただけだ」

玄関の土間に突っ立ったまま、僕はもう一度言った。

「だから、返すあてはあるのかって[A]聞いているのよ」

母さんの声が、再びぼくの頭に重く覆いかぶさる。おそるおそる、母さんを見上げた。いつもより、二倍も三倍も大きく見える。

学校から帰った時、母さんは留守だった、玄関のドアは閉まっていたので、裏口から入ると、キッチンのテーブルの上に百円玉と十円玉が二十個ぐらい、バラバラに放り出してあった。

ぼくはとっさに百円玉を二つつかむと、ズボンのポケットに押し込んだ。魔がさした[B]というやつだ。しかし母さんはきっと気づかないだろうと思ったことも確かだ。母さんはあまり几帳面[C]な方ではない。

自転車に飛び乗り、スーパーの隣の本屋まで飛ばした。今日発売のマンガ週刊誌が、もう店頭に並んでいるはずだ。

先週は、夕方行ったらすでに売り切れていた。その帰りに缶ジュースを飲み、ゲームセンターで遊んだ。だから、ぼくの全財産は三十円しかなかったのだ。

雑誌を脇に抱えて帰り、玄関のドアを開けると、目の前に母さんのひきつった顔があった。母さんと並んで、一年生の美香も、母さんのまねをして、しかめっ面で立っている。

「来月のお小遣いで返すつもりだったんだ」

「うそばっかし」

ぼくの返事を母さんは軽くはねつけた。

「分かりっこないと思ってたのでしょう。顔にそう書いてあるわ。嘘つきは泥棒の始まりよ[D]」

母さんは、ちょっと笑った。

「始まりどころか、もうりっぱな泥棒だけど」

（鈴木孝夫「ことばと文化」より）

問一　本文中の①～⑤のカタカナは漢字を、漢字は読みを書きなさい。

問二　空欄〔Ａ〕に（ア．唯名論、イ．実念論）のどちらが当てはまるか記号で答えなさい。

問三　本文中の〔１〕～〔７〕に当てはまる語を、次のア、イから選び、記号で答えなさい。

ア．ことば　イ．もの

問四　空欄〔Ｗ〕から〔Ｚ〕に当てはまる語を、後のア～オからそれぞれ選び、記号で答えなさい。

ア．勿論（もちろん）　イ．なぜならば　ウ．また　エ．しかし　オ．まるで

【48】 次の文章を読んで、後の問いに答えなさい。

むかし、をとこ、①うひかうぶりして、平城（なら）の京、春日の里にしるよしして、狩に②往にけり。その里に、いとなまめいたる③女はらから住みけり。

問一　傍線部②「往に」の読みを現代仮名遣いで書きなさい。

問二　傍線部①「うひかうぶり」、③「女はらから」の意味を次の語群から選び、記号で答えなさい。

①…ア．初詣　イ．誕生　ウ．初出仕　エ．元服

③…ア．女の子　イ．姉妹　ウ．女房　エ．女官

問三　この作品の主人公とされている人を、次のア～オから選び、記号で答えなさい。また、この文で始まる作品の書名を漢字で書きなさい。

ア．鴨長明　イ．紀貫之　ウ．在原業平　エ．柿本人麻呂　オ．清少納言

【49】 次のそれぞれの□の中に漢字一字を入れて、上下反対の意味からなる熟語を完成させなさい。

①□速　②早□　③彼□　④巧□　⑤好□

【50】 次の①～⑤の熟語とよく似た意味のものを、後のア～キから選び、記号で書きなさい。

①推移　②流布　③興亡　④円滑　⑤憶測

⑦急いでけがをショチする　⑧小鳥が水をアビル

〔宮崎・児湯准看護学校〕

【47】 次の文章を読んで、後の問いに答えなさい。

私も言語学の立場から、いろいろなことばと事物の関係を調べ、また同一の対象がさまざまな言語で、異った名称を持つという問題にも取組んできた結果、今では次のように考えている。

それは、ものという存在が先ずあって、それにあたかもレッテルを貼るような具合に、ことばが付けられるのではなく、ことばが逆にものをあらしめているという見方である。

〔 W 〕言語が違えば、同一のものが、異った名で呼ばれるといわれるが、名称の違いは、単なるレッテルの相違にすぎないのではなく、異った名称は、程度の差こそあれ、かなりちがったものを、私たちに①テイジしていると考えるべきだというのである。

この第一の問題は、哲学では唯名論と実念論の対立として、古くから議論されてきているものである。私は純粋に言語学の立場から、〔 A 〕的な考え方が、言語というもののしくみを正しく②捉えているようだということを述べてみようというわけである。

私の立場を、一口で言えば、「始めに〔 1 〕ありき」ということにつきる。

〔 X 〕始めにことばがあると言っても、あたりが空々漠々としていた世界の始めに、ことばだけが、ごろごろしていたという意味ではない。また〔 2 〕が〔 3 〕をあらしめるといっても、ことばがいろいろな事物を、〔 Y 〕鶏が卵を産むように作り出すということでもない。ことばがものをあらしめるということは、世界の③ダンペンを、私たちが、ものとか性質として認識できるのは、ことばによってであり、〔 4 〕がなければ、犬も猫も区別できない筈だというのである。

ことばが、このように、私たちの世界認識の手がかりであり、唯一の窓口であるならば、〔 5 〕の構造やしくみが違えば、認識される対象も当然ある程度変化せざるを得ない。

〔 Z 〕、以下に詳しく説明するように、ことばは、私たちが素材としての世界を整理して④把握する時に、どの部分、どの性質に認識の⑤ショウテンを置くべきかを決定するしかけに他ならないからである。いま、〔 6 〕は人間が世界を認識する窓口だという比喩を使ったが、その窓の大きさ、形、そして窓ガラスの色、屈折率などが違えば、見える世界の範囲、性質が違ってくるのは当然である。そこにものがあっても、それを指す適当な〔 7 〕がない場合、そのものが目に入らないことすらあるのだ。

問七　傍線⑥「弾圧」とありますが、弾圧と同じような意味で使われている二字熟語を三つ文中から書き抜きなさい。

問八　傍線⑦「思想の自由」「言論の自由」とありますが、日本国憲法ではこのような「精神の自由」の他にも「（　　）活動の自由」を定めています。居住・移転および職業選択の自由などが含まれるこの自由権について、空欄に当てはまる漢字二文字のことばを答えなさい。

問九　傍線⑧「日本人には、人びとをあっとおどろかせるような大発見がとても乏しいように私には思われてならない」とありますが、その理由について次のようにまとめました。B、Cに当てはまる内容をそれぞれ四十字程度でまとめなさい。

大発見のためには（　　B　　）です。けれども（　　C　　）ため

問十　次のア～オの内、本文の内容に合うものには○を、合わないものには×を書きなさい。

ア．うその世界である小説には、人びとを感動させたり真実を浮きぼりにする働きがある

イ．キリスト教は、自分達の教えに反しているのでガリレオやコペルニクスの本を発禁書にした

ウ．科学者が設ける仮説は「うそにきまっている」と思われるものの方がよい

エ．多くの人に認められたものが真理なので、個人の考えを真理として主張してはならない

オ．小説や芸術のみならず、科学の世界でも「うそ」は重要なはたらきをしている

【45】　次の傍線の漢字の読みをひらがなで書きなさい。

①ニュースで遊覧船の事故を知る　②会社の設立に貢献する

③図書館の蔵書を整理する　④この空模様なら雨は必至だ

⑤著名な画家の絵を買う　⑥遺族の胸中を推察する

⑦支出の内訳を調べる　⑧肋骨が折れる

【46】　次の傍線のカタカナを漢字に直しなさい。ただし必要であれば送り仮名をつけること。

①公衆エイセイの向上に努める　②来客をアンナイする

③時間の無駄をハブク　④ムエキな争いを回避する

⑤手足をセイケツに保つ　⑥山かげが湖にウツル

⑧日本人には、人びとをあっとおどろかせるような大発見がとても乏しいように私には思われてならないのですが、それは「これまでの日本人がきわめて常識的な人間だったからだ」ということができるでしょう。

その「常識的だ」というのはまた、常識の世界から脱けだせない――いわば常識で考えると「うそにきまっている」ようなことは考えまいとする、うそに対する強い抑制心がありすぎるともいえるのではないでしょうか。

（出典　板倉清宣（いたくらきよのぶ）「いたずら博士の科学教室　科学的とはどういうことか」より）

問一　傍線①「うそ」とありますが、次の三つの諺ア～ウの空欄それぞれに当てはまる四文字以内のことばを答えなさい（平仮名でも大丈夫です）。

ア．うそも〔　　　〕

イ．うそつきは〔　　　　〕の始まり

ウ．うそから出た〔　　　〕

問二　傍線②「そういう話」とありますが、どのような話ですか。最も適当なものをア～エより選び記号で答えなさい。

ア．「うそ」をついた方が心が豊かになる話

イ．「うそ」の本質を紹介する話

ウ．「うそ」のプラス面についての話

エ．「うそ」を真実に変える方法の話

問三　傍線③「芸術などとは真っ向から対立すると思われている科学の世界」とありますが、それは科学が一般にどのようなものだと考えられているからですか。文中から二十字以内で書き抜きなさい。

問四　傍線④「原子論」とありますが、原子論と最も関係の深い人物をア～エより選び記号で答えなさい。

ア．ドルトン　　イ．ニュートン　　ウ．ダーウィン　　エ．ド・モルガン

問五　傍線⑤「普及」とありますが、このことばの意味として最も適当なものをア～エより選び記号で答えなさい。

ア．一般常識となること　　　　イ．隠されているものを暴くこと

ウ．広くいきわたらせること　　エ．真実とすること

問六　〔　A　〕に当てはまる漢字二文字のことばを答えなさい。

がわかったとき、それこそすばらしい大発見だといわれるようになるのです。「この大地はまるいのではないか」という考えだって、「太陽が地球のまわりをまわっているのではなくて、地球が太陽のまわりをまわっているのではないか」という考えにしても、はじめは多くの人びとから「そんなことはありっこない」、「うそにきまっている」と考えられていたものでした。「この世のものはすべて原子からできている」という考えもそうでした。

そこで、そういう「大地球形説」や「太陽中心地動説」「④原子論」「進化論」などを唱える人びとは長い間「うそつき」とののしられ、「世をまどわす危険人物」として排斥されたりしました。そういうどの説も、はじめからすべての人びとを十分納得させうるだけの証拠をそろえることはできなかったのですから、無理もありません。科学上の仮説というものだって、それを認めない人にとっては「まっかなうそ」にすぎないのです。ですから、とくにその「うそ」が人びとの思想の上に大きな影響をもつようなものだとしたら、そのような「うそ」の⑤普及を極力抑圧しようとするでしょう。

そこで、新しい学説の提唱者たちは、自分の学説を「たんなる仮説にすぎないもの」として、おそるおそる提出しなければならないことが少なくありませんでした。「本当ではないが、頭の（　A　）としてはおもしろいと思うから考えてみてほしい」というのです。地動説を唱えたコペルニクスの『天球の回転について』や、ガリレオの『天文学対話』はそうやってやっとのことで出版されたのです。ところがそれにもかかわらず、ガリレオはその本で地動説の真実性を強く訴えすぎたというので宗教裁判にかけられ、コペルニクスの本ともども発禁書にされてしまったのです。

よく、「キリスト教は真理を⑥弾圧した」というようなことがいわれますが、弾圧した方からみれば、「それが真実でない、うそにきまっていて、しかも人びとをまどわすうそだ」と判断したからこそ抑圧したのだ、ということになるのです。

たいていの思想弾圧というものはそういうものです。ですから、⑦「思想の自由」「言論の自由」というのは、「真理を主張する自由」と考えてはいけません。「真理を主張する自由」ということになれば、多数派が真理と認めないものは抑圧してもいいことになってしまいます。本当の「思想・言論の自由」というのは、「多くの人びとの目からみてうそにみえようとも、自分には本当に思えることを考え、主張する自由だ」といわなければならないのです。

いや、科学研究の場合には、「自分にもそうは思えない」というような、いろいろな可能性を検討してみることも大切なのです。みんなが「そんなことはない」と思い、「そんなことを考えるのはばかだ、けしからんやつだ」と思っているようなことでも、「もしかしたら」と考えられたら、そのことも本気でたしかめてみる、そうしてはじめて科学上の大発見というものが生まれるのです。

③朱に交われば（　）なる→人は、その環境や他人によって良くも悪くもなる、ということ

A．赤と　B．赤に　C．赤く

〔佐賀・鳥栖三養基医師会立看護高等専修学校〕

【44】 次の文章を読んで、後の問いに答えなさい。

「うそ」というと、すぐに「うそをついてはいけない」「他人のうそにだまされるのはしゃくにさわる」「だまされないようにしよう」といったことばかりが思い浮かべられがちです。しかし、「うそ」というものには、私たちの考えをゆたかにしてくれる生産的なはたらきもあるということを見落としてはならないと思います。そこで、今回はそういう話を書きましょう。

小説のことを「フィクション」といいます。「つくりごと」、つまりは「うそ」ということです。それなら、「小説にはみなまるっきりのうそばかりが書いてあるか」というとそうではないでしょう。第一、ただのうそばかりだったら読んでいてまるでおもしろくないにちがいありません。作家の想像し、創造したうその話の中に、「人間というものの真実の姿が、いわゆる本当の話よりずっと鮮明に、浮きぼりにされている」と思うからこそ、私たちは小説の話に感動したりすることもできるのでしょう。

歴史小説などというものを考えてみても、作者は、まるで見てきたようなうそ――本当にそんなことがあったのかどうか、保証できないような創作をやってのけます。ところが、その「創作」のために、かえって歴史上の人物が躍動してきて、本当の歴史が見えてくるということはないでしょうか。「歴史学者の書く歴史よりも、小説家の書く歴史小説の方がかえって真実味がある」と感じられることが少なくありません。うそ、フィクション、想像の事実をもとにして真実を浮きあがらせていく――それはなにも小説や芸術の世界だけにあるのではありません。じつは芸術などとは真っ向から対立すると思われている科学の世界でも、うそ、フィクション、想像というものが重要な役割をはたしているのです。

ふつうには、よく「科学というものは、芸術とちがって、ものをありのままに観察して研究するものだ」と思われていますが、そんなことはありません。それどころか、いくらありのままに観察しようとしても見えない真実をさぐるのが科学というものです。そのために科学者はよく「仮説」というものを設けます。また「仮の説」で、本当かどうかわからない、そういう説を考えてみるのです。

仮の説、仮説の中には、はじめからだれにだってもっともらしく見えるものもありますが、ふつうの人びとにはなかなか納得しかねる、「うそにきまっている」と思われるようなものもないではありません。そういう、はじめはなかなか信用されなかったようなことが本当だということ

②あきれてものが言えない様子
③自分の殻に閉じこもってしまった様子
④気にも留めずに平気な様子
⑤傲慢でどこまでも見下した様子

(4)　憮然とした表情
①あきれかえって呆然とした表情
②間一髪で危機が避けられ安心した表情
③意外な結果に興奮した表情
④蟠りが解けてさっぱりした表情
⑤悲しくてやりきれない表情

問二　傍線部(2)「少しの火の気で、一瞬にして爆発してしまいそうな、きな臭い、ひりつくような空気」とは、どのような雰囲気か。三十字以内で書きなさい。

問三　傍線部(5)「自分の言ったことで墓穴を掘る」とあるが、これは愛についてのどのような出来事を指したものか。四十字以内で書きなさい。

問四　傍線部(6)「早く辞めるにこしたことはないと、亮磨は一人、気をひきしめた」とあるが、亮磨がこの居酒屋のアルバイトを辞めようと思う理由について、本文の内容から考えて六十字以内で書きなさい。

〔石川・石川県立総合看護専門学校〕

【43】　次のことわざの（　）内をA～Cより選び、正しい言葉で埋めなさい。

①割れ（　）に綴じ蓋→どんな人にも、それなりの相応しい相手はいる、ということ
　A．鍋　B．釜　C．蓋

②（　）の意見と冷や酒は後で利く→この人の意見は煩わしく思えるが、後で納得できる、ということ
　A．妻　B．子　C．親

「ちょっと……！」愛が社長に襲いかからんばかりの勢いで歩みよっていく。「ふざけんなよ！　そんなのできるわけねぇだろ！」

「ダメ」と、社長は愛が反論する隙を与えずに、ぴしゃりとさえぎった。「自分の言ったことに責任を持ちなさい。現実を教えるのが年長者の義務なんでしょ。なぁ、みんな、そう言ったよな？　愛がしっかり教えないと、ダメだよなぁ？」

おどけた社長の言葉に、スタッフたちがどっと笑った。愛と柴崎のいさかいに不安を感じていたに違いない渋谷本店の女の子たちも、安心した様子で体の緊張をといていく。

愛は(4)憮然（ぶぜん）とした表情で、ホールのど真ん中に立ちつくしていた。まさか、(5)自分の言ったことで墓穴を掘るとは思ってもみなかったようだ。

「夢に一歩近づいた太田君を、どうかみんなも温かい心で見守ってやってくれ！」

社長が熱い口調で叫ぶと、とくに狂信的な前列の連中が、真っ先に拍手をはじめた。冷めていた空気が一気に沸騰（ふっとう）し、なごやかになっていく。

「ついでに、太田君を教えることになった、愛にも熱い拍手を！」

店内が、今日いちばんの歓声に包まれていく。「捲土重来！」と口々に店の名前が叫ばれる。ハイタッチが飛び交う。

やっぱり、シューキョーだ。修復不可能だと思われたいさかいを強引に収束させてしまった社長も、カリスマ、というよりは、キョーソのように見えてくる。(6)早く辞めるにこしたことはないと、亮磨は一人、気をひきしめた。

（朝倉宏景『風が吹いたり、花が散ったり』による）

問一　傍線部(1)「固唾（かたず）をのんで」、(3)「超然としていた」、(4)「憮然（ぶぜん）とした表情」の意味として適当なものを、それぞれ次の各群の①～⑤の中から一つずつ選んで、その番号を書きなさい。

(1)　固唾（かたず）をのんで

①意外な展開にあっけにとられて
②あまりの理不尽さに怒りを募らせて
③ことの成り行きが心配で緊張して
④どんなことが起こるのかと興味津々で
⑤面白いことになりそうでわくわくして

(3)　超然としていた

①心の底から馬鹿にした様子

「人生そんな甘いもんじゃねぇよって、誰かが気づかせてやんなきゃダメなんすよ。そんなクソみたいな覚悟で料理人になれたら、楽勝で宇宙飛行士にも、総理大臣にもなれますよっていう話ですよ」

テメェ！　怒号が響いた。叫び声を上げた太田のこめかみに、青筋がはっきり浮いていた。前方にいた男のスタッフたちが、太田をとめにかかる。それでも、太田は愛に食ってかかろうとしていた。

「結局、見境なくキレてんじゃんか」愛が冷淡に言い放った。「最近だって、気に入らない客に無愛想にしてんの、私、ちゃんと見てんだからね」

もっと、やれ。もっと、こわれろ――亮磨はひそかに思う。愛が絶対的に正しい。こんな、ごっこ遊びのような、大学のサークルのような飲食店が、長つづきするわけないんだ。

「ストップ！　やめろ！」ふだんは声を荒げない社長も、さすがにあわてた様子で仲裁に入った。「柴崎も、愛からちょっと離れてなさい！」

ホールの女の子の数人が柴崎の肩を抱いて、愛から距離をとらせる。肩を揺すりながらすすり泣く柴崎が、なおも振り返って愛を指さした。

「愛ちゃんに、何とか言ってください、社長！　甘やかしすぎなのは、この子のことですよ。私、もうこんな子と働けません！」

柴崎の批判を聞いても、愛は(3)超然としていた。おさげ髪の先を無表情でいじって、柴崎と視線すら合わせない。その様子を見て、社長はテンガロンハットの下の、彫りの深い顔をゆがめ、大きなため息をついた。何を言おうか思いあぐねている様子で、あごのヒゲをなでさすりながら、ゆっくりと口を開いた。

「どっちの言い分も正しいと、俺(おれ)は思う。たしかに、料理人になるっていうのも、簡単なことじゃない、とは思う」

意外な言葉だった。たしかに、柴崎の言うとおり、社長は愛に甘いのかもしれない。これだけ仲間の和を乱し、結束を壊し、空気を濁して、なんのおとがめもないというのも不思議だった。

「よし、決めた！」湿った雰囲気を打ち破るように、社長が明るい声で手をたたいた。「ちゃんと現実を教えるのが義務だっていうなら、愛、お前が太田の面倒をすべて見ろ」

「は？」愛が、毛先をつかんだまま、ぽかんと口を開けた。

「太田、お前、料理覚えたいなら、今日からキッチン入れ。ただし、愛の言うこと、命令することは絶対だ。皿洗いを一年やれと言われたら、一年やれ。愛はキッチンのリーダーだからな」

「えっ？」今度は太田が戸惑っていた。念願のキッチン入りと、愛への弟子入りを同時に突きつけられたら、誰だって混乱するに違いない。

主人公の亮磨は十九歳。過去に過ちを犯した傷を持ち、「捲土重来」という名の居酒屋でアルバイトしていた。「捲土重来」の社長は、過去に傷を持つ人たちに働く場を与え、再起を応援している。愛は、その「捲土重来」のキッチンで働く亮磨の先輩である。「捲土重来」では月一度、全店舗合同のミーティングが開かれる。そのミーティングは、従業員が積極的に人前で自分の夢や胸の中の思いを話し、みんなでその思いを共有することを目的としている。その日開かれたミーティングでは、元不良の太田が、社長によって救われたことや、一人前の料理人になって社長に恩返ししたいことを熱く語った。愛は、その話に大げさにため息をついたり、あきれたようなつぶやきを漏らしたりと不穏な空気をかきたてていた。

「ちょっと、いいかな?」副店長の柴崎が突然振り返った。顔が紅潮していた。「ねぇ、愛ちゃん。ちょっとのあいだも、だまれないの?」
愛の両肩をつかんで、膝をかがめ、身長の低い相手に目線を合わせる。
「みんなね、一生懸命、夢に向かって生きてるんだよ。頑張ってるんだよ。それをバカにしたり、否定したりする権利は、愛ちゃんにはないんだよ。わかる?」
スタッフたちが(1)固唾（かたず）をのんで、にらみあう二人の女性を見つめていた。誰も口をさしはさもうとしない。
「いや、バカにしようとは思ってないんすけどね」
愛が口を開いた。やれ、と亮磨は心のなかでけしかけた。仲間、夢、奉仕——そんなウソくさいものは、全部蹴散らしてやれと思った。それは、きっと愛にしかできないのだ。
「権利というか……」愛は、本当に「わからない」と言いたげな表情で、首をひねった。「むしろ、年上の人間の義務だと思いますよ。すごいね、よかったね、って言いあってるだけじゃ、そいつ、なんにも成長しませんって、マジで」
「でも……」と、言いかけた柴崎を、愛の言葉が制した。
「いやいや、ホント、笑わせないでくださいよ。だから、社員のくせに、副店長まかされてんのに、お遊び感覚が抜けないんですって。どんだけ、キッチンにしわよせがきてると思ってるんすか」
身長の高い柴崎が、くやしそうに唇を噛みしめながら、愛をキッと見下ろす。その目に、じわじわと涙がたまっていく。
「社長もやさしいから、誰かがちゃんと言ってやんねぇと、気づかないんですって。とくに、救えないバカほど、調子にのるんだから」
社長が気まずそうにテンガロンハットをかぶりなおした。(2)少しの火の気で、一瞬にして爆発してしまいそうな、きな臭い、ひりつくような空気が、店内をおおいはじめている。そんな空気にまったく気づいていないのか、追い打ちをかけるように、愛の毒舌はとまる気配がなかった。

ア．傍線部①について、この翁の名前は何というか。また、「翁」の反対語を書け。

イ．傍線部④「この子」はどれ位の姿で発見されたか。また、「この子」とは後になんと呼ばれるか。

ウ．傍線部⑤について、豊かになっていった理由を簡潔に述べよ。

問三　この、ある物語について、次の文章のⅠ～Ⅴに、適切な事柄を後の語群から選んで答えよ。

ある物語は（　Ⅰ　）と呼ばれ、（　Ⅱ　）時代の初期に書かれた物語である。この時代の中頃には女流文学が盛んで、紫式部によって書かれた（　Ⅲ　）や、（　Ⅳ　）によって書かれた（　Ⅴ　）文学である「枕草子」がある。

〈語群〉

奈良　平安　江戸　明治　伊勢物語　源氏物語　平家物語　栄花物語　竹取物語　随筆

日記　歴史物語　軍記物語　小野小町　清少納言　和泉式部　与謝野晶子

〔富山・砺波准看護学院〕

【41】次の短歌を読んで、各問いに答えなさい。

A．くれなゐの二尺のびたる薔薇の芽の針（　ア　）春雨の降る　　正岡子規

B．朝床に聞けば（　イ　）射水河朝漕ぎしつつ唱ふ船人

C．春の鳥 ①な鳴きそ鳴きそあかあかと（　ウ　）日の入る夕べ　　北原白秋

D．②ゆふされば大根の葉にふる時雨（　エ　）降りにけるかも

問一　ア～エの部分に入る言葉として最も適当なものを、次の語群から選んで答えよ。

いたく寂しく　やはらかに　外の面の草に　はるけし　遠くかすみて

問二　傍線部①・②の言葉の意味として最も適当なものを、次の語群から選んで答えよ。

もっと鳴け　夕方になると　どうか鳴くなよ　夕方が去ると

問三　万葉集にある短歌はどれか、記号で答えよ。また、その作者名を漢字で書け。

【42】次の文章を読んで、後の問いに答えなさい。

⑤馬耳（　）風
ア．昔のやり方に固執して、融通のきかないこと
イ．何を言っても聞き流すこと
ウ．馬や牛は風に敏感なこと

【40】次はある物語の冒頭の一節である。これを読んで、後の問いに答えなさい。

今は昔、①竹取の翁といふ者ありけり。
野山にまじりて竹を取りつつ、よろづの事に使ひけり。
名をば、さかきの造（みやつこ）となむいひける。
その竹の中に、もと光る竹なむ一筋ありける。
②あやしがりて寄りて見るに、筒の中光りたり。
それを見れば、三寸ばかりなる人、いとうつくしうてゐたり。
翁言ふやう、
「我朝ごと夕ごとに見る竹の中におはするにて、知りぬ。子となり給ふべき人なめり。」
とて、手にうち入れて家へ持ちて来ぬ。
妻の嫗に預けて養はす。
③うつくしきこと、限りなし。
いとをさなければ籠に入れて養ふ。
竹取の翁、竹を取るに、④この子を見つけて後に竹を取るに、
節を隔ててよごとに金ある竹を見つくること重なりぬ。
かくて翁やうやう⑤豊かになりゆく。

問一　傍線部②・③を現代語に直せ。
問二　傍線部①・④・⑤について、それぞれ次の問いに答えよ。

【38】 次の①～⑤の語句と反対の意味の語句を、後の語群から選んで書きなさい。

① 安全　② 単純　③ 興奮　④ 失敗　⑤ 一般

〈語群〉
煩雑　特殊　複雑　演繹　興奮　斬新　冷静　成功　危険　専門

【39】 次の①～⑤の語句の意味として、最も適当なものを選び、記号で答えなさい。また、それぞれの語句の（　）内に漢字一字を書きなさい。

①（　）面楚歌
ア．みんなが応援してくれること
イ．孤立無援な状況
ウ．それぞれが勝手に振る舞うこと

②五十歩（　）歩
ア．似たりよったりで、あまり差のないこと
イ．似ているようで、大差があること
ウ．深く考えず、どうでもいいこと

③岡目（　）目
ア．高所からは八里も先が見えること
イ．部外者の方がよく情勢がわかること
ウ．どの目もみな素晴らしいこと

④焼け（　）に水
ア．うまく行っていることに水を差すこと
イ．火事には水で消すことが効果的なこと
ウ．労力をかけても効果がないさま

問六　言わんばかり[a]　とあるが、この「ばかり」と同じ意味で使われているのは次のどれか。記号で答えなさい。
ア．よけいなことを言ったばかりにひどい目にあった。
イ．ちょうど原稿を書き終えたばかりです。
ウ．今にも泣かんばかりの顔をしている。
エ．社用で一ヶ月ばかりアメリカに滞在します。

問七　詩をオランウータンが書いたとしても[b]　とあるが、詩をあげた筆者のねらいは次のどれか。記号で答えなさい。
ア．訓練された類人猿の将来予想される姿を具体的に示す。
イ．多くの類人猿が人間と同じであることを証明する。
ウ．ある種の類人猿が人間を超えることへの警告を示す。
エ．類人猿が急速に進化することへの期待を示す。

問八　（　⑥　）に適する語を本文中から見つけて書きなさい。

問九　Ⅳの段落は、Ⅰ～Ⅲの段落とどのような関係になっているか。記号で答えなさい。
ア．Ⅰ～Ⅲの内容を具体的な例をあげて説明している。
イ．Ⅰ～Ⅲの内容を否定し反対の主張をしている。
ウ．Ⅰ～Ⅲの内容を簡潔に要約し結論をまとめている。
エ．Ⅰ～Ⅲの内容に対して別の視点から論じている。

問十　次のうち本文の内容と合致するものはどれか。記号で答えなさい。
ア．チンパンジーなどの知力は人間に近いと言われているが、人間の進化にともないその差は広がっている。
イ．食べ物を分かちあうといった、オランウータンにさえできる倫理的に高度な行動が人間にはできていない。
ウ．人間の知力の尺度をあてはめた上で「サルが人間に近い」と考えるのは、人間の側の勝手な偏見に立ったものである。
エ．自分たちだけが進化した人間が、人間の基準を他の動物と共有することはできない。

〔千葉・木更津看護学院〕

いずれは見られるかもしれない。

　ぼくはリンゴを二つ食べる
　ぼくはバナナを三つ食べる
　ぼくは満足
　雨が降る

というような詩をオランウータンが書いたとしても、また後になって自作の詩を読んでそれを書いたときの満足感を思い出したとしても、何の不思議もないではないか。冗談ではなく、本当にその日が来るかもしれないとぼくは思うのだ。

Ⅳ　しかしながら、この論法そのものがもう人間の側の勝手な偏見の上に立ったものである。人間に近いと言われて相手が喜ぶとはかぎらない。おだてられて喜ぶには、そのように評価する基準を人間とサルが共有しなければならないが、サルたちは本当に人間などに仲間入りしたがるだろうか。人間の知力の尺度を類人猿にあてはめた上で、どこまでサルは人間に近いか説いた議論に今われわれが熱を上げる背景には、（　⑥　）としてのホモ・サピエンスのさびしさとでも呼ぶべき感情があるのではないだろうか。人間ほど他の動物から遠く離れて孤立してしまった種はないのだ。もう一歩踏み込んで、このような姿勢の背後には、自分たちだけが異常な速度で進化してしまったことへの不安があるのだと認めるべきかもしれない。

（池澤夏樹『ぼくらの中の動物たち』より）

問一　①しばらく前、仙台の町にいる時にたまたま暇ができたので、動物園に行った。という文は何個の文節から成り立っているか。数字で答えなさい。

問二　②食べているの主語にあたる文節はどれか。文中から選んで書きなさい。

問三　（　③　）に適する語は次のどれか。記号で答えなさい。
ア．やがて　　イ．ようやく　　ウ．そこで　　エ．すぐに

問四　（　④　）に適する語は次のどれか。記号で答えなさい。
ア．うれしそうに　　イ．いそいで　　ウ．すばやく　　エ．おずおずと

問五　⑤よくないの「ない」と同じ意味で使われているのは次のどれか。記号で答えなさい。
ア．おさない少女　　イ．少なくない　　ウ．食べない　　エ．そうかもしれない

【36】 次の傍線部の漢字の読みを書きなさい。

①懸案事項が山積している　②有為転変は世のならい
③ズボンのすそを繕う　④一目散に逃げる
⑤道路が陥没する

【37】 次の文章を読んで、後の問いに答えなさい。

Ⅰ　ある友人からの話である。①しばらく前、仙台の町にいる時にたまたま暇ができたので、動物園に行った。小雨ぱらつく日で、園内にはほとんどだれもいない。檻（おり）から檻へとぶらぶら見ながら、オランウータンの前まで来た。中を見ると、まだ幼さの残るオランウータンが一匹、リンゴを手に持っておいしそうに②食べている。友人は何といっても暇だったし、それにオランウータンは好きな動物だから、檻の前に立ってずっとそれを見ていた。（　③　）、相手は彼に気がついて、ちらっとこちらを見たが、そのままリンゴを食べつづけた。その子がかわいいので、彼はなおも見ていた。しばらくして、オランウータンはまた彼の方を見てちょっと困ったような顔をした。手の中のリンゴを見、もう一度、檻の外の彼の顔を見た。そして（　④　）そばにやってくると、「きみも食べたいの？」と言わんばかりの顔でそのリンゴを彼の方に差し出した。一人だけで食べているのは⑤よくないと思ったらしい。彼はもちろんリンゴが欲しくてオランウータンを見ていたわけではないから、この申し出を丁寧に辞退し、相手はまた安心して一人でリンゴを食べつづけた。

Ⅱ　この話はなかなか感動的である。食べるものを分かちあうというのは倫理的に高度な行動だし、人間でもそれができない者は少なくない。学者たちはゴリラやオランウータンの知力とチンパンジーのそれの間には差がないと言っている。知力だけではなく性格まで考えあわせれば、人間に一番近いのはオランウータンかもしれない。おまけに学説の上ではこのところ類人猿と人間の生物学的な距離は次第に近づきつつある。ゴリラやチンパンジーが時として攻撃性を見せることを否定する必要はない。それまで含めていよいよ類人猿は人間に近いという皮肉な結論に至るだけである。

Ⅲ　類人猿がかつて考えられていたよりも人に近いことを示す研究は少なくない。もっとも大きな差と考えられていた言語の能力にしても、話すためのからだのつくりが整っていないだけで、脳の方に簡単な言葉を操る力があることはほぼ確認され、実際アメリカではずいぶん前からチンパンジーに手話を教える実験が行われて、なかなかの成功を収めている。日本ではパソコンに記号（絵文字）を表示してキーを押させるという方法で、チンパンジーに複数の単語を組み合わせた文を作らせる試みが進行中。チンパンジーやオランウータンがワープロで作文をする姿が

そして空の神さまは私たちに色を届けてくれている。新緑に輝く若葉、青い空に顔を向ける黄色いヒマワリ、秋風に揺れる紅葉、煌めく白い雪。想像して見てほしい。この世から色がなくなったときのことを。なんとも味気ない世界ではないか。

私たちには気づかないうちにさまざまな物が与えられている。現代の地球環境において、私たちは実に大きな影響を与える存在となった。しかし、いかに多くのものに支えられているのか、をしっかり認識できているだろうか。そしてそのことに対し素直に頭を下げ感謝の気持ちを持てるようになれば、そこに持続可能な社会が待っているのかもしれない。

問一　文中①から⑤までの漢字の読み仮名を書いてください。

問二　文中⑥から⑩までのカタカナを漢字で書いてください。

問三　文中の冒頭で述べられている「晴れの定義」とは何でしょうか。

問四　作者が文中で初めに問いかけてきた疑問は何でしょうか。次の空欄にあてはまる言葉を書いてください。

（　　　　　　　　）という疑問

問五　問四の問いかけに対する作者の答えはどれか。次のア〜エの中から選んでください。

ア．それぞれの物が自ら色を生み出している。

イ．すべての物が無色であり、色を感じるのは人間の勘違いである。

ウ．色を生み出しているのは白色光と呼ばれる光である。

エ．光の波長によって色は決まっている。

問六　赤い色鉛筆の表面はなぜ赤く見えるのか。その理由を述べた次の文の空欄に適語を入れてください。

赤い色鉛筆の（　　）に塗られた（　　）が（　　）の中の（　　）を（　　）しているため

問七　この色の話を通して、作者が言いたかったことは何でしょうか。次のア〜エの中から一つ選んでください。

ア．すべての色をふくんだ光は無色の白色光と呼ばれる。

イ．古代の人類は、生命と太陽の光の密接な関係を見抜いていた。

ウ．明かりのない部屋にあるものが、光がなくても色を持ち続けていると考えるのは、人の勘違いである。

エ．人間がいかに多くの物に支えられているかを認識し、素直に感謝の気持ちをもつことが大切である。

〔埼玉・入間地区医師会立入間准看護学校〕

やかな青、夕焼けの赤、と実に様々な色付けが空になされる。この大自然の織りなす美しい空の〝色〟は一体どこからやってくるのだろうか。

夜、⑦ショウメイの一つも灯（とも）らない部屋に入ったことはあるだろう。明るさがないため物の形さえ判別がつかない。そこは無色の世界。部屋に入った者はそこでこう考えるだろう。

『本当ならそれぞれの物は色を持っているが、今は明かりがないためその色が見えないだけだ』と。しかし、そうではない。実はそこに色はない。その部屋にあったはずの色は全て③消え失せている。

どういうことであろうか。部屋に誰かがいる時は、当然部屋の明かりをつけるだろう。昼間であればカーテンを開けて外の光を取り入れたりする。その光は白色光と呼ばれる。空気中の微粒子などに当たると白く見えたりするので白色光と呼ばれるが、本来は人に色味を感じさせない無色の光だ。そしてその無色の光は、この世界にありとあらゆる色を⑧フリソソぐ。もうお分かりであろうか。そう、色を生み出しているのは光なのだ。

光は波の性質を持って進んでゆく。光の波はそれぞれ固有の波の長さ〝波長〟を持っており、その波長によって発する色が変わる。波長の短い方から言うと、紫、青、緑、黄、橙、そして赤、となる。波長が短すぎると人の目には見えなくなり、それを紫外線、それとは逆に波長が長すぎても人の目には捉えられなくなり、それを赤外線、と呼ぶ。そして全ての波長を含んだ光、⑨イいカえれば全ての色を含んだ光が白色光、太陽の光なのだ。

白色光は全ての色を含んでいる。例えばそれが赤い色鉛筆に当たったとする。赤い色鉛筆の表面には白色光の中の赤い光を反射する④塗料が塗られている。塗られた塗料は白色光の中の赤い光だけを反射し、見た人の目に飛び込んでくる。そして私たちはこう思い込む。

「この鉛筆が赤色を出している」と。それは⑩サッカクである。

全ての色を含む太陽の白色光は、シャワーのようにこの世界に色を注ぎ続け、万物はそれぞれが持つ表面構造によって反射する光が決まっている。当然色を供給している光が消えればそこからは色が消え失せる、というわけだ。

全ての色をバランスよく含む光はその色を消し無色となり、そしてその無色の光がこの世界に全ての色を生み出している。何とも⑤哲学的であり宗教的でもあるような、自然の深さを感じさせる物理現象である。

自分の置かれた自然環境と密接に暮らしてきた古代の人類は、当然のように生命と太陽の切り離せない関係を見抜いていたはずである。そして惜しみなく降り注ぐ太陽の光の中に、見返りを求めず与え続ける太陽の愛を感じ取ったかもしれない。それゆえ太陽を空の神として信仰することは世界各地に見受けられる。

【32】次の作品の著者名（作者名）を語群から選び、記号で答えよ。

①枕草子　②源氏物語　③土佐日記　④奥の細道
⑤破戒　⑥伊豆の踊子

〈語群〉
ア．紫式部　イ．松尾芭蕉　ウ．川端康成　エ．清少納言　オ．紀貫之　カ．島崎藤村

【33】次の語句は歴史的仮名遣いで書かれている。現代仮名遣いに改めよ。

①ゐる　②とほき（遠き）　③こゑ
④いらふ（答ふ）　⑤まうす（申す）

【34】次の四字熟語から不適切な漢字を一字抜き出し、正しい漢字を答えよ。

①ぼくらは、意心伝心で通じ合う仲だ。
②五里夢中の状態で手探りで進む。
③講演会で自我自賛をする評論家。

〔群馬・前橋市医師会立前橋准看護学校〕

【35】次の文章を読んで、後の問いに答えなさい。

十一月といえば、関東では一年の中でも特に晴れの日が多くなり始める時期である。受験者の皆さんは、晴れの①定義を憶えておられるだろうか。

空を見上げ、全天の雲量が1割以下を快晴、雲量が2割から8割を晴れ、とされている。晴れに関しては埼玉県は全国では高くランキングされてはいないが、快晴に関してはかなりの高順位に置かれている。そういったこともあり、熊谷は暑さで有名になったのかもしれない。

さて、晴れた一日を日の出から日没まで②眺めてみよう。朝焼けの桃色とも紫色ともつかない⑥ビミョウな色合い、薄いオレンジ色、昼間の爽

ア．犬　イ．狐　ウ．闇　エ．神　オ．八
カ．子　キ．水　ク．血　ケ．心　コ．猫

【29】次の傍線の漢字の読みをひらがなで書きなさい。

①秋の気配　②神社の境内　③平穏な生活
④微妙な違い　⑤こった細工　⑥献身的な看護

【30】次のカタカナを漢字で書きなさい。

①コンザツした駅　②物のカチを知る　③セキニンを果たす
④スグれた成績　⑤活動をササえる　⑥日がクれる

〔茨城・真壁医師会准看護学院〕

【31】次の故事成語の□に当てはまる漢字をA群、意味をB群からそれぞれ選び記号で答えよ。

①覆水□に返らず
②井の中の□
③五十歩□歩
④一寸の□軽んずべからず

〔A群〕
ア．功　イ．百　ウ．盆　エ．蛙　オ．紙価　カ．光陰

〔B群〕
a．取り返しのつかないこと。　b．見聞の狭いこと。　c．少しの時間も無駄にしてはならない。
d．苦労して学問をすること。　e．著書がよく売れること。　f．大差のないこと。

問四　この詩を作った時の作者の心理状態を選んで、記号で答えなさい。

ア．孤独を感じている状態

イ．喜びがあふれている状態

ウ．緊張している状態

エ．怒りがこみあげている状態

問五　この詩は二つの連（段落）に分けられます。第二連の最初の番号を答えなさい。

【27】　次の四字熟語の読みをひらがなで書きなさい。また、意味をア～カの中から選び記号で書きなさい。

①我田引水　②画竜点睛　③五里霧中

④一言居士　⑤玉石混交　⑥以心伝心

ア．良いものとつまらないものがいり混じっていること

イ．自分に都合が良いように物事をすすめること

ウ．一言言わずにはいられない人

エ．最後の仕上げ

オ．物事の判断がつかず、どうすべきか困ること

カ．話さなくても意思が通じ合っていること

【28】　次のことわざの空欄に入る言葉をア～コの中から選び、記号で書きなさい。

①一寸先は（　）　②立て板に（　）

③苦しい時の（　）頼み　④（　）に小判

⑤腹（　）分目に医者いらず　⑥親の（　）子知らず

⑦虎の威を借る（　）　⑧可愛い（　）には旅をさせよ

⑨（　）も歩けば棒に当たる　⑩（　）は水よりも濃し

エ　C．二種類の異なった涙　D．連続性の涙

問三　傍線①の「動物の内的状態がわからない」とはどういうことか。「動物」「感情」という言葉を用いて三十五字以内で説明しなさい。

問四　この文章で筆者が最も言いたいことが述べられている一文を文章中から抜き出し、初めの五字を書きなさい。

【26】次の詩を読み、後の問いに答えなさい。

寂しき[A]

したたり止まぬ日のひかり
うつうつまはる水ぐるま
あをぞらに
越後の山も見ゆるぞ
さびしいぞ
一日ものいはず
野にいでてあゆめば
菜種のはなは波をつくりて
いまははや
しんにさびしいぞ

（室生犀星「抒情小曲集」より）

問一　傍線部の助動詞「ず」の意味を次から選び、記号で答えなさい。

ア．推量　イ．過去　ウ．断定　エ．打消　オ．可能

問二　行番号1で用いられている表現法を次から選び、記号で答えなさい。

ア．擬人法　イ．倒置法　ウ．反復法　エ．対句法　オ．体言止め

問三　[A]に入る季節を次から選び、記号で答えなさい。

ア．春　イ．夏　ウ．秋　エ．冬

2この区別には、いくつかの証拠がある。〔　B　〕目の表面に麻酔をかけると、「連続性の涙」は止まってしまうのだが、「感情の涙」は影響を受けない。目に麻酔をかけられた人は、煙にさらされようがゴミが入ろうが涙が出なくなるのだが、悲しみによって涙を流すことは依然として可能なのである。

3さらに別な証拠として、いわゆる「ドライ・アイ」の人たちの体験がある。「ドライ・アイ」とは、なんらかの障害により「連続性の涙」が出にくくなり、目が乾きぎみになってしまう症状のことである。このような障害を持つ人たちは、常に目の痛みに悩まされるのだが、ある医者の報告によると、この人たちの中に目が煙にさらされたとき、わざと悲しいことを想起し「感情の涙」を流すことによって、目が乾いてしまうことを防ぐ人たちがいるという。

4ここで再び動物が流す涙について考えてみる。すると、そもそも目をうるおすという生理的な目的のために流される「連続性の涙」については、霊長類はもちろん、動物全般にごくふつうに共有されているものであろうことは容易に想像がつく。実際、ある種のウミドリは、海水に含まれる塩分から目を守るため「連続性の涙」を流すことがある。

5しかし「感情の涙」については、正確で信用できるような報告はない。動物が「〔　C　〕」を流したといういくつかの報告は、この「〔　D　〕」を過剰に解釈したものが多く含まれるように思われる。結局、真の問題点は、①動物の内的状態がわからないということにあるのだが、この点は今後、涙とは別の客観的な指標を用いて動物の内的な状態を推測することで解決できるものと思われる。

6以上、涙には二つの明確な区別が存在すること、このうち「連続性の涙」についてはヒト以外の動物にもみられることが、明らかとなった。ここで重要なことは、「感情の涙」がヒト以外の動物にもあるのかということよりは、むしろそれがヒトに特徴的にみられるという点である。「感情の涙」こそが、ヒトという生物を考えていく上で重要なのである。

（金沢創「『涙』の進化論」より）

問一　A・Bにあてはまる言葉を次から選び記号で答えなさい。

ア．しかし　イ．もちろん　ウ．さらに　エ．それとも　オ．たとえば

問二　C・Dにあてはまる言葉の組み合わせとして適当なものを次から選び、記号で答えなさい。

ア　C．感情の涙　D．連続性の涙

イ　C．連続性の涙　D．感情の涙

ウ　C．感情の涙　D．二種類の異なった涙

問七　傍線⑨「これならばきっと上達するだろうが、果たして簡単な方法といえるかどうか」とありますが、筆者が簡単な方法だと考えない理由を文中の言葉を用いて四十字程度でまとめなさい。

問八　傍線⑩「幼年時代から心に抱いてきた理想」について次のA、Bに答えなさい。

A「幼年時代から心に抱いてきた理想」についての詳しい内容が含まれている一文を、傍線⑩よりも前から探し、初めの五文字を答えなさい。

B「幼年時代から心に抱いてきた理想」と同じ内容をあらわした表現を、傍線⑩よりも後ろから二カ所、それぞれ八字以内で書き抜きなさい。

問九　この文章から読み取れるシュリーマンの性格・性質について最も適当なものをア～オより二つ選び記号で答えなさい。

ア．完璧　イ．執念　ウ．誠実　エ．狡猾　オ．純粋

〔宮崎・児湯准看護学院〕

【24】　次の傍線のカタカナを漢字に直しなさい。ただし必要であれば送り仮名をつけること。

①カンセツツウに悩む　②台風のため開催をアヤブム

③討論会のシカイをする　④カクゼツされた環境で育つ

⑤自身のケッパクを証明する　⑥ヤサシイ問題から解く

⑦自分の点数をスイソクする　⑧キガイを持って試験に臨む

【25】　次の文章を読み、後の問いに答えなさい。

1よく自分の飼っている犬は泣いたことがあると主張する人がいる。またある種の記述によれば、サーカスで飼われている象は涙を流すという。これはどういうことだろう。ヒト以外にも涙を流す動物がいるのだろうか。

〔Ａ〕これらの報告は、非科学的な誤った記述なのだろうか。そうではなく、一見奇妙に思えるこれらの報告は、二種類の異なった涙を同じものとしてしまった誤りのように思われる。というのは、ヒトにおいては、感情がたかぶったときに流される涙（感情の涙）と、目にゴミが入ったときなどに流される涙（連続性の涙）は、明確に区別されているからである。

問二　傍線②「判官贔屓」とありますが、これは「第三者が不遇な者や弱者に同情する」という意味です。この言葉のもとになった「兄の許しを得ず朝廷から判官の官位を得たために非業の死を遂げた」人物は誰ですか。ア～エより選び記号で答えなさい。

ア．源義経　　イ．織田信行　　ウ．足利義視　　エ．徳川忠長

問三　傍線③「承知しようとしなかった」とありますが、少年は何を承知しようとしなかったのですか。文中の言葉を用いて二十五字程度で答えなさい。

問四　傍線④「少年は小躍りをして」とありますが、どのような様子をあらわしていますか。最も適当なものをア～オより選び記号で答えなさい。

ア．暴れている様子　　イ．元気な様子　　ウ．焦っている様子　　エ．すごく喜んでいる様子　　オ．楽しんでいる様子

問五　傍線⑤「当時の人々」とありますが、いつの人々ですか。最も適当なものをア～オより選び記号で答えなさい。

ア．ホメロスの生きていた時代

イ．ハインリッヒの少年時代

ウ．ギリシア神話の時代

エ．トロイア戦争があった時代

オ．阿刀田高がこの文章を書いた時代

問六　傍線⑥「オランダ」、⑦「スエーデン」、⑧「ギリシア」とありますが、それぞれの国の説明として最も適当なものをア～オより一つ選び記号で答えなさい。

ア．歴史的には長い間ロシアの支配下に置かれていた。第二次大戦中はソ連とドイツに分割占領される。作曲家のショパンはこの国の出身である。

イ．オリンピック発祥の国。オリーブオイルとニンニクを使った料理が多い。ムール貝も好き。汚職、脱税が横行しており、失業率も高い。

ウ．豊かな自然を誇る高負担・高福祉国家。白夜やオーロラを楽しむことができる。イケアはこの国生まれの企業である。

エ．世界有数の農業大国で小麦を多く輸出している。ボルドー、ブルゴーニュなど有名なワイン産地がある。原子力発電所が多い。

オ．世界で初めて医師による安楽死を認めた国。国土の四分の一が海面より低い干拓地になっている。実は平均身長が世界一である。

次々にほとんど独学でマスターしてしまう。

ハインリッヒがみずから語っているところによれば、

「私はこのとき必要にせまられて、外国語習得法を一つ見つけたが、この方法を用いると、どんな外国語でも非常に楽に覚えられる。この簡単な方法というのは、なによりもまずこうである。声をだして多読すること、短文を訳すこと、一日に一時間は勉強すること、興味あることについていつも作文を書くこと、その作文を先生の指導をうけて訂正し暗記すること、前の日に直されたものを覚えて、次の授業に暗誦すること」

(佐藤牧夫氏訳「古代への情熱」)

である。なるほど、⑨これならばきっと上達するだろうが、果たして簡単な方法といえるかどうか。この方法を〝簡単な〟と言いきり、軽やかに実行したところに、やはりハインリッヒ・シュリーマンの常人とは異なった才能があったのだろう。

辛苦のすえ商人としても成功し、運にも恵まれて彼は相当な資産を作った。時に四十一歳。商人としては働き盛りであったが、彼はいつまでも実業界に身を置こうとはしなかった。

「一八六三年の暮に、私は⑩幼年時代から心に抱いてきた理想をいまや雄大な規模で実現できると考えた。私はごたごたした商人の暮しを忙しく送っていたが、たえずトロイアを思いつづけ、いつかトロイアを発掘すると父とミンナ(幼馴染みの少女)に約束した一八三〇年の申しあわせを忘れていなかった。なるほど、このとき私の心は金銭に執着していたが、それは金銭をこの一生の大目的を為しとげるための手段とみなしていたからである」(「古代への情熱」)

と、告白しているように、商売から完全に身を引いてトロイアの発掘に向かった。

幼い日に抱いた夢を実現するためにまず商人となって資金を作り、その予定通り資産を作ったところで商売を捨てて理想の実行に生涯を賭けるというのは、並たいていの意志で完遂できることではあるまい。この信念の持ち主から見れば、先に述べた語学習得法などはまことに〝簡単な〟ものだったろう。

(阿刀田高「ギリシア神話を知っていますか」より)

問一　傍線①「トロイア戦争」とありますが、この戦争ではある巨大装置がトロイア陥落のきっかけとなったことが知られています。次の言葉はこの装置のことをあらわしています。空欄にあてはまる漢字二文字を答えなさい。

※現在ではコンピュータのマルウェアの名称としても知られています。

トロイアの(　　)

「馬鹿だな。これはみんな作り話で、本当にあったことじゃないんだよ」

と、父が慰(なぐさ)めたが、少年は首を頑(かたく)なに振って③承知しようとしなかった。

翌年、父から〝子どものための世界歴史〟という本を贈られて、ページをめくって見ると、その中にトロイアの城壁を初めとして、父から聞いたさまざまなトロイア戦争の情景が描かれている。④少年は小躍りをして、

「父さん、これを見て。父さんの間違いだよ。この本を書いた人はきっとトロイアを見たんだ。見なかったらとてもこんなにすごい挿絵なんかかけっこないよ」

と、口を尖らせた。

「いや、そうじゃない。ただの想像図さ。昔はあったかもしれないけど、今はあとかたもありゃしない。だれも見た人なんかいない」

「でも、昔あったのなら、今でも土の中に埋まっているはずでしょ。こんなに大きなお城がぜんぜんなくなってしまうはずがないもん」

少年は来る日も来る日も同じことを考え、同じことを主張した。そして、最後は、

「じゃあ、ぼくが大きくなったら、きっと発見してみせるよ」

と告げ、父は苦笑を浮かべながら、

「うん、それがいい」

と答えるのだった。

ホメロスが歌った〝イリアス物語〟と〝オデュッセイア物語〟は――前者はトロイア戦争十年間の叙事詩であり、後者は戦場から故国へ帰るオデュッセウスの十年間の漂流譚(ひょうりゅうたん)だが――どちらも⑤当時の人々に広く親しまれていたが、これが歴史上の事実を基にして作られたものとはだれも考えていなかった。ホメロスという名の紀元前九世紀頃に実在した詩人が空想し創造した架空(かくう)の出来事と考えていた。

だが、ハインリッヒだけはけっしてそうは考えなかった。そしていつの日かきっとトロイアの遺跡を発掘し、あの雄大な物語がすべて事実であったことを証明したい、証明せずにおくものか、と信念を燃やし続けた。

牧師の子は経済的にはけっして恵まれていなかった。むしろ貧乏のドン底にあったと言うべきだろう。食料品店の小僧を振り出しにさまざまな職業に就き、苦労を重ねた。

シュリーマンの伝記を読むと、彼は言語については特別な才能を持った人だったろう。苦しい生活を続けながらも語学の勉強を怠(おこた)らない。英語から始めてフランス語、⑥オランダ語、スペイン語、イタリア語、ポルトガル語、ロシア語、⑦スエーデン語、ポーランド語、⑧ギリシア語と、

【22】 敬語の使い方として正しい方を選びなさい。

① ア．先生はパーティーに参られますか？
イ．先生はパーティーにいらっしゃいますか？

② お客様に向かって
ア．受付で記念品をいただいてください。
イ．受付で記念品をお受け取りください。

③ 駅の掲示板で
ア．おタバコはご遠慮ください。
イ．おタバコはご遠慮させていただきます。

④ ア．お手紙を拝見しました。
イ．お手紙をご拝見してください。

⑤ 外からかかってきたお客様からの電話に不在だと伝えるとき
ア．部長はただ今、席を外しております。
イ．部長さんは今、お出かけになっています。

〔佐賀・鳥栖三養基医師会立看護高等専修学校〕

【23】 次の文章を読んで、後の問いに答えなさい。

ギリシア神話において、エーゲ文明の一つトロイアをギリシア軍が滅ぼした戦争をトロイア戦争と呼ぶ。

ハインリッヒ・シュリーマン（1822～1890）はトロイアと思われる遺跡を発掘した考古学者である

七歳になったとき、父親が①トロイア戦争の伝説を話してくれた。ハインリッヒには②判官贔屓（ほうがんびいき）の傾向があったのかもしれない。敗北したトロイア方におおいに同情し、落城の話を聞いて涙を流した。

問四　傍線部②「いまいましそうに見ているだけだ」とありますが、「いまいましい」とは「腹が立つ、くやしい」という意味です。「いまいましい」と思ったのはなぜですか。次の中から最も適切なものを一つ選び、記号で答えなさい。

ア．子ザルたちがカミナリの言うことを聞かずに自由な行動を取っているから。

イ．子ザルたちが年寄りのサルに遠慮してその集団に全く近づこうとしないから。

ウ．子ザルたちが習慣を破り危険な海に入ってピーナツを食べているから。

エ．子ザルたちが海へ入ればピーナツが食べられるのにとカミナリに言ったから。

問五　傍線部③「保守的」の対義語を次の中から一つ選び、記号で答えなさい。

ア．消極的　　イ．革新的　　ウ．直接的

問六　傍線部④「危険」の対義語を漢字で答えなさい。

問七　この文章で筆者が一番言いたかったことは何ですか。次の中から最も適切なものを一つ選び、記号で答えなさい。

ア．新しい行動の開発ができるのはリーダーであるカミナリがいつでも命令しているからだ。

イ．新しい行動の開発には年寄りのサルと若いサルがそれぞれの考えを出し合うべきである。

ウ．新しい行動を開発するためには年寄りのサルが危険を乗り越えて手本を示さなければならない。

エ．新しい行動を開発していくのは習慣にとらわれない柔軟性を身につけた若いサルたちである。

【21】　次の①～⑤の慣用句で下の意味に合うように（　　）に当てはまる体の一部を後から一つずつ選び、記号で答えなさい。

①（　）が出る。　　　　出費が予算を超えること。

②（　）を抜く。　　　　仕事などをいい加減にすること。

③（　）に衣着せぬ。　　遠慮なく思ったことをはっきり言うこと。

④（　）が折れる。　　　困難が多く苦労すること。

⑤（　）を決める。　　　覚悟を決めること。決心すること。

ア．首　　イ．足　　ウ．腹　　エ．歯　　オ．手　　カ．骨

宮崎県の幸島は周囲四キロの小島である。小島だが、亜熱帯性の原生林にア覆われた見事な森の島である。周囲は海に囲まれているが、群れのサルは決して海に入らなかった。【　A　】、私たち人間と接し餌をもらうようになってから、浅い海にこぼれた餌に釣られて、子ザルが海に入るようになった。夏は海に入ると気持がよいので、岩から跳びこんで海水浴をして楽しむ子ザルも現われた。泳ぐという行動は生まれつき持っていて、いったん海へ入れば誰でも泳ぐことができる。しかし、この群れは海へは入らない、という文化を持っていたのだ。その①しきたりを子どもが破り、大方のサルが海に入るようになった。

カミナリはピーナツが大の好物である。これだけは断乎イドクセンしたい。カミナリを海へ入れてみようと海岸の岩に連れてゆき、目の前の海にピーナツを投げた。彼は手を伸ばして取ろうとするが、決して海へは入らない。手が濡れることさえいやなのだ。子どもたちはピーナツを見てつぎつぎに海へ跳びこみ、泳ぎながら拾って食べるのを、カミナリは②いまいましそうに見ているだけだ。

この光景を見ていて、私はぐっと胸にくるものがあった。何が創造力を動かしていくかについて、考えさせられたのである。カミナリは私が知っているリーダーの中では最もすぐれた、いわば名君といってもよいリーダーである。しかし、非常に③保守的でイモ洗いなどの新しい行動型はすべて身につけない。これは年寄ったサルに共通の性質である。一方、新しい行動を開発していくのは、少年少女期の若いサルたちである。つまり、彼らは今までのしきたりにとらわれない柔軟さを身につけているからだ。

カミナリにすれば、海は④危険だから入ってはならない、という習慣を身につけてきた。若い者が甘い餌に釣られて海へ入るとは、なんと愚かな行為だと思っているだろう。一方、若者たちは、海へ入れば気持がよいしピーナツも拾えるのに、なんという頑固なおやじだろうと小馬鹿にしているだろう。もちろんサルたちは、こんな人間臭い考え方をしているわけではないが、彼らが感じているもやもやっとした気持を忖度（そんたく）して代弁すれば、こういうことになろうか。

海へ入るのは、確かに危険なことだ。とくに荒れているときは、突然大波が襲い、沖合にさらわれるということもあろう。しかし、子どもたちは海に入ることにより、年寄りたちが知らない新しい世界を拓いたのだ。泳ぐ、水にウ潜るといった楽しさは、山の中にいては絶対に味わうことができない醍醐味（だいごみ）である。

問一　傍線部ア「覆われた」、イ「ドクセン」、ウ「潜る」のカタカナは漢字に直し、漢字は読みを答えなさい。

問二　空欄【　A　】に当てはまる言葉を次の中から一つ選び、記号で答えなさい。

ア．つまり　　イ．たとえば　　ウ．しかし　　エ．さて

問三　傍線部①「しきたり」とは何ですか。本文中から七字で書き抜きなさい。

秋の田のかりほの庵の苫をあらみわが衣手は（　イ　）
君がため春の野に出でて若菜つむわが衣手に（　ウ　）
風をいたみ岩うつ波のおのれのみくだけてものを（　エ　）
花さそふ嵐の庭の（　オ　）ふりゆくものはわが身なりけり

〈語群〉

八重桜　雪は降りつつ　露にぬれつつ　いたづらに　思ふころかな　雪ならで

〔富山・砺波准看護学院〕

【18】次の傍線の漢字の読み方をひらがなで記入してください。

①筋肉が弛緩する。　②甚だ心外です。
③醜聞で役を辞退した。　④膠着した事態を収拾する。
⑤曖昧で漠然とした発言

【19】次の傍線のカタカナを漢字に直してください。

①大ソンガイを被った。　②このカオクでは担保になりません。
③ボウケン物語に興奮した。　④論理テンカイが把握できない。
⑤トクイ先の人達を接待する。　⑥証拠の品物をオウシュウする。
⑦アンモクの了解が存在する。　⑧台所のモトセンを締める。
⑨二つの意見のソウイ点を明確にする。
⑩朝から母のキゲンが悪い。

〔福岡・福岡市医師会看護専門学校〕

【20】次の文章を読んで後の問いに答えなさい。

ア．取扱いに困る　→　□を焼く
イ．出費が予算を超える　→　□が出る
ウ．物事を成し遂げるために苦労する　→　□を折る

問五〔　A　〕から〔　D　〕に、次の中から最も適切なものを選んで入れなさい。
そして　　しかし　　だから　　つまり　　もちろん

問六　傍線ア「〇〇〇〇〇食品」（6文字）、イ「〇〇〇〇〇ための軸」（5文字）の〇に当てはまる言葉を本文中から見つけて入れなさい。

問七　文章全体で著者が最も言いたかったことは何ですか。できるだけ本文中の言葉を使って次の書き出しに続けて答えなさい。
冷蔵庫は、人が〔　　　　　　　　　　　　　　〕。

問八「食品ロス」を減らすために、あなたにできることを三つ、各二十字以内で書きなさい。

【15】　傍線部の漢字の読みをひらがなで書きなさい。

①参加を促す。　②緩やかな坂道。　③穏やかな性格。　④店の雰囲気。　⑤漁業に携わる
⑥展覧会を催す。　⑦柔和な顔。　⑧練習に励む。　⑨星を仰ぐ。　⑩研究を委嘱する。

【16】　傍線部の間違った敬語の使い方を、正しい使い方に直しなさい。

①お母さんは、おられますか?
②先生が、私に申された。
③どなたでもご利用できます。
④おっしゃられたことは、よくわかりました。
⑤わかりやすくご説明してください。

【17】　（　ア　）～（　オ　）に後の語群から最も適切なものを選んで、百人一首を完成させなさい。

花の色はうつりにけりな（　ア　）わが身世にふるながめせしまに

冷蔵庫がない時代、食べ物の保存には自ずと限界があった。だから人が買えるものにも自ずと限界があった。

ところが冷蔵庫ができたことで、人は「いくらでも」食べ物を買えるようになった。今日食べなくたっていいんだからね。これは食品業界にとっては大チャンスである。つまりは、人は食べきれないものまで買うようになったのだ。いつか食べるから大丈夫、というわけである。

〔 A 〕、これをきちんと「いつか」食べるのならなんの問題もない。しかし現実はそうじゃなかった。人は絶えず「いつか」食べるものを買うようになったのである。しつこいようだが、人が食べられる量には所詮は限界がある。だからその多くは廃棄されることになる。カンタンに言えば「食の買いスて文化」を冷蔵庫が作り出したのではないだろうか。大量生産・大量廃棄。これが経済を回してきたのである。

〔 B 〕、これを個人の側面から見ると、冷蔵庫という存在は「生きていくこと」の本質を見えなくしてしまったのではないだろうか。

「食っていく」とは「生きていく」ことである。つまり、食べていくことさえできれば何はともあれ生きていくことができる。カクサや貧困が社会問題になり、どんな人だっていつ貧しさに直面するかもしれない時代だからこそ、ここは誰もがカンシンを持たねばならないポイントである。

〔 C 〕、いったいいくらあれば自分は「食っていく」ことができるのかを見極めないと、将来への不安へのタイショのしようもない。

〔 D 〕本当に「食っていける」とはどういうことなのか、ほとんどの人が見失ってしまっている。

スーパーへ行くと、多くの人が目につくままに、「お買い得」とか「特売」とか「大サービス」とかの言葉につられてどんどん商品をカゴの中に入れていく。「いつか」食べればよいのだから。しかしもちろん、その「いつか」は容易に忘れ去られていく。冷蔵庫の中は「〇〇〇〇〇食品」で溢（あふ）れ返り、もはや管理不能である。というよりも、今や、誰もそれをきちんと管理しようとすらしなくなってしまった。

冷蔵庫は、「食べる」ということを「〇〇〇〇〇ための軸」ではなくしてしまったのだ。

冷蔵庫の中には、買いたいという欲と、食べたいという欲がパンパンに詰まっている。人の欲はとどまることを知らず、その食べ物の多くは実際には食べられることはない。もはやそれは食べ物ではない「何か」なのだ。

（稲垣えみ子『寂しい生活』より）

問一　傍線部①～⑤の漢字の読みをひらがなで書きなさい。

問二　二重線部⑥～⑩のカタカナを漢字で書きなさい。

問三　二重線部⑪「目につく」という慣用句の意味を答えなさい。

問四　次のア～ウの意味に合う慣用句になるよう、□に身体に関する漢字一文字を入れなさい。

ウ．実際の行為よりも、小説の中の事件のほうに迫力や意味を持たせることができる
エ．小説を書くという行為は、結果として人々をあらゆる罪から救うことになる

問十　事実というものがある場合に奇妙にそして不自然に映るとあるがなぜそうなのか。次から選び記号で答えなさい。
ア．人生というものはメリー・ゴーラウンドのように決まった場所を決まった速度で巡回するものにすぎないから
イ．事実というものは当事者の意志によってのみ構成されるものではない、ということが認識されていないから
ウ．人間は自分の人生の運行システムを所有しているのに、その事実をきちんと認識していないから
エ．人生における事実とは回転木馬の上のデッド・ヒートにすぎないから

〔千葉・木更津看護学院〕

【12】　次の短文の傍線部分を敬語に直してください。また、それは丁寧語、尊敬語、謙譲語の内どれに当てはまるかも答えてください。

①先日、お客様からお土産をもらいました。
②食事をするときには、よく噛んで食べる。
③先生が「教科書を開いてください」と言いました。

【13】　次の①～③は故事、とくに中国の故事に基づいて作られた言葉です。①～③にあてはまるものを、ア～カの中から選んでください。

①詩や文、書いたものの中に誤りが多いこと。やることなすことがおおざっぱで粗末なこと。
②ふだん仲の悪い者どうしが共に窮地に陥ったとき、互いに協力し助け合うこと。
③目の前の困難を克服するしかないと覚悟を決めさせるため、自ら退路を断ち切って臨むこと。

ア．四面楚歌　　イ．呉越同舟　　ウ．断腸の思い
エ．背水の陣　　オ．杜撰　　カ．朝令暮改

〔埼玉・入間地区医師会立入間准看護学校〕

【14】　次の文章を読んで、後の問いに答えなさい。

問二　②だから最初のうち、僕はこれらのスケッチを活字にしようというつもりはまったくなかった。は何個の文節からできているか。数字で答えなさい。

問三　③選びとっているの主語にあたる文節を書きなさい。

問四　（　A　）に適する語は次のどれか。記号で答えなさい。

ア．しかし　　イ．さらに　　ウ．そして　　エ．では

問五　（　B　）に適する語を選び記号で答えなさい。

ア．無力感　　イ．おり　　ウ．生　　エ．人生

問六　Aパン屋のリアリティーはパンの中に存在するのであって、小麦粉の中にあるわけではないとはどういうことか。次から選び記号で答えなさい。

ア．リアリティーというものは、品質を評価されるものであり、分量の問題で考えてはいけない

イ．リアリティーというものは、パンのように現実のものの中にあり、空想や幻想を交えて考えるべきものではない

ウ．リアリティーというものは、作られた成果の中にあるものであって、マテリアルの中に存在するものではない

エ．リアリティーというものは、パン屋がいかにうまいパンを作るかと言う現実問題であり、材料の良し悪しを問うものではない

問七　問題文中から「僕にとってはこのようなマテリアルをこのようなスタイルでまとめあげる以外にとるべき方法はなかった。」という一文が欠落している。この文が入る場所としてⅠ～Ⅳのどこが適当か。

問八　（　C　）にあてはまる言葉として適当なものはどれか。次から選び記号で答えなさい。

ア．話してもらいたがっている

イ．僕をちょっぴり疲れさせる

ウ．つかまえようとすると逃げ出す

エ．メリー・ゴーラウンドみたいに巡回する

問九　B「あらゆる行為は善だ」という引用によって筆者が主張したかったことはどういうことか。次から選び記号で答えなさい。

ア．自分がやったことは自分としては避けられないことであり、他人から責められることではない

イ．人間の行いはすべて善につながるものとして認識されるべきだ

りのようなものだったのだ。そしてそのおりは僕の意識の底で、何かしらの形を借りて語られる機会が来るのをじっと待ちつづけていたのである。【Ⅰ】

今のところ僕にはそんなおりをこのような形のスケッチにまとめるしか手はなかった。これが本当に正しい作業であったのかどうか僕にもよくわからない。本当の小説を書くべきじゃなかったのかと言われれば僕は肩をすくめるしかない。そして、「あらゆる行為は善だ」というある殺人犯の主張を引用するしかない。【Ⅱ】

僕がここに収められた文章を〈スケッチ〉と呼ぶのは、それが小説でもノン・フィクションでもないからである。マテリアルはあくまでも事実であり、ヴィークル（いれもの）はあくまでも小説である。もしそれぞれの話の中に何か奇妙な点や不自然な点があるとしたら、それは事実だからである。読みとおすのにそれほどの我慢が必要でなかったとすれば、それは小説だからである。

他人の話を聞けば聞くほど、そしてその話をとおして人々の生をかいま見れば見るほど、われわれはある種の無力感に捉われていくことになる。【Ⅲ】

おりとはその無力感のことである。我々はどこにも行けないというのがこの（　Ｂ　）の本質だ。我々は我々自身をはめ込むことのできる我々の人生という運行システムを所有しているが、そのシステムは同時にまた我々自身をも規定している。それはメリー・ゴーラウンドによく似ている。それは定まった場所を定まった速度で巡回しているだけのことなのだ。どこにも行かないし、降りることも乗りかえることもできない。誰も抜かないし、誰にも抜かれない。しかしそれでも我々はその回転木馬の上で仮想の敵に向けて熾烈なデッド・ヒートを繰り広げているように見える。【Ⅳ】

事実というものがある場合に奇妙にそして不自然に映るのは、あるいはそのせいかもしれない。我々が意志と称するある種の内在的な力の多くの部分は、その発生と同時に失われてしまっているのに、我々はそれを認めることができず、その空白が我々の人生の様々な位相に奇妙で不自然な歪みをもたらすのだ。

少なくとも僕はそう考えている。

（村上春樹『回転木馬のデッド・ヒート』より）

※マテリアル…材料

問一　あらゆると同じ品詞の語は次のどれか。記号で答えなさい。

ア．ふと思えたからである　　イ．奇妙な体験だ　　ウ．ごく無意識のうちに　　エ．その話を通して

〔群馬・前橋市医師会立前橋准看護学校〕

【9】　□に入る漢字を答え、四字熟語を完成せよ。

①五里□中〔ごりむちゅう〕　②孤立無□〔こりつむえん〕
③独断□行〔どくだんせんこう〕　④□刀直入〔たんとうちょくにゅう〕

【10】　次の文中のカタカナ部を漢字に改めて書きなさい。

①事件にカンヨしている　②作者のイトを読みとる
③この魚は今がシュンだ　④政府の方針をトウメイカする
⑤自由をマンキツする

【11】　次の文章を読んで後の問いに答えなさい。

僕が小説を書こうとするとき、僕は①あらゆる現実的なマテリアル——そういうものがもしあればということだが——を大きな鍋にいっしょくたに放りこんで原形が認められなくなるまでに溶解し、しかるのちにそれを適当なかたちにちぎって使用する。小説というのは多かれ少なかれそういうものである。Aパン屋のリアリティーはパンの中に存在するのであって、小麦粉の中にあるわけではない。

僕はこのような一連の文章を——仮りにスケッチと呼ぶことにしよう——最初のうちは長編に取りかかるためのウォーミング・アップのつもりで書きはじめた。事実をなるべく事実のまま書きとめるという作業はなにかしらあとになって役立つことのようにふと思えたからである。②だから最初のうち、僕はこれらのスケッチを活字にしようというつもりはまったくなかった。これらは気まぐれに書いては書斎の机の中に放り込んである他の無数の断片的文章と同じ運命を辿る予定であった。

しかし三つ四つと書き進んでいるうちに、僕にはそれらの話のひとつひとつがある共通項を有しているように感じられてきた。それらは（　C　）。それは僕にとっては奇妙な体験だった。

たとえば僕が小説を書くとき、僕は自分のスタイルや小説の展開に沿って、ごく無意識のうちに材料となる断片を③選びとっている。（　A　）僕の小説と僕の現実生活は隅から隅までぴたりと合致しているわけではないから（そんなことを言えば、僕自身と僕の現実生活だってぴたりと合致してはいないのだ）、どうしても僕の中に小説には使いきれないおりのようなものが溜まってくる。僕がスケッチに使っていたのは、そのお

（山崎正和「時代批評としての文化論」より）

問一　傍線部①～⑤の漢字の読みをひらがなで答えよ。
問二　〔　Ａ　〕に入る語句を次から選び、記号で答えよ。
　ア．生け花　　イ．歌舞伎　　ウ．茶の湯　　エ．精進料理
問三　〔　Ｂ　〕に入る語句を文中から抜粋せよ。

【7】　次の文中のカタカナを漢字にせよ。
①作品をソウサクする。　②機械をソウサする。　③楽器をエンソウする。
④英語をツウヤクする。　⑤蝉のヨウチュウ。

【8】　次の文を読んで後の問いに答えよ。
月日は①百代の過客にして、②行き交ふ年もまた旅人なり。船の上に生涯を浮かべ、馬の口③とらへて老いを④迎ふる者は、日々旅にして旅をすみかとす。⑤古人も多く旅に死せるあり。
問一　右の文は「奥の細道」の冒頭部分である。作者名を答えよ。
問二　傍線部①～④の読みを現代仮名遣いで答えよ。
問三　本文より「旅人」を表す語句を抜き出せ。（旅人は答えに含まない）
問四　傍線部⑤の意味を次の中から選べ。
　ア．亡くなった人　　イ．ひとりひとりの人　　ウ．昔の人
問五　次の俳句は「奥の細道」にでてくる句である。季語を抜き出し、その季節を答えよ。
①あらたふと青葉若葉の日の光
②夏草や兵どもが夢の跡
③閑さや岩にしみ入る蝉の声
④荒海や佐渡に横たふ天河

【3】 次の①～⑤の作家の作品をア～オの中から選び記号で書きなさい。

①紫式部　②窪美澄　③細井和喜蔵　④石川啄木　⑤村上春樹

ア．夜に星を放つ　イ．一握の砂　ウ．源氏物語　エ．女工哀史　オ．雨やどり

【4】 次の空欄に入る言葉をア～コから選び記号で書きなさい。

①（　）の不養生　②嘘から出た（　）

③漁夫の（　）　④船頭多くして船（　）に上る

⑤（　）のつぶて　⑥白羽の（　）が立つ

⑦（　）を見て森を見ず　⑧情けは（　）の為ならず

⑨危ない（　）を渡る　⑩焼け（　）に水

ア．梨　イ．橋　ウ．医者　エ．石　オ．山

カ．人　キ．実　ク．矢　ケ．木　コ．利

【5】 次の傍線の漢字の読みをひらがなで書きなさい。

①業務の委嘱　②感涙にむせぶ　③老朽化した校舎

④診察室に入る　⑤母の柔和な顔　⑥義務の遂行

〔茨城・真壁医師会准看護学院〕

【6】 次の文章を読んで、後の問いに答えよ。

なりふりかまわず生きているとき、人間はまだ文化を持っていない。生きるなりふりに心を配り、人にも見られることを意識し始めたとき、生活は文化になる。喫茶のなりふりを①気遣えば〔　A　〕が生まれ、立ち居ふるまいの形を意識すれば②舞踊が誕生する。文化とは生活の様式だが、単に③惰性的な④習慣は様式とは呼べない。習慣が形として自覚され、外に向かって表現され、一つの⑤規律として人々に意識された時に、〔　B　〕は誕生する。

（亀井勝一郎「青春をどう生きるか」より）

問一　文章中の〔　A　〕～〔　C　〕のことばを、次のア～オから一つずつ選びその符号を書きなさい。

ア．もっとも　イ．あるいは　ウ．たとえ　エ．いわば　オ．それなら

問二　傍線部①の「ほど」と同じ意味で使われている「ほど」がある文を次のア～エから選び、その符号を書きなさい。

ア．一時間ほど待ってみようか。　イ．涙が出るほどうれしい。

ウ．読めば読むほどおもしろい。　エ．いばるにもほどがある。

問三　筆者は第一段落で、現代人と比較して、近世までの人々についてどういうことを述べているのか。四十字以内で書きなさい。

問四　傍線部②の「学んで而して無学」という言葉の、ここでの意味はどういうことか。次のア～エから選び、その符号を書きなさい。

ア．学んだことでかえって愚かになってしまうこと

イ．学んだけれども身につかないこと

ウ．学んでもいないのに、学んだようにふるまうこと

エ．学んでもそれにとらわれないこと

問五　筆者は、結局どのような読書が望ましいと考えているのか。六十五字以内で書きなさい。

【2】　次の四字熟語の読みをひらがなで書きなさい。また、意味をア～カの中から選び記号で書きなさい。

①質実剛健　②手前味噌　③医食同源

④他力本願　⑤唯一無二　⑥呉越同舟

ア．自分で自分をほめること

イ．他人の力で事をなすこと

ウ．飾り気がなく真面目で、たくましいこと

エ．この世に一つしかないもの

オ．薬と食事は健康維持の意味で元は同じだということ

カ．敵同士が同じ場所に居合わせること

【1】 次の文章を読み、後の問いに答えなさい。

私は時々、この世にもしも書物がなかったならばという仮説をたててみることにしている。それを読書論の出発点にしようと思うのである。なぜなら歴史をさかのぼる①ほど書物の数は少なく、たとえば釈迦、孔子、老子、ソクラテス、キリスト等になると、彼らは書物をほとんどもたなかったし、自分でも著作しなかったからである。あるいは彼らに接した人もそうであったが、それなら現代人より知的に劣っていたかというと全く逆で、書物の数がふえるほど人間は堕落したといえないこともない。そんなに古くまでさかのぼらなくても、中世から近世までの多くの哲人や文人をふりかえってみると、所有していた書物は、現代の著作家のおそらく百分の一、〔 A 〕もっと少なかったと思う。では視野は狭かったかというと、必ずしもそうはいえない。

〔 B 〕日本の場合はとくべつで、東洋外の書物が伝来したのは主として明治以後である。その前にもオランダの医書等は伝わったし、キリシタンの影響もむろんあったが、なんといっても、明治の翻訳書の数は圧倒的である。西洋の一流の文学書、哲学書等はほとんど全部といっていいほど訳されているのではなかろうか。たしかに日本人の知的好奇心は旺盛であり、視野もひろくなったがかくべつ賢明になったわけではない。

さまざまの本を濫読しながら、その中から結局五冊か十冊、座右の書を選ぶというわけで、人間の一生にはそれだけあれば結構だと思う。もし聖書一冊だけをくりかえし読んで、その中のひとつの言葉でも実行しようと努めている人があったら、その人はそれだけで立派な人間といえる。多読して愚者になる人もいるわけで、私はそんなことを考えるたびに、もしもこの世に書物がなかったならばという仮説をたててみるのだ。いわば私の精神衛生法の一つと言ってよい。

読みすぎて、観念的になって、自発的にものを考えることが出来ない人間がいる。何か問題を提出しても、誰が何と言ったか、まずそれを調べて引用でもしないと不安がる人間もいる。われわれは独断に陥りやすいから、先人や賢者の見解を問うのは正しいが、書物に縛られてしまっては困る。私はしばしば②「学んで而して無学」という言葉を使うが、書物をさまざま読んでも、一旦それを忘れ、白紙の状態で、〔 C 〕先入観なしにものごとを見たいと思うからである。読書は虚栄ではない。結局は身につくものしか身につかないのである。読んだことを全部頭に入れておくことなど不可能だし、知識は貯金ではない。だから私は世のいわゆる「読書家」と称する人にあまり好感をもっていない。何も読まない人も困るが、読みすぎる人も困る。そこでバランスをとろうとする時、私は再びさきの仮説に帰るのである。

(注) 而して＝そして

語

◇受験対策のポイント◇

◎文章を読む習慣をつける

◎文章の流れ・構成を考えて読む

◎漢字問題は頻出

◎故事成句なども出題頻度が高い

◇英語解答例◇

【1】 イ

〈訳〉

肺は心臓の両側、胸腔内にある。肺は呼吸器系の主要臓器である。肺の主な仕事は酸素を運搬し、余分な二酸化炭素を除去することである。

ア．胃　ウ．脳　エ．肝臓

〈解説〉

文意から解答が「イ．lungs」の肺であることが分かるが、空欄直後の be 動詞が are になっていることから、主語となる空欄の名詞は複数形でなければならないことからも解答が導き出せる。他の選択肢は、いずれも身体に一つしかない臓器である。

【2】 オ

〈訳〉

肝臓は人の体の中で最も大きな臓器のひとつである。肝臓は胸郭のすぐ下、腹部の右側にある。肝臓は、食物を消化し体から有害な物質を除去するのに必須である。

ア．心臓　イ．脳　ウ．肺　エ．筋肉

【3】 1．(What is the matter with you)?

2．(Why don't we go out for a meal)?

Why don't we ～?「(私達が) ～しませんか？」。

話し手を含んだやわらかい提案の表現。

Let's ～「～しましょう」は力強く相手を促す提案の表現。

Why don't you ～?「～したらどうでしょうか？」

相手に対する控えめな提案の表現も覚えておこう。

3．I didn't know (how to use the machine those days).

how to ～「～する方法」

4．I (wish something good would happen) to me.

【4】 1．ウ　2．ウ　3．ア

〈訳・解説〉

Aが質問しているので、Bは求められている情報を最も強く発音して答える、と考える。

1．A：昨晩はいつ床に就いたのですか？

B：11時ちょうどに床に就きました。

2．A：どの科目を選択したいですか？

B：ええっと、そうだなぁ、特に何もないよ。

3．A：何人が午後にあなた達のグループに参加しましたか？

B：12人が午後に私達のグループに参加しました。

【5】 1．February　2．seen　3．aunt

4．receive　5．dangerous

〈解説〉

1．何番目と月（カレンダー）の関係

一番目：1月 ＝ 二番目：2月

2．動詞の原形と過去分詞の関係

3．男性と女性の関係

男の子：女の子 ＝ おじ：おば

4．反対の意味を持つ語（動詞）

買う：売る ＝ 送る：受け取る

5．反対の意味を持つ語（形容詞）

乾いた：湿った ＝ 安全な：危険な

【6】 1．How much　2．How far

〈訳・解説〉

1．A：このジャケットはとても素敵ですね。いくらですか？

B：50ドルです。

2．A：ここから駅までどのくらいの距離ですか？

B：ここから駅までおよそ2キロです。

疑問詞 how を用いた、日本語にすると同じ「どのくらいの～？」を区別して理解できているかを問う問題は頻出なので、しっかり覚えておこう。

How many ～？「どのくらいの～？（数）」

How many meals do you have a day？

「一日に何食摂りますか？」

How many times ～？

「何度、何回～？（回数）」

How many times did you go to Rome？

「ローマには何回行きましたか？」

How long ～？「どのくらいの～？（時間）」

How long is it from here to the station ?
－About ten minutes.
「ここから駅までどのくらいの時間かかりますか。」
「約10分です。」
How long ～？「どのくらいの～？（期間）」
How long is your spring vacation ?
「あなたの春休みはどのくらいの期間ですか？」
How long ～？「どのくらいの～？（長さ）」
How long is this river ?
「この川の長さはどのくらいですか？」
How far ～？「どのくらいの？（距離）」
How far is it from here to the station ?
－About 2 km.
「ここから駅までどのくらいの距離ですか？」
「約２kmです。」
How often ～？「どのくらいの～？（頻度）」
How often do you play tennis ?
－Twice a week.
「どのくらいの頻度でテニスをするのですか？」
「週に二回です。」
How much ～？「どのくらいの～？（量）」
Don't you know how much I love you ?
「あなたは、どれくらい私があなたのことを愛しているのかわからないのですか？」
How much ?「いくら？（価格）」は How much money ? の money が省略されたもの。money は数えられない名詞なので much を用いる。
How much is the T-shirt ?
「そのＴシャツはいくらですか？」
How old ～？「何歳？」「（建物などが）どれくらい古いのか？」
How old is he ?「彼は何歳ですか？」
How old is that temple ?
－It's over 100 years old.
「あのお寺はどれくらいの古さですか？」
「100年を越えています。」

【７】 １．ウ　２．ア　３．エ　４．イ
〈訳・解説〉
１．Ａ：今日はとても暑いね。何か冷たい飲み物を買おう。
Ｂ：（それは良い考えだね）。
２．Ａ：今日は気分が良くないんだ。
Ｂ：（それはお気の毒に。）早く家に帰るべきだよ。
イ　「すみません」
ウ　「お会いできて嬉しいです」（「初めまして」）
３．Ａ：何か食べたいな。（どこに行こうか？）
Ｂ：あのレストランに行こう。若い人達の間でとても人気なんだ。
Ａ：それはいいね。
ア　「いつ食事に行く予定ですか？」
イ　「いつ食事に行こうか？」
ウ　「どこに行くのですか？」
４．Ａ：もしもし？
Ｂ：渡辺さんをお願いできますか？
Ａ：渡辺さん？（電話番号が違うようです。）
ア　「あ、ごめんなさい、私は渡辺さんは知りません」
ウ　「お願いがあるのですが。」
エ　「何か案がありませんか？」
I'm afraid ～ は残念なこと、言いにくいことを伝えるときに用いられる。特に訳す必要はないが、「残念ながら～」といったニュアンス。

【８】 １．ア　２．ウ　３．ウ　４．ウ　５．ウ　６．ウ　７．イ　８．ア
〈訳・解説〉
１．「私はこれらの歌がとても好きです。」
songs と複数形になっているので these「これらの」を選ぶ。
２．「この話は４年前に書かれました。」
受動態（～される）「 be 動詞＋過去分詞」の文。
four years ago「４年前」と過去を表わす語句があるので、be 動詞が過去形になっているウを選ぶ。
３．「私は（自分の）帽子を失くしてしまった。いつか、新しい帽子を買わなければ。」
one はここでは「帽子というもの」を指す。that や it は失くしてしまった自分の帽子そのものを指す。失くしてしまった自分の帽子は買うことができないので、that や it はここでは使えない。
４．「私の父は私に英語をもっと一生懸命勉強するように言った」
tell 人 to ～（動詞の原形）「人に～するように言う」。

tell 人 not to ～（動詞の原形）「人に～しないように言う」も覚えておこう。

5．「彼は、冬のこんな晴れた日にはスキーをして楽しみます。」
enjoy「～を楽しむ」は目的語に動名詞（～ing）「～すること」をとり、不定詞（to ～（動詞の原形）はとらない。
他にも mind「～を嫌に思う」、give up「～をあきらめる」、avoid「～を避ける」、finish「～を終える」、escape「～を免れる」、practice「～を練習する」、stop「～をやめる」、deny「～を拒む」、admit「～を認める」といった動詞も、動名詞を目的語にとるので覚えておこう。

6．「どのくらいの頻度でゴルフをしますか？…月に２回です。」
【６】の解説参照。日本語にすると同じ「どのくらいの～？」を区別して理解できているかを問う問題は頻出なので、しっかり覚えておこう。

7．「彼女はフランス製の（フランスで作られた）時計を持っている」
過去分詞で導かれた句が後ろから前の名詞を説明する形の文。

8．「彼は私が最初に友達になった生徒です。」
関係詞の問題。先行詞を限定する the first があるので、関係代名詞は that が望ましい。他の選択肢は先行詞が人以外の物・事の際に使うので不可。

【９】 1．best singer　2．If または When, study
3．smaller than　4．have lost
5．what, bought

〈訳・解説〉

1．「あなたのクラスで誰が一番上手に歌を歌えますか？」
＝「あなたのクラスで誰が一番の歌手ですか？」

2．「一生懸命に勉強しなさい、そうすれば将来あなたの夢はかなうでしょう。」
＝「一生懸命勉強したら、将来あなたの夢はかなうでしょう。」
命令文, and ～「…しなさい、そうすれば～」
命令文, or ～「…しなさい、さもないと～」も覚えておこう。

3．「このリンゴはあのリンゴほど小さくない。」
＝「あのリンゴはこのリンゴより小さい。」
not as ～ as …「…ほど～ない」

4．「私は自転車の鍵をなくして、まだ見つからない。」
＝「私は自転車の鍵をなくしてしまった。」
現在完了形を用いて、今もなくしたままであることを表している。

5．「彼女はそのお店で何を買ったの？ 知ってる？」
＝「彼女がそのお店で何を買ったか知ってる？」
Do you know ～？の know の目的語として wh 節が組み込まれている。wh 節は疑問文ではないので、語順が平叙文（物事をありのままに伝える文）の語順になることに気をつけたい。「何を彼女は買ったのか」「彼女が買ったもの」ということ

【10】 1．afraid of　2．forget to
3．How long, stay

〈解説〉

1．be afraid of ～ing「～することを恐れる」

2．forget to ～「（これから）～することを忘れる」
Don't forget to ～「（これから）～することを忘れないで ⇒ 忘れずに～して」
forget ～ing「～したことを忘れる」も覚えておこう。
I will never forget seeing her.
「私は彼女に会ったことを決して忘れません。」

3．【６】の解説参照。

【11】 問１　My son（doesn't want to go to bed early）.
問２　10時間
問３　全文和訳中下線部参照
問４　日本のお母さん達（が他の国のお母さん達より遅く寝るので）
問５　（３）ウ　（４）カ

〈全文和訳〉

「寝なさい、翔太。絵本を読んであげるわ。」翔太のお母さんは３歳の息子のことを心配しています。私の息子は早く寝たがりません。毎晩、翔太は10時かそれ以降に寝ます。そして、８時に起きます。翔太は充分な睡眠がとれているでしょうか？

ある研究によると、37％の日本の子ども達が夜10時前には寝ていません。（２）アメリカ

の子ども達は日本の子ども達よりも約一時間早く眠り、より多くの睡眠をとっています。フランスの子ども達は日本の子ども達よりも24分早く寝ています。なぜ日本の子ども達は充分な睡眠をとらないのでしょう？　ひとつの理由は、お母さん達です。日本のお母さん達は、他の国のお母さん達よりも遅く寝ます。
「睡眠は子ども達の健康にとって重要です。ですから、親が自分の子ども達の生活様式を変えるべきです。」と、ある医師団は述べています。

【12】 1. play, tennis　2. if または when, you
3. not, as または so　4. Shall, I
5. how, large または big
〈訳・解説〉
1.「みどりはとても上手なテニス選手です。」
＝「みどりはとても上手にテニスをすることができる。」
2.「急ぎなさい、そうすれば電車に間に合いますよ。」
＝「もし急げば、電車に乗れますよ。」
命令文, and ～「…しなさい、そうすれば～」の構文。
命令文, or ～「…しなさい、さもないと」も合わせて覚えておこう。
cf. Hurry up, or you will miss the train.
「急ぎなさい、さもないと電車に乗り遅れますよ。」
3.「この箱はあの箱よりも大きい。」
比較級を使った文。
＝「あの箱はこの箱ほど大きくない。」
同等比較の否定形を使った文。
not as ＋原級（…）＋ as ～、not so ＋原級（…）＋ as ～「～ほど…ではない」
be looking forward to ～ing「～することを楽しみにしている」
4.「あなたは私に写真を撮ってほしいですか？」
want 人 to ～「人に～してほしい」
＝「写真を撮りましょうか？」
Shall I ～？「(私が) ～しましょうか？」
Shall we ～？「(私達は) ～しましょう」＝ Let's ～と合わせて覚えておこう。
5.「当時、この街の大きさを知っていましたか？」
＝「当時この街がどれくらいの大きさだったか知っていましたか？」

【13】 1. This book is (too) difficult (for) me to read.
2. Please (remember) (to) call him tomorrow morning.
3. (How) (many) (times) have you ever been there?
〈解説〉
1. too ～ to …「～過ぎて…できない」
誰が…できないのかを表わしたい場合は、to 不定詞の前に for 人（目的格）を置く。
so ～ that S can't …「とても～なので、Sは…できない」との書き換えは頻出なので覚えておくこと。
cf. This book is so difficult that I can't read it.
2. remember to ～「(これから) ～するのを覚えている→忘れないで～する」
remember ～ing「(過去に) ～したことを覚えている」
cf. I remember calling him yesterday morning.
「私は昨日の朝、彼に電話したのを覚えている。」
3. How many times ～？「何度､何回～？（回数)」
日本語にすると同じ「どのくらいの～？」が区別して理解できているかを問う問題は頻出。しっかり覚えておこう。
How many ～？「どのくらいの～？（数)」
How long ～？「どのくらいの～？(時間)」
How far ～？「どのくらいの？（距離)」
How often ～？「どのくらいの～？(頻度)」
How much ～？「どのくらい～？(量)」「いくら？（価格)」

【14】 1. エ　2. エ　3. ア
〈訳・解説〉
問われていることに最も端的に答える語(句) を解答として選べばよい。
1. A：学校へはどんな方法で行っているの？
B：普通は徒歩で行くよ。
2. A：なぜ、学校に遅れたの？
B：交通渋滞に巻き込まれたのです。
cf. traffic jam 交通渋滞。
(traffic) congestion などとも言う。
3. A：あなたの国で最も人気のあるスポーツは何ですか？
B：私の国ではサッカーが一番人気です。

※注：football はアメリカでは「アメリカン・フットボール」を、イギリスでは「サッカー」を指す。

【15】 1．happily　2．wives　3．wrong
4．choose　5．swimming
〈解説〉
1．形容詞と副詞の関係
2．単数と複数の関係
3．反意語の関係
4．名詞と動詞の関係
5．動詞とその ing 形の関係

【16】 問1　（1）learning　（4）doing
問2　ア
問3　全文和訳中下線部参照
問4　ウ
問5　How about または What about
〈全文和訳〉
物事を学ぶには多くの方法があります。読書はその一つです。これは、読書の楽しみがわかった女の子の話です。
（3）マリコは英語のスズキ先生が読書について話してくれるまで、あまり本を読みませんでした。昨夏のある日、スズキ先生は生徒達に言いました、「私は旅行が好きで、訪れる予定の場所に関する本を読みます。そうすることによって、私の旅行はより興味深いものになります。読書は私達に多くを与えてくれます。夏休みの間に何冊か本を読んでみたらどうでしょうか？」
〈解説〉
問1　前置詞＋名詞という原則を覚えておこう。ここでは、動名詞（～ing）にする。
問2　先行詞は a girl と人、空欄の後ろに動詞が続いているので空欄は主格、と言うことから関係代名詞 who を選ぶ。
元の二つの文は
This is a story of a girl.
She found the fun of reading.
問5　How about ～?「～してはどうですか？（提案）」
What about ～?「～はどうですか？」

【17】 1．イ　2．ア　3．エ　4．ウ　5．ウ
6．ウ　7．エ　8．ウ
〈訳・解説〉
1．彼は読書が好きですか？
He likes reading books. の疑問文。「彼」が主語で三単現の S がついているので does
2．彼女は今朝お母さんを手伝いませんでした。
didn't の後ろには動詞の原形がくる。
3．私は近いうちにあなたに会えることを楽しみにしています。
be looking forward to ～ing「～することを楽しみにしている」
ここでの to は不定詞ではなく前置詞なので動詞の原形ではなく、動名詞、名詞がくる。頻出問題なので、必ず覚えておくこと。
4．私は友達とバスケットをするために体育館に行った。
目的を表わす不定詞。gym は gymnasium「体育館、ジム」を短縮したもの。
5．向こうで携帯電話で話している女の子は私の姉妹のカナです。
この文の骨格は The girl is my sister, Kana.「その女の子は私の姉妹のカナです。」
名詞 The girl を現在分詞（～ing）で導かれている句 talking on the cellphone over there が後ろから修飾（説明）している。
6．私は、昨日、夏目漱石によって書かれた本を買った。
ここでは、過去分詞によって導かれる句が前の名詞 a book を修飾（説明）している。
7．私は、ニューヨークに住む男性から手紙をもらった。
関係代名詞の問題。元々は I got a letter from a man. He lives in New York.
先行詞は a man と人で、二番目の文の He は主格なので、関係代名詞は who を選ぶ。
a man, he は単数なので三単現の S が必要。よって、エが解答。
8．私はすべての科目の中で英語が一番好きです。
最上級の文。

【18】 1．must not（should not と can not も可）
2．as, as　3．went shopping　4．has been
5．surprised at
〈訳・解説〉
1．「部屋の中で走るな、タロウ。」
否定の命令文「～するな」「～しないでください」
＝「タロウ、部屋の中で走ってはいけま

せん。」
must not ～「～してはならない」
should not ～「～すべきではない」
can not ～「～してはならない」(許可を表わすcan の否定形)

2.「この箱はあの箱より大きい。」比較級の文
=「あの箱はこの箱ほど大きくない。」
同等比較の否定文 not as ～as …「…ほど～ではない」

3.「私達は買い物をするためにスーパーマーケットに行った。」
=「私達はスーパーマーケットに買い物に行った。」
go shopping「買い物に行く」。go to shopping ではないことに注意

4.「彼女は10年前に日本にやって来た。彼女はまだ日本にいる。」
=「彼女は10年間日本にいる。」現在完了形の文
lived も解答としては可能だが、「住んでいたことがある(今も日本にいるかは不明)」ともとれるので、解答は been とした。

5.「その知らせは私たち全員を驚かせた。」能動態の文
=「私達は全員その知らせに驚かされた。」受動態の文
be surprised at ～「～に驚かされる」⇒「～に驚く」。前置詞が at であることに注意。

【19】 1. Tom (is always kind to his friends).
2. What (time are you going to leave tomorrow)?
3. Do you know (anyone who plays the guitar well)?
4. Give (me something cold to drink).

〈解説〉
1. be kind to ～「～に親切である」。
頻度を表わす副詞 (often, sometimes, always など) の位置は be 動詞の後ろ、一般動詞の前、というルールがあるので覚えておこう。
2. be going to ～「～するつもりだ、～するだろう」
3. 関係代名詞を使った文。Do you know anyone?「誰か知っていますか？」と作り、anyone「誰か」を先行詞に関係代名詞を用いて後ろから修飾 (説明) する。
4. 第4文型S+V+O+Oの命令文。something, anything, everything, nothing などの代名詞は、修飾する形容詞は必ず後ろに置くので、something cold となることに注意。cold something としないように。

【20】 1. too , to 2. how to
3. Nobody , why

〈解説〉
1. too ～ to …「…するには～過ぎる」⇒「～過ぎて…できない」
2. how to ～「～する方法、～の仕方」
3.「誰も～ない」nobodyを主語とする。最初の空欄が2つであれば no one も可。none も可だが、このような場合に用いるのは稀である。
関係副詞 the reason why ～「～の理由」の the reason が省略された型。

【21】 問1 全文和訳例下線部参照
問2 食べ物を残すこと
問3 I (had to eat everything my mother cooked).
問4 食べる物があることを感謝しなければいけません。

〈全文和訳〉
この前の日曜日、私たちはレストランで家族で食事をしました。私たちは食事をとても楽しみました。私の妹は自分の分を食べてしまうことができませんでした。すると、父はレストランの人に言いました、「残った料理を入れる箱をもらえませんか？ (1) 私は私の娘が残した食べ物を家に持って帰りたいのです。」父は、食べ物を残すのは良くないと思ったのです。

家に帰った後、父は言いました「お父さんが小さい頃、お父さんのお父さんはとても貧しかった。お父さんはお母さんが作ってくれたものなら何でも食べなければならなかった。お父さんのお父さんとお母さんは、食べる物があることを感謝しなければいけませんよ、といつも言っていた。だから、お父さんは食べ物を捨てたくないんだよ。」

〈解説〉
問3 I had to eat everything「私は何でも食べなければならなかった」を作り、everything を先行詞として、「お母さんが作ってくれた」that my mother cooked と

後ろから修飾（説明）する。ここでの関係代名詞の that は省略可能であり、与えられた語句の中にもないので I had to eat everything my mother cooked. とする。

【22】 1．イ　2．ウ　3．ウ　4．ウ　5．イ　6．ア　7．ア　8．エ

〈訳・解説〉

1．私の父はいつも朝食前に散歩をする。
take a walk「散歩する」

2．彼女は私に窓を開けるように頼んだ。
ask 人 to ～「人に～するよう頼む」

3．その公園の中を走っている少年を見てください。
現在分詞 running ～ が前の名詞 the boy を修飾している。

4．今朝はいつ起きましたか？
this morning「今朝」と明白に過去を表わす語句があるので、現在完了形（エ）は使えない。

5．私の兄弟は一人で海外に行くには若すぎる。
（若すぎて一人で海外に行くことはできない）。
too ～ to …「～するには…過ぎる」「～過ぎて…できない」

6．多くの人々がそのテレビニュースに驚いた。
be surprised at ～（名詞）「～に驚く」
cf. be surprised to ～（動詞原形）「～して驚く」

7．あれは何と美しい絵（写真）なのだろう！
感嘆文「What ＋（a/an）＋（形容詞）＋名詞＋主語＋動詞！」の型
cf. もう一つの感嘆文の型「How ＋形容詞または副詞＋主語＋動詞！」も覚えておこう。問いの英文を How を使った感嘆文にすると、以下のようになる。
How wonderful that picture is!

8．私の学校では野球よりサッカーの方が人気がある。
than ～「～より」があるので比較級の語を選ぶ。
２音節の語の多くと３音節以上の語（簡単に言うとスペルが長い単語）は比較変化せず、その前に more を置いて比較級を表わす（最上級はmost）。
better は good「良い」または well「健康で」「良く」の比較級。
good / well － better － best

【23】 1．glad to　2．What time　3．How long

〈解説〉

1．原因・理由を表わす不定詞の副詞的用法「～して」

3．「どのくらい」の表現を覚えておこう。
How long ～? 時間の長さ、How far ～? 距離、How often ～? 頻度、How many ～? 数、How much ～? 金額、価値（お金は数えられない名詞なので量の多さを表わす much が使われる）

【24】 1．children　2．bigger　3．known　4．wore　5．easily

〈解説〉

A：Bの関係は以下の通り。

1．名詞の単数形、複数形の関係

2．形容詞の原級、比較級の関係

3．動詞の原形、過去分詞の関係

4．動詞の原形、過去形の関係

5．形容詞、副詞の関係

【25】 問１　6（六）

問２　稲穂、歯車（ギヤ）、水

問３　全文和訳下線部参照

問４　（稲穂は）稲作すること、（歯車は）工場で物を作ること、（水は）魚を獲ることを表わしている。

別解：農業、工業、漁業（水産業）を表わしている。

〈全文和訳〉

日本には６種類の硬貨があります。それは、１円玉、５円玉、10円玉、50円玉、100円玉、それから500円玉です。私達は毎日こうした硬貨を目にしますが、そのデザインを思い出すことができますか？　例えば、５円玉を注意深く見てみましょう。５円玉には３つのことがあります。稲穂が見えます。穴の周りに歯車と穴の下に何本かの線も見えます。その線は水です。（２）<u>これらの３つすべてが1949年に５円玉のデザインとして選ばれました。</u>

これらのことから私達は何を知ることができるでしょうか？　稲穂はお米を育てることを意味します。歯車は工場で物を作ることを意味しています。水は魚を獲ることを意味しています。これらは当時の日本の多くの人達が行っていた仕事を示しています。

このように、すべての硬貨に、ある重要な

メッセージを意味するデザインがあるのです。

【26】 1．January 2．guitar 3．unhappy
4．operation 5．banana

〈解説〉

1．January のみ第１音節に、他は第２音節にアクセントがある。
2．guitar のみ第２音節に、他は第１音節にアクセントがある。
3．unhappy のみ第２音節に、他は第１音節にアクセントがある。
4．operation のみ第３音節に、他は第１音節にアクセントがある。
5．banana のみ第２音節に、他は第１音節にアクセントがある。

【27】 1．father 2．helped 3．said
4．cook 5．cake

〈解説〉

1．［ð］の発音、他は［θ］
2．［t］の発音、他は［d］
3．［e］の発音、他は［i］または［i:］
4．［u］の発音、他は［u:］
5．［ei］の発音、他は［æ］

【28】 1．オ 2．エ 3．ア 4．ウ 5．イ

〈訳・解説〉

文型が理解できているかを問う問題である。基本５文型は英語を理解する上での大きな土台となるので、しっかり理解しておくように。
S: subject 主語 V: verb 動詞
C: compliment 補語 O: object 目的語
また、Mとは modifier 修飾語句のことであり、S、V、C、Oのように５文型の構成要素にはならない。

1．ＳＶＣの第２文型。
Ｓ＝Ｃの関係になり、主語が何か、またはどういう性質、状態かを表わす。

The building (S) on that hill (M) is (V) a hospital (C).

その丘の上の建物は病院です。
on that hill のように前置詞＋名詞のかたまりは常に修飾語句である。
オは疑問詞を用いた疑問文になっている。例えば、That animal is a lion. の a lion が疑問詞 what「何」に置き換わって疑問文となっている。

オ．What (C) is (V) that animal (S)?

その動物は何ですか？

2．ＳＶＯＣの第５文型。
目的語を補足説明する補語をとり、Ｏ＝Ｃの関係になる。
make＋Ｏ＋Ｃ「ＯをＣにする」

The music (S) makes (V) me (O) happy (C).

その音楽は私を幸せにする。
エは call＋Ｏ＋Ｃ「ＯをＣと呼ぶ」であるが、ここでは命令文（主語を省略し、動詞の原形ではじめ「〜しなさい」「〜してください」の意を表す）の形になっている

エ．Call (V) me (O) Nao-chan (C).

私をナオちゃんと呼んでください。

3．ＳＶＯＯの第４文型。
動詞が「誰に」「何を」と二つの目的語をとる文型である。

Father (S) gave (V) me (O) this bike (O).

お父さんが私にこの自転車をくれました。

ア．I (S) will (V) show you (O) my picture (O).

あなたに私の写真を見せましょう。

4．ＳＶＯの第３文型。
動詞の示す動作の対象となる目的語をとる型の文。
（I / We）thank you. と主語を省略して用いる。
very もmuchも副詞である。副詞も文型の構成要素とはならない修飾語である。

Thank (V) you (O) very much (M).

どうもありがとうございます。

ウ．They (S) love (V) Fukushima (O).

彼らは福島を愛している。

5．ＳＶの第１文型。
ＳがＶする、ということを表わす。ここでは、動詞に意味を付け加えて動詞を助ける助動詞がついている。助動詞の後ろの動詞は常に原形であることも覚えておく。

You (S) must walk (V) more slowly (M).

あなたはもっとゆっくり歩かなければならない。

イ．He is swimming in the river.
S　V　M

彼は川で泳いでいる。

【29】 1．B　2．B　3．A　4．B　5．C　6．A　7．A　8．A　9．B　10．A

〈訳・解説〉

1．カナダでは英語とフランス語の両方が話されている。
both A and B「AとBの両方」が主語になった場合は複数扱いにする。よってB。

2．ブラウン氏は一週間三条に行っていた。
Aの has gone は通常後ろに to をとり、「行ってしまった（今、ここにはいない）」の意。

3．そのお店には何人か女性がいた。
There is ～. There are ～.「～がある、いる」の構文。
some women と複数形の名詞がきているのでAを選ぶ。

4．昨日、父が私の写真を撮りました。
yesterday と過去を表わす語があるので、Bを選ぶ。現在完了形には過去を明白に表す語句を用いることができないので、Cを選ばないように注意すること。

5．あなたは、あなたの弟の面倒を見なければならない。
take care of ～「～の面倒を見る、世話をする」
have to ～「～しなければならない」

6．いつこの国を発つことができるのですか？
Bの what「何」では、文法的にも意味的にも成り立たない。

7．私の姉は科学に興味を持っている。
be interested in ～「～に興味がある」

8．彼はオーストラリアに2、3人友達がいる。
a few は数えられる名詞を修飾して「少しの～」。数えていることが明白な「2、3の～」で覚える。
a little は数えられない名詞を修飾し「少しの～」。

9．彼らがこの家を建てるのには一年かかるでしょう。
仮の主語 it と真の主語 to ～ の構文。

10．急ぎなさい、そうすれば、電車に間に合うでしょう。
命令文，and ～「…しなさい、そうすれば～」の構文。
命令文，or ～「…しなさい、さもないと～」の構文もあわせて覚える。
この構文を使って問題の英文を書き換えると
Hurry up, or you will miss the train.
急ぎなさい、さもないと電車に乗り遅れますよ。

【30】 1．私は、この夏に私の友人が退院できると聞いて嬉しく思います。

2．あれが、私の姉が作っているドレスです。

3．私は、多くのことを学ぶためにあの学校に行きたい。

4．あなたは、公園でスケート（するの）を楽しんでいるたくさんの女の子達を見ましたか。

5．何を始めるべきか私に教えてください。

6．病気だと感じたら、かかりつけの医者のところに行った方がよい。

7．もし看護師になりたいのなら、もっと懸命に勉強するべきです。

〈解説〉

1．「私は嬉しい」という感情の原因・理由を表わす不定詞の用法。また、that ～ は hear という動詞の目的語として名詞節を導いている。よって、「that ～ と聞いて嬉しい」と訳す。

2．関係代名詞 which または that が省略されている。元々は、
That is the dress (which/that) my sister is making.
である。

3．want to ～「～したい」
in order to ～「～するために」

4．enjoying という現在分詞で導かれている句が前の名詞 many girls を修飾している。
enjoy ～ing「～するのを楽しむ」であることも覚えておく。

5．疑問詞＋to ～「～すべきか」「～したらよいか」である。
what to ～「何を～すべきか」「何を～したらよいか」

6．had better ～「～した方がよい」
family doctor「かかりつけ医」「家庭医」

7．should は助動詞で「～するべき」。harder と比較級になっていることに注意。

【31】 1．both 2．studied 3．said
4．took 5．baby
〈解説〉
1．[θ] の発音のものを選ぶ。
2．動詞の過去形（過去分詞）の語尾が [d] の発音のものを選ぶ。
3．[e] の発音のものを選ぶ。
4．[u] の発音のものを選ぶ。
5．[ei] の発音のものを選ぶ。

【32】 1．④ 2．③ 3．② 4．⑤ 5．①
〈解説〉
1．make ＋O＋C「OをCにする」、
call＋O＋C「OをCと呼ぶ」
いずれも第5文型である。
A．その贈り物は私をとても幸せな気分にした。
B．④あなたは私をボブと呼んでもよいですよ。
2．いずれも目的語を二つとるS＋V＋O＋Oの第4文型である。
A．あなたのドレスを私に見せてください。
B．③父は私にこの本をくれた。
3．Aは助動詞 can、Bは進行形になっているが、いずれもS＋Vの第1文型である。
Aの very sweetly 、Bの in the river は副詞句であり修飾語句であることに注意。
A．彼女はとても甘美に歌うことができる。
B．②彼は川で泳いでいる。
4．いずれもS＋V＋Oの第3文型である。
Aは I thank you very much. の主語Iが省略されている。
A．どうもありがとう（私はあなたにとても感謝している）。
B．⑤私は私の（住む）町を愛している。
5．いずれもS＋V＋Cの第2文型。Bの on that hill は the school を修飾する形容詞句。
A．（あなたの）お名前は何というのですか？
B．①あの丘の上の学校はとても大きい。

【33】 1．ウーオーイーエーアーカ
2．エーイーアーウーカーオ
3．イーエーオーアーウ
4．イーエーアーオーウ
5．カーアーキーウーエーオーイ
〈解説〉
語句の並べ替えの問題は、どれだけ多くの表現、構文を知っているかにかかっているので、日頃から重要な表現や構文を覚えるよう心掛けてもらいたい。わからなくても、まず主語と動詞を決める。それを糸口にして何とか正解を導き出せるよう並べ替えていこう。
1．Will you want something cold to drink?
「何か冷たい飲み物」を cold something to drink としないように注意。
2．Is this your first visit to Sanjo?
「これがあなたの三条への最初の訪問ですか？」と考える。
3．Some of them are my friends.
some of them「彼らのうちの何人か」
one of ～（複数名詞）「～のうちの一つ、一人」もよく使われる表現である。
4．What I said made him angry.
先行詞を含む関係代名詞 what「～のもの、こと」を用いて主語とし、make＋O＋C「OをCにする」の構文を使う。
5．We don't know if Mr. Brown will come to Japan next year.
「～かどうか（ということ)」という名詞節を導く if を用いて目的語とする。

【34】 1．know 2．boat 3．book
4．liked 5．both
〈解説〉
1．know のみ [oʊ]、他は [aʊ]
2．boat のみ [oʊ]、他は [ɔː]
3．book のみ [ʊ]、他は [uː]
4．liked のみ [t]、他は [d]
5．both のみ [θ]、他は [ð]

【35】 1．B 2．C 3．B 4．B 5．C
6．B 7．A 8．B 9．B 10．B
〈訳・解説〉
1．オーストラリアではたくさんの言語が話されていますか？
受動態（「～される」be動詞＋過去分詞）の疑問文。Languages と主語が複数形になっているので be 動詞は are
2．山田さんは1ヶ月間沖縄にいる。
Mr. Yamada is in Okinawa for a month. を現在完了形（have（has）＋過去分詞）にした文。普通は、A．goes to Okinawa、B．has gone to Okinawa とならなければならない。
3．籠の中にオレンジが5個ある。

「〜がいる」「〜がある」を意味する There is 〜, There are 〜 の構文。

4．私の父が昨年椅子を作った。
last year「昨年」と過去を表す語句があるので過去形の動詞を選ぶ。
C．過去を明白に表す語句は現在完了形には使えないので不可。

5．あなたは、あなたの弟の面倒を見なければならない。
take care of 〜「〜の世話をする、面倒を見る」
have to 〜「〜しなければならない」

6．ブラウン夫人は昨日何を買いましたか？
A．When「いつ」、C．Who「誰」は文意に合わない。

7．私は科学に興味があります。
be interested in 〜「〜に興味がある」

8．アキコは読む本を2、3冊必要としています。
A．much「(数えられない名詞を修飾して) 多くの」
C．a little「(数えられない名詞を修飾して) 少しの」
book は books と複数形になっているので数えられる名詞であることがわかる。よって、Bの a few「(数えられる名詞を修飾して) 2、3の」を選ぶ。

9．あなたが良くなるのに1ヶ月かかるでしょう。
仮の主語 (It)、真の主語の構文。ここでは to 不定詞で導かれている語句が真の主語となっている。

10．急ぎなさい、さもないとその人を助けることができませんよ。
…(命令文), or 〜「…しなさい、さもないと〜」の構文。

【36】 1．Shall 2．was 3．whenever
4．As 5．if

〈訳・解説〉

1．次は私達が歌いましょうか？
Shall we 〜?「(私達が) 〜しましょうか？」

2．年老いた母親は3人の息子たちにとても愛されていた。
受動態 (〜される) の文。主語の The old mother は単数なので動詞は was を選ぶ。

3．あなたが好きな時にいつでも始めても (出発しても) よいですよ。
whenever「〜する時はいつでも」
Whatever は副詞節では「何を〜しようとも」なので、文意に合わない。may はここでは許可を表す助動詞「〜してよい」。

4．昨日、雨が降ったので、彼はハイキングに行くのをやめた。
原因・理由「〜なので」を表す as。so は、前の文を受けて「それで〜」。
go on a hike「ハイキングに行く」
stop 〜ing「〜するのをやめる」

5．良い看護師になりたいなら、多くのことを学ばなければならない。
条件「〜なら」を表す接続詞 if。why は「なぜ〜？」「〜する理由」。
must 助動詞「〜しなければならない」

【37】 1．私の姉妹のうちの1人が京都に住んでいます。

2．誰がテニスをしているのですか？

3．あなたがあの写真を撮ったのですか？

4．あの女の子があなたの家への道を教えてくれました。

5．彼らは、私達がステージで踊っているのを見ました。

6．郵便局はどこですか？

7．あなたはこの本を読んだことがありますか？

8．このお店には多くの種類の果物があります。

9．先生がおっしゃったことを私に教えてください。

10．太郎は彼のお父さんほど背が高くない。

11．この本はあの本より簡単です。

12．ピアノを弾けますか？ いいえ、弾けません。

13．私の趣味は日本の蝶の収集です。

14．彼はいつ日本を訪問するのだろう。

15．今何時だかわかりますか？

〈解説〉

1．one of 〜 (複数形の名詞)「〜のうちのひとつ (1人)」

2．現在進行形 (be 動詞+〜ing) の文。疑問詞 who「誰」が主語にした疑問文。

3．You took that photo.「あなたがあの写真を撮りました」の疑問文。

4．show O (目的語) the way to 〜「Oに〜への道 (行き方) を教える (示す)」

5．see O ～ing「Oが～しているのを見る」
7．現在完了形、経験の用法。
have you ever ～（過去分詞）「あなたはこれまでに～したことがありますか？」
8．ここでの kind は「親切な」という意味の形容詞ではなく、「種類」という意の名詞。a kind of ～「一種の～」、many kinds of ～「多くの種類の～」のように使う。
9．先行詞を含む関係代名詞 what。thing（s）which～，thing（s）that～「～のこと」
10．同等比較 as …（原級）as ～「～と同じくらい…」の否定形。not as …（原級）as ～, not so …（原級）as ～「～ほど…ではない」
11．…（比較級）than～「～より…」
12．No, I can't play the piano. を省略した文。
13．collect「収集する」という動詞に ing をつけて collecting と動名詞にし「収集すること」となり、文の補語となっている。
14．wonder「～かなと思う」。I wonder ＋ When will he visit Japan? であり、when 以下の文の中に組みこまれて語順が変わっている。
15．Do you know ～？ ＋What time is it？であり、when 以下の文の中に組みこまれて語順が変わっている。

【38】 1．made　2．came　3．Did
4．Has　5．gets
〈訳・解説〉
1．私は中国製のカセット・プレイヤーを持っている。
made in China という過去分詞で導かれている語句が、後ろから前の a cassette player という名詞を修飾している。
2．彼女は先週の土曜日、友達と一緒に新潟にやって来た。
last Saturday「この前の土曜日」という過去を表す語句があるので、動詞は過去形にする。
3．昨日、あの報告書を読みましたか？
yesterday と過去を表す語があるので過去形の疑問文である。
4．田中さんはもう仕事を終えましたか？
現在完了形の完了の用法の疑問文。Mr. Tanaka は三人称単数なので Has とする。
5．メアリーは毎朝6時半に起きる。
日常の習慣的動作を表すので現在形で書く。Mary は三人称単数なので gets とする。

【39】 (1) 1．It was summer.
2．No, it wasn't.
3．They were upstairs.
4．He was making a plastic model ship.
5．Yes, it did.
(2) 1．×　2．○　3．×　4．○　5．○
6．×
〈全文和訳〉
1か月雨が降らないで迎えた8月下旬の午後3時に暗闇がやって来た。小さな雷鳴がし、それから雨が降り始めた。私は屋内へと行った。私は、家の中で子ども達がどうしているのか知りたかった。子ども達は2階で静かに遊んでいた。子ども達は雷には驚いていなかった。トムは舟のプラモデルを作っていた。メアリーは絵を描いていた。メアリーは漫画が好きだ。私は窓から外を見た。雨が激しくなってきた。黒い地面がますます黒くなった。空は雲が低く垂れ、全てが静まりかえっていた。雨の音だけが聞こえた。
(1) 1．いつの季節でしたか？
2．晴れた日でしたか？
3．子ども達はどこにいましたか？
4．トムはそこで何をしていましたか？
5．地面はずっと黒くなりましたか？

【40】 1．（ア）私達は（身体を）暖かく保つためにより多く服を着る
（イ）私達はどうすべきか知るべきだ
2．①寒過ぎること、寒くなり過ぎること
②体温、気温
3．(A) why　(B) So　(C) when
4．It is very important to know the next simple thing
〈解説〉
1．（ア）目的を表す不定詞に注意して訳す。
（イ）should は助動詞で「～すべき」。how to ～「～の仕方、方法」「どう～すべきか」「どう～したらよいのか」など。
2．①ここでの it は仮の（形式上の）主語で、真の（意味上の）主語は to 以下である。
②ここでの it はまず気温（気候、天候など）を表すと考えられる。また、文脈より、身体が暖かくなり過ぎたり冷たくなり過ぎたりすることが危険であることを言いたい文章であることがわかるので、

体温を表すとも考えられる。

3．(A)(B)(C)文法的、意味的に他の選択肢は矛盾する。

4．仮の主語、真の主語の構文を使う。英文２行目 to next important thing、３行目 it is also dangerous to 〜、などを参考にする。

〈全文和訳〉

寒いとき、私達は（身体を）暖かく保つためにより多くの服を着る。このことは単純で、ほとんど誰しもが何故そうするのか理解できる。しかし、多くの人々が次の大切なことをわかっていないようだ。暖かくなり過ぎることは危険であり、寒くなり過ぎることもまた危険である。そのため、私達は暖か過ぎるときと冷た過ぎるときにどうするべきかを知っておくべきである。

【41】 １．crying　２．written
３．more beautiful　４．is interested
５．singing　６．hottest　７．goes
８．known　９．seen　10．teeth

〈訳・解説〉

1．泣いている赤ちゃんを見てください。
「泣いている」が文意に合うので現在分詞 crying にする。

2．このエッセイはマイクによって書かれた。
受動態の文。過去分詞 written にする。

3．この花はあの花よりも美しい。
比較級の文。more beautiful とする。

4．彼は日本語に興味がある。
be interested in 〜「〜に興味がある」

5．歌うのを楽しみましょう。
enjoy は動名詞しか目的語にとらない。
enjoy 〜ing「〜するのを楽しむ」

6．8月は日本で一番暑い月です。
最上級の文。

7．タロウは毎日僕と一緒に学校に行く。
日常の反復的動作なので現在形にする。
三単元の S を忘れないように。

8．私達はすでに知り合いです。
現在完了形の文なので動詞は過去分詞にする。
each other「お互いに」

9．こんなに美しい花は見たことがない。
現在完了形の文なので動詞は過去分詞にする。

10．私は３本歯が悪い。
直訳は「私は３本の悪い歯を持っている」
tooth の複数形は teeth

【42】 1. fastest　2. bought　3. broken
4. listening　5. children　6. more difficult
7. spoken　8. seen　9. going　10. been

〈訳・解説〉

1．トモコは全員の中で最も速く走ることができる。
最上級を表す the があり、全員の中で、とあるので最上級にする。

2．彼は昨日新しい車を買った。
昨日と過去を表す語があるので過去形にする。

3．トムに割られたカップはとても高価なものだった。
「トムによって割られた」と受身の意味がふさわしいので broken とする。

4．私は音楽を聴くのを楽しんだ。
enjoy は動名詞を目的語として取る。

5．この部屋には何人の子どもがいますか？
How many children「どのくらい多くの子ども達」⇒「何人の子ども」
many があるので複数形にする。

6．この質問はあの質問よりも難しい。
difficult の比較級は more difficult

7．英語は世界中で話されている。
受動態：be 動詞＋過去分詞にする。

8．私は長いこと彼女に会っていない。
現在完了形：have または has ＋ 過去分詞の文の否定形。

9．ハイキングに行くのはどうですか？
How about 〜ing ?「〜するのはどうですか？」

10．今朝からずっと寒い。
現在完了形の文。It は天候、気候を表す主語。「それ」と訳さないように。

【43】 a. ③　b. ①　c. ①　d. ②　e. ③
f. ②　g. ①　h. ③　i. ②

〈訳・解説〉

a. 彼女は毎朝6時に起きる。
時刻を表す前置詞は at

b. 空は雲で覆われている。
be covered with 〜「〜で覆われている」

c. あなたは今日何かするべきことがありますか？
不定詞の形容詞的用法 to do「するべき」

d. その人達全員がその知らせにショックを受

けた。

be shocked at ～「～にショックを受ける」

e. ケイトは絵を描くのが上手です。

be good at ～ing「～するのが上手である」

f. 風邪をひかないように気をつけるべきです。

不定詞の副詞的用法。

「～しないように」は not to ～ の語順になることに注意。

g. 空を飛んでいる鳥を見て下さい。

現在分詞で導かれる句 flying in the sky「空を飛んでいる」が後ろから前の the bird を修飾する形。

h. 彼女はピクニックに行くことができなかった、なぜならひどく雨が降ったからです。

文意から判断して、原因・理由を表す接続詞 because を選ぶ。

i. 彼女は日本に来る前にお寿司を食べたことがあった。

She came to Japan.「彼女が日本にやって来た」という過去形の文よりも前の話なので、過去の過去を表す過去完了形を用いる。

【44】 a. would like　b. were, lot

c. most famous　d. what to　e. take, library

f. able, few　g. no money　h. help, to

〈解説〉

a. would like to ～「～したいと思う」

b. 「～がいる」「～がある」を表す there is ～, there are ～ の構文を使う。過去形の文であり dogs と名詞の複数形が来ているので were とする。

a lot of ～「たくさんの～」

c. 最上級を用いる。the most famous

d. What to ～「何を～すべきか」「何を～したら良いか」

e. 「連れて行く」「持って行く」は take、「連れて来る」「持って来る」は bring

f. be able to ～「～することができる」

a few「2、3の」

g. 「全く～ない」「1つも～ない」の意味を表す no を用いて I have no money with me now. とする。

h. 「(人に食べ物などを) 取ってやる」の意の help を使う。

Help yourself to ～「自分で～を (自由に) 取って食べてください」

数学解答例

【1】 (1)5　(2)$8a$　(3)$-2x^2$　(4)$-x+7y$

(5)$4ab$　(6)$\frac{1}{3}$

〈解説〉

(4)与式$=3x+3y-4x+4y$

$=-x+7y$

(6)与式$=\frac{2}{\sqrt{2}\times\sqrt{18}}$

$=\frac{2}{\sqrt{36}}$

$=\frac{2}{6}$

$=\frac{1}{3}$

【2】 $4\sqrt{5}\,\mathrm{cm}^2$

〈解説〉

BC$=x$とすると，三平方の定理より

$x^2+4^2=6^2$

$x^2=36-16$

$=20$

$x=\sqrt{20}=2\sqrt{5}$

面積$=\frac{1}{2}\times4\times2\sqrt{5}=4\sqrt{5}\,\mathrm{cm}^2$

【3】 $\frac{4}{9}$

〈解説〉

すべての玉の出方は

（赤，赤）（赤，青）（赤，白）

（白，赤）（白，青）（白，白）

（青，赤）（青，青）（青，白）

の9通りである。

このうち1回だけが赤玉であるのは4通りなので，求める確率は

$\frac{4}{9}$

【4】 29回

〈解説〉

差の合計は

$-5+3-1+3-1+2-3-2-6=-10$

10人の合計回数は

$30\times10-10=290$回

よって平均は

$\frac{290}{10}=29$回

【5】 ①$120°$　②$27\pi\,\mathrm{cm}^2$　③$18\sqrt{2}\pi\,\mathrm{cm}^3$

〈解説〉

円すいの展開図は下記の様になる。

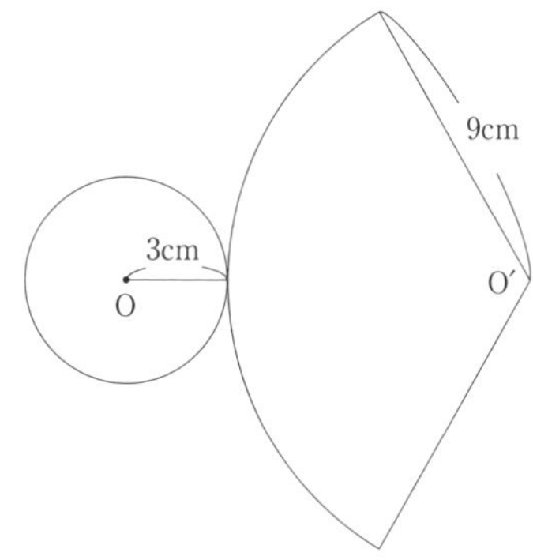

①円Oの円周は

$2\times3\times\pi=6\pi\,\mathrm{cm}$

扇形の弧の長さは円Oの円周と等しいので

$6\pi\,\mathrm{cm}$である。

次に円O′の円周を求めると

$2\times9\times\pi=18\pi\,\mathrm{cm}$

よって，求める中心角は

$360°\times\frac{6\pi}{18\pi}=360°\times\frac{1}{3}=120°$

②側面積は円Oの面積（底面積）以外の部分なので

$\pi\times9^2\times\frac{6\pi}{18\pi}=\frac{81}{3}\pi=27\pi\,\mathrm{cm}^2$

③この円すいの高さをhとして三平方の定理を使って求めると

$h^2+3^2=9^2$

$h^2=81-9$

$=72$

$h=\sqrt{72}=6\sqrt{2}\,\mathrm{cm}$

よって体積は

体積＝底面積×高さ×$\frac{1}{3}$より

$V=\frac{1}{3}\times\pi\times3^2\times6\sqrt{2}$

$=18\sqrt{2}\,\mathrm{cm}^3$

【６】 ⑴$x=\pm2$　⑵$x=3,\ y=4$

〈解説〉

⑴$3x^2-7=5$

$3x^2=12$

$x^2=4$

$x=\pm2$

⑵$\begin{cases}x=-3y+15\cdots\cdots①\\2x+y=10\quad\cdots\cdots②\end{cases}$

①を②に代入すると

$2(-3y+15)+y=10$

$-6y+30+y=10$

$-5y=-20$

$y=4$

①より

$x=-12+15=3$

$x=3,\ y=4$

【７】 ⑴35cm　⑵7分後

〈解説〉

⑴10分後には，$3\times10=30$cm高くなっているので

$30+5=35$cm

⑵$26-5=21$cm

$21\div3=7$

よって，7分後。

【８】 $\frac{1}{12}$

〈解説〉

出た目の和が11以上になるのは11と12のとき。

11のとき，(5, 6) (6, 5)

12のとき，(6, 6)

すべての目の出方は，$6\times6=36$通りなので

$\frac{3}{36}=\frac{1}{12}$

【９】 ⑴$x=-8$　⑵$x=2,\ y=-3$

〈解説〉

⑴$\frac{x-1}{3}-\frac{1}{2}x=1$

両辺に6をかけて

$6\times\left(\frac{x-1}{3}-\frac{1}{2}x\right)=1\times6$

$2(x-1)-3x=6$

$-x-2=6$

$x=-8$

⑵$\begin{cases}2x+3y=-5\cdots\cdots①\\3x-y=9\quad\cdots\cdots②\end{cases}$

①＋②×3よりxを求める。

$x=2\cdots\cdots③$

③を②に代入してyを求める。

$6-y=9$

$-y=3$

$y=-3$

$x=2,\ y=-3$

【10】 45°

〈解説〉

図のように，$l\,/\!/\,m\,/\!/\,n$となる補助線nを入れる。

同位角に着目すると，$x=45°$

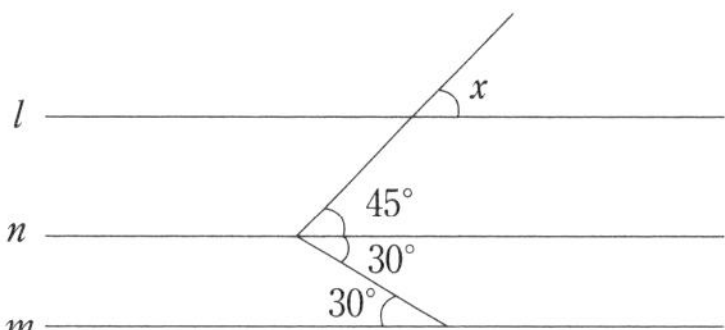

【11】 ⑴$a=\frac{1}{4}$　⑵6分間

〈解説〉

⑴$y=ax^2$に，$x=6,\ y=9$を代入する。

$9=a\times6^2$

$a=\frac{9}{36}=\frac{1}{4}$

⑵16cmの水がなくなる時間は，

$16=\frac{1}{4}x^2$

$x^2=64$

$x>0$より，$x=8$分

一方，1cmの水がなくなる時間は，

$1=\frac{1}{4}x^2$

$x^2=4$

$x>0$より，$x=2$分

よって，求める時間は

$8-2=6$分間

【12】 ⑴23日　⑵$x=14,\ y=6$

〈解説〉

⑴B班はすでに80羽折り終わっているので，残りの数は

$1000-80=920$

B班は1日に$4\times10=40$羽折るので

$920\div40=23$日

⑵A班は5人で1日に10羽ずつ折るので

$50x + 50y = 1000$……①
B班は4人で1日に10羽ずつx日，4人で1日に15羽ずつy日折るので
$40x + 60y = 920$……②
①②の式を簡単にすると
$\begin{cases} x + y = 20 & \text{……①}' \\ 2x + 3y = 46 & \text{……②}' \end{cases}$
①′×2－②′よりyを求める。
$y = 6$……③
③を①′に代入してxを求める。
$x = 14$
よって，$x = 14$，$y = 6$

【13】 (1)7人 (2)36人
〈解説〉
(1)問題の図のAまたはBに属する人数を求めると
$100 - 35 = 65$人……①
Aと答えた生徒43人，Bと答えた生徒29人なので
$43 + 29 = 72$人……②
②から①をひいた人数が，AとBに重複する人数となる。
$72 - 65 = 7$人
(2)下図の斜線部の人数を求める。
$43 - 7 = 36$人

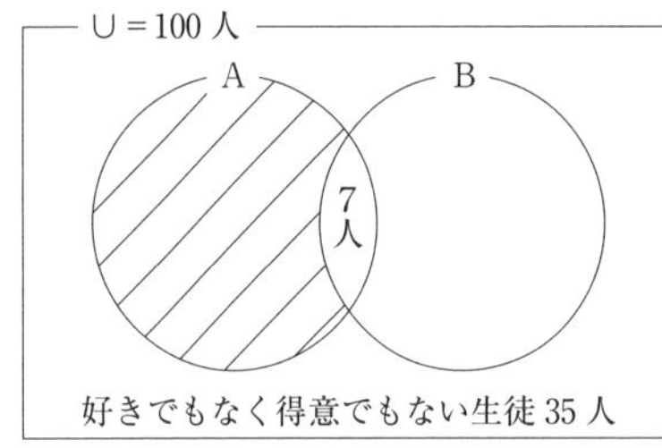

【14】 (1)$a = \frac{1}{3}$ (2) (0, 1)
〈解説〉
(1)点Aのx座標は－6なので，$y = \frac{12}{x}$に代入してyを求めると
$y = \frac{12}{-6} = -2$
よって，A (－6, －2)
$y = ax$に点Aを代入してaを求める。
$-2 = -6a$
$a = \frac{1}{3}$
(2)△AOCの面積と△BOCの面積の比が3：2なので，2つの三角形においてOCを共通の底辺と考えるとき，高さの比が3：2となればよい。
点Bのx座標は，点Aのx座標の長さの$\frac{2}{3}$になるには
$6 \times \frac{2}{3} = 4$
点Bのx座標は4となるので，双曲線の式に代入してyを求めると
$y = \frac{12}{4} = 3$
よって，B (4, 3)
次に点Cは直線ABのy軸切片なので，直線ABの式を$y = ax + b$として，2点AとBを通る式を立てる。
$\begin{cases} -6a + b = -2 & \text{……①} \\ 4a + b = 3 & \text{……②} \end{cases}$
①－②よりaを求める。
$a = \frac{1}{2}$……③
②に③を代入してbを求める。
$b = 1$
よって，C (0, 1)

【15】 (1)-2 (2)$-\frac{2}{15}$ (3)y^2 (4)$\frac{1}{2}\sqrt{2}$
〈解説〉
(1)与式$= (-4)^2 + 36 \div (-2)$
$= 16 - 18$
$= -2$
(2)与式$= -\frac{3}{10} + \frac{1}{6}$
$= -\frac{9}{30} + \frac{5}{30}$
$= -\frac{4}{30}$
$= -\frac{2}{15}$
(3)与式$= \frac{-2xy^2}{6x^2y} \times (-3xy)$
$= y^2$
(4)与式$= \sqrt{9 \times 2} - \frac{10}{2\sqrt{2}}$
$= 3\sqrt{2} - \frac{5}{\sqrt{2}}$
$= 3\sqrt{2} - \frac{5\sqrt{2}}{\sqrt{2} \times \sqrt{2}}$
$= 3\sqrt{2} - \frac{5}{2}\sqrt{2}$

$=\frac{1}{2}\sqrt{2}$

【16】 (1)25° (2)40° (3)6cm

〈解説〉

(1)図参照。

$\angle AOB = 360° - 120° = 240°$

四角形AOBCの内角の和は360°なので

$x + 240° + 40° + 55° = 360°$

$x = 360° - 335° = 25°$

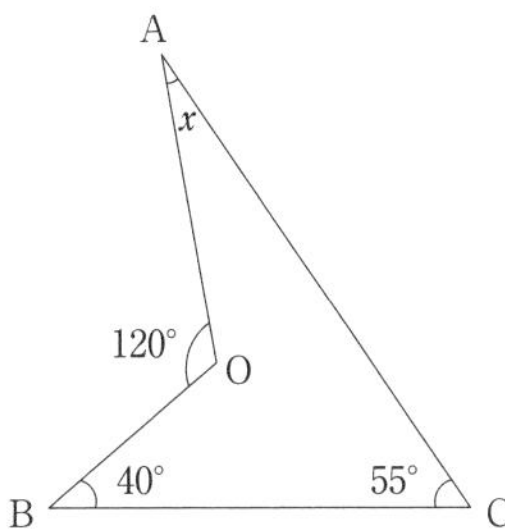

(2)図参照。

$\angle BDE = a$とする。円に内接する四角形の対角の和は180°なので

$130° + a = 180°$

$a = 50°$

また，$\angle EDC = 90°$ なので

$x = 90° - 50° = 40°$

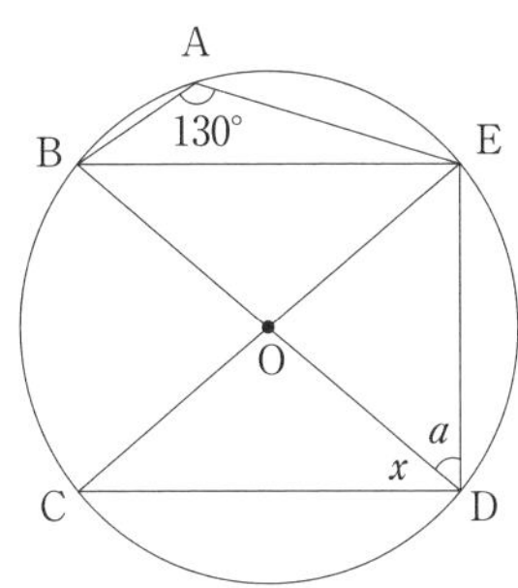

(3)図参照。

△DEF≡△DEAに着目する。

$EF = EA = 5cm$

$CF = x$とおくと，$BC = x + 4$より

$AD = BC = x + 4$

$FD = AD$より

$FD = x + 4$

直角三角形DFCに着目し，三平方の定理よりxを求める。

$x^2 + 8^2 = (x + 4)^2$

$x^2 + 64 = x^2 + 8x + 16$

$-8x = -48$

$CF = x = 6cm$

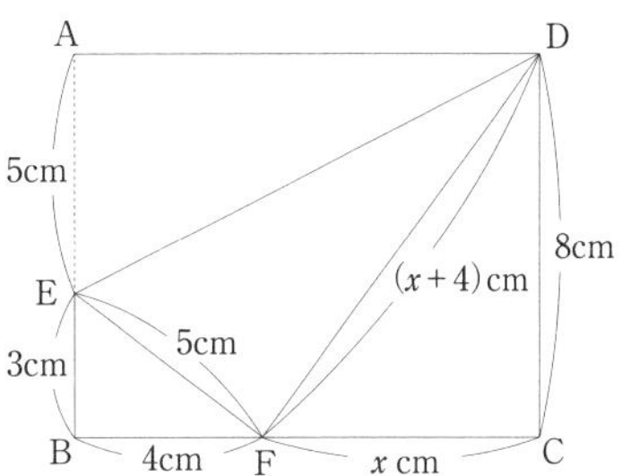

【17】 (1)250人 (2)130人

〈解説〉

(1)昨年の入学者数をx人とすると

$x \times 1.08 = 270$

$x = \frac{270}{1.08} = 250$人

(2)男子の入学者数をM，女子の入学者数をWとすると

$M + W = 270$……①

自転車通学者を式で表すと

$0.45M + 0.6W = 141$……②

②を整理すると

$45M + 60W = 14100$

$3M + 4W = 940$……②′

①×3−②′よりWを求める。

$-W = -130$

$W = 130$

よって，女子の入学者数は130人。

【18】 (1)$a = \frac{1}{3}$ (2)$y = x + 6$ (3)$t = 3$

〈解説〉

(1)$y = ax^2$が点（6，12）を通るので

$12 = 6^2 \times a$

$a = \frac{1}{3}$

(2)点Aのy座標は，$y = (-2)^2 = 4$

A（−2，4），B（6，12）を通る直線の式を$y = ax + b$とおくと

$\begin{cases} -2a + b = 4 & \cdots\cdots① \\ 6a + b = 12 & \cdots\cdots② \end{cases}$

①−②よりaを求める。

$a = 1$……③

①に③を代入してbを求める。

$b = 6$

よって，$y = x + 6$

(3)△OABと△TABが等しくなるには，底辺ABが共通なので高さが等しければよい。

AB//OTとなる直線と$y=\frac{1}{3}x^2$のグラフの交点をTとする。点Tから線分ABにおろした垂線の足をHとし，HT＝hとすると

△OABの面積＝△TABの面積＝$\frac{1}{2}$×AB×h

次に，直線ABに平行でTと原点O（なぜならO＜t＜6）を通る直線を求める。
直線ABは(2)より傾きが1なので，平行な直線も傾きは1。傾きが1で原点を通る直線は
$y=x$
よって，T(t, t) とおける。

また，Tは$y=\frac{1}{3}x^2$上にあるので

$t=\frac{1}{3}t^2$
　$t^2-3t=0$
　$t(t-3)=0$
　$t=0,\ 3$
　$0<t<6$より，$t=3$

【19】 (1)24 (2)11.24 (3)－18 (4)$\frac{11}{30}$ (5)1
(6)$\frac{3}{70}$ (7)22 (8)6.7
〈解説〉
(1)与式＝15＋(8－3)×3－6
　　＝15＋15－6
　　＝24
(2)与式＝8.04＋3.2
　　＝11.24
(3)与式＝－3－15
　　＝－18
(4)与式＝$\frac{6}{30}+\frac{20}{30}-\frac{15}{30}$
　　＝$\frac{11}{30}$
(5)与式＝$\frac{2}{7}\div\frac{2}{7}$
　　＝$\frac{2}{7}\times\frac{7}{2}$
　　＝1
(6)与式＝$\frac{3}{10}\times\frac{1}{3}\times\frac{3}{7}$
　　＝$\frac{3}{70}$
(7)与式＝374÷17
　　＝22
(8)与式＝1152÷160－0.5
　　＝7.2－0.5
　　＝6.7

【20】 (1)時速6km (2)時速4km
(3)①24分後 ②2.4km (4)30km
〈解説〉
(1)40分は，$\frac{40}{60}=\frac{2}{3}$時間
速さ＝距離÷時間より
$4\div\frac{2}{3}=4\times\frac{3}{2}=6$
よって，時速6km。
(2)60分は，$\frac{60}{60}=1$時間
4÷1＝4
よって，時速4km。
(3)太郎君と花子さんの歩く速度の和で4kmの池を歩くと考える。
　$\frac{4}{6+4}=\frac{4}{10}=0.4$
0.4時間を要する。0.4時間を分に直すと
0.4×60＝24
よって，24分後に出会う。
また太郎君の地点は
$6\times\frac{24}{60}=2.4$km
(4)花子さんが20km先の地点に到着するのは
$\frac{20}{4}=5$時間後
太郎君の歩く速度は一定なので
6×5＝30km

【21】 (1)23 (2)6 (3)－5 (4)－17
〈解説〉
(1)与式＝3＋20
　　＝23
(2)与式＝－1.8＋4.3＋3.5
　　＝6
(3)与式＝$\frac{7}{35}\times(-25)$
　　＝$\frac{1}{5}\times(-25)$
　　＝－5
(4)与式＝－8＋(－9)
　　＝－17

【22】 8枚
〈解説〉
兄が弟にあげたカードの枚数をx枚とすると，

あげたあとのそれぞれのカードの枚数は
兄$28-x$，弟$22+x$
$(28-x):(22+x)=2:3$
内項の積＝外項の積より
$2(22+x)=3(28-x)$
$44+2x=84-3x$
$5x=40$
$x=8$
よって，兄は弟に8枚カードをあげた。

【23】 50円切手3枚，80円切手7枚
〈解説〉
50円切手をx枚，80円切手をy枚とすると
$x+y=10$……①
$50x+80y=710$より
$5x+8y=71$……②
①×5－②よりyを求める。
$y=7$
①よりxを求める。
$x=3$
よって，50円切手3枚，80円切手7枚を購入。

【24】 $\dfrac{21}{2}$cm
〈解説〉
AB//CDより
∠EDC＝∠EAB
∠ECD＝∠EBA
△ECDと△EBAにおいて3つの角が等しいので，△ECD∽△EBA
よって
EC：EB＝ED：EA
$21:x=24:12$
$24x=252$
$x=\dfrac{252}{24}$
$=\dfrac{21}{2}$cm

【25】 (1)$x=\dfrac{7}{2}$　(2)$x=-3$　(3)$x=\dfrac{1}{2}$
(4)$x=-6$，$y=2$
〈解説〉
(1)$2:x=4:7$
$4x=14$
$x=\dfrac{14}{4}$
$=\dfrac{7}{2}$
(2)$9+4x=x$
$4x-x=-9$
$3x=-9$
$x=-3$
(3)両辺に10をかけると
$5(1-6x)=2(2x-6)$
$5-30x=4x-12$
$-34x=-17$
$x=\dfrac{1}{2}$
(4)$\begin{cases}2x+5y+2=0\cdots\cdots① \\ x-2y+10=0\cdots\cdots②\end{cases}$
①－②×2よりyを求める。
$y=2$……③
③を②に代入してxを求める。
$x=-6$
よって，$x=-6$，$y=2$

【26】 (1)ウ　(2)4.8％　(3)20g　(4)150g
〈解説〉
(1)xとyの関係を式に表すと
$y=\dfrac{100x}{100+x}$
この式は比例でも反比例でもない。
(2)$\dfrac{15}{300+15}\fallingdotseq 0.0476$
$0.0476\times100=4.76$
小数第2位を四捨五入して，4.8％
(3)$\dfrac{4}{100}\times500=20$g
(4)加える水の質量をxgとすると食塩水の質量は，$100+x$g
食塩の質量は
$\dfrac{5}{100}=5$g
よって
$\dfrac{5}{100+x}=\dfrac{2}{100}$
$200+2x=500$
$2x=300$
$x=150$g

【27】 (1)7　(2)4　(3)$3x$　(4)$2x+8y$
(5)$4a^2-4ab+b^2$　(6)$\dfrac{3}{2}a^2b$
〈解説〉
(2)与式$=5-4\div4$
$=5-1$
$=4$

(3)与式$=4x-x$

$=3x$

(4)与式$=5x+6y-3x+2y$

$=2x+8y$

(6)与式$=-6a^3b^2\times\left(-\frac{1}{4ab}\right)$

$=\frac{3}{2}a^2b$

【28】 $\frac{1}{6}$倍

〈解説〉

この円の半径をrとすると円周の長さは

$2\pi r$

一方，このおうぎ形の弧の長さは

$\frac{60^\circ}{360^\circ}\times 2\pi r=\frac{1}{3}\pi r$

よって

$\frac{1}{3}\pi r\div 2\pi r=\frac{1}{6}$

【29】 54

〈解説〉

5番目と6番目の平均値が中央値となるので

$\frac{53+55}{2}=54$

【30】 男子80人，女子75人

〈解説〉

男子生徒の数をx，女子生徒の数をyとする。

$x+y=155$…①

男子生徒の80％，女子生徒の60％が運動部に所属しており，その差が19人より

$0.8x-0.6y=19$

$8x-6y=190$…②

①－②よりyを求める。

$y=75$…③

③を①に代入してxを求める。

$x+75=155$

$x=80$

よって，男子80人，女子70人。

【31】 220枚

〈解説〉

100枚以上購入の場合の10枚単位をnセットとおく。予算が12000円なので100枚以上注文できるので，nセット追加とすると

$7920+330n<12000$

$330n<4080$

$n<12.3\cdots$

よって，最大のnは12セット。

1セット10枚なので，$12\times10=120$枚まで追加できる。

よって，$100+120=220$枚

【32】 イ，オ

〈解説〉

ア．$x=3$のとき，$y=-3^2=-9$なので正しくない。

イ．$y=-x^2$のグラフは，図のようになるので，$y\leqq0$となり正しい。

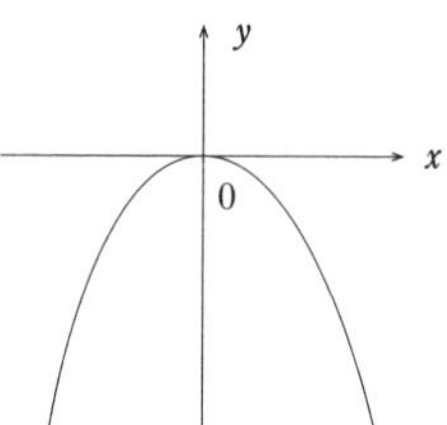

ウ．$x=2$のとき$y=-4$，$x=3$のとき$y=-9$

よって正しくない。

エ．xの変域が，$-1\leqq x\leqq2$のとき

yの変域は，$-4\leqq y\leqq0$

よって正しくない。

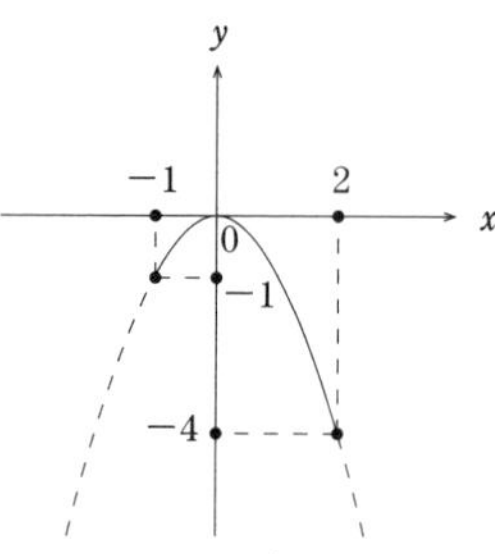

オ．$y=x^2$のグラフは図のようになる。

$\begin{cases}y=f(x)=-x^2\\y=g(x)=x^2\end{cases}$

とすると，$f(a)=-g(a)$なので，x軸について対称である。よって正しい。

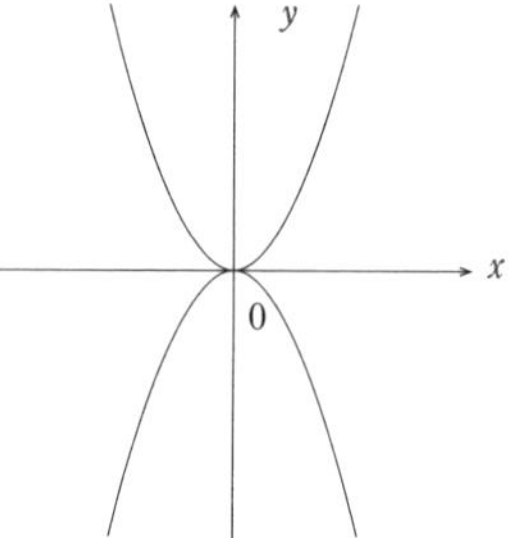

【33】 (1)-3 (2)$x=2$，3

〈解説〉

(1)$\frac{2}{3}x+7=5$

$\frac{2}{3}x=-2$

$x=-2\times\frac{3}{2}$

$=-3$

(2)$x^2-5x+6=(x-3)(x-2)=0$

$\therefore x=2,\ 3$

【34】 ±4

〈解説〉

$|n|=4$

$n=\pm 4$

【35】 (1)2 (2)20 (3)5 (4)$4x+3y-6$

〈解説〉

(1)与式$=8-3\times(8-6)$

$=8-3\times 2$

$=2$

(2)与式$=\frac{65}{6}+\frac{55}{6}$

$=\frac{120}{6}$

$=20$

(3)与式$=9-4$

$=5$

(4)与式$=3x+x+4y-y-5-1$

$=4x+3y-6$

【36】 339.12cm^3

〈解説〉

$V=3.14\times 3\times 3\times 12$

$=339.12$cm^3

【37】 270ml

〈解説〉

液体Bの量をxとすると

$2:3=180:x$

$540=2x$

よって，$x=270$ml

【38】 15g

〈解説〉

食塩をxgとすると

$\frac{x}{500}=\frac{3}{100}$

$100x=1500$

$x=15$g

【39】 2.5%

〈解説〉

$\frac{15}{500+100}=\frac{15}{600}=0.025$

よって，2.5%

【40】 (1)7 (2)1 (3)33 (4)$-49x^4$ (5)$\frac{1}{6}(x-y)$

〈解説〉

(2)与式$=\frac{12}{3}-\frac{12}{4}$

$=4-3$

$=1$

(3)与式$=25+16\div 2$

$=25+8$

$=33$

(4)与式$=2x\times(-27x^3)-15x^6\times\left(-\frac{1}{3x^2}\right)$

$=-54x^4+5x^4$

$=-49x^4$

(5)与式$=\frac{2(5x-2y)}{6}-\frac{3(3x-y)}{6}$

$=\frac{1}{6}(10x-4y-9x+3y)$

$=\frac{1}{6}(x-y)$

【41】 (1)$\alpha=5$ (2)$y=5x+2550$

(3)Bプランが150円高い

〈解説〉

(1)Aプランの電話料金から基本料金をひいた通話料金は

$3300-3000=300$

90分まで通話料金は0円なので

$150-90=60$(分) よって

$\alpha=\frac{300}{60}=5$円

(2)(1)より

$y=5(x-90)+3000=5x+2550$

$y=5x+2550$

(3)Aプラン…$y=5\times 170+2550=3400$円

Bプラン…$15\times 170+1000=3550$円

$B-A=3550-3400=150$

よって，Bプランが150円高い。

【42】 (1)$\frac{9}{50}x$g (2)$x=420,\ y=540$

〈解説〉

(1)$\frac{18}{100}x=\frac{9}{50}x$g

(2)14%食塩水ygに含まれる食塩は

$\frac{14}{100}y=\frac{7}{50}y$g

$\frac{9}{50}x=\frac{7}{50}y$

よって，$9x = 7y$…①

$x + 120 = y$…②

①②より，$x = 420$，$y = 540$

【43】 96°

〈解説〉

図参照。

四角形ABCDの内角の和は360°なので

$41° + 25° + \angle y + 30° = 360°$

$\angle y = 264°$

$\angle x + \angle y = 360°$より

$\angle x = 360° - 264° = 96°$

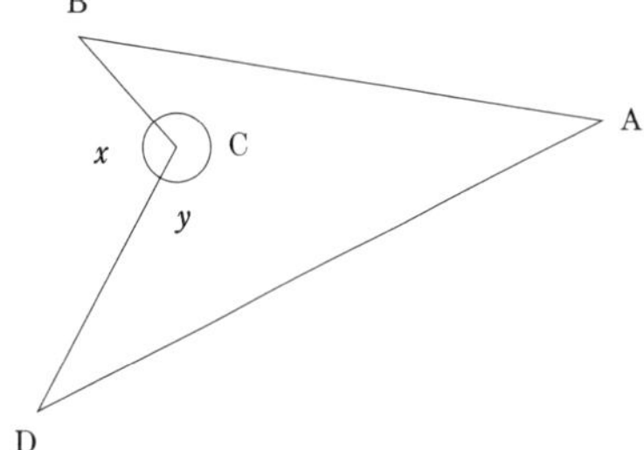

【44】 (1)$y = \frac{1}{100}x^2$　(2)時速40km

〈解説〉

(1)2乗に比例するので，$y = ax^2$とおける。

$x = 60$のとき，$y = 36$なので

$36 = a \times 60^2$

$a = \frac{1}{100}$

よって，$y = \frac{1}{100}x^2$

(2)(1)より

$16 = \frac{1}{100}x^2$

$x^2 = 1600$

$x = 40$

【45】 (1)4　(2)5　(3)1　(4)5

〈解説〉

a，bそれぞれを式に表すと

$a = 7l + 3$

$b = 7m + 4$

l，mは整数とおくことができる。

(1)$a + 2b = 7l + 3 + 2(7m + 4)$

$= 7l + 14m + 11$

$= 7(l + 2m + 1) + 4$

上記のように式が変形できるので，余りは4

(2)$ab = (7l + 3)(7m + 4)$

$= 49lm + 28l + 21m + 12$

$= 7(7lm + 4l + 3m + 1) + 5$

上記のように式が変形できるので，余りは5

(3)$a^6 = (7l + 3)^6$

この展開式の定数項以外の項はすべて7の倍数なので，定数項に着目すると

$3^6 = 729$

$729 = 7 \times 104 + 1$

よって，余りは1

(4)問題を解く考え方として，まず2021乗を細かくすることを考える。(3)でa^6を求めさせているので，ここに着目すると

$a^{2021} = (a^6)^{336} \times a^5$

と変形することができる。

(3)より，$a^6 = 7n + 1$とおけるので

$a^{2021} = (7n + 1)^{336} \times a^5$

$(7n + 1)$の定数項は1

a^5の定数項は，$3^5 = 243$

よって，a^{2021}の定数項は，$1 \times 243 = 243$

$243 = 7 \times 34 + 5$

上記のように変形できるので，余りは5

【46】 (1)最小値5，第1四分位数8，第2四分位数12，第3四分位数15，最大値20，範囲15

(2)イ，ウ　(3)B

〈解説〉

箱ひげ図は、最小値、第１四分位数（Ｑ１)、第２四分位数〔中央値〕(Ｑ２)、第３四分位数（Ｑ３)、最大値の５つの値を図示することで、データの分布の広がりを分かりやすくしたグラフ。

四分位数（しぶんいすう）とは、データを大きい順に並べたとき４等分する位置の値のことで、４等分するために仕切りが３つ必要になり、その仕切りを第１四分位数（Ｑ１)、第２四分位数〔中央値〕(Ｑ２)、第３四分位数（Ｑ３）という。

箱ひげ図の見方は下記のとおり。

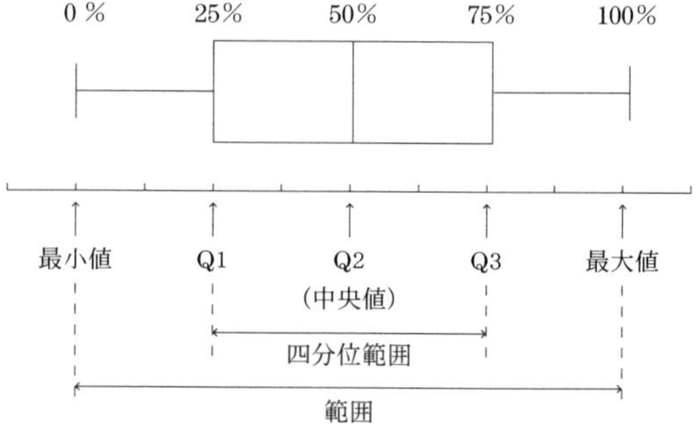

(1)グループAのデータ各値は下記のとおり

最小値：5
第１四分位数：8
第２四分位数：12
第３四分位数：15
最大値：20
範囲：20－5＝15

⑵ア．グループAは最大値が20であるが19点をとった生徒がいたと断定できないので×
イ．グループBの11点未満の人数は25%，13点以上の生徒は50%なので約半数である。
ウ．最小値0，最大値19でA，Bより大きい。
エ．AとCは中央値は等しいが，平均値が等しいと断定できないので×
＊平均値：数値をすべて足して個数で割った値。
＊中央値：データの数値を小さい順に並べたときの真ん中の値。

⑶各階級（⑶は点）を度数（⑶は人）に対応させた度数分布を棒グラフで表したものをヒストグラムという。
最大値は20～18点でグループA～Cすべてに該当するが，最小値は10～8点なのでBのみ該当。

【47】 ⑴$h=\sqrt{15}$cm，S$=\sqrt{15}$cm^2　⑵$r=\dfrac{\sqrt{15}}{5}$cm

⑶解説参照。AM：AN＝5：3

〈解説〉

⑴△ABMは直角三角形なので，三平方の定理より

$h^2+1^2=4^2$

$h^2=15$

$h=\text{AM}=\sqrt{15}$

$\text{S}=\dfrac{1}{2}\times2\times\sqrt{15}=\sqrt{15}$

⑵△ABC＝△OAB＋△OBC＋△OCA
図のようにrは三つの三角形の高さになるので

$\sqrt{15}=\dfrac{1}{2}\times4r+\dfrac{1}{2}\times2r+\dfrac{1}{2}\times4r$

$5r=\sqrt{15}$

$r=\dfrac{\sqrt{15}}{5}$

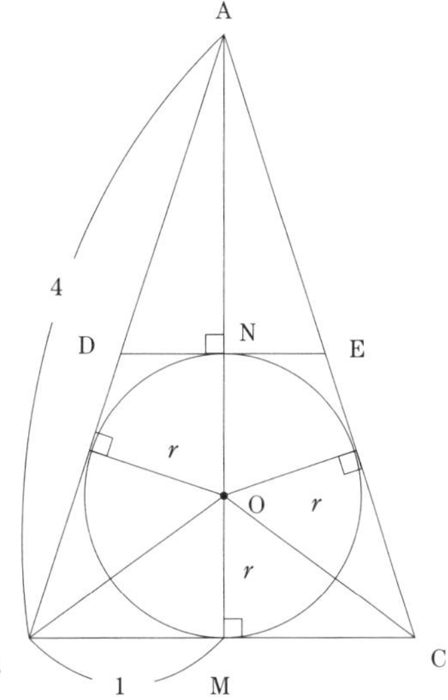

⑶∠BACは共通。DE∥BCより
∠ADE＝∠ABC
∠AED＝∠ACB
２つの三角形の３つの角が等しいので相似である。

$\text{AM}=\sqrt{15}$

$\text{AN}=\text{AM}-2r$

$=\sqrt{15}-\dfrac{2}{5}\sqrt{15}$

$=\dfrac{3}{5}\sqrt{15}$

よって

$\text{AM}:\text{AN}=\sqrt{15}:\dfrac{3}{5}\sqrt{15}=5:3$

【48】 ⑴855　⑵1.71　⑶29.26　⑷7.09　⑸$\dfrac{10}{3}$

⑹15　⑺900　⑻$\dfrac{13}{3}$　⑼－4　⑽$\dfrac{9}{25}$

〈解説〉

⑺与式$=9\times(119-19)$
$=9\times100$
$=900$

⑻与式$=3+8\times\dfrac{1}{3}\times\dfrac{1}{2}$

$=3+\dfrac{4}{3}$

$=\dfrac{9}{3}+\dfrac{4}{3}$

$=\dfrac{13}{3}$

(10)与式$=\left(-\frac{3}{5}\right)\times\left(-\frac{3}{5}\right)$

$=\frac{9}{25}$

【49】 (1)$\frac{4}{3}$ (2)$x=3$ (3)$x=\frac{16}{9}$

(4)$x=-3,\ y=-1$

〈解説〉

(1)$8:x=6:1$

$6x=8$

$x=\frac{8}{6}$

$=\frac{4}{3}$

(2)$-2x+x=9-12$

$-x=-3$

$x=3$

(3)両辺を12倍すると

$12\times\left(\frac{3}{4}x-1\right)=12\times\frac{1}{3}$

$9x-12=4$

$9x=16$

$x=\frac{16}{9}$

(4)$\begin{cases}x=3y & \cdots\cdots① \\ y=3x+8 & \cdots②\end{cases}$

②を①に代入すると

$x=3(3x+8)$

$x=9x+24$

$-8x=24$

$x=-3$

①より，$y=-1$

よって，$x=-3,\ y=-1$

【50】 (1)10.7% (2)24g (3)1350g

〈解説〉

(1)$\frac{12}{100+12}=\frac{12}{112}\fallingdotseq 0.1071$

$0.1071\times100=10.71$

小数第2位を四捨五入して，10.7%

(2)$\frac{8}{100}\times300=24$g

(3)3%の食塩水150gには

$\frac{3}{100}\times150=4.5$g

の食塩が含まれているので，加える水の重さをxgとすると

$\frac{4.5}{150+x}=\frac{0.3}{100}$

$450=45+0.3x$

$0.3x=405$

$x=1350$g

【51】 ウ

〈解説〉

喫煙の経験のない人の抗体価…100

禁煙者の抗体価…x

喫煙者の抗体価…$x\times0.8$

喫煙者の抗体価は喫煙経験がない人の半分程度より，$x\times0.8\fallingdotseq50$とおけるので

$x\fallingdotseq\frac{50}{0.8}=\frac{500}{8}=62.5$

よって，ウの60が最も近い数字になる。

【52】 (1)5 (2)-4 (3)$\frac{3}{2}x$ (4)$5a-7b$

(5)$x^2-2x-15$ (6)$3\sqrt{2}$

〈解説〉

(3)与式$=\frac{5}{6}x+\frac{4}{6}x$

$=\frac{9}{6}x$

$=\frac{3}{2}x$

(4)与式$=8a-4b-3a-3b$

$=5a-7b$

(6)与式$=\sqrt{5^2\times2}-\sqrt{2^2\times2}$

$=5\sqrt{2}-2\sqrt{2}$

$=3\sqrt{2}$

【53】 (1)$x=-\frac{1}{3}$ (2)$y=\frac{6x-z}{7}$ (3)$x=-4,\ 3$

(4)$x=7,\ y=4$

〈解説〉

(1)$4x-5=x-6$

$4x-x=-6+5$

$3x=-1$

$x=-\frac{1}{3}$

(2)両辺を3倍すると

$6x=7y+z$

$7y=6x-z$

$y=\frac{6x-z}{7}$

(3)左辺を因数分解すると

$(x+4)(x-3)=0$

$x=-4,\ 3$

(4)$\begin{cases}(x+3):y=5:2 & \cdots① \\ 4x-y=24 & \cdots②\end{cases}$

①より，内項の積＝外項の積なので

$5y = 2x + 6$

$2x - 5y = -6$…③

②×５より

$20x - 5y = 120$…④

③－④より

$-18x = -126$

$x = 7$

②に代入して，$y = 4$

よって，$x = 7$，$y = 4$

【54】 (1)ア．1200　イ．$\dfrac{x}{50} + \dfrac{y}{100}$　(2)700m

〈解説〉

(1)$x + y = 1200$…①

距離÷速さ＝時間なので

$\dfrac{x}{50} + \dfrac{y}{100} = 19$…②

(2)①－②×100より

$\begin{cases} x + y = 1200 \\ 2x + y = 1900 \end{cases}$

$-x = -700$

$x = 700$m

【55】 $\dfrac{1}{4}$

〈解説〉

樹形図を用いて２桁の整数をあらわすと，下記の12通り。

2 ＜ 3, 4, 5

3 ＜ 2, 4, 5

4 ＜ 2, 3, 5

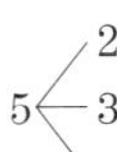

5 ＜ 2, 3, 4

４の倍数は，24，32，52の３通りなので，求める確率は

$\dfrac{3}{12} = \dfrac{1}{4}$

【56】 127°

〈解説〉

図の様にl，mに平行なl'，m'の２本の補助線を入れる。同位角，錯角に注目すると

$\angle b = 120° - 42° = 78°$

$\angle c = 180° - (78° + 42°)$

$= 60°$

$\angle a = 60° + 42° = 102°$

よって

$\angle x = 102° + 25° = 127°$

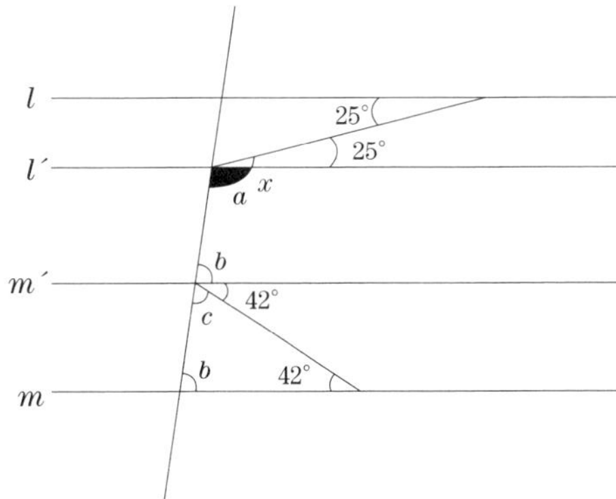

【57】 (1)68　(2)26.16　(3)0.9　(4)－0.6　(5)$\dfrac{11}{15}$

(6)1044　(7)－1.38　(8)36　(9)－30　(10)1

(11)$-\dfrac{2}{5}$　(12)0　(13)$\dfrac{8}{15}$

〈解説〉

(5)与式$= \dfrac{4}{10} - \left(\dfrac{2}{3} - \dfrac{3}{3}\right)$

$= \dfrac{2}{5} - \left(-\dfrac{1}{3}\right)$

$= \dfrac{6}{15} + \dfrac{5}{15}$

$= \dfrac{11}{15}$

(10)与式$= \dfrac{3}{4} + \dfrac{25}{100}$

$= \dfrac{3}{4} + \dfrac{1}{4}$

$= 1$

(11)$-1 + \dfrac{3}{5}$

$= -\dfrac{5}{5} + \dfrac{3}{5}$

$= -\dfrac{2}{5}$

(12)与式$= \left(-\dfrac{5}{3}\right) \times 9 - (-15)$

$= -15 + 15$

$= 0$

⒀与式$=\frac{1}{2}+\frac{1}{3}-\frac{1}{4}\times\frac{1}{5}\times\frac{6}{1}$

$=\frac{1}{2}+\frac{1}{3}-\frac{3}{10}$

$=\frac{15+10-9}{30}$

$=\frac{8}{15}$

【58】 ⑴24　⑵1500

〈解説〉

⑴高さは，$12\times\frac{1}{3}=4$

面積$=\frac{1}{2}\times12\times4=24\text{cm}^2$

⑵所持金をxとすると

$\frac{x-450}{x}=\frac{70}{100}$

$100x-45000=70x$

$30x=45000$

$x=1500$円

【59】 ⑴$x=5$　⑵$x=3$　⑶$x=7$

〈解説〉

内項の積＝外項の積を利用する。

⑴$9x=45$

$x=\frac{45}{9}$

$=5$

⑵$1.6x=\frac{24}{5}$

$16x=\frac{240}{5}$

$x=\frac{240}{5\times16}$

$=3$

⑶$7.5=1.25\times(x-1)$

$7.5=1.25x-1.25$

$1.25x=8.75$

$x=7$

【60】 ⑴4％　⑵125g

〈解説〉

⑴$\frac{15}{360+15}=\frac{15}{375}$

$=\frac{1}{25}$

$\frac{1}{25}\times100=4\%$

⑵xgの水が蒸発したとすると

$\frac{15}{360-x+15}=\frac{6}{100}$

$1500=6\times(375-x)$

$6x=2250-1500$

$6x=750$

$x=125$g

【61】 ⑴21　⑵$-\frac{11}{12}$　⑶21　⑷$-6x+9y$

⑸$\frac{7x-5y}{12}$

〈解説〉

⑴与式$=-6-(-27)$

$=-6+27$

$=21$

⑵与式$=-\frac{8}{12}-\frac{6}{12}+\frac{3}{12}$

$=-\frac{11}{12}$

⑶与式$=9-4+16$

$=21$

⑷与式$=(2x-3y)\times(-3)$

$=-6x+9y$

⑸与式$=\frac{4\times(4x-2y)}{12}-\frac{3\times(3x-y)}{12}$

$=\frac{16x-8y-9x+3y}{12}$

$=\frac{7x-5y}{12}$

【62】 ⑴8個　⑵$y=-50$

〈解説〉

⑴$3^2<2a<5^2$

$4.5<a<12.5$

これを満たす整数は

$a=5,\ 6,\ 7,\ 8,\ 9,\ 10,\ 11,\ 12$

よって，8個

⑵$y=ax^2$とおく。

$x=2,\ y=-8$を代入すると

$-8=4a$

$a=-2$

$y=-2x^2$

$x=5$を代入すると

$y=-2\times5^2=-50$

【63】 ⑴17　⑵$-10x+14$　⑶-1　⑷$a+b>2$

⑸$\frac{1}{2}$　⑹1　⑺$\frac{1}{4}$　⑻$-1\leqq x\leqq2$

〈解説〉

⑴与式$=7+10=17$

(2)与式 $= -4x+7-6x+7$
$= -10x+14$

(3)与式 $= \sqrt{3}^2-2^2$
$= 3-4$
$= -1$

(4) $2-a<b$
$a+b>2$

(5) $5-2x=4x+2$
$-6x=-3$
$x=\frac{3}{6}=\frac{1}{2}$

(6)変化の割合 $= \frac{y\text{の増加量}}{x\text{の増加量}}$

変化の割合 $= \frac{\frac{4}{3}-\frac{1}{3}}{2-1}=1$

(7) ab が奇数となるのは，下記の9通り。
$(a,\ b)=(1,\ 1)(1,\ 3)(1,\ 5)$
$(3,\ 1)(3,\ 3)(3,\ 5)$
$(5,\ 1)(5,\ 3)(5,\ 5)$
すべての目の出方は，$6\times6=36$ 通りなので
$\frac{9}{36}=\frac{1}{4}$

(8) $-3\leqq 2x-1\leqq 3$
$-2\leqq 2x\leqq 4$
$-1\leqq x\leqq 2$

【64】 (1)① 1000　② $0.1y$
(2)お弁当800円，お茶200円
〈解説〉
(1) $\begin{cases} x+y=820+180=1000\cdots① \\ 0.2x+0.1y=180\cdots② \end{cases}$
(2)(1)を①－②×10より x を求める。
$x=800\cdots③$
③を①に代入して y を求める。
$y=1000-800=200$
よって，お弁当は800円，お茶は200円。

【65】 (1)25個　(2)5個　(3)75個　(4)20個
〈解説〉
(1)100までの整数の中の4の倍数とは，
4で割り切れる数のことなので
$100\div4=25$ 個
(2)4と5の最小公倍数は
$4\times5=20$
よって
$100\div20=5$ 個
(3)(1)より
$100-25=75$ 個
(4)(1)(2)より
$25-5=20$ 個

【66】 (1)49枚　(2)① $2n-1$ 枚　② $6n-2$cm
〈解説〉
(1)カードの枚数は順番に1，4，9，16，……
となっている。
$1^2,\ 2^2,\ 3^2,\ 4^2,\ \cdots\cdots,\ 7^2,\ \cdots\cdots$
よって7番目は
$7^2=49$ 枚
(2)①一番下の段のカードの枚数は，順番に
1，3，5，7，……
よって，n 番目の枚数は
$2n-1$ 枚
②周の長さは，順番に
4，10，16，22，……
＋6　＋6　＋6
よって，n 番目の周の長さは
$6n-2$cm

【67】 (1)円すい　(2) 16π cm³　(3) 36π cm²
〈解説〉
(1)

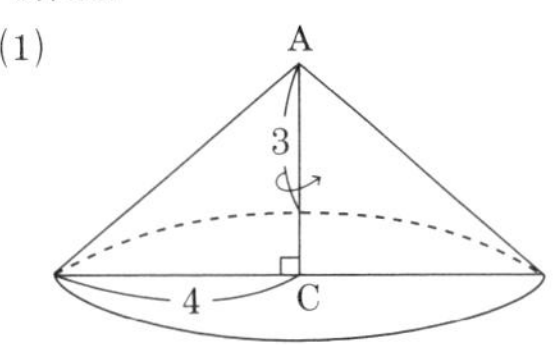

(2)体積 $= \frac{1}{3}\times\pi\times4^2\times3=16\pi$ cm³

(3)展開図を描くと

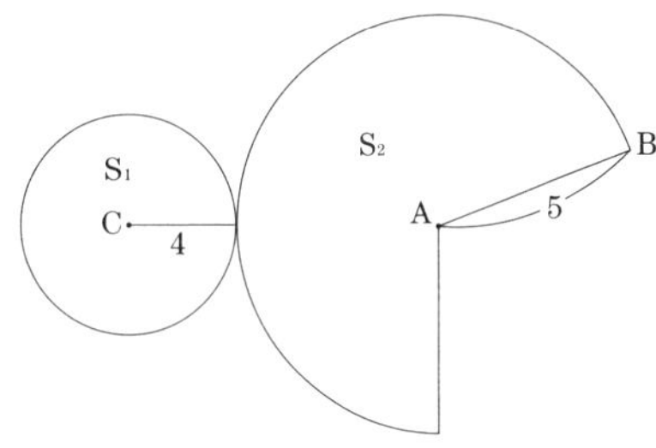

三平方の定理から
$AB^2=4^2+3^2=25$
$AB=5$
Cを中心とした円周の長さは
$2\times\pi\times4=8\pi$
Aを中心とした円周の長さは
$2\times\pi\times5=10\pi$
Aを中心とした円の面積 S_2 は
$S_2=\pi\times5^2\times\frac{8\pi}{10\pi}=20\pi$

よって，この立体の表面積は

$S_1 + S_2 = \pi \times 4^2 + 20\pi$

$= 36\pi \text{ cm}^2$

【68】 (1)$S = -2x^2 + 24x$

(2)$x = 6$のとき，最大値72cm^2

〈解説〉

(1)$S = x(24 - 2x)$

$= -2x^2 + 24x\text{cm}^2$

(2)$S = -2x^2 + 24x$

$= -2(x^2 - 12x)$

$= -2\{(x-6)^2 - 36\}$

$= -2(x-6)^2 + 72$

グラフより最大値は，$x = 6$のとき72

よって，$x = 6\text{cm}$のとき，最大値72cm^2

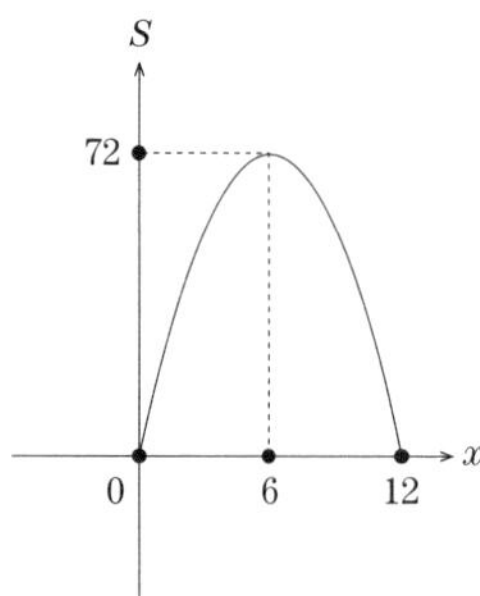

【69】 (1)$8x^2 + 18y^2$ (2)$-3(a+b)(a-b)$

(3)リンゴ４個と梨２個

(4)$\dfrac{3}{8}$

〈解説〉

(1)与式$= (4x^2 + 12xy + 9y^2) + (4x^2 - 12xy + 9y^2)$

$= 8x^2 + 18y^2$

(2)$a + 2b = X$，$2a + b = Y$とする

与式$= X^2 - Y^2$

$= (X+Y)(X-Y)$

$= (3a+3b)(-a+b)$

$= -3a^2 + 3ab - 3ab + 3b^2$

$= -3(a^2 - b^2)$

$= -3(a+b)(a-b)$

(3)問題文にお釣りが無しの場合を含むとあるので，リンゴ４個で600円，梨２個で400円のときちょうど1000円となり最小。

(4)１回目に奇数が出るのは，1，3，5の３通り

２回目，３回目に偶数が出るのは，2，4，6の３通り

これらの目の出方は，$3 \times 3 \times 3 = 27$通り

同様に２回目，３回目に奇数が出るのは，各27通り

すべての目の出方は6^3なので，求める確率は

$\dfrac{27 \times 3}{6^3} = \dfrac{3}{8}$

【70】 (1) (1，a) (2)$\dfrac{1}{2}a$ (3)$a = 6$

〈解説〉

(1)$ax^2 - ax$

$= ax(x-1) = 0$

$x = 0$，1

$x = 1$のとき，$y = a$

よって，P(1，a)

(2)$S = \dfrac{1}{2} \times 1 \times a = \dfrac{1}{2}a$

(3)S：S' = 3：1より，S = 3S'

S' = 1より，S = 3

(2)より

$\dfrac{1}{2}a = 3$

$a = 6$

【71】 (1)925 (2)4.32 (3)49.47 (4)16 (5)$\dfrac{29}{28}$

(6)$\dfrac{9}{5}$ (7)5 (8)26.1 (9)4 (10)-49 (11)$\dfrac{1}{2}x$

(12)$5\sqrt{3}$ (13)3 (14)$x^2 + 4x + 4$

〈解説〉

(5)$\dfrac{9}{7} - \dfrac{1}{4}$

$= \dfrac{36}{28} - \dfrac{7}{28}$

$= \dfrac{29}{28}$

(6)与式$= 3 \times \dfrac{3}{5}$

$= \dfrac{9}{5}$

(7)与式$= 8 - 6 \div 2$

$= 8 - 3$

$= 5$

(8)与式$= \dfrac{9}{2} + 3.2 \times \dfrac{9}{4} \times 3$

$= \dfrac{9}{2} + 0.8 \times 9 \times 3$

$= \dfrac{9}{2} + 21.6$

$= 4.5 + 21.6$

$= 26.1$

(10)$-7^2 = -49$

⑿与式 $=\sqrt{9\times3}+\sqrt{4\times3}$
$=\sqrt{3^2\times3}+\sqrt{2^2\times3}$
$=3\sqrt{3}+2\sqrt{3}$
$=5\sqrt{3}$

⒀与式 $=\sqrt{8}^2-\sqrt{5}^2$
$=8-5$
$=3$

【72】 (1) $x=\frac{16}{9}$　(2) $x=-27$　(3) $x=0,\ 6$
(4) $x=6,\ y=-1$　(5) $x<-\frac{7}{4}$　(6) $-2\leqq x\leqq 2$

〈解説〉

(1) $18x=32$
$x=\frac{32}{18}$
$=\frac{16}{9}$

(2) $3\times\frac{1}{3}x=3\times(-9)$
$x=-27$

(3) $x(x-6)=0$
$x=0,\ 6$

(4) $\begin{cases}2x+9y=3\cdots\cdots①\\4y-x=-10\cdots\cdots②\end{cases}$
①＋②×2よりyを求める。
$y=-1\cdots\cdots③$
③を②に代入してxを求める。
$-4-x=-10$
$-x=-6$
$x=6$
$x=6,\ y=-1$

(5) $x-5x-7>0$
$-4x>7$
$x<-\frac{7}{4}$

(6) $a>0$のとき，$|x|\leqq a$は
$-a\leqq x\leqq a$
よって，$-2\leqq x\leqq 2$

【73】 (1)7.4％　(2)18g　(3)29.7g

〈解説〉

(1) $\frac{8}{100+8}\times100=\frac{800}{108}$
$=\frac{200}{27}\fallingdotseq7.407$
よって，7.4％

(2) $600\times\frac{3}{100}=18\text{g}$

(3)飽和食塩水になるときの食塩の重さをxとすると
$\frac{x}{200+x}=\frac{26}{100}$
$100x=5200+26x$
$74x=5200$
$x\fallingdotseq70.3\text{g}$
よって，$100-70.3=29.7\text{g}$

【74】 (1) $y=-(x-1)^2+4$　(2)ウ　(3) $b\leqq\frac{57}{16}$

〈解説〉

(1) $y=-x^2+2x+3$
$=-(x^2-2x+1-1)+3$
$=-(x-1)^2+4$

(2)傾き$\frac{1}{2}$，y軸切片-3の直線なので，ウ

(3) $-x^2+2x+3=\frac{1}{2}x+b$
$-2x^2+4x+6=x+2b$
$2x^2-3x+2b-6=0\cdots\cdots①$
①の判別式をDとすると
$D=(-3)^2-4\times2\times(2b-6)$
$=-16b+57$
交点をもつとき，$D\geqq0$なので
$-16b+57\geqq0$
$b\leqq\frac{57}{16}$

【75】 (1) -10　(2) $-\frac{5}{2}$　(3)1　(4) $\sqrt{2}$　(5) $-3\sqrt{3}$
(6)1　(7) x^2+6　(8)1900　(9)261

〈解説〉

(2)与式 $=-\frac{3}{2}-\frac{2}{2}$
$=-\frac{5}{2}$

(3)与式 $=-1+2$
$=1$

(4)与式 $=\sqrt{4^2\times2}-\sqrt{3^2\times2}$
$=4\sqrt{2}-3\sqrt{2}$
$=\sqrt{2}$

(5)与式 $=\sqrt{\frac{60}{5}}-\sqrt{5\times15}$
$=\sqrt{12}-\sqrt{75}$
$=\sqrt{2^2\times3}-\sqrt{5^2\times3}$
$=2\sqrt{3}-5\sqrt{3}$
$=-3\sqrt{3}$

(6)与式 $=\frac{1}{2}\sqrt{56}+\frac{1}{2}\sqrt{4}-\sqrt{14}$

$=\frac{1}{2}\sqrt{2^2\times 14}+1-\sqrt{14}$

$=\sqrt{14}+1-\sqrt{14}$

$=1$

(7)与式$=x^2+4x+4-4x+2$

$=x^2+6$

(8)与式$=1748+152$

$=1900$

(9)与式$=(131+130)(131-130)$

$=261\times 1$

$=261$

【76】 (1)7通り (2)$\frac{5}{12}$

〈解説〉

(1)目の和が5の倍数になるのは、和が5，10の2通り。

5のとき，(1，4)(2，3)(3，2)(4，1)

10のとき，(4，6)(5，5)(6，4)

よって7通り。

(2)目の和が素数となるのは，和が2，3，5，7，11の5通りある。

2のとき，(1，1)

3のとき，(1，2)(2，1)

5のとき，(1，4)(2，3)(3，2)(4，1)

7のとき，(1，6)(2，5)(3，4)(4，3)(5，2)(6，1)

11のとき，(5，6)(6，5)

すべての目の出方は，6×6＝36通りなので

$\frac{15}{36}=\frac{5}{12}$

【77】 (1)4 (2)$y=-x+2$ (3)3cm^2 (4)$\frac{2}{3}\sqrt{2}$cm

〈解説〉

(1)$y=(-2)^2=4$

(2)求める直線の式を$y=ax+b$とすると

A(－2，4)，(1，1)を通るので

$\begin{cases}4=-2a+b\\1=a+b\end{cases}$

これらを解いて，$a=-1$，$b=2$

$y=-x+2$

(3)図参照。

△AOB＝△AOE－△OBE

$=\frac{1}{2}\times 2\times 4-\frac{1}{2}\times 2\times 1$

$=3\text{cm}^2$

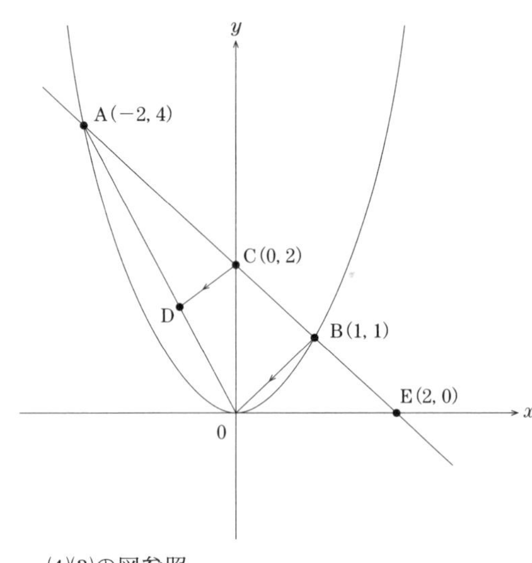

(4)(3)の図参照。

△OAB∽△DAC…①

2点間の距離の公式，$\sqrt{(x_2-x_1)^2+(y_2-y_1)^2}$を使って各々の距離を求める。

$BO=\sqrt{(1-0)^2+(1-0)^2}$

$=\sqrt{1^2+1^2}$

$=\sqrt{2}$

$AB=\sqrt{(1+2)^2+(1-4)^2}$

$=\sqrt{9+9}$

$=3\sqrt{2}$

$AC=\sqrt{(0+2)^2+(2-4)^2}$

$=\sqrt{4+4}$

$=2\sqrt{2}$

①より，AB：AC＝BO：CDであるから

$3\sqrt{2}:2\sqrt{2}=\sqrt{2}:CD$

$2\sqrt{2}\times\sqrt{2}=3\sqrt{2}CD$

$CD=\frac{4}{3\sqrt{2}}$

$=\frac{4\sqrt{2}}{6}$

$=\frac{2}{3}\sqrt{2}$

$\therefore CD=\frac{2}{3}\sqrt{2}$cm

【78】 (1)$x=-9$ (2)$x=\frac{3}{2}$ (3)$x=-6,\ 1$

(4)$x=4,\ y=6$

〈解説〉

(1)$4x+6=5x+15$

$4x-5x=15-6$

$-x=9$

$x=-9$

(2) $2\times(9-x)=3\times5$

$18-2x=15$

$-2x=-3$

$x=\frac{3}{2}$

(3)左辺 $=(x+6)(x-1)=0$

$x=-6,\ 1$

(4) $-x+2y=8$…①

$3x-y=6$…②

①+②×2よりxを求める。

$x=4$…③

③を①に代入してyを求める。

$-4+2y=8$

$y=6$

$x=4,\ y=6$

【79】 6975円

〈解説〉

7時間45分$=7+\frac{45}{60}=7+\frac{3}{4}$時間

$900\times\left(7+\frac{3}{4}\right)=6300+900\times\frac{3}{4}$

$=6300+225\times3$

$=6975$円

【80】 (a, b, cの順に)

(2, 0, 2) (1, 2, 1) (0, 4, 0) (0, 1, 5)

〈解説〉

$7a+5b+3c=20$となるのは，$a=0,\ 1,\ 2$のとき。

$a=0$のとき

$5b+3c=20$

このとき，$(b,\ c)=(4,\ 0)(1,\ 5)$

$a=1$のとき

$7+5b+3c=20$

$5b+3c=13$

このとき，$(b,\ c)=(2,\ 1)$

$a=2$のとき

$14+5b+3c=20$

$5b+3c=6$

このとき，$(b,\ c)=(0,\ 2)$

よって，$(a,\ b,\ c)=(2,\ 0,\ 2)(1,\ 2,\ 1)$

$(0,\ 4,\ 0)(0,\ 1,\ 5)$

【81】 13200円

〈解説〉

定価の2割引きで買ったということは，

定価の80%の値段で買ったのと同じ。

$15000\times0.8=12000$

これに消費税10%が加算されるので，

$12000\times1.1=13200$円

【82】 $\frac{3}{5}$

〈解説〉

数の積が3の倍数になるのは，3のカードが含まれる場合である。

(1, 2, 3) (1, 3, 4) (1, 3, 5) (2, 3, 4)

(2, 3, 5) (3, 4, 5) の6通り。

すべての選び方は，

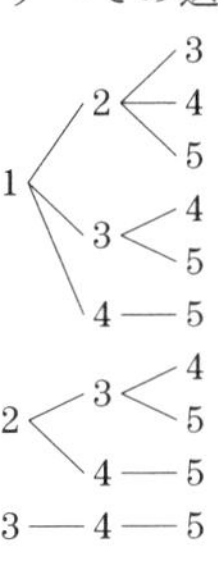

の10通り。

求める確率は，$\frac{6}{10}=\frac{3}{5}$

【83】 (1) $24\pi\ \mathrm{cm}^2$ (2) $12\pi\ \mathrm{cm}^3$

〈解説〉

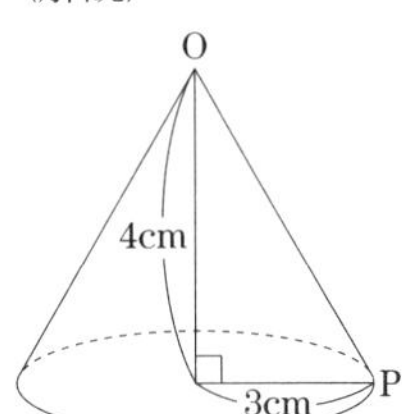

三平方の定理より

$OP^2=3^2+4^2$

$=25$

$OP=5\mathrm{cm}$

円錐の展開図は下記の様になる。

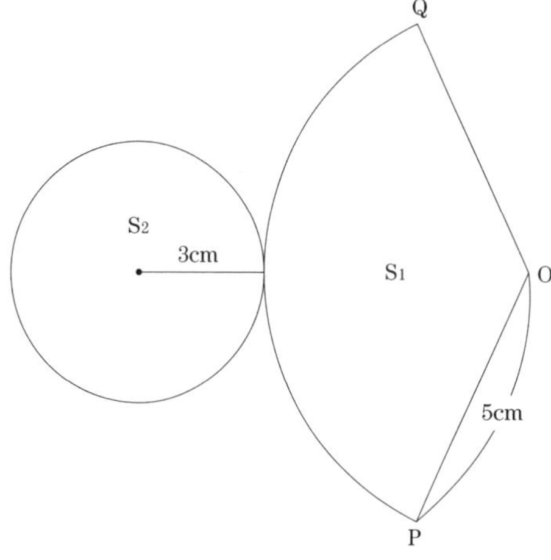

弧PQはS_2の円周と同じなので

$\overset{\frown}{PQ} = 2 \times 3 \times \pi$

$= 6\pi$ cm

Oを中心とする円の周の長さは,

$2 \times 5 \times \pi = 10\pi$ cm

また，Oを中心とする円の面積は,

$\pi \times 5^2 = 25\pi$ cm^2

S_1の面積は，半径5cmの円の周の長さに対するS_1の弧の長さの割合から求める。

$S_1 = \dfrac{6\pi}{10\pi} \times 25\pi$

$= 15\pi$ cm^2

よって，表面積は

$\pi \times 3^2 + 15\pi = 24\pi$ cm^2

円錐の体積は

体積＝底面積×高さ×$\dfrac{1}{3}$より

$V = \dfrac{1}{3} \times \pi \times 3^2 \times 4$

$= 12\pi$ cm^3

【84】 12週後

〈解説〉

n週間後に２倍になるとすると

$1.2 \times 2 = 1.2 + 0.1 \times n$

$2.4 = 1.2 + 0.1 \times n$

$0.1n = 1.2$

$n = 12$

よって，12週間後。

【85】 5，6，7，8

〈解説〉

各辺を２乗すると

$4 < a < 9$

これを満たす自然数は

$a = 5,\ 6,\ 7,\ 8$

【86】 (1)-4 (2)17 (3)24 (4)$\dfrac{37}{12}$ (5)$16x-8$

〈解説〉

(2)与式$= -7 + 24 = 17$

(3)与式$= 25 + 9 \div (-9)$

$= 25 - 1$

$= 24$

(4)与式$= \dfrac{5}{6} + 4 \div \dfrac{16}{9}$

$= \dfrac{5}{6} + 4 \times \dfrac{9}{16}$

$= \dfrac{5}{6} + \dfrac{9}{4}$

$= \dfrac{10+27}{12}$

$= \dfrac{37}{12}$

(5)与式$= 6(2x-1) \times \dfrac{4}{3}$

$= 16x - 8$

【87】 $(x,\ y) = (3,\ 10)(6,\ 8)(9,\ 6)(12,\ 4)(15,\ 2)$

〈解説〉

$2x + 3y = 36$

$y = 12 - \dfrac{2}{3}x$

x，yは自然数なので，xは３の倍数である。

$(x,\ y) = (3,\ 10)(6,\ 8)(9,\ 6)(12,\ 4)(15,\ 2)$

【88】 (1)12％の食塩水：$\dfrac{12x}{100}$ g

8％の食塩水：$\dfrac{8y}{100}$ g

(2)12％の食塩水：100g

8％の食塩水：300g

〈解説〉

(1)12％の食塩水，$\dfrac{12x}{100}$ g

8％の食塩水，$\dfrac{8y}{100}$ g

(2)9％の食塩水400gには

$\dfrac{9}{100} \times 400 = 36$g

の食塩が含まれている。

(1)より

$\dfrac{12x}{100} + \dfrac{8y}{100} = 36$…①

$x + y = 400$…②

①より

$3x+2y=900$…③

②×3より

$3x+3y=1200$…④

③④の連立方程式を解くと

$x=100,\ y=300$

よって，12％の食塩水100g，8％の食塩水300g。

【89】 (1)$-\frac{3}{8}x^4y^2$ (2) $(x-y)(x-y-z)$

(3)$0\leqq y\leqq 2$ (4)$\frac{1}{6}$

〈解説〉

(1)与式$=12x^3y^4\times\frac{1}{32x^5y^5}(-x^6y^3)$

$=-\frac{3}{8}x^4y^2$

(2)与式$=(x-y)^2-z(x-y)$

$=(x-y)(x-y-z)$

(3)$x=2,\ y=2$を代入すると

$2=4a$

$a=\frac{1}{2}$

$y=\frac{1}{2}x^2$のグラフを描くと図のようになる。

$-1\leqq x\leqq 2$のときのyの変域は，グラフより

$0\leqq y\leqq 2$

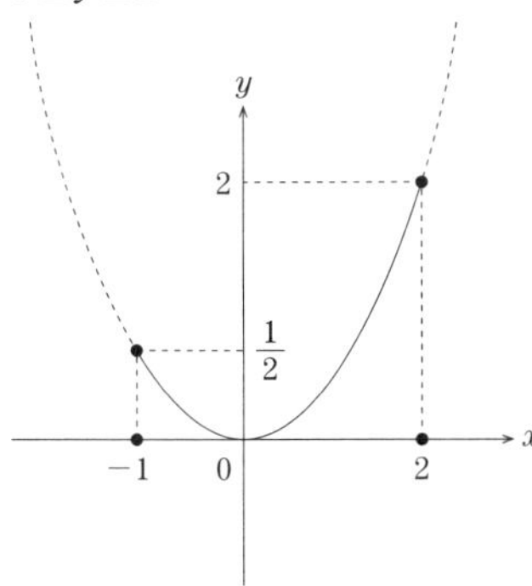

(4)出た目の数の絶対値の差が3になるのは

(1，4)(2，5)(3，6)(4，1)(5，2)(6，3)

の6通りである。

全体の目の出方は，6×6＝36通りなので，

求める確率は，

$\frac{6}{36}=\frac{1}{6}$

【90】 (1)食塩の量：5g，水の量：95g (2)$95+x$g

(3)$x=5.5$g

〈解説〉

(1)塩の量は，$100\times\frac{5}{100}=5$g

水の量は，$100-5=95$g

(2)水の量は変わらないので，食塩水の量は

$95+x$g

(3)$\frac{x}{95+x}=\frac{5.5}{100}$

$100x=95\times5.5+5.5x$

$x\fallingdotseq 5.52$

よって，$x=5.5$g

【91】 (1)$\frac{3}{2}t$分 (2)分速357.1m

〈解説〉

(1)速さ(v)×時間(t) より

$vt=5$…①

上り坂を走る時間をxとすると，①より

$\frac{2}{3}vx=5$

$x=\frac{15}{2v}=\frac{15}{2\times\frac{5}{t}}=\frac{3}{2}t$分

(2)前半の5kmがt分，後半の5kmが(1)の$\frac{3}{2}t$分より

$t+\frac{3}{2}t=35$

$\frac{5}{2}t=35$

$t=14$

5km＝5000m

①より

$v=\frac{5000}{14}=357.14\cdots$

よって，分速357.1mで走る必要がある。

【92】 (1)35 (2)24^2 (3)1 (4)5 (5)1 (6)−101

(7)43 (8)$-\frac{19}{3}$

〈解説〉

(2)与式$=(11+13)^2$

$=24^2$

(3)与式$=\frac{3\times6+3\times3+3\times2}{24}-\frac{375}{1000}$

$=\frac{33}{24}-\frac{3}{8}$

$=\frac{11}{8}-\frac{3}{8}$

$=1$

(4)与式$=\sqrt{9+12+4}$

$=\sqrt{25}$

$=5$

(5)与式$=\frac{5}{11}\times\frac{5}{9}\times\frac{11}{5}\times\frac{9}{5}$

$=1$

(6)与式$=(-8)\times7-9\times5$

$=-56-45$

$=-101$

(7)与式$=(9-16)^2-(8-7)\times6$

$=(-7)^2-1\times6$

$=49-6$

$=43$

(8)与式$=\left\{\left(\frac{5-22}{4}\right)\times\frac{3}{2}+\frac{1}{4}\right\}-\frac{5}{24}$

$=\left(-\frac{17}{4}\times\frac{3}{2}+\frac{1}{4}\right)-\frac{5}{24}$

$=-\frac{51}{8}+\frac{1}{4}-\frac{5}{24}$

$=\frac{-153+6-5}{24}$

$=\frac{-152}{24}$

$=-\frac{19}{3}$

【93】 (1)$\frac{1}{32}$ (2)$\frac{3}{32}$

〈解説〉

(1)各々が表になる確率は$\frac{1}{2}$なので，求める確率は

$\left(\frac{1}{2}\right)^5=\frac{1}{32}$

(2) 1枚の50円が表になる場合なので，下記の3通りである。

100円(裏)―100円(裏)＜ 50円㊤―50円(裏)―50円(裏) / 50円(裏)―50円㊤―50円(裏) / 50円(裏)―50円(裏)―50円㊤

求める確率は

$\frac{3}{2^5}=\frac{3}{32}$

【94】 (1)6 (2)$\frac{9}{49}$ (3)$72x^3$ (4)$2\sqrt{2}$ (5)$4-2\sqrt{3}$

(6)$ab+a-b-1$

〈解説〉

(4)与式$=\sqrt{16\times2}-\sqrt{4\times2}$

$=\sqrt{4^2\times2}-\sqrt{2^2\times2}$

$=4\sqrt{2}-2\sqrt{2}$

$=2\sqrt{2}$

(5)与式$=\sqrt{3}^2-2\sqrt{3}+1^2$

$=4-2\sqrt{3}$

(6)与式$=ab+a-b-1$

【95】 (1)$x=\frac{21}{2}$ (2)$x=-5$ (3)$x=4,\ -2$

(4)$x=-3,\ y=2$ (5)$x\geqq2$ (6)$x=6,\ 4$

〈解説〉

(1)$x:9=7:6$

$6x=9\times7$

$x=\frac{21}{2}$

(2)$2x+9=3x+14$

$2x-3x=14-9$

$-x=5$

$x=-5$

(3)$x^2-2x-8=0$

$(x-4)(x+2)=0$

$x=4,\ -2$

(4)$\begin{cases}3x+y=-7\cdots①\\ x-2y=-7\cdots②\end{cases}$

①×2＋②よりxを求める。

$x=-3\cdots$③

③を①に代入してyを求める。

$3\times(-3)+y=-7$

$y=2$

$x=-3,\ y=2$

(5)$3\leqq\frac{3}{2}x$

$2\leqq x$

$x\geqq2$

(6)$x-5=\pm1$

$x=6,\ 4$

(参考)

絶対値の外し方

$|A|=1$

$A=\pm1$

【96】 144

〈解説〉

$16=2^4,\ 18=3^2\times2$

最小公倍数は，$2^4\times3^2=144$

【97】 0.5冊

〈解説〉

中央値とはデータを小さい順（または大きい順）に並べたとき，真ん中にくる数字のこと。データの個数が偶数のときは，真ん中の2つの数字をたして2で割ったものが中央値にな

る。

冊数の少ない順にすべてのデータを並べると

0 0 0 0 0 0 0 0 0 0 1 1 1 2 2 3 3 3 3 3

となり，真ん中の2つの10番，11番は0と1。

データの数が偶数個なので，中央値は

$\frac{0+1}{2}=0.5$冊

【98】 $\frac{9}{16}\pi\ \mathrm{cm}^3$

〈解説〉

$V=\frac{4}{3}\pi\times\left(\frac{3}{4}\right)^3$

$=\frac{4}{3}\pi\times\frac{3^3}{4^3}$

$=\frac{9}{16}\pi\ \mathrm{cm}^3$

【99】 (1)C(0, −3) (2)A(−3, 0)，B(6, 9)

(3)$y=5x-3$

〈解説〉

(1)$y=\frac{1}{3}x^2-3$で，$x=0$とすると

$y=-3$

∴C(0, −3)

(2)$\begin{cases} y=\frac{1}{3}x^2-3 \\ y=x+3 \end{cases}$

これらを解くと

$\frac{1}{3}x^2-3=x+3$

$x^2-3x-18=0$

$(x-6)(x+3)=0$

$x=6,\ -3$

よって，A(−3, 0)，B(6, 9)

(3)点A，Bの中点と点Cを通る直線の式を求める。

2点A，Bの中点Dを求めると

$D\left(\frac{-3+6}{2}, \frac{0+9}{2}\right)=\left(\frac{3}{2}, \frac{9}{2}\right)$

2点C(0, 3)，$D\left(\frac{3}{2}, \frac{9}{2}\right)$を通る直線の式を，

$y=ax+b$とすると

$\begin{cases} -3=b \\ \frac{9}{2}=\frac{3}{2}a+b \end{cases}$

これらを解いて

$a=5,\ b=-3$

よって，求める式は

$y=5x-3$

【100】 (1)12 (2)$\frac{1}{20}$ (3)24 (4)2 (5)$\sqrt{5}$ (6)−10

(7)$4a$ (8)−12 (9)900

〈解説〉

(1)$15+(8-11)$

$=15-3$

$=12$

(2)$\frac{4}{5}-\frac{3}{4}$

$=\frac{16}{20}-\frac{15}{20}$

$=\frac{1}{20}$

(3)$15+(-3)^2$

$=15+9$

$=24$

(4)$\sqrt{36}-4$

$=6-4$

$=2$

(5)$\sqrt{3}\times\sqrt{15}-\sqrt{20}$

$=\sqrt{45}-\sqrt{20}$

$=\sqrt{3^2\times5}-\sqrt{2^2\times5}$

$=3\sqrt{5}-2\sqrt{5}$

$=\sqrt{5}$

(6)$\sqrt{28}\div\sqrt{7}-(2\sqrt{3})^2$

$=\sqrt{4}\times\sqrt{7}\div\sqrt{7}-(2\sqrt{3})^2$

$=\sqrt{4}-2^2\times3$

$=2-12$

$=-10$

(7)$(a-3)^2-(a-1)(a-9)$

$=(a^2-6a+9)-(a^2-10a+9)$

$=4a$

(8)$196\times204-202\times198$

$=(200-4)\times(200+4)-(200+2)\times(200-2)$

$=200^2-4^2-(200^2-2^2)$

$=-16+4$

$=-12$

(9)$38^2-2\times38\times8+8^2$

$=(38-8)^2$

$=30^2$

$=900$

【101】 (1)5 (2)1 (3)$x=7$

〈解説〉

(1)$\frac{-3+8+9.5}{3}=\frac{14.5}{3}\fallingdotseq4.83$

よって，【−3, 8, 9.5】=5

(2)$\frac{\sqrt{2}+\sqrt{2}+\sqrt{2}}{3}=\sqrt{2}=1.414\cdots$

よって，【$\sqrt{2}, \sqrt{2}, \sqrt{2}$】$=1$

(3)$\frac{-1+4+x}{3}=1+\frac{x}{3}$

3つの数の平均が，小数点以下を四捨五入して3になるので，次の不等式が立てられる。

$3<1+\frac{x}{3}<4$

$6<x<9$

$x=7$のとき，平均は，3.3…

$x=8$のとき，平均は，3.6…

よって，$x=7$

【102】 (1)$2a$ (2)$\frac{72}{5}$ (3)EF：FD＝7：11

〈解説〉

(1)△ABEはAB＝BEの二等辺三角形なので

∠EAB＝∠AEB＝$90°-a$

よって

$(90°-a)+(90°-a)+\angle ABE=180°$

∠AEB＝$2a$

(2)BからAEにおろした垂線の足をHとすると

∠ABH＝aなので

△ABC∽△AHB

12：AH＝20：12

20AH＝144

AH＝$\frac{36}{5}$

よって

AE＝2×AH

＝$\frac{72}{5}$

(3)∠AEB＋∠FEB＋∠FEC＝180°

$(90°-a)$ ＋90°＋∠FEC＝180°

∠FEC＝a

Fから線分ECにおろした垂線の足をH′とすると

△FH′E∽△ABC

よって

H′E：EF＝16：20

(2)より

H′E＝$\frac{1}{2}\left(20-\frac{72}{5}\right)$

＝$\frac{14}{5}$

16EF＝$20\times\frac{14}{5}$

EF＝$\frac{7}{2}$

よって

EF：FD＝$\frac{7}{2}:\left(9-\frac{7}{2}\right)$

＝7：11

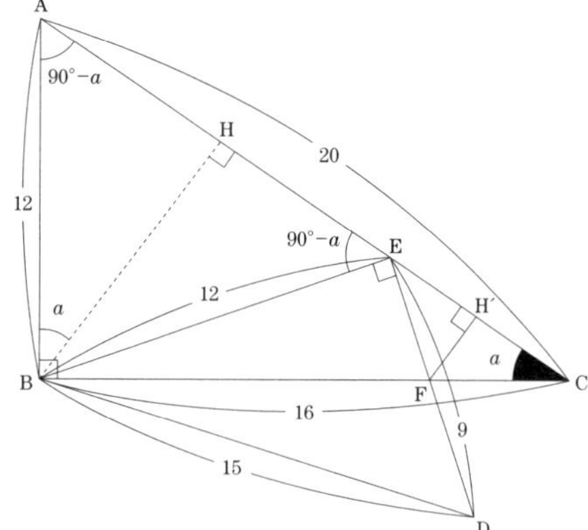

【103】 (1)6 (2)42 (3)$\frac{a}{3}$ (4)$7x-6y$ (5)$4xy$ (6)18

〈解説〉

(3)$2a-\frac{5}{3}a=\frac{6a-5a}{3}=\frac{a}{3}$

(4) $(21x-18y)\times\frac{1}{3}$

$=3\times(7x-6y)\times\frac{1}{3}$

$=7x-6y$

(5) $(x+y)^2-(x-y)^2$

$=x^2+2xy+y^2-(x^2-2xy+y^2)$

$=4xy$

(6)$\sqrt{12}\times\sqrt{27}$

$=\sqrt{2^2\times3}\times\sqrt{3^2\times3}$

$=2\sqrt{3}\times3\sqrt{3}$

$=2\times3\times3$

$=18$

【104】 $\frac{3}{5}$

〈解説〉

白$_1$，白$_2$，白$_3$，赤$_1$，赤$_2$と番号をつける。

すべての選び方は

(白$_1$，白$_2$)(白$_1$，白$_3$)(白$_2$，白$_3$)(白$_1$，赤$_1$)(白$_1$，赤$_2$)(白$_2$，赤$_1$)(白$_2$，赤$_2$)(白$_3$，赤$_1$)(白$_3$，赤$_2$)(赤$_1$，赤$_2$)の10通り。

このうち白が1つ，赤が1つとなるのは，6通りあるので，求める確率は

$\frac{6}{10}=\frac{3}{5}$

【105】 $x=55°$，$y=100°$

〈解説〉

図参照。

$\angle$BOCは弧BCの中心角なので

$\angle BOC=2\times35°=70°$

$\triangle$OBCはOB＝OCの二等辺三角形より

$x+x+70°=180°$

$2x=110°$

$x=55°$

四角形ABCDは，円に内接するので対角の和は180°

$y+25°+55°=180°$

$y=100°$

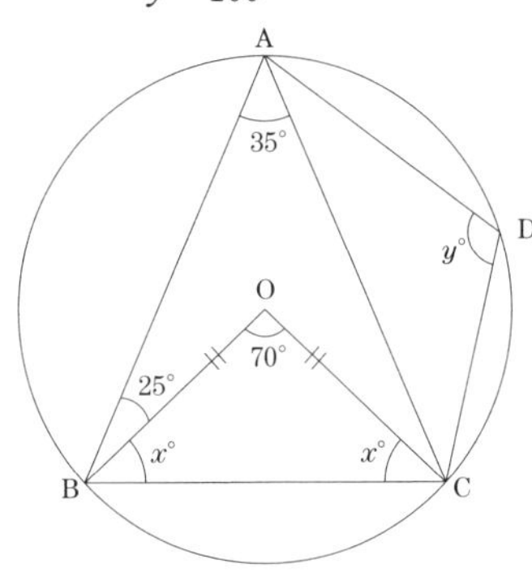

【106】 (1)$a=9$ (2)$0\leqq y\leqq 81$ (3)-9

〈解説〉

(1)$x=\dfrac{1}{3}$のとき，$y=1$なので

$1=a\times\left(\dfrac{1}{3}\right)^2$

$a=9$

(2)$x=3$のとき，$y=9\times3^2=81$

$x=-1$のとき，$y=9\times(-1)^2=9$

よってyの変域は，$0\leqq y\leqq 81$

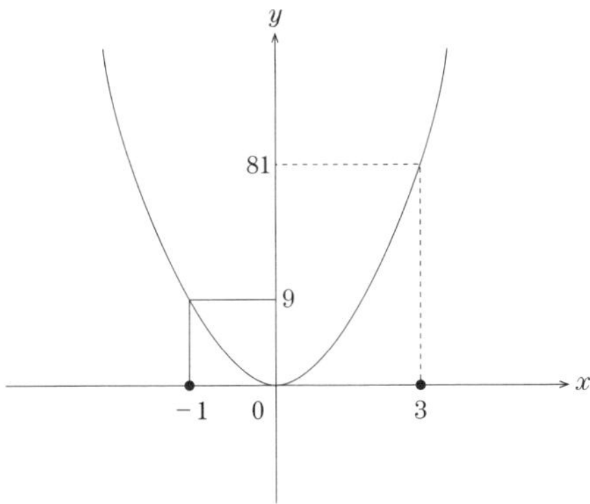

(3)$x=-2$のとき，$y=9\times(-2)^2=36$

$x=1$のとき，$y=9\times1^2=9$

変化の割合＝$\dfrac{y\text{の増加量}}{x\text{の増加量}}$より

$\dfrac{9-36}{1-(-2)}=-\dfrac{27}{3}=-9$

【107】 (1)円すい

(2)体積12π cm^3，表面積24π cm^2

〈解説〉

(2)円すいの体積を求める公式は

体積＝底面積×高さ×$\dfrac{1}{3}$

求める体積は

$V=\dfrac{1}{3}\times\pi\times3^2\times4=12\pi$ cm^3

(3)この立体の展開図は，図の様になる。

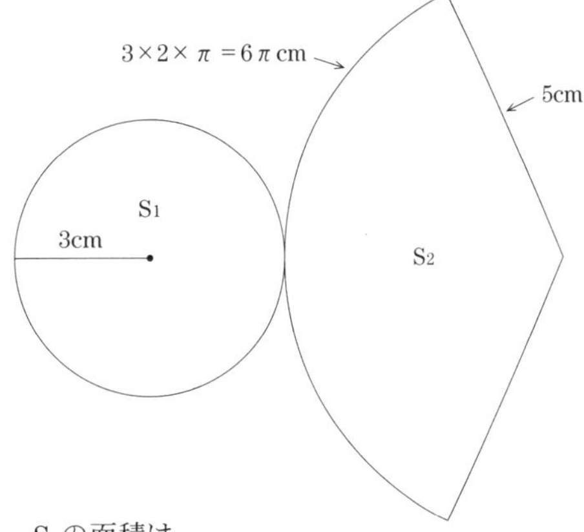

S_1の面積は

$S_1=\pi\times3^2=9\pi$ cm^2

S_2の面積は，半径5cmの円の周の長さに対するS_2の弧の長さの割合から求める。

半径5cmの円の周の長さは

$5\times2\times\pi=10\pi$ cm

S_2の弧の長さは，S_1の周の長さと同じなので

$3\times2\times\pi=6\pi$ cm

よって，S_2の面積は

$S_2=\dfrac{6\pi}{10\pi}\times\pi\times5^2$

$=15\pi$ cm^2

求める表面積Sは

$S=S_1+S_2=9\pi+15\pi=24\pi$ cm^2

【108】 (1)5g (2)25g

〈解説〉

(1)$100\times\dfrac{5}{100}=5$g

(2)加える水の量をxgとすると全体の量は

$100+x$

これが4%の食塩水になるので

$$\frac{5}{100+x}=\frac{4}{100}$$

$5\times100=4\ (100+x)$

$500=400+4x$

$4x=100$

$x=25$g

【109】 (1)1.1倍 (2)454.5m

〈解説〉

(1)Aの速さをV_1，Bの速さをV_2，Bが追い付いた時間をt_1とすると

$V_1t_1=4000$，$V_2t_1=4400$

$t_1=\dfrac{4000}{V_1}$，$t_1=\dfrac{4400}{V_2}$

t_1を消去すると

$$\frac{4000}{V_1}=\frac{4400}{V_2}$$

$$\frac{V_2}{V_1}=\frac{4400}{4000}=1.1倍$$

(2)(1)よりAの速さをV_1とすると，Bの速さは$1.1V_1$となる。

Bがゴールした時間をt_2とすると

$1.1V_1t_2=5000$……①

このときAが走っている距離をXとすると

$V_1t_2=X$……②

①，②より

$1.1X=5000$

$X=\dfrac{5000}{1.1}\fallingdotseq4545.45$

よって，$5000-4545.45\fallingdotseq454.5$m

【110】 (1)$\angle BAM=30^\circ$，$\angle BAC=90^\circ$

(2)$AB=\sqrt{3}$，$\triangle ABM$の面積$\dfrac{\sqrt{3}}{4}$

〈解説〉

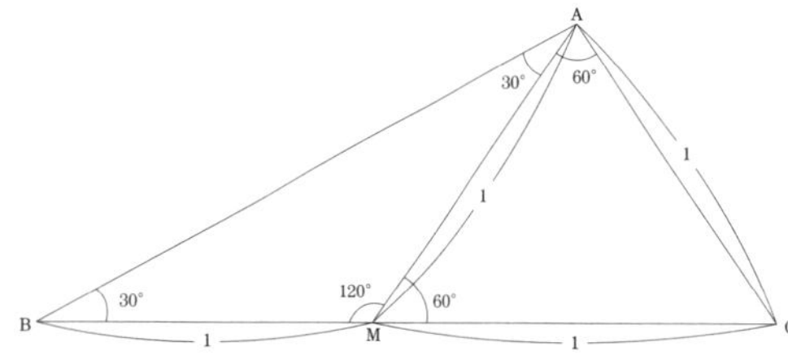

(1)$\triangle AMC$は正三角形なので

$\angle AMC=60^\circ$

$\angle AMB=180^\circ-60^\circ=120^\circ$

$\triangle AMB$は二等辺三角形なので

$\angle MBA=\dfrac{1}{2}\times(180^\circ-120^\circ)=30^\circ$

よって，$\angle BAM=30^\circ$，$\angle BAC=90^\circ$

(2)$\triangle CBA$は$\angle BAC=90^\circ$の直角三角形なので三平方の定理より

$AC^2+AB^2=BC^2$

$1^2+AB^2=2^2$

$AB=\sqrt{3}$

$\triangle ABM=\dfrac{1}{2}\triangle ABC$なので

$$\frac{1}{2}\times\frac{1}{2}\times\sqrt{3}\times1=\frac{\sqrt{3}}{4}$$

【111】 (1)①$\dfrac{27}{5}$ (2)②$\dfrac{49}{45}$ (3)③$2+\sqrt{3}$

(4)④1 ⑤1 (5)⑥$\sqrt{2}$ ⑦$\sqrt{3}$

〈解説〉

(1) $(-2)-3\div5+2\times4$

$=-2-\dfrac{3}{5}+8$

$=6-\dfrac{3}{5}$

$=\dfrac{27}{5}$

(2)$\dfrac{3}{5}+\dfrac{2}{3}\times\dfrac{4}{5}+\dfrac{1}{9}\times\dfrac{-2}{5}$

$=\dfrac{3}{5}+\dfrac{8}{15}-\dfrac{2}{45}$

$=\dfrac{27+24-2}{45}$

$=\dfrac{49}{45}$

(3)$\dfrac{1}{(\sqrt{3}-1)^2}$

$=\dfrac{1}{3-2\sqrt{3}+1}$

$=\dfrac{1}{4-2\sqrt{3}}$

$=\dfrac{4+2\sqrt{3}}{(4-2\sqrt{3})(4+2\sqrt{3})}$

$=\dfrac{4+2\sqrt{3}}{16-4\times3}$

$=\dfrac{4+2\sqrt{3}}{4}$

$=\dfrac{2+\sqrt{3}}{2}$

(4)$2x^2-3x+1$

$=(2x-1)(x-1)$

(5)$2x^2-(\sqrt{2}+2\sqrt{3})x+\sqrt{6}$

$=(2x-\sqrt{2})(x-\sqrt{3})$

【112】 ①－または－1 ②2

〈解説〉

求める直線の式を$y=ax+b$とすると，

(1，1)(−3，5) を通るので

$$\begin{cases} 1=a+b\cdots\cdots① \\ 5=-3a+b\cdots\cdots② \end{cases}$$

①−②よりaを求めると

$-4=4a$

$a=-1\cdots\cdots③$

①に③を代入してbを求める。

$b=2$

よって，$y=-x+2$

【113】 90

〈解説〉

次郎が出発してx分後に太郎に追い付くとする。距離＝速さ×時間を使い，太郎の走った距離を分速に直して式を立てると

$\frac{4}{60}\times 45+\frac{4}{60}x$

これが追い付いた次郎の走った距離でもあるので

$\frac{4}{60}\times 45+\frac{4}{60}x=\frac{6}{60}x$

$180+4x=6x$

$x=90$分後

【114】 57

〈解説〉

3時間10分＝190分，4時間＝240分

1分間に72滴を190分ですべて落としたので，総滴数は

72×190

これを240分で落とせばよい。

$72\times\frac{190}{240}=57$滴

【115】 $6\sqrt{21}$

〈解説〉

図参照。ABは，この円の直径より

$15\times 2=30$

△ABCで，三平方の定理より

$AC^2+12^2=30^2$

$AC^2=756$

$AC>0$より

$AC=\sqrt{756}$

$=\sqrt{36\times 21}$

$=6\sqrt{21}$ cm

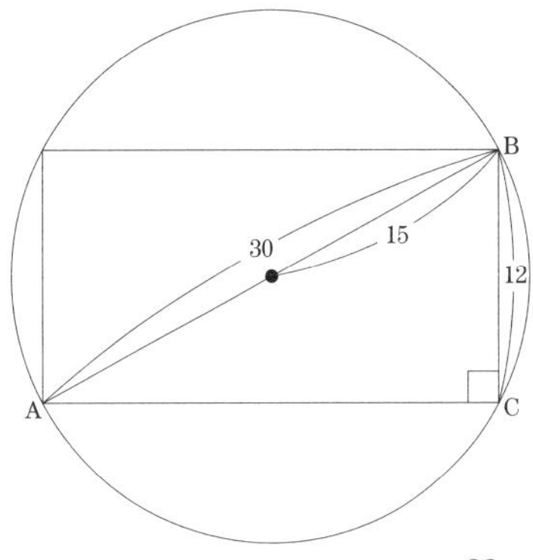

【116】 (1)238 (2)1.82 (3)45.682 (4)$\frac{22}{15}$ (5)1 (6)$\frac{5}{6}$

〈解説〉

(4)$4\frac{2}{5}\div 3$

$=\frac{22}{5}\times\frac{1}{3}$

$=\frac{22}{15}$

(5)$12\times\left(\frac{3}{4}-\frac{2}{3}\right)$

$=12\times\frac{3}{4}-12\times\frac{2}{3}$

$=9-8$

$=1$

(6)$7\div 10+2\div 15$

$=\frac{7}{10}+\frac{2}{15}$

$=\frac{21}{30}+\frac{4}{30}$

$=\frac{25}{30}$

$=\frac{5}{6}$

【117】 (1)$x=\frac{40}{3}$ (2)$x=-2$ (3)$x=-\frac{4}{3}$ (4)$x=-3$，$y=4$ (5)$x=3$，-18 (6)$x\leqq 4$

〈解説〉

(1)$8:3=x:5$

$3x=40$

$x=\frac{40}{3}$

(2)$2(7-x)=18$

$7-x=9$

$x=-2$

(3)両辺に12を掛けると

$12\left(\frac{x}{4}+\frac{5}{6}\right)=12\times\frac{1}{2}$

$3x+10=6$

$x=-\frac{4}{3}$

(4)$\begin{cases} x+2y=5\cdots① \\ 2y=-3x-1\cdots② \end{cases}$

$2y$を消去すると

$x-3x-1=5$

$-2x=6$

$x=-3\cdots③$

③を①に代入してyを求める。

$-3+2y=5$

$2y=8$

$y=4$

$x=-3,\ y=4$

(5)$x^2+15x-54=0$

$(x+18)(x-3)=0$

$x=3,\ -18$

(6)$3-2x\geqq-5$

$-2x\geqq-5-3$

$2x\leqq5+3$

$x\leqq4$

【118】 13

〈解説〉

$a=-3$を代入すると

$(-3)^2-8\times(-3)-20$

$=9+24-20$

$=13$

【119】 20本

〈解説〉

図参照。Aから5本，Bから5本，Cから4本，Dから3本，Eから2本，Fから1本の合計20本

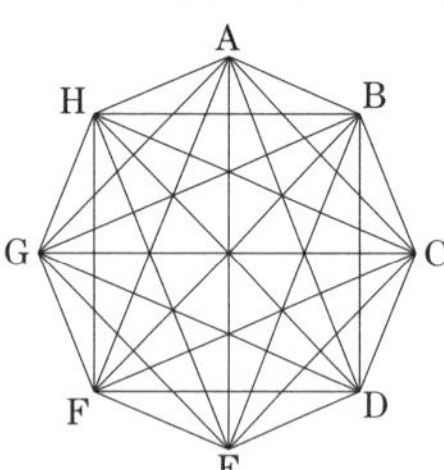

【120】 人口密度が高いのはT町で，99人／km²

〈解説〉

S市の人口密度は

$\frac{29262}{438.79}\fallingdotseq66.7$人／km²

T町の人口密度は

$\frac{10071}{102.11}\fallingdotseq98.6$人／km²

よって，人口密度が高いのはT町で99人／km²

【121】 (1)$\frac{ab}{100}$ (2)4.8% (3)400g

〈解説〉

(1)$b\times\frac{a}{100}=\frac{ab}{100}$

(2)$\frac{10}{200+10}=\frac{1}{21}=0.0476\cdots$

$0.048\times100=4.8\%$

(3)6%の食塩水400gに含まれる食塩の量は

$400\times\frac{6}{100}=24$g

加える水の量をxgとして，3%になる食塩水の式を立てると

$\frac{24}{400+x}=\frac{3}{100}$

$2400=1200+3x$

$x=400$g

【122】 (1)(3, −4) (2)A(−1, 12)，B(5, 0)

(3)$x=2$

〈解説〉

(1)式を平方完成すると

$y=(x^2-6x)+5$

$=(x-3)^2+5-9$

$=(x-3)^2-4$

よって，頂点 (3, −4)

(2)$\begin{cases} y=x^2-6x+5 \\ y=-x^2+2x+15 \end{cases}$

yを消去すると

$x^2-6x+5=-x^2+2x+15$

$2x^2-8x-10=0$

$x^2-4x-5=0$

$(x-5)(x+1)=0$

$\therefore x=5,\ -1$

$x=5$のとき

$y=5^2-6\times5+5=0$

$x=-1$のとき

$y=(-1)^2-6\times(-1)+5=12$

よって，A(−1, 12)，B(5, 0)

(3)lとmは，x^2の係数がどちらも1（mは−1）なので，同じ形の放物線である。

y軸に平行な直線で，囲まれた図形を対称にする直線は

$\frac{5-(-1)}{2}=3$より，$x=5-3=2$

$\therefore x=2$

【123】 (1)10 (2)$\frac{5}{6}$ (3)1 (4)-1 (5)$-\sqrt{2}$ (6)1

(7)4 (8)9000 (9)420

〈解説〉

(1)$7-(6-9)$

$=7-(-3)$

$=10$

(2)$\frac{3}{2}-\frac{2}{3}$

$=\frac{9}{6}-\frac{4}{6}$

$=\frac{5}{6}$

(3)$5-(-2)^2$

$=5-4$

$=1$

(4)$\sqrt{16}-\sqrt{25}$

$=\sqrt{4^2}-\sqrt{5^2}$

$=4-5$

$=-1$

(5)$\sqrt{8}-\sqrt{6}\times\sqrt{3}$

$=\sqrt{2^2\times 2}-\sqrt{3^2\times 2}$

$=2\sqrt{2}-3\sqrt{2}$

$=-\sqrt{2}$

(6)$6\sqrt{3}\div\sqrt{12}-(\sqrt{2})^2$

$=6\sqrt{3}\times\frac{1}{\sqrt{2^2\times 3}}-2$

$=6\sqrt{3}\times\frac{1}{2\sqrt{3}}-2$

$=3-2$

$=1$

(7)$(x+4)^2-(x+2)(x+6)$

$=(x^2+8x+16)-(x^2+8x+12)$

$=4$

(8)$3456+6543-37\times 3\times 9$

$=9999-37\times 27$

$=9999-999$

$=9000$

(9)38^2-32^2

$=(38+32)(38-32)$

$=70\times 6$

$=420$

【124】 (1)27通り (2)3通り (3)$\frac{1}{3}$

〈解説〉

(1)グー（G），チョキ（T），パー（P）と表記する。Aがグー（G）を出したときの樹形図を書くと，下記のように9通りの出し方がある。同様にAがT，Pのときも各9通りあるので

$9\times 3=27$通り

A　B　C

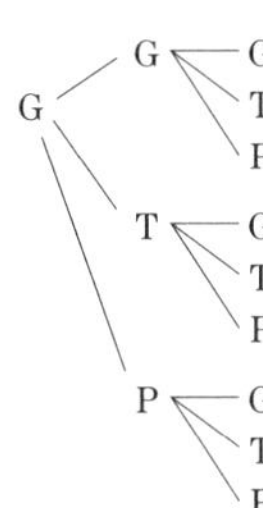

(2)Aだけが勝つのは下記の3通り。

A　B　C

G — T — T

T — P — P

P — G — G

(3)2人が勝つ組み合わせは下記の9通り。

A　B　C

G — P — P

G — G — T

G — T — G

T — G — G

T — T — P

T — P — T

P — T — T

P — P — G

P — G — P

よって，$\frac{9}{27}=\frac{1}{3}$

【125】 (1)22 (2)1800m (3)$y=150x-1500$

(4)4.4分後

〈解説〉

(1)図参照。Lは，$960\div 80=12$分なので，Kのx座標は

$12+10=22$

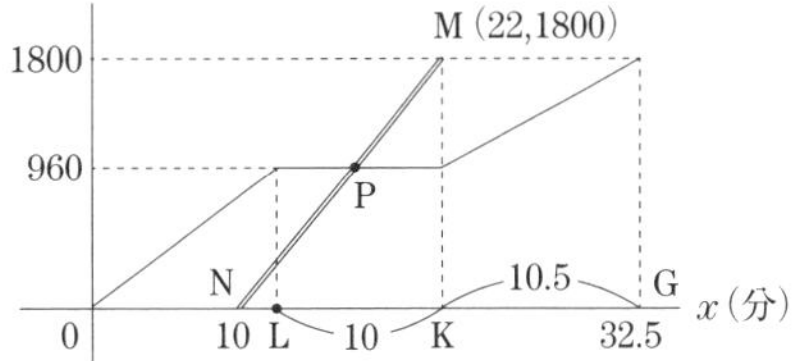

(2)KGは，$32.5-22=10.5$（分）なので，この間の移動距離は

$10.5 \times 80 = 840$m

よって，$960 + 840 = 1800$m

(3)直線の式を$y = ax + b$とすると

N（10，0）を通るので

$0 = 10a + b$……①

M(22，1800)を通るので

$1800 = 22a + b$……②

①，②より

$a = 150$，$b = -1500$

よって，$y = 150x - 1500$

(4)点Pのx座標を求める。

(3)で求めた式に，$y = 960$を代入すると

$960 = 150x - 1500$

$150x = 2460$

$x = 16.4$分

(1)より，A君が公園に着いたのは，家を出発してから12分後なので

$16.4 - 12 = 4.4$分後

【126】 (1)12 (2) $(5x + 3y)(5x - 3y)$ (3)$x = 7$，8
(4)7 (5)$x = 15$，$y = -23$ (6)$x = 21$

〈解説〉

(1)$4 \times (-3) + 3 \times 8$

$= -12 + 24$

$= 12$

(2)$25x^2 - 9y^2$

$= (5x)^2 - (3y)^2$

$= (5x + 3y)(5x - 3y)$

(3)$x^2 - 15x + 56 = 0$

$(x - 7)(x - 8) = 0$

$x = 7$，8

(4)$x^2 + xy + y^2$

$= (x + y)^2 - xy$

$= (\sqrt{2} + 1 + \sqrt{2} - 1)^2 - (\sqrt{2} + 1)(\sqrt{2} - 1)$

$= 8 - (2 - 1)$

$= 7$

(5)$\begin{cases} 5x + 3y = 6 \cdots\cdots ① \\ -3x - 2y = 1 \cdots\cdots ② \end{cases}$

①×2＋②×3よりxを求める。

$x = 15$……③

③を①に代入してyを求める。

$75 + 3y = 6$

$3y = -69$

$y = -23$

$x = 15$，$y = -23$

(6)$4 : (x - 5) = 20 : 80$

$20 \times (x - 5) = 4 \times 80$

$20x - 100 = 320$

$20x = 420$

$x = 21$

【127】 $a = 4$

〈解説〉

$x = 23$を代入すると

$23 - 2a = 3a + 3$

$5a = 20$

$a = 4$

【128】 縦70cm，横30cm

〈解説〉

横の長さをxとすると縦の長さは，$x + 40$

この長方形の周の長さは，2m＝200cmより

$2 \times (x + x + 40) = 200$

$4x + 80 = 200$

$4x = 120$

$x = 30$

よって，縦の長さ70cm，横の長さ30cm

【129】 3本

〈解説〉

緑茶の本数をxとすると

$80 \times 15 + 100x = 1500$

$100x = 1500 - 1200$

$x = 3$

よって，緑茶は3本買える。

【130】 (1)$\frac{5}{36}$ (2)$\frac{1}{4}$

〈解説〉

(1)和が6になるのは

（1，5）（2，4）（3，3）（4，2）（5，1）

の5通り

すべての目の出方は，$6 \times 6 = 36$通りなので

$\frac{5}{36}$

(2)どちらも奇数となるのは

（1，1）（1，3）（1，5）（3，1）（3，3）（3，5）

（5，1）（5，3）（5，5）

の9通り

よって，$\frac{9}{36} = \frac{1}{4}$

【131】 (1)-6 (2)48 (3)$-\frac{1}{2}x$ (4)$2a + 5b$
(5)$-x^2 + 4xy + y^2$ (6)$\sqrt{3}$

〈解説〉

(3)$\frac{5}{2}x - 3x$

$= \frac{5x - 6x}{2}$

$=-\frac{1}{2}x$

(4) $3(a+3b)-(a+4b)$

$=3a+9b-a-4b$

$=2a+5b$

(5) $(x+y)^2-2x(x-y)$

$=(x^2+2xy+y^2)-2x^2+2xy$

$=-x^2+4xy+y^2$

(6) $\sqrt{48}-\sqrt{27}$

$=\sqrt{4^2\times3}-\sqrt{3^2\times3}$

$=4\sqrt{3}-3\sqrt{3}$

$=\sqrt{3}$

【132】 (1)21個　(2)1個

〈解説〉

(1)1辺の円の数が2個のときは全体で3個,

1辺の円の数が3個のときは全体で6個,

1辺の円の数が4個のときは全体で9個,

となるので，全体の個数を求める式は

$(x-1)\times3$

1辺の円の数が8個のときは

$(8-1)\times3=21$個

(2)100以下で，3の倍数最大の整数は99

よって，余る円の個数は

$100-99=1$個

【133】 (1) $a=2$, $b=18$　(2) $y=4x+6$　(3)12cm²

〈解説〉

(1) $y=ax^2$ に，$(x,\ y)=(-1,\ 2)$ を代入して a を求めると

$2=a\times(-1)^2$

$a=2$

$y=2x^2$ に，$x=3$ を代入すると

$y=2\times3^2$

$=18$

$\therefore a=2,\ b=18$

(2)求める直線の式を $y=cx+d$ とすると,

A$(-1,\ 2)$，B$(3,\ 18)$より

$\begin{cases}2=-c+d\cdots①\\18=3c+d\cdots②\end{cases}$

これらを解いて

$c=4,\ d=6$

よって，$y=4x+6$

(3)

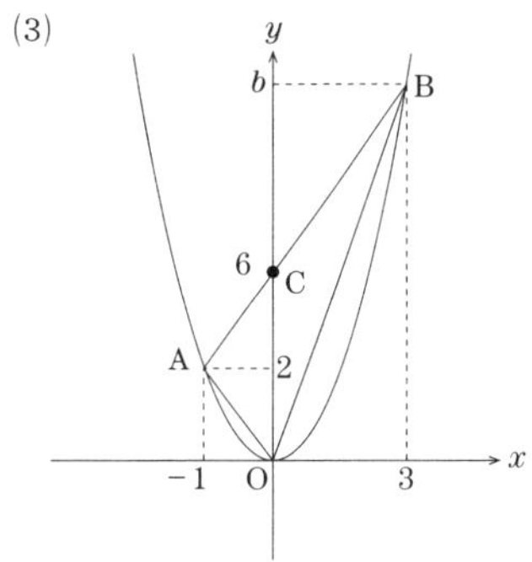

図参照。求める面積は

△OCA＋△OCB

$=\frac{1}{2}\times6\times1+\frac{1}{2}\times6\times3$

$=3+9$

$=12\text{cm}^2$

【134】 $x=108°$，$y=33°$

〈解説〉

xは，円周角が54°の弧の中心角なので

$x=54°\times2=108°$

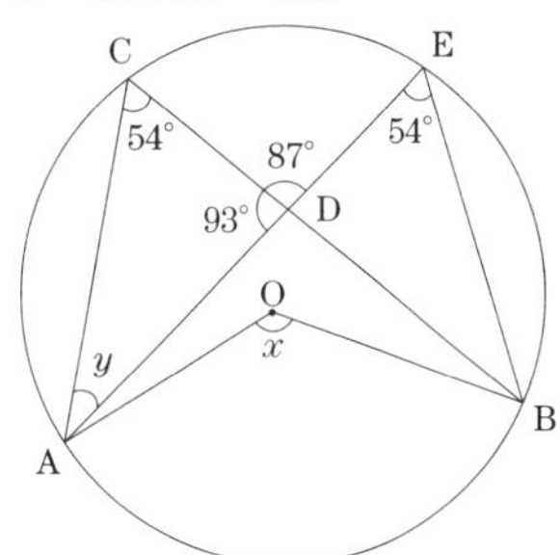

図のようにA，B，C，D，Eをとると

$\angle ACB=\angle AEB=54°$

$\angle ADC=180°-87°=93°$

△ADCに着目すると

$54°+93°+y=180°$

$\therefore y=33°$

【135】 (1)243390　(2)69

〈解説〉

(1) $854\times285=243390$

```
    854
×   285
-------
   4270
  6832
 1708
-------
 243390
```

(2) $57684\div836=69$

$$\begin{array}{r} 69 \\ 836\,\overline{)\,57684} \\ -)\ \underline{5016} \\ 7524 \\ -)\ \underline{7524} \\ 0 \end{array}$$

【136】 (1)$x=7$ (2)$x=5$, $y=7$

〈解説〉

(1)$3(3x+5)=7x+29$

$9x+15=7x+29$

$2x=14$

$x=7$

(2)$\begin{cases} x+3y=5y-2x+1 \cdots ① \\ 2x+y=3x+2 \cdots ② \end{cases}$

①より，$3x-2y=1 \cdots ①'$

②より，$-x+y=2 \cdots ②'$

①′＋②′×2よりxを求める。

$x=5$

②′に代入してyを求める。

$y=2+5=7$

$\therefore x=5$, $y=7$

【137】 6.4%

〈解説〉

800mlの8%食塩水に含まれる食塩の量は

$800 \times 0.08 = 64$g

$64 \div (800+200) = 0.064$

$0.064 \times 100 = 6.4$

∴6.4%

【138】 (1)11個 (2)$y=\dfrac{10}{x}$

(3)平均値58.625，中央値53.5

(4)(2, 6)(3, 5)(4, 4)(5, 3)(6, 2)の5通り

〈解説〉

(3)平均値は，データの総和をデータの個数(人数)で割ればよいので

$\dfrac{1}{8}(51+37+76+67+51+45+86+56)$

$=\dfrac{1}{8} \times 469$

$=58.625$

中央値とはデータを小さい順(または大きい順)に並べたとき，真ん中にくる数字のこと。データの個数が偶数のときは，真ん中の2つの数字をたして2で割ったものが中央値になる。

4番目の値が51，5番目の値が56なので

$\dfrac{51+56}{2}=53.5$

【139】 (1)2 (2)Q(2, 3)，$a=\dfrac{3}{4}$

〈解説〉

(1)線分の長さの比が，PO：OR＝1：2より

P$(-b, 0)$，R$(2b, 0)$とおける。$(b>0)$

Pは，$y=x+1$上にあるので

$0=-b+1$

$b=1$

よって，R(2, 0)

(2)(1)より，Qのx座標は2なので，$y=x+1$に代入して

$y=2+1=3$

よって，Q(2, 3)

$y=ax^2$に代入してaを求める。

$3=4a$

$a=\dfrac{3}{4}$

【140】 (1)AQ$=\sqrt{3}$，△ABCの面積$=\sqrt{3}$

(2)S$=\sqrt{3}-\dfrac{1}{2}\pi$

〈解説〉

(1)3つの円は半径が1より

AB＝BC＝CA＝2

よって，△ABCは正三角形。

△ABQに着目して，三平方の定理より

AB：AQ$=2:\sqrt{3}$

2：AQ$=2:\sqrt{3}$

AQ$=\sqrt{3}$

求める面積は

$\dfrac{1}{2} \times 2 \times \sqrt{3} = \sqrt{3}$

(2)この円の1つの面積は

$\pi \times 1^2 = \pi$

∠ABQ$=60°$より

${}_{\mathrm{B}}\overset{\mathrm{P}}{\triangle}_{\mathrm{Q}} = \pi \times \dfrac{60°}{360°} = \dfrac{1}{6}\pi$

求める面積は

$\triangle \mathrm{ABC} - {}_{\mathrm{B}}\overset{\mathrm{P}}{\triangle}_{\mathrm{Q}} \times 3$

$=\sqrt{3}-3 \times \dfrac{1}{6}\pi$

$=\sqrt{3}-\dfrac{1}{2}\pi$

【141】 (1)$x=3$ (2)$x=-11$ (3)$x=3$, $y=1$

(4)$x=0$, 5 (5)$x=\dfrac{-7 \pm \sqrt{29}}{2}$

〈解説〉

(1)$8x+2=3x+17$

$5x=15$

$x=3$

(2)$0.3x+0.2=0.1x-2$

$0.2x=-2.2$

$x=-11$

(3)$\begin{cases} x+2y=5\cdots① \\ 2x-3y=3\cdots② \end{cases}$

①×2−②よりyを求める。

$y=1\cdots③$

③を①に代入してxを求める。

$x=3$

$\therefore x=3,\ y=1$

(4)$x^2-5x=0$

$x(x-5)=0$

$x=0,\ 5$

(5)解の公式を使ってxを求める。

$x=\dfrac{-7\pm\sqrt{7^2-4\times1\times5}}{2\times1}$

$=\dfrac{-7\pm\sqrt{29}}{2}$

【142】 (1)$y=-\dfrac{3}{4}x+\dfrac{17}{4}$ (2)$3(x-5)^2$ (3)9個

(4)$y=\dfrac{2}{5}x^2$ (5)$10a+b$

〈解説〉

(1)求める直線の式を$y=ax+b$とすると

$(-1,\ 5)(3,\ 2)$を通るので

$\begin{cases} 5=-a+b\cdots① \\ 2=3a+b\cdots② \end{cases}$

①−②より，$a=-\dfrac{3}{4}\cdots③$

③を①に代入してbを求める。

$b=\dfrac{17}{4}$

よって，$y=-\dfrac{3}{4}x+\dfrac{17}{4}$

(2)$3x^2-30x+75$

$=3(x^2-10x+25)$

$=3(x-5)^2$

(3)$2^2\leqq\sqrt{n^2}\leqq(2\sqrt{3})^2$

$4\leqq n\leqq12$

$n=4,\ 5,\ 6,\ 7,\ 8,\ 9,\ 10,\ 11,\ 12$

よって，9個

(4)$y=ax^2$とおく。

$10=a\times(-5)^2$

$25a=10$

$a=\dfrac{2}{5}$

よって，$y=\dfrac{2}{5}x^2$

(5)10の位の数は$10a$，1の位の数はbとおけるので，$10a+b$

【143】 (1)①$x=2\sqrt{3}$ ②$y=4\sqrt{3}$

(2)①$x=65°$ ②$y=50°$ (3)12cm^2

〈解説〉

(1)1つの角が30°の直角三角形の辺の比より，

$x:y:6=1:2:\sqrt{3}$

$x:6=1:\sqrt{3}$

$\sqrt{3}x=6$

$x=2\sqrt{3}$

$y:6=2:\sqrt{3}$

$\sqrt{3}y=12$

$y=4\sqrt{3}$

$\therefore x=2\sqrt{3},\ y=4\sqrt{3}$

(2)ABは円Oの中心を通るので

$\angle\text{ACB}=90°$

また，△OACはOA＝OCの二等辺三角形なので

$\angle\text{CAO}=\angle\text{ACO}=25°$

よって，$x=90°-25°=65°$

△OCBは，$\angle\text{OCB}=\angle\text{OBC}$の二等辺三角形より，△OCBにおいて，$y+2\times65°=180°$

よって，$y=50°$

(3)

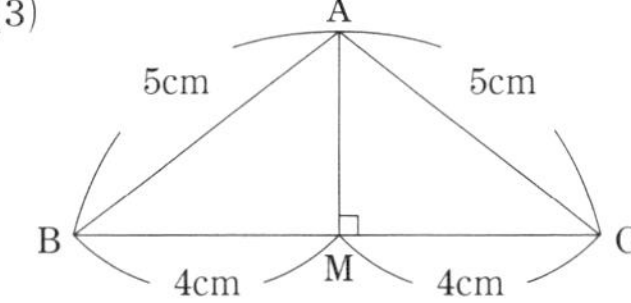

△ABCは二等辺三角形より，上図において

$\text{BM}=\text{CM}=4\text{cm}$

三平方の定理より

$\text{AM}^2+4^2=5^2$

$\text{AM}^2=5^2-4^2$

$=9$

$\text{AM}=3\text{cm}$

よって，求める三角形の面積は

$\dfrac{1}{2}\times8\times3=12\text{cm}^2$

【144】 (1)-11 (2)$5\sqrt{5}-11$ (3)54 (4)$2+\sqrt{3}$

〈解説〉

(1)$4-(-2)\times5\div(-2)\times3$

$=4-(-10)\div(-2)\times3$

$=4-5\times3$

$=-11$

(2)$(2-\sqrt{5})\times(\sqrt{5}-3)$

$=2\sqrt{5}-6-5+3\sqrt{5}$

$=5\sqrt{5}-11$

(3)$\dfrac{3^{19}-(-3)^{18}}{3^{15}}$

$=\dfrac{3^{19}-3^{18}}{3^{15}}$

$=\dfrac{3^{18}(3-1)}{3^{15}}$

$=\dfrac{3^{15}\times 3^{3}\times 2}{3^{15}}$

$=3^{3}\times 2$

$=54$

(4)$\dfrac{\sqrt{3}+3}{3-\sqrt{3}}$

$=\dfrac{(\sqrt{3}+3)(3+\sqrt{3})}{(3-\sqrt{3})(3+\sqrt{3})}$

$=\dfrac{9+6\sqrt{3}+3}{9-3}$

$=\dfrac{12+6\sqrt{3}}{6}$

$=2+\sqrt{3}$

【145】 (1)25　(2)$\dfrac{2}{5}x-2$　(3)$-x+5$　(4)125751

(5)$\dfrac{5}{2}$　(6)(ア)⑦　(イ)②　(ウ)⑥　(エ)③

(7)⑥21　⑦70

〈解説〉

(1)100gの食塩水の濃度をx%とする。

5%の食塩水に含まれる食塩は

$300\times\dfrac{5}{100}=15\text{g}$

x%の食塩水に含まれる食塩は

$100\times\dfrac{x}{100}=x\text{g}$

10%の食塩水に含まれる食塩は

$400\times\dfrac{10}{100}=40\text{g}$

$15+x=40$

$x=25$

よって，25%

(2)求める式は，$y=ax-2$とおける。

(5, 0)を通るので

$0=5a-2$

$a=\dfrac{2}{5}$

よって，$y=\dfrac{2}{5}x-2$

(3)直線の式を$y=-x+b$とおく。

(2, 3)を通るので

$3=-2+b$

$b=5$

よって，$y=-x+5$

(4)

$$\begin{array}{rl} & 1+2+\cdots\cdots+501 \\ +) & 501+500+\cdots\cdots+\ \ 1 \\ \hline & \underbrace{502+502+\cdots\cdots+502}_{501\text{個}} \end{array}$$

よって合計は

$\dfrac{1}{2}\times 501\times 502=125751$

(5)図参照。

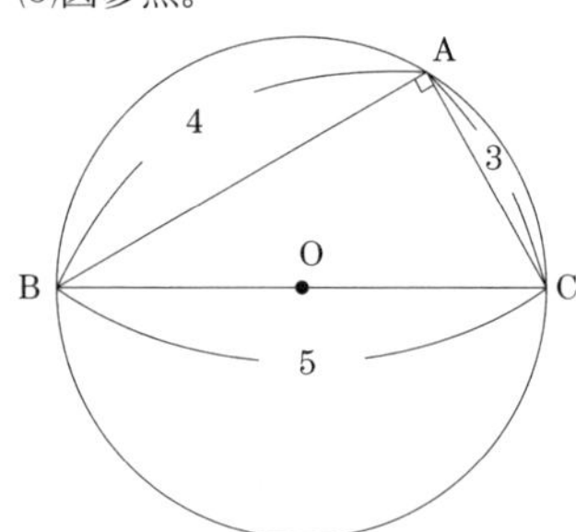

BCは，円Oの中心を通るので半径は

$\dfrac{1}{2}\times 5=\dfrac{5}{2}\text{cm}$

(6)(ア)上に凸の2次関数で，y軸との交点は正なので⑦

(イ)傾きが正，y軸との切片は負の1次関数なので②

(ウ)2点(3, 0)(2, 0)でx軸と交わり，下に凸の2次関数なので⑥

(エ)傾きが負，y軸との切片は正の1次関数なので③

(7)最大公約数が7なので，m, nは7の倍数である。

$m\to 7,\ 14,\ 21,\ 28,\ 35,\ 42,\ 49,\ 56\cdots$

$n\to 7,\ 14,\ 21,\ 28,\ 35,\ 42,\ 49,\ 56\cdots$

$m+n=91$となるのは

(35, 56)(42, 49)(63, 28)(70, 21)(77, 14)(84, 7)

これらの中で最小公倍数が210となるのは，(70, 21)のときである。

$m<n$なので，$m=21$, $n=70$

【146】 (1)$\dfrac{1}{8}$　(2)$\dfrac{11}{18}$　(3)$\dfrac{3}{2}$　(4)1　(5)14

〈解説〉

(1) $\frac{1}{2}-\frac{1}{4}-\frac{1}{8}$

$=\frac{4-2-1}{8}$

$=\frac{1}{8}$

(2) $\frac{1}{3}+\frac{1}{6}+\frac{1}{9}$

$=\frac{6+3+2}{18}$

$=\frac{11}{18}$

(3) $4.125\times0.25\times\frac{16}{11}$

$=\frac{4125}{1000}\times\frac{25}{100}\times\frac{16}{11}$

$=\frac{3}{2}$

(4) $\frac{5}{7}\div\frac{5}{7}$

$=\frac{5}{7}\times\frac{7}{5}$

$=1$

(5) $\sqrt{8}\times\sqrt{49}\div\sqrt{2}$

$=\sqrt{2^2\times2}\times\sqrt{7^2}\div\sqrt{2}$

$=2\sqrt{2}\times7\div\sqrt{2}$

$=14$

【147】 ②

〈解説〉

奇数になるのは下記の12通り。

赤	白
❶	②④
❷	①③⑤
❸	②④
❹	①③⑤
❺	②④

偶数になるのは下記の13通り。

赤	白
❶	①③⑤
❷	②④
❸	①③⑤
❹	②④
❺	①③⑤

よって，A＜B

【148】 (1)花子 (2)6分 (3)分速50メートル

〈解説〉

(1)1周が3.6キロメートル＝3600メートルの正方形の道なので，1辺は

$3600\div4=900$ メートル

太郎が1周に要する時間は，距離÷速さより

$3600\div100=36$ 分

また，秒速1mは分速60mなので、花子が半周に要する時間は

$900\times2\div60=30$ 分

よって，花子が先に戻る。

(2)(1)より，太郎は6分早く出発すればよい。

(3)分速xmとすると

$\frac{1800}{x}=36$

$1800=36x$

$\therefore x=50$m/分

【149】 (1)11 (2) $\frac{1}{15}$ (3) -5 (4) $-\sqrt{2}$ (5)2 (6) $\sqrt{6}-3$ (7)1 (8)78 (9)2800

〈解説〉

(1) $8-(2-5)$

$=8-(-3)$

$=11$

(2) $-\frac{3}{5}+\frac{2}{3}$

$=-\frac{9}{15}+\frac{10}{15}$

$=\frac{1}{15}$

(3) $3\times(-2)-(-1)^3$

$=-6-(-1)$

$=-5$

(4) $\sqrt{32}-\sqrt{50}$

$=\sqrt{4^2\times2}-\sqrt{5^2\times2}$

$=4\sqrt{2}-5\sqrt{2}$

$=-\sqrt{2}$

(5) $\sqrt{35}\times\sqrt{28}\div7\sqrt{5}$

$=\sqrt{7}\times\sqrt{5}\times\sqrt{7}\times\sqrt{4}\div7\sqrt{5}$

$=14\sqrt{5}\div7\sqrt{5}$

$=2$

(6) $(4\sqrt{3}-\sqrt{72})\div2\sqrt{2}$

$=(4\sqrt{3}-\sqrt{36\times2})\div2\sqrt{2}$

$=(4\sqrt{3}-6\sqrt{2})\div2\sqrt{2}$

$=\frac{2\sqrt{3}}{\sqrt{2}}-3$

$=\sqrt{6}-3$

(7) $(x-5)^2-(x-4)(x-6)$
$=(x^2-10x+25)-(x^2-10x+24)$
$=1$
(8) $177\times39-13\times175\times3$
$=39\times(177-175)$
$=39\times2$
$=78$
(9) 64^2-36^2
$=(64+36)(64-36)$
$=100\times28$
$=2800$

【150】 (1)5通り (2)$\dfrac{7}{36}$ (3)$\dfrac{1}{9}$

〈解説〉
(1)目の和が6になるのは
(1, 5), (2, 4), (3, 3), (4, 2), (5, 1)
の5通り。
(2)$\sqrt{a+b}$が整数となるのは
$a+b=4$, $a+b=9$の2通りのときである。
$a+b=4$となるのは
$(a,\ b)=(1,\ 3)(2,\ 2)(3,\ 1)$
$a+b=9$となるのは
$(a,\ b)=(3,\ 6)(4,\ 5)(5,\ 4)(6,\ 3)$
よって, $\sqrt{a+b}$が整数となるのは7通り。
すべての目の出方は$6\times6=36$通りなので,
求める確率は$\dfrac{7}{36}$
(3)a^2-b^2が素数となるのは, a^2-b^2の値が2, 3, 5, 7, 11, 13, ……となるときである。また, a^2-b^2より$a>b$の出目でなければならない。
$a^2-b^2=(a+b)(a-b)$なので
$(a+b)(a-b)=2$となる$(a,\ b)$は存在しない
$(a+b)(a-b)=3$となるのは
$(a,\ b)=(2,\ 1)$のとき
$(a+b)(a-b)=5$となるのは
$(a,\ b)=(3,\ 2)$のとき
$(a+b)(a-b)=7$となるのは
$(a,\ b)=(4,\ 3)$のとき
$(a+b)(a-b)=11$となるのは
$(a,\ b)=(6,\ 5)$のとき
以上の4通りなので求める確率は
$\dfrac{4}{36}=\dfrac{1}{9}$

【151】 (1)$6\sqrt{3}$cm (2)135°
(3)△ABD:△ACD$=1:\sqrt{3}$
〈解説〉
(1)三平方の定理より
$AB^2+AC^2=BC^2$
$AC^2=12^2-6^2$
$=144-36$
$=108$
$AC=\sqrt{108}$
$=6\sqrt{3}$cm
(2)(1)より辺の比が, AB:BC:AC$=1:2:\sqrt{3}$なので, 図は∠B$=60°$, ∠C$=30°$の直角三角形。よって
∠BDC$=180°-(30°+15°)=135°$
(3)

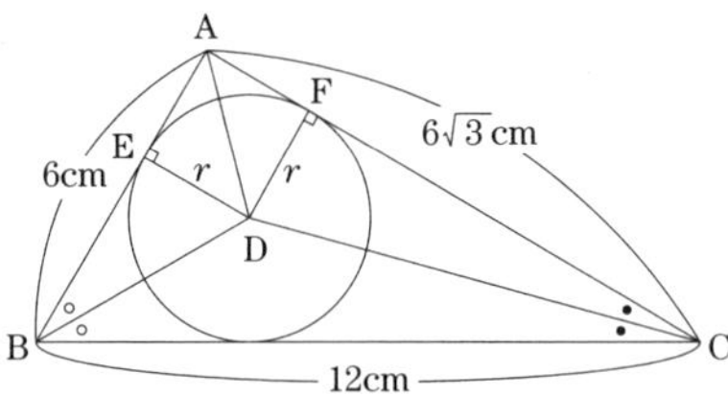

点Dは∠B, ∠Cの二等分線の交点なので, △ABCの内接円の中心である。
図のように, AB⊥DE, AC⊥DFとなる点をとり, この円の半径をrとすると
△ABD$=\dfrac{1}{2}\times6\times r=3r$
△ACD$=\dfrac{1}{2}\times6\sqrt{3}\times r=3\sqrt{3}r$
よって
△ABD:△ACD$=3r:3\sqrt{3}r=1:\sqrt{3}$

【152】 (1)$a=\dfrac{1}{2}$ (2)C(4, 8)
(3)△AOB:△BOC$=2:1$ (4)$32\sqrt{2}\pi$ cm^2
〈解説〉
(1)A$(-2,\ 2)$を通るので
$2=a\times(-2)^2$
$a=\dfrac{1}{2}$
(2)A, Bを通る直線の式を$y=ax+b$とすると
A$(-2,\ 2)$を通るので, $2=-2a+b$…①
B$(2,\ 6)$を通るので, $6=2a+b$…②
①, ②を解くと, $b=4$, $a=1$
よって直線の式は, $y=x+4$
点Cは, $y=\dfrac{1}{2}x^2$と$y=x+4$の交点なので
$\dfrac{1}{2}x^2=x+4$
$x^2-2x-8=0$
$(x-4)(x+2)=0$

$x=4,\ -2$

よって，C(4, 8)

(3)2点間の距離の公式を使って，AB，BCの距離を求める。

$AB=\sqrt{(2+2)^2+(6-2)^2}$

$=\sqrt{32}$

$=4\sqrt{2}$

$BC=\sqrt{(4-2)^2+(8-6)^2}$

$=\sqrt{8}$

$=2\sqrt{2}$

△AOBと△BOCの高さは等しいので

△AOB：△BOC＝$4\sqrt{2}:2\sqrt{2}$

＝2：1

(4)線分ABをx軸に接するまで延長してP点をつくり，x軸の周りに1回転させた図は下記のようになる。

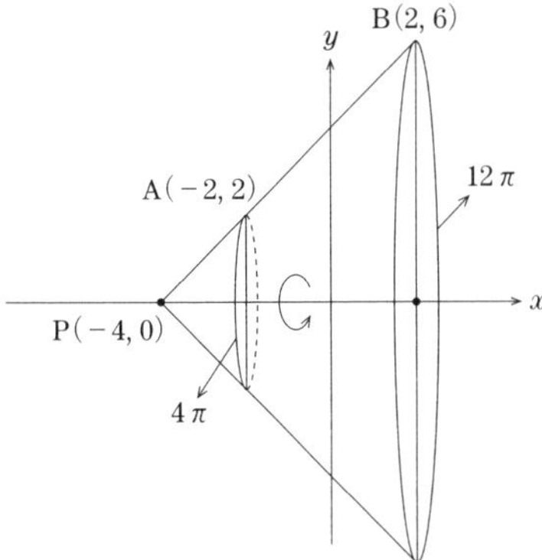

また，線分ABが通過してつくる図形の展開図は次のようになる。

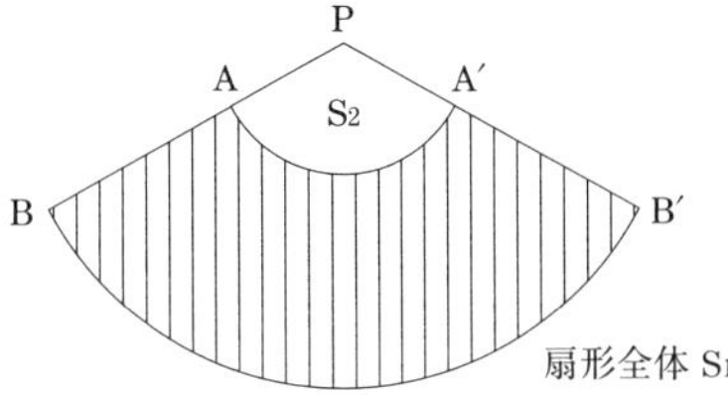

求める面積は，大きな扇形（S_1）から小さな扇形（S_2）をひいた部分の面積。

解法の手順は，まず頂点をPとして点Bが描く円を底面とする円すい，頂点をPとして点Aが描く円を底面とする円すいを考える。これらの円すいの展開図は下記のようになる。

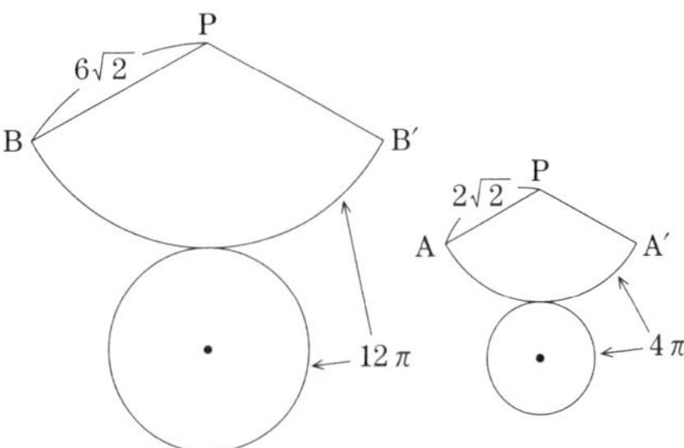

底面の円の円周と扇形の弧の長さは同じになるので，①底面の円周を求める→②扇形の弧の長さとして活用→③扇形の元になっている円の面積と円周を求める→④扇形の元になっている円の円周と扇形の弧の長さを比較→⑤大きな扇形（S_1）より小さな扇形（S_2）をひく，この順序で答えを導く。

点Bが描く円の円周は

$6\times2\times\pi=12\pi$……①

点Aが描く円の円周は

$2\times2\times\pi=4\pi$……②

①はS_1，②はS_2の扇形の弧の長さと同じになる。次に，扇形の元になっている円に着目する。この円の周の長さを求めて，扇形の弧の長さを比較をして，円に対する扇形の大きさ（割合）を出す。

まず円の半径が必要になるので，2点間の距離を求める公式を使って，それぞれの円の半径を求めると

$PB=\sqrt{(2-(-4))^2+(6-0)^2}=6\sqrt{2}$

$PA=\sqrt{(-2-(-4))^2+(2-0)^2}=2\sqrt{2}$

PBを半径とする円の面積は

$(6\sqrt{2})^2\times\pi=72\pi$

PAを半径とする円の面積は

$(2\sqrt{2})^2\times\pi=8\pi$

PBを半径とする円周の長さは

$2\times6\sqrt{2}\times\pi=12\sqrt{2}\pi$

PAを半径とする円周の長さは

$2\times2\sqrt{2}\times\pi=4\sqrt{2}\pi$

よって

$$S_1=\frac{12\pi}{12\sqrt{2}\pi}\times72\pi=36\sqrt{2}\pi$$

$$S_2=\frac{4\pi}{4\sqrt{2}\pi}\times8\pi=4\sqrt{2}\pi$$

求める面積は

$S_1-S_2=32\sqrt{2}\pi\ \mathrm{cm}^2$

【153】 (1)−55 (2)$\frac{9}{10}a+\frac{5}{2}b$ (3)−3

(4) $a=2b-4c$　(5) $2x^2+3x-27$
(6) $(a-4)(a-3)$　(7) $-2\sqrt{3}$　(8) $x=-3$
(9) $x=1,\ y=-8$　(10) $\dfrac{-5\pm\sqrt{17}}{4}$

〈解説〉

(1) 与式 $=9\times(-7)-(-8)$
$=-63+8$
$=-55$

(2) 与式 $=\dfrac{2}{5}a+\dfrac{1}{2}a+2b+\dfrac{1}{2}b$
$=\dfrac{4}{10}a+\dfrac{5}{10}a+\dfrac{4}{2}b+\dfrac{1}{2}b$
$=\dfrac{9}{10}a+\dfrac{5}{2}b$

(3) 与式 $=\dfrac{3ab(a-2b)}{3ab}$
$=a-2b$
$=-2-2\times\dfrac{1}{2}$
$=-3$

(4) $b=\dfrac{a+4c}{2}$
$2b=a+4c$
$a=2b-4c$

(5) 与式 $=(x-3)(x+3+x+6)$
$=(x-3)(2x+9)$
$=2x^2+3x-27$

(7) 与式 $=4\sqrt{3}-3\sqrt{12}$
$=4\sqrt{3}-3\sqrt{4\times3}$
$=4\sqrt{3}-6\sqrt{3}$
$=-2\sqrt{3}$

(8) $5x+4=7x+10$
$5x-7x=10-4$
$-2x=6$
$x=-3$

(9) $\begin{cases} x+y=-7\cdots① \\ 4x-2y=20\cdots② \end{cases}$
②より
$2x-y=10$
$y=2x-10\cdots③$
③を①に代入してxを求めると
$x+2x-10=-7$
$3x=3$
$x=1\cdots④$
④を①に代入してyを求めると
$1+y=-7$
$y=-8$
$\therefore x=1,\ y=-8$

(10) 解の公式を使ってxを求める。
$x=\dfrac{-5\pm\sqrt{5^2-4\times2\times1}}{2\times2}$
$=\dfrac{-5\pm\sqrt{17}}{4}$

【154】 $y=6x+3$

【155】 8

〈解説〉

yがxに反比例するので，$y=\dfrac{a}{x}$とおいて
$x=1,\ y=24$を代入すると
$24=\dfrac{a}{1}$
$a=24$
よって，$y=\dfrac{24}{x}$
$x=3$を代入してyを求めると
$y=\dfrac{24}{3}=8$

【156】 $\dfrac{3}{10}$

〈解説〉

すべての取り出し方は
(1, 2) (1, 3) (1, 4) (1, 5)
(2, 3) (2, 4) (2, 5)
(3, 4) (3, 5)
(4, 5)
の10通り。
積が奇数となるのは
3→(1, 3)
5→(1, 5)
15→(3, 5)
の3通り。
よって，求める確率は，$\dfrac{3}{10}$

【157】 36°

〈解説〉

中心角と円周角の関係より
$\angle BOC=2\times54°=108°$
$\triangle OBC$は二等辺三角形なので
$180°-2x=108°$
$x=36°$

【158】 $\dfrac{165}{56}$

〈解説〉

それぞれの分数の分母，分子を素因数分解すると

$\frac{112}{15}=\frac{2^4\times7}{3\times5}$

$\frac{280}{33}=\frac{2^3\times5\times7}{11\times3}$

分数に分母の倍数をかけると、もとの分数は整数になる。問題のように2つの分数が与えられているときは、分母の最小公倍数を求めればよい。
分母の最小公倍数は，$3\times5\times11=165$
この値が求める分数の「分子」になる。
また、問題文に「正の整数となるような分数のうち、最小のもの」とあるので、2つの分数の分子に着目して最大公約数を求める（∵分数は分母が大きい数字ほど値として小さくなるため）。
分子の最大公約は，$2^3\times7=56$
この値が求める分数の「分母」になる。

よって，$\frac{165}{56}$

【159】 (1)$x=\frac{4}{3}$ (2)$x=-9,\ 2$
(3)$x=3,\ y=-1$

〈解説〉
(1)$2+x=2(3-x)$
$2+x=6-2x$
$3x=4$
$x=\frac{4}{3}$

(2)$x^2+7x-18=0$
$(x+9)(x-2)=0$
$x=-9,\ 2$

(3)$\begin{cases} x+2y=1\cdots① \\ 2x-3y=9\cdots② \end{cases}$
①×2－②よりyを求める。
$7y=-7$
$y=-1\cdots③$
③を①に代入してxを求める。
$x-2=1$
$x=3$
$\therefore x=3,\ y=-1$

【160】 $y=-\frac{6}{x}$

〈解説〉
yがxに反比例するので，$y=\frac{a}{x}$とおくことができる。これに，$x=3$，$y=-2$を代入してaを求めると，$a=-6$

よって，$y=-\frac{6}{x}$

【161】 $\frac{1}{8}$

〈解説〉
1枚の硬貨の表が出る確率は$\frac{1}{2}$

よって，$\frac{1}{2}\times\frac{1}{2}\times\frac{1}{2}=\frac{1}{8}$

【162】 $V=\frac{1}{3}\pi r^2h$

〈解説〉
円すいの体積を求める公式は
体積＝底面積×高さ×$\frac{1}{3}$
よって，$V=\frac{1}{3}\pi r^2h$

【163】 ③

〈解説〉
①$\frac{5}{11}>0.5\to0.454\cdots>0.5$より誤り。

②$\frac{7}{13}<0.5\to0.538\cdots<0.5$より誤り。

③$\frac{7}{13}>\frac{8}{15}\to0.538\cdots>0.533\cdots$より正しい。

④$\frac{8}{15}<0.5\to0.533\cdots<0.5$より誤り。

【164】 4つ

〈解説〉
100＝2×50→×
101→○
102＝2×51→×
103＝○
104＝2×52→×
105＝5×21→×
106＝2×53→×
107→○
108＝2×54→×
109→○
110＝2×55→×
∴4つ

【165】 2回

〈解説〉
Aさんは，20÷4＝5時間
Bさんは，20÷10＝2時間
で円を1周する。
Bさんが出発をする1時間15分後にAさんは，

$4\times\left(1+\frac{1}{4}\right)=5\text{km}$（Q点とする）

に到達している。このときBさんがP点をスタートして，Aさんより速いスピードでまわるので，1回出会うことは明らかである。

AさんはQ点を通過後，

5時間－1時間15分＝3時間45分

後にP点（ゴール）に到着。この間にBさんは，2時間後に1周（P点通過），4時間後に再びP点（2周目）に到達する。よって，2回会うことになる。

【166】 ②

〈解説〉

$A\to\frac{2}{5}\times\frac{1}{4}=\frac{1}{10}$

$B\to\frac{2}{5}\times\frac{3}{4}=\frac{3}{10}$

$C\to\frac{3}{5}\times\frac{2}{4}=\frac{3}{10}$

$D\to\frac{3}{5}\times\frac{2}{4}=\frac{3}{10}$

よって，B＝C＝Dの②が正しい。

【167】 $\frac{3}{2}\sqrt{3}$

〈解説〉

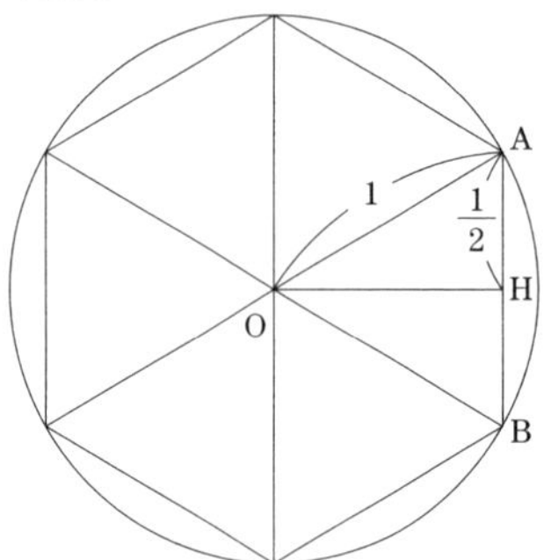

図参照。正六角形を分割すると，6個の正三角形ができることに着目する。半径1の円に内接するので，OA＝1,

三平方の定理より

$OH^2+HA^2=AO^2$

$OH^2=1^2-\left(\frac{1}{2}\right)^2=\frac{3}{4}$

$OH=\frac{\sqrt{3}}{2}$

$\triangle OAB=\frac{1}{2}\times1\times\frac{\sqrt{3}}{2}=\frac{\sqrt{3}}{4}$

よって，正六角形の面積は

$6\times\frac{\sqrt{3}}{4}=\frac{3}{2}\sqrt{3}$

【168】 (1)1 (2)$-\frac{7}{12}$ (3)-11 (4)$\sqrt{3}$ (5)$\sqrt{3}$ (6)6 (7)-6 (8)-56 (9)36

〈解説〉

(2)$-\frac{3}{4}+\frac{1}{6}$

$=-\frac{9}{12}+\frac{2}{12}$

$=-\frac{7}{12}$

(3)$(-2)^3+12\div(-4)$

$=(-8)+(-3)$

$=-11$

(4)$2\sqrt{12}-\sqrt{27}$

$=2\sqrt{2^2\times3}-\sqrt{3^2\times3}$

$=4\sqrt{3}-3\sqrt{3}$

$=\sqrt{3}$

(5)$\sqrt{5}\times2\sqrt{3}\div\sqrt{20}$

$=\sqrt{5}\times2\sqrt{3}\div2\sqrt{5}$

$=\sqrt{3}$

(6)$\frac{3}{\sqrt{2}}(\sqrt{8}+2)-\sqrt{18}$

$=3\sqrt{4}+3\sqrt{2}-3\sqrt{2}$

$=6$

(7)$(x-2)(x+3)-x(x+1)$

$=x^2+x-6-x^2-x$

$=-6$

(8)$119\times28-28\times121$

$=28\times(119-121)$

$=28\times(-2)$

$=-56$

(9)$36^2-2\times36\times30+30^2$

$=(36-30)^2$

$=6^2$

$=36$

【169】 (1)120° (2)$6\sqrt{3}$cm (3)9cm²

〈解説〉

(1)△OACはOA＝OCの二等辺三角形より

∠OAC＝∠OCA＝15°

∠AOC＝180°－15°×2＝150°

∠BOC＝360°－(∠AOB＋∠AOC)より

∠BOC＝360°－(90＋150°)＝120°

(2)OからBCに垂線の足Hをおろす。

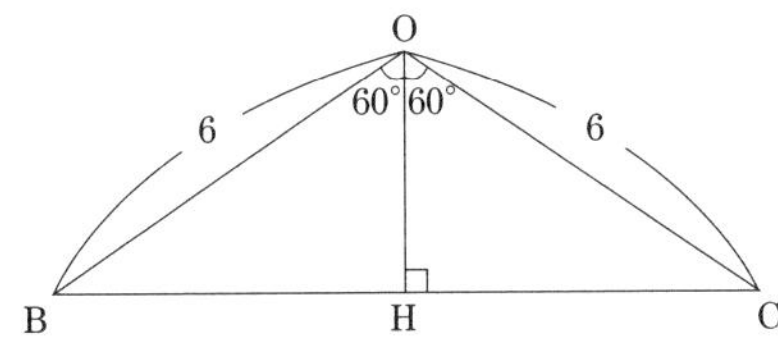

$\angle BOH = \frac{1}{2} \times 120° = 60°$より

$BH : BO = \sqrt{3} : 2$

$BH : 6 = \sqrt{3} : 2$より

$BH = 3\sqrt{3}$

$\therefore BC = 2BH = 6\sqrt{3}$ cm

(3)直線OCと円が交わる点C′をとる。

また，点Aから垂直の足H′をとると

$AH' : 6 = 1 : 2$

$AH' = 3$

△AOC′の面積は

$S = \frac{1}{2} \times 6 \times 3 = 9$

△AOCと△AOC′は，底辺の長さが6で等しく，高さAH′が共通なので，求める△AOCの面積は△AOC′と等しい。

よって，求める面積は9cm²

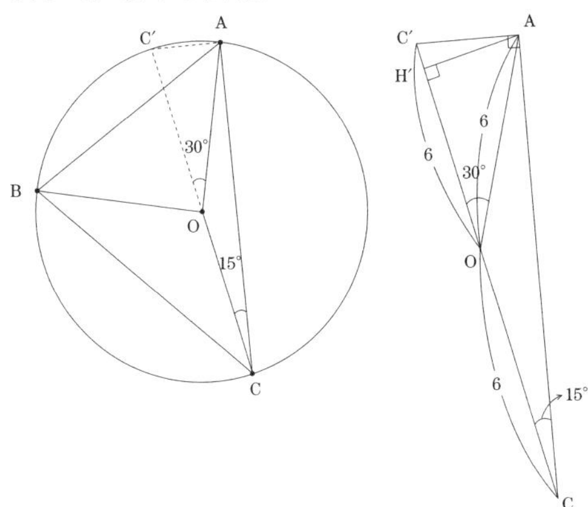

【170】 (1)C(0, −2) (2)1cm² (3)D(2, 0)

(4)$\frac{60}{9}\pi$ cm³

〈解説〉

(1)直線ABの式を$y = ax + b$とおく。

A，Bは$y = x^2$上にあるので

A(1, 1)，B(2, 4)

$\begin{cases} 1 = a + b \\ 4 = 2a + b \end{cases}$

これらを解くと，$a = 3$，$b = -2$

よって，直線ABの式は，$y = 3x - 2$

$x = 0$とすると$y = -2$

よって，C(0, −2)

(2)$\triangle AOC = \frac{1}{2} \times 2 \times 1 = 1$cm²

(3)Dのx座標をdとすると

$\triangle AOD = \frac{1}{2} \times d \times 1 = \frac{1}{2}d$

△AOC＝△AODなので

$\frac{1}{2}d = 1$

$d = 2$

$\therefore$ D(2, 0)

(4)

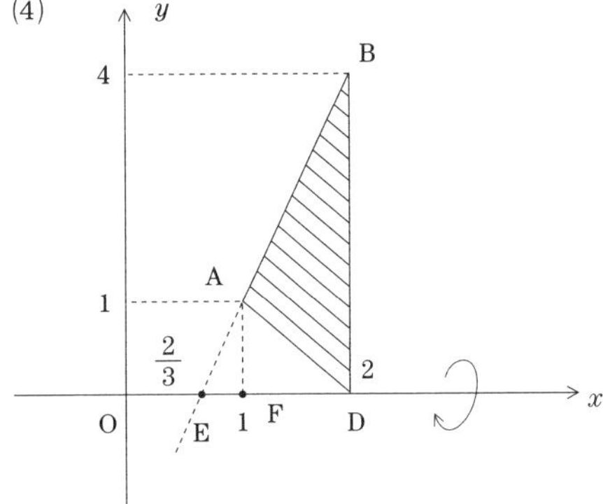

図のように点Eをとる。△EBDをx軸の周りに1回転してできる円錐の体積をV_1とすると

$V_1 = \frac{1}{3} \times \pi \times 4^2 \times \left(2 - \frac{2}{3}\right)$

$= \frac{64}{9}\pi$

△AEFからできる体積V_2は

$V_2 = \frac{1}{3} \times \pi \times 1^2 \times \left(1 - \frac{2}{3}\right)$

$= \frac{1}{9}\pi$

△AFDからできる体積V_3は

$V_3 = \frac{1}{3} \times \pi \times 1^2 \times (2 - 1)$

$= \frac{1}{3}\pi$

よって，求める体積は

$V = V_1 - V_2 - V_3$

$= \frac{64}{9}\pi - \frac{1}{9}\pi - \frac{1}{3}\pi$

$= \frac{60}{9}\pi$ cm³

【171】 (1)$a + 8b$ (2)$2x - 22y$ (3)$\frac{5}{3}a + \frac{5}{6}b$

(4)$\frac{7}{6}m-\frac{5}{6}$　(5)$6a^2b$　(6)$-9a^2$

〈解説〉

(1)$3(a+2b)+2(-a+b)$

$=3a+6b-2a+2b$

$=a+8b$

(2)$4(2x-y)-6(x+3y)$

$=8x-4y-6x-18y$

$=2x-22y$

(3)$5a-\frac{10a-b}{3}+\frac{b}{2}$

$=5a-\frac{10}{3}a+\frac{b}{3}+\frac{b}{2}$

$=\frac{5}{3}a+\frac{5}{6}b$

(4)$\frac{3m-1}{2}-\frac{m+1}{3}$

$=\frac{3}{2}m-\frac{1}{2}-\frac{1}{3}m-\frac{1}{3}$

$=\frac{7}{6}m-\frac{5}{6}$

(5)$12a^2b^2\div 6ab\times 3a$

$=\frac{12a^2b^2\times 3a}{6ab}$

$=6a^2b$

(6)$\frac{3}{2}a^2\div\left(-\frac{1}{6}a\right)\times a$

$=\frac{3}{2}a^2\times\left(-\frac{6}{a}\right)\times a$

$=-9a^2$

【172】　(1)$\frac{2a+3b}{5}$kg　(2)$x=7$，$y=4$

(3)$y=3x-1$　(4)$\frac{7}{36}$

〈解説〉

(1)全体の重さは（$2a+3b$）kgなので，5箱の平均の重さは

$\frac{2a+3b}{5}$kg

(2)$\begin{cases}5x-7y=7\cdots\cdots ① \\ 2x-3y+5=7\cdots\cdots ②\end{cases}$

①×2－②×5よりyを求めると

$y=4$……③

③を①に代入してxを求める。

$5x-28=7$

$x=7$

$\therefore x=7$，$y=4$

(3)最初に2つの直線の交点を求める。

$\begin{cases}y=-3x+5 \\ y=\frac{2}{3}x+\frac{4}{3}\end{cases}$

$-3x+5=\frac{2}{3}x+\frac{4}{3}$

$-\frac{11}{3}x=-\frac{11}{3}$

$x=1$，$y=2$

求める直線は傾きが3なので，式を$y=3x+b$とおく。(1，2)を通るので

$2=3+b$

$b=-1$

よって，$y=3x-1$

(4)目の数の積が12の倍数となるのは

12→(2，6)(3，4)(4，3)(6，2)

24→(4，6)(6，4)

36→(6，6)

の7通り。

すべての目の出方は，6×6＝36通りなので

$\frac{7}{36}$

【173】　男子159人，女子120人

〈解説〉

昨年と今年の男女の人数をそれぞれ

$(a, b)(x, y)$とすると

(昨年)$a+b=275$……①

(今年)$x+y=279$……②

題意より

$\frac{x}{a}=1.06$　$x=1.06a$

$\frac{y}{b}=0.96$　$y=0.96b$

これらを②に代入すると

$1.06a+0.96b=279$……③

①より，$b=275-a$を③に代入すると

$1.06a+0.96(275-a)=279$

両辺に100を掛けて

$106a+96(275-a)=27900$

$10a=27900-96\times 275$

$a=150$

①よりbを求める

$b=125$

よって

$x=1.06\times 150=159$

$y=0.96\times 125=120$

男子159人，女子120人

【174】 (1)18° (2)32°

〈解説〉

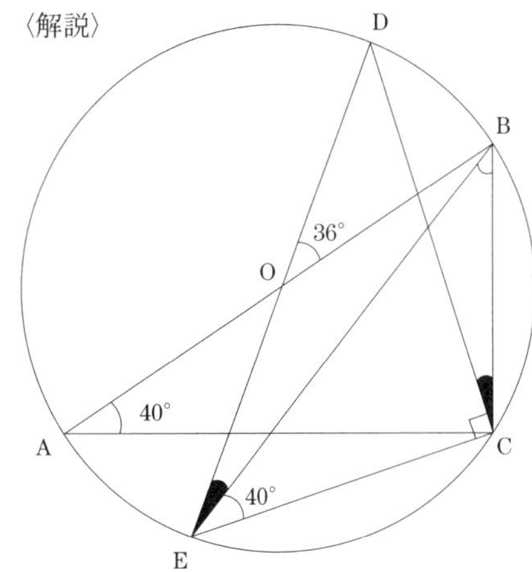

(1)図のようにEをとる。

∠DEB＝∠BCD(弧DBを共通とする円周角)

∠DEB＝$\frac{1}{2}$×∠DOB＝18°(中心角の半分)

よって，∠BCD＝18°

(2)∠BEC＝∠BAC＝40°(弧BCを共通とする円周角)

∠DCE＝90°(円の中心を通る弧の円周角)

∠EDC＝180°−(∠DEC＋∠DCE)より

∠EDC＝180°−(40°＋18°＋90°)＝32°

よって，∠ODC＝32°

【175】 (1)−8 (2)$2x$ (3)$6xy$ (4)$\sqrt{2}$ (5)x^2-3y

〈解説〉

(3)$4x^2y\div2xy\times3y$

$=\frac{4x^2y\times3y}{2xy}$

$=6xy$

(4)$(\sqrt{50}-\sqrt{8})\div3$

$=(5\sqrt{2}-2\sqrt{2})\div3$

$=\sqrt{2}$

(5)$(x+2y)(x-2y)-y(3-4y)$

$=(x^2-4y^2)-3y+4y^2$

$=x^2-3y$

【176】 (1)$x=12$ (2)$x=7,\ -6$

(3)$x=2,\ y=-3$

〈解説〉

(1)$\frac{x}{3}+2=\frac{3}{4}x-3$

$\frac{4}{12}x-\frac{9}{12}x=-5$

$-\frac{5}{12}x=-5$

$x=12$

(2)$x^2-x-42=0$

$(x-7)(x+6)=0$

$x=7,\ -6$

(3)$\begin{cases}x+y=-1\cdots\cdots①\\x-3y=11\cdots\cdots②\end{cases}$

①−②よりyを求める。

$4y=-12$

$y=-3$……③

③を①に代入してxを求める。

$x=2$

$\therefore x=2,\ y=-3$

【177】 $a=6b+2$

【178】 $\frac{3}{5}$

〈解説〉

すべての選び方は

(A, B)(A, C)(A, D)(A, E)

(B, C)(B, D)(B, E)

(C, D)(C, E)

(D, E)

の10通り。

その中で男子1人と女子1人が選ばれるのは

(A, C)(A, D)(A, E)

(B, C)(B, D)(B, E)

の6通り。

よって，$\frac{6}{10}=\frac{3}{5}$

【179】 $y=-2x^2$

〈解説〉

題意より式を立てると

$-8=a\times2^2$

$a=-2$

よって，$y=-2x^2$

【180】 $x=25°$，$y=6$cm

〈解説〉

∠BDE＝50°(錯角)

∠ADE＝180°−50°＝130°

△ADEはDA＝DEの二等辺三角形より

∠x＝(180°−130°)÷2＝25°

△ADE∽△ABC

DE：BC＝2：(2＋1)

4：y＝2：3

$2y=12$

$y=6$cm

【181】 (1)−2 (2)$\left(\frac{5}{2},\ 0\right)$ (3)$\left(\frac{5}{3},\ \frac{5}{3}\right)$

〈解説〉

(2)x軸との交点は，$y=0$のときなので，
$y=0$とすると

$-2x+5=0$

$x=\dfrac{5}{2}$

よって，$\left(\dfrac{5}{2},\ 0\right)$

(3)求める点を$(a,\ a)$とすると

$a=-2a+5$

$a=\dfrac{5}{3}$

よって，$\left(\dfrac{5}{3},\ \dfrac{5}{3}\right)$

【182】 (1)$18\sqrt{3}\,\text{cm}^3$ (2)①$4\sqrt{13}\,\text{cm}$ ②$\dfrac{9}{2}\sqrt{3}\,\text{cm}^3$

〈解説〉

(1)底面積$=\dfrac{1}{2}\times3\times\dfrac{3}{2}\sqrt{3}$

$=\dfrac{9}{4}\sqrt{3}\,\text{cm}^2$

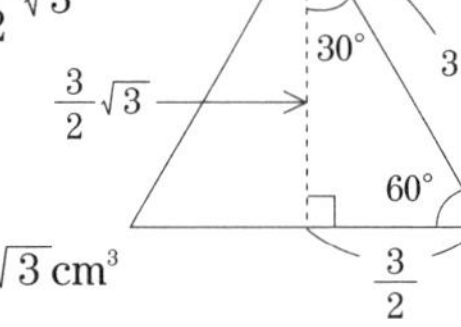

体積$=\dfrac{9}{4}\sqrt{3}\times8=18\sqrt{3}\,\text{cm}^3$

(2)展開図は下記のようになる。

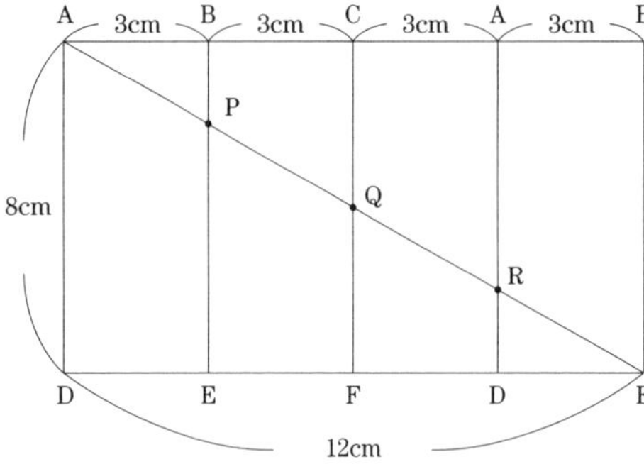

①最小となるのは，A，P，Q，R，Eが一直線になるときである。

三平方の定理より

$AD^2+DE^2=AE^2$

$AE^2=8^2+12^2=208$

$AE=\sqrt{208}=4\sqrt{13}\,\text{cm}$

②展開図の△ADEと△PEEは相似より

$AD:PE=4:3$

$PE=\dfrac{3}{4}AD$

$PE=\dfrac{3}{4}\times8=6$

求める体積は三角錐なので

$\dfrac{1}{3}\times\dfrac{9}{4}\sqrt{3}\times6=\dfrac{9}{2}\sqrt{3}\,\text{cm}^3$

【183】 (1)-2 (2)$\dfrac{2}{3}x-\dfrac{1}{2}y$

〈解説〉

(2)$\dfrac{4x-y}{3}+\dfrac{2x-y}{6}-x$

$=\dfrac{4}{3}x+\dfrac{1}{3}x-x-\dfrac{1}{3}y-\dfrac{1}{6}y$

$=\dfrac{2}{3}x-\dfrac{1}{2}y$

【184】 (1)$x=3,\ y=-1$ (2)$x=0,\ y=-2$

〈解説〉

(1)$\begin{cases}x=5+2y\cdots\cdots① \\ 3x+y=8\cdots\cdots②\end{cases}$

①を②に代入すると

$3\times(5+2y)+y=8$

$15+6y+y=8$

$7y=-7$

$y=-1$

①より，$x=5-2=3$

$\therefore x=3,\ y=-1$

(2)式を整理すると

$\begin{cases}-x-4y=8\cdots\cdots① \\ 2x-y=2\cdots\cdots②\end{cases}$

①×2＋②よりyを求めると

$y=-2\cdots\cdots③$

③を①に代入してxを求める。

$x=0$

$\therefore x=0,\ y=-2$

【185】 15％の食塩水を180g
5％の食塩水を420g

〈解説〉

$x+y=600\cdots\cdots①$

食塩に着目して式を立てると

$\dfrac{15}{100}x+\dfrac{5}{100}y=\dfrac{8}{100}\times600\cdots②$

$15x+5y=4800\cdots②'$

①より，$x=600-y$を②′に代入すると

$15\times(600-y)+5y=4800$

$9000-10y=4800$

$y=420$

①より，$x=180$

$\therefore x=180\text{g},\ y=420\text{g}$

【186】 (1)$-\dfrac{45}{8}$ (2)12.124 (3)$y=\dfrac{35}{3}x^2$ (4)$y=\dfrac{3}{2}$

〈解説〉

(1) $(-1.5)^3-\frac{9}{13}\times\left(\frac{7}{2}-0.25\right)$

$=\left(-\frac{3}{2}\right)^3-\frac{9}{13}\times\left(\frac{7}{2}-\frac{1}{4}\right)$

$=-\frac{27}{8}-\frac{9}{13}\times\frac{13}{4}$

$=-\frac{27}{8}-\frac{9}{4}$

$=\frac{-27-18}{8}=-\frac{45}{8}$

(2) $5\sqrt{27}-2\sqrt{48}$

$=15\sqrt{3}-8\sqrt{3}$

$=7\sqrt{3}$

$\sqrt{3}=1.732$とすると

$7\times1.732=12.124$

(3)縦の長さがxのとき，横の長さは$\frac{5}{3}x$なので

$y=x\times\frac{5}{3}x\times7$

$=\frac{35}{3}x^2\text{cm}^2$

(4)yはxに反比例するので，$y=\frac{a}{x}$とおいてaを求めると

$3=\frac{a}{3}$

$a=9$

$y=\frac{9}{x}$

$x=6$とすると

$y=\frac{9}{6}=\frac{3}{2}$

【187】 $a=2$

元の方程式の解：$x=1$，$y=-3$

〈解説〉

$x^2-ax-3=0$に$x=3$を代入してaを求めると

$9-3a-3=0$

$a=2$

よってもとの方程式は

$x^2+2x-3=0$

$x^2+2x-3=0$

$(x+3)(x-1)=0$

$\therefore x=1,\ -3$

【188】 (1)DA′ $=8\sqrt{2}$ cm，EF $=4\sqrt{2}$ cm　(2)72cm^2

〈解説〉

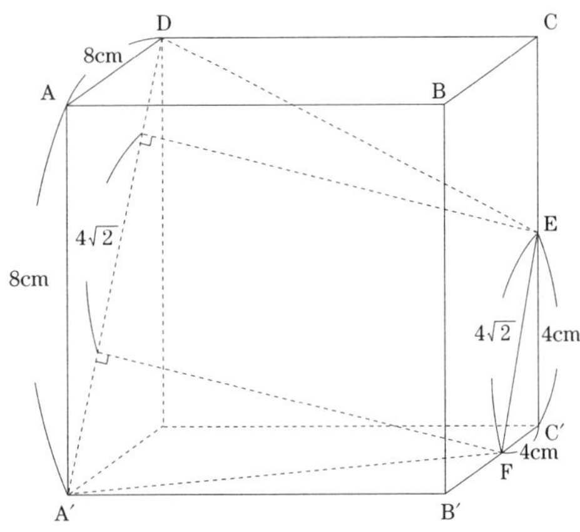

(1)三平方の定理より

$DA'^2=8^2+8^2=128$

$DA'=8\sqrt{2}$ cm

$EF^2=4^2+4^2=32$

$EF=4\sqrt{2}$ cm

(2)四角形DA′EFは，等脚台形である。

△A′B′Fに着目すると，三平方の定理より

$A'F^2=8^2+4^2=80$

$A'F=4\sqrt{5}$ cm

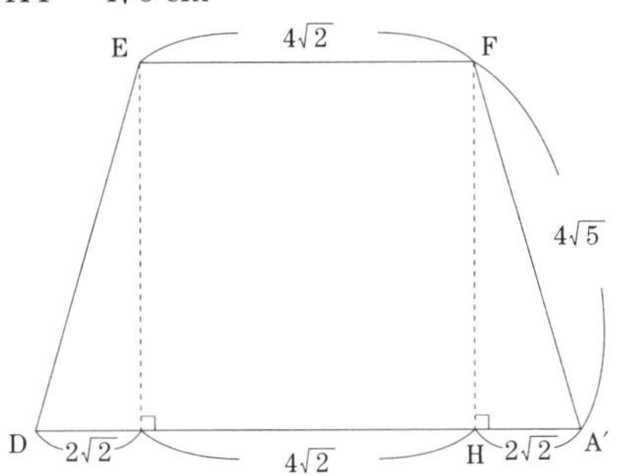

図のようにHをとる。同様に三平方の定理より

$A'F^2=HF^2+HA'^2$

$(4\sqrt{5})^2=HF^2+(2\sqrt{2})^2$

$HF=6\sqrt{2}$ cm

よって，求める面積は

$\frac{1}{2}\times(4\sqrt{2}+8\sqrt{2})\times6\sqrt{2}=72\text{cm}^2$

【189】 (1)56　(2)$18ab^2$　(3)$13b^2+4ab$　(4)$\frac{5x+13}{12}$

(5)$5\sqrt{6}$

〈解説〉

(1) $2-(-3)^3\times2$

$=2-(-27)\times2$

$=2+54$

$=56$

(2)$4a^2b \div 2ab \times (3b)^2$

$= \dfrac{4a^2b \times 9b^2}{2ab}$

$= 18ab^2$

(3)$(a+2b)^2 - (a+3b)(a-3b)$

$= (a^2+4ab+4b^2) - (a^2-9b^2)$

$= 13b^2 + 4ab$

(4)$\dfrac{2x+1}{3} - \dfrac{x-3}{4}$

$= \dfrac{4 \times (2x+1) - 3(x-3)}{12}$

$= \dfrac{5x+13}{12}$

(5)$\sqrt{6} + \sqrt{8} \times 2\sqrt{3}$

$= \sqrt{6} + 2\sqrt{24}$

$= \sqrt{6} + 4\sqrt{6}$

$= 5\sqrt{6}$

【190】 (1)①$\dfrac{3}{5}$　②ア．$\dfrac{3}{5}$　イ．$\dfrac{1}{10}$

(2)①$\dfrac{1}{8}$　②$\dfrac{1}{2}$

〈解説〉

(1)①全体の選び方は，5通り。

その中で，赤$_1$，赤$_2$，赤$_3$の3通りがあるので

$\dfrac{3}{5}$

②ア．全体の選び方は

(白$_1$，白$_2$)

(白$_1$，赤$_1$)(白$_1$，赤$_2$)(白$_1$，赤$_3$)

(白$_2$，赤$_1$)(白$_2$，赤$_2$)(白$_2$，赤$_3$)

(赤$_1$，赤$_2$)(赤$_1$，赤$_3$)(赤$_2$，赤$_3$)

の10通り。

その中で，1個が白，1個が赤となるのは6通りあるので

$\dfrac{6}{10} = \dfrac{3}{5}$

イ．アより，$\dfrac{1}{10}$

(2)①すべての出方は，

(表，表，表)(表，表，裏)(表，裏，表)

(表，裏，裏)

(裏，表，表)(裏，表，裏)(裏，裏，表)

(裏，裏，裏)

の8通り。

その中で，3枚とも表となるのは1通りあるので

$\dfrac{1}{8}$

②少なくとも2枚が表となるのは4通りあるので

$\dfrac{4}{8} = \dfrac{1}{2}$

【191】 (1)20本　(2)$(x-2y)^2$　(3)2　(4)$y = 4x^2$

(5)16%

〈解説〉

(1)図参照。

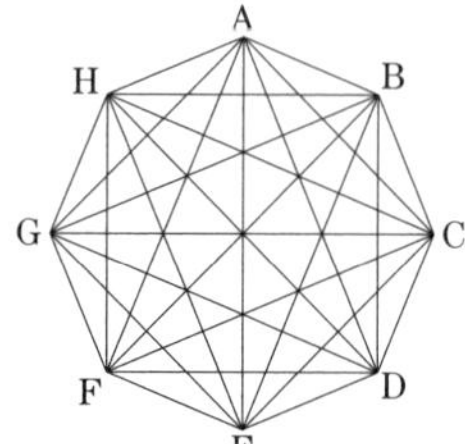

順に，Aから5本，Bから5本，Cから4本，Dから3本，Eから2本，Fから1本引けるので，合計20本

(3)$a(4a-3b) + 3b(a+1)$

$= 4a^2 + 3b$

$= 4 \times \left(\dfrac{1}{2}\right)^2 + 3 \times \dfrac{1}{3}$

$= 2$

(4)yがx^2に比例するので，$y = ax^2$とおくことができる。これに，$x = -2$，$y = 16$を代入してaを求めると

$16 = a \times (-2)^2$

$4a = 16$

$a = 4$

よって，$y = 4x^2$

(5)Aの塩の重さは，$200 \times \dfrac{10}{100} = 20$g

Bの塩の重さは，$300 \times \dfrac{20}{100} = 60$g

$\dfrac{20+60}{200+300} = 0.16$

よって，16%

【192】 (1)①38cm　②792cm^2

(2)①60°　②6cm　③30π cm^2

〈解説〉

(1)①三平方の定理よりBEを求めると

$AB^2 = BE^2 + EA^2$

$BE^2 = 26^2 - 24^2$

$= 676 - 576$

$= 100$

BE $=10$cm

よって，$x=\mathrm{BE}+\mathrm{EC}=10+28=38$cm

②求める面積は台形なので

$\frac{1}{2}\times(28+38)\times24=12\times66=792\mathrm{cm}^2$

(2)①内側の円の周の長さは

$2\times\pi\times12=24\pi$

孤ABは4π cmより

$\frac{4\pi}{24\pi}\times360°=60°$

②外側の円の半径をRとすると

孤DC $=2\times\pi\times\mathrm{R}\times\frac{60°}{360°}=\frac{1}{3}\pi\mathrm{R}$

$\frac{1}{3}\pi\mathrm{R}=6\pi$より，$\mathrm{R}=18$

よって，$\mathrm{BC}=18-12=6$cm

③外側の扇形の面積から，内側の扇形の面積を引けばよい。

$\frac{1}{6}\times\pi\times18^2-\frac{1}{6}\times\pi\times12^2=30\pi\ \mathrm{cm}^2$

【193】 (1)-4 (2)$\frac{1}{15}$ (3)-4 (4)$\sqrt{2}$ (5)2

(6)$-x-3y$ (7)x^2-1 (8)240 (9)1200

〈解説〉

(2)$-\frac{3}{5}+\frac{2}{3}$

$=-\frac{9}{15}+\frac{10}{15}$

$=\frac{1}{15}$

(3)$12+(-2)^2\times(-4)$

$=12+4\times(-4)$

$=12-16$

$=-4$

(4)$\sqrt{32}-\sqrt{18}$

$=4\sqrt{2}-3\sqrt{2}$

$=\sqrt{2}$

(5)$\sqrt{6}\times\sqrt{8}\div2\sqrt{3}$

$=\sqrt{48}\div2\sqrt{3}$

$=4\sqrt{3}\div2\sqrt{3}$

$=2$

(6)$2(x-2y)-(3x-y)$

$=2x-4y-3x+y$

$=-x-3y$

(7)$(x-2)^2+4x-5$

$=x^2-4x+4+4x-5$

$=x^2-1$

(8)$2.4\times37+2.4\times63$

$=2.4\times(37+63)$

$=2.4\times100$

$=240$

(9)37^2-13^2

$=(37+13)(37-13)$

$=50\times24$

$=1200$

【194】 (1)$(x+5)(x-1)$ (2)$x=-2$

(3)$x=3$，$y=1$ (4)$x=0$，3 (5)$y=-2$

(6)$\frac{29}{64}$

〈解説〉

(1)x^2+4x-5

$=(x+5)(x-1)$

(2)$0.3x+1=-0.4x-0.4$

$0.7x=-1.4$

$x=-2$

(3)$3x+2y=11$…①

$4x-y=11$…②

①＋②×2よりxを求めると

$x=3$…③

③を②に代入してyを求める。

$12-y=11$

$y=1$

$\therefore x=3$，$y=1$

(4)$x^2=3x$

$x^2-3x=0$

$x(x-3)=0$

$x=0$，3

(5)yがxに反比例するので

$y=\frac{a}{x}$とおける。

$x=4$，$y=-3$を代入すると

$-3=\frac{a}{4}$

$a=-12$

よって，$y=-\frac{12}{x}$

$x=6$を代入すると，$y=-\frac{12}{6}=-2$

(6)数の列は

$\frac{1}{1^2}$，$\frac{5}{2^2}$，$\frac{9}{3^2}$，$\frac{13}{4^2}$，$\frac{17}{5^2}$，$\frac{21}{6^2}$…となっているので，

7番目の数は，$\frac{25}{7^2}$

8番目の数は，$\frac{29}{8^2}=\frac{29}{64}$

【195】 (1)4通り (2)8通り (3)$\frac{1}{2}$

〈解説〉

(1)女$_1$男$_1$男$_2$女$_2$
女$_1$男$_2$男$_1$女$_2$
女$_2$男$_1$男$_2$女$_1$
女$_2$男$_2$男$_1$女$_1$ } 4通り

(2)男子が一番左にくるのは，

男$_1$女$_1$男$_2$女$_2$
男$_1$女$_2$男$_2$女$_1$
男$_2$女$_1$男$_1$女$_2$
男$_2$女$_2$男$_1$女$_1$ } 4通り

女子が一番左にくるのは，

女$_1$男$_1$女$_2$男$_2$
女$_1$男$_2$女$_2$男$_1$
女$_2$男$_1$女$_1$男$_2$
女$_2$男$_2$女$_1$男$_1$ } 4通り

よって，4＋4＝8通り

(3)4人の並び方を求める。

4人をA，B，C，Dとするとき Aが一番左にくるのは

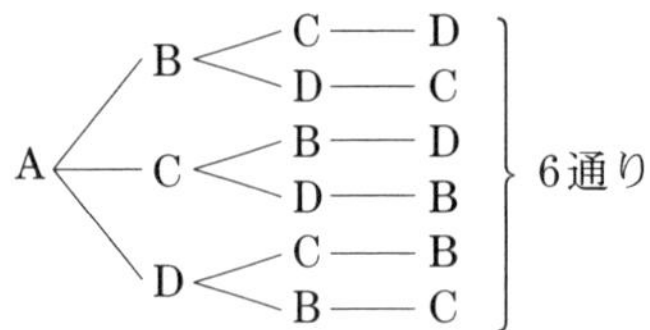

B, C, Dについても同様なので，4人の並び方は

6×4＝24通り

次に，女子2人が隣り合う並び方を求める。

女$_1$女$_2$男$_1$男$_2$
女$_1$女$_2$男$_2$男$_1$
女$_2$女$_1$男$_1$男$_2$
女$_2$女$_1$男$_2$男$_1$
男$_1$女$_1$女$_2$男$_2$
男$_2$女$_1$女$_2$男$_1$
男$_1$女$_2$女$_1$男$_2$
男$_2$女$_2$女$_1$男$_1$
男$_1$男$_2$女$_1$女$_2$
男$_2$男$_1$女$_1$女$_2$
男$_1$男$_2$女$_2$女$_1$
男$_2$男$_1$女$_2$女$_1$

上記の12通り。

よって求める確率は，$\frac{12}{24}=\frac{1}{2}$

【196】 (1)$a=1$ (2)24cm^2 (3)16π cm^3

(4)$\frac{304}{27}$cm^3

〈解説〉

(1)$y=ax^2$上にA$(-2,\ 4)$があるので

$4=a\times(-2)^2$

$a=1$

(2)A$(-2,\ 4)$，B$(0,\ -8)$，C$(2,\ 4)$より

△ABCの面積は

$\frac{1}{2}\times4\times12=24$cm^2

(3)できる立体は三角錐となる。

底面積は，$\pi\times2^2=4\pi$

よって，求める立体の体積は

$\frac{1}{3}\times4\pi\times12=16\pi$ cm^3

(4)図の様に，切断して新たにできる立体の体積をそれぞれV_1，V_2とする。

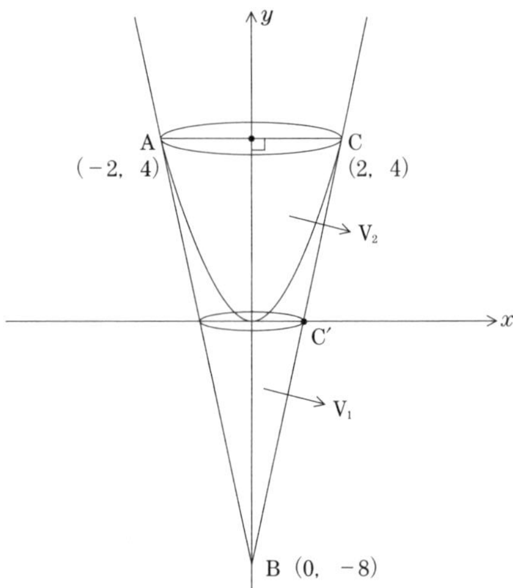

2点B，Cを通る直線の式を，$y=bx+c$とすると

$\begin{cases}-8=c\\4=2b+c\end{cases}$

よって，$b=6$

直線の式は，$y=6x-8$

$y=0$とすると，$x=\frac{4}{3}$

よって，C′ $(\frac{4}{3},\ 0)$

$V_1=\frac{1}{3}\times\pi\times(\frac{4}{3})^2\times8$

$=\frac{128}{27}\pi$

(3)で求めた体積よりV_2を求めると

$V_2 = 16\pi - \frac{128}{27}\pi$

$= \frac{304}{27}\pi$

$V_2 > V_1$なので大きい方の体積は，$\frac{304}{27}\pi$ cm^3

【197】 (1)$-4xy + 6x^2$ (2)$2x^3y^2 + 4xy^3$

(3)$\frac{1}{2}x^2yz - \frac{3}{4}xy^2z$ (4)$26a^2 + 23ab - 9b^2$

(5)$3x^2 - x + 6$ (6)$4\sqrt{30}$ (7)-10 (8)$x < -2$

(9)$x \geqq 7$

(10)25％のアルコールを750g，5％のアルコールを250g

〈解説〉

(4)$(8a - 3b)(4a + 5b) - (2a + 3b)(3a - 2b)$

$= (32a^2 + 28ab - 15b^2) - (6a^2 + 5ab - 6b^2)$

$= 26a^2 + 23ab - 9b^2$

(5)$(x - 3)^2 + (x + 3)(2x - 1)$

$= (x^2 - 6x + 9) + (2x^2 + 5x - 3)$

$= 3x^2 - x + 6$

(6)$2\sqrt{6} \times \sqrt{20}$

$= 2\sqrt{120}$

$= 2\sqrt{2^2 \times 30}$

$= 4\sqrt{30}$

(7)$\sqrt{5} \times (-\sqrt{2}) \times \sqrt{10}$

$= -\sqrt{10} \times \sqrt{10}$

$= -10$

(8)$5x < 3x - 4$

$5x - 3x < -4$

$2x < -4$

$x < -2$

(9)$7x + 2 \geqq 5x + 16$

$7x - 5x \geqq 16 - 2$

$2x \geqq 14$

$x \geqq 7$

(10)25％のアルコールをxg，5％のアルコールをygとすると，

$x + y = 1000$…①

xgに含まれるアルコールは

$\frac{25}{100}x = \frac{1}{4}x$g

ygに含まれるアルコールは

$\frac{5}{100}y = \frac{1}{20}y$g

1000gに含まれるアルコールは

$\frac{20}{100} \times 1000 = 200$g

よって，$\frac{1}{4}x + \frac{1}{20}y = 200$…②

①，②を解いて，$x = 750$g，$y = 250$g

【198】 (1)-4 (2)$-2x$ (3)$-4a^2b$ (4)1

(5)$2x^2 - 4xy - 5y^2$

〈解説〉

(2)$3x + 15x \div (-3)$

$= 3x - 5x$

$= -2x$

(4)$(\sqrt{18} - \sqrt{8}) \div \sqrt{2}$

$= (3\sqrt{2} - 2\sqrt{2}) \div \sqrt{2}$

$= 1$

(5)$(x - 2y)^2 + (x + 3y)(x - 3y)$

$= (x^2 - 4xy + 4y^2) + (x^2 - 9y^2)$

$= 2x^2 - 4xy - 5y^2$

【199】 $y = \frac{1}{4}x$

〈解説〉

yがxに比例するので，$y = ax$とおくことができる。これに，$x = 8$，$y = 2$を代入してaを求める。

$2 = a \times 8$

$a = \frac{1}{4}$

よって，$y = \frac{1}{4}x$

【200】 $\frac{5}{36}$

〈解説〉

和が6となるのは，

(1，5)(2，4)(3，3)(4，2)(5，1)

の5通りである。

すべての目の出方は，6×6＝36通りなので

$\frac{5}{36}$

【201】 $n = 9$，10，11

〈解説〉

$5 < \sqrt{3n} < 6$

$5^2 < 3n < 6^2$

$\frac{25}{3} < n < 12$

$\frac{25}{3} \fallingdotseq 8.3$より

$n = 9$，10，11

【202】 $x = 3$cm，$y = \frac{21}{2}$cm

〈解説〉

BC//DEより，$\triangle ABC \backsim \triangle ADE$

$8:4=6:x$

$24=8x$

$x=3$cm

$8:12=7:y$

$84=8y$

$y=\dfrac{21}{2}$ cm

【203】 (1)$a=\dfrac{1}{3}$ (2)$0\leqq y\leqq\dfrac{4}{3}$ (3)$-\dfrac{1}{3}$

〈解説〉

(1)$y=ax^2$が点(3, 3)を通るので

$3=a\times3^2$

$a=\dfrac{1}{3}$

(2)

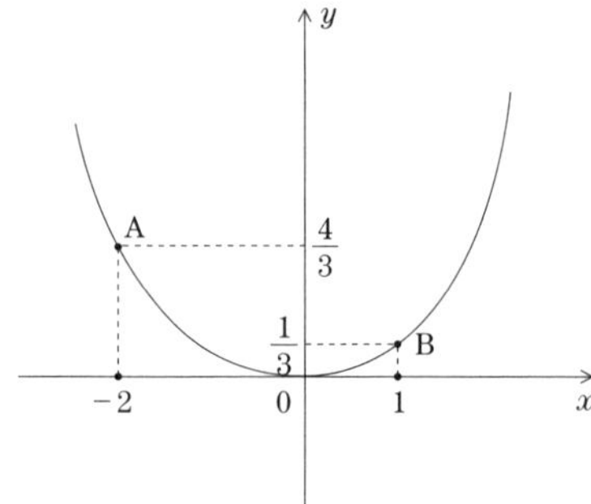

グラフより，$0\leqq y\leqq\dfrac{4}{3}$

(3)$A\left(-2,\ \dfrac{4}{3}\right)$,

$B\left(1,\ \dfrac{1}{3}\right)$ なので

変化の割合$=\dfrac{y\text{の増加量}}{x\text{の増加量}}$は

$\dfrac{\frac{1}{3}-\frac{4}{3}}{1-(-2)}=-\dfrac{1}{3}$

【204】 (1)216°

(2)体積：12π cm³，表面積：24π cm²

〈解説〉

(1)展開図は次のようになる。

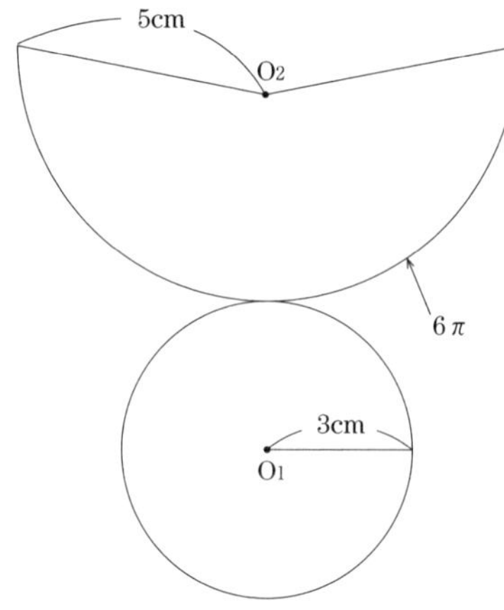

円O_1の円周の長さは，

$2\times3\times\pi=6\pi$

よって，円O_2の弧の長さは6πである。

また，円O_2の円周の長さを求めると

$2\times5\times\pi=10\pi$

よって，求める角は

$360°\times\dfrac{6\pi}{10\pi}=216°$

(2)円錐の高さをhとすると，三平方の定理より

$h^2+3^2=5^2$

$h^2=16$

$h=4$

よって，求める体積は

$\dfrac{1}{3}\times\pi\times3^2\times4=12\pi$ cm³

円O_1の面積は

$\pi\times3^2=9\pi$…①

おうぎ形の面積は

$\pi\times5^2\times\dfrac{3}{5}=15\pi$…②

よって表面積は，①＋②＝24π cm²

【205】 (1)$a=\dfrac{1}{3}$ (2)27

〈解説〉

(1)$y=-x+6$に$x=-6$, 3を代入して，A，Bの座標を求めると

A(−6, 12)，B(3, 3)

$y=ax^2$がAを通るので

$12=a\times(-6)^2$

$a=\dfrac{1}{3}$

(2)図より，$\triangle AOB=S_1+S_2$

$S_1+S_2=\dfrac{1}{2}\times6\times6+\dfrac{1}{2}\times6\times3=27$

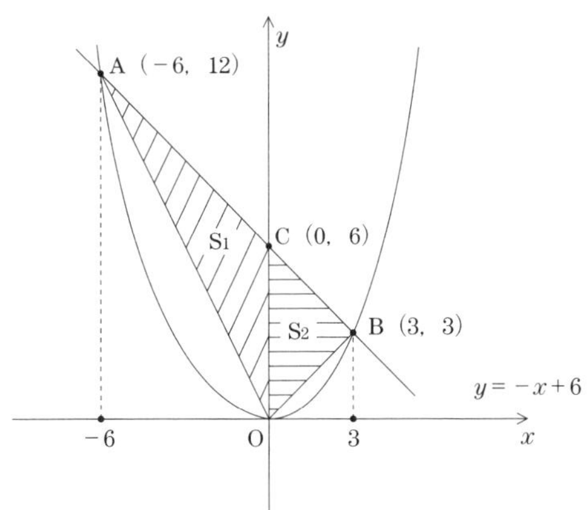

【206】 (1)PD $=\dfrac{17}{5}$ (2)$\dfrac{51}{10}$

〈解説〉

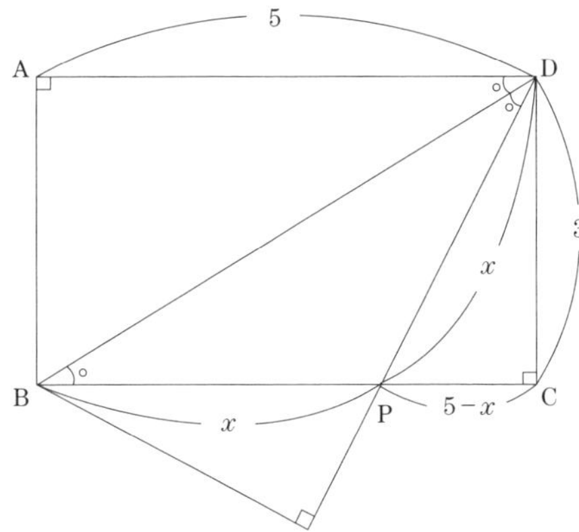

(1)PD $= x$ とする。

∠ADB＝∠CBD（錯角）なので

∠ADB＝∠PBD＝∠PDB

よって，△BPDは二等辺三角。

PD＝PB＝x，PC＝$5-x$ より，

△PCDで三平方の定理を使って x を求める。

$(5-x)^2+3^2=x^2$

$x=\dfrac{17}{5}$

(2)△BPD $=\dfrac{1}{2}\times\dfrac{17}{5}\times 3=\dfrac{51}{10}$

【207】 (1)600 (2)$(x+6y)(x-6y)$ (3)9個

(4)$y=3x$ (5)$y=x+2$

〈解説〉

(1)$x^2-2x-24$

$=(x-6)(x+4)$

$=20\times 30$

$=600$

(3)$-\dfrac{16}{3}<n<\sqrt{13}$

$-5.3\cdots<n<3.6\cdots$

よって，$n=-5,\ -4,\ -3,\ -2,\ -1,\ 0,\ 1,\ 2,\ 3$ の9個

(4)y が x に比例するので，$y=ax$ とおく。

(4, 12)を通るので

$12=4a$

$a=3$

$\therefore y=3x$

(5)$y=ax+b$ とおく。

(1, 3)を通るので

$3=a+b$…①

(4, 6)を通るので

$6=4a+b$…②

①，②を解いて，$a=1$，$b=2$

よって，$y=x+2$

【208】 (1)$100\sqrt{3}$ cm^2 (2)$100+100\sqrt{3}$ cm^2

(3)$10\sqrt{2}$ cm (4)$5\sqrt{2}$ cm (5)$\dfrac{500}{3}\sqrt{2}$ cm^3

〈解説〉

(1)三平方の定理より

$h^2+5^2=10^2$

$h^2=75$

$h=\sqrt{75}$

$\quad=5\sqrt{3}$

△OAB $=\dfrac{1}{2}\times 10\times 5\sqrt{3}=25\sqrt{3}$ cm^2

よって，側面積は

$4\times 25\sqrt{3}=100\sqrt{3}$ cm^2

O
10cm
h
A
10cm
B

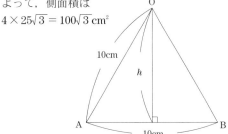

(2)底面積は，$10\times 10=100$ cm^2

よって表面積は(1)と合わせて，$100+100\sqrt{3}$ cm^2

(3)三平方の定理より

$AC^2=10^2+10^2$

$\quad=200$

AC $=10\sqrt{2}$ cm

(4)三平方の定理より

$(5\sqrt{2})^2+h^2=10^2$

$h^2=50$

$h=5\sqrt{2}$ cm

(5)求める体積は

$\frac{1}{3}\times 100\times 5\sqrt{2}=\frac{500}{3}\sqrt{2}\,\text{cm}^3$

【209】 (1)-6 (2)$-\frac{1}{2}$ (3)-13 (4)$\sqrt{2}$ (5)1

(6)$x-1$ (7)$x^2+2x-15$ (8)$4x^2-12xy+9y^2$

(9)9996

〈解説〉

(2)$-\frac{2}{3}+\frac{1}{6}$

$=-\frac{4}{6}+\frac{1}{6}$

$=-\frac{3}{6}$

$=-\frac{1}{2}$

(3)$-4+6^2\div(-4)$

$=-4+36\times\left(-\frac{1}{4}\right)$

$=-4-9$

$=-13$

(4)$\sqrt{72}-\sqrt{5}\times\sqrt{10}$

$=6\sqrt{2}-5\sqrt{2}$

$=\sqrt{2}$

(5)$(\sqrt{27}-\sqrt{12})\div\sqrt{3}$

$=(3\sqrt{3}-2\sqrt{3})\div\sqrt{3}$

$=1$

(6)$2(x-3)-(x-5)$

$=2x-6-x+5$

$=x-1$

(7)$(x-3)(x+5)$

$=x^2+5x-3x-15$

$=x^2+2x-15$

(8)$(2x-3y)^2$

$=(2x)^2+2\times(2x)\times(-3y)+(-3y)^2$

$=4x^2-12xy+9y^2$

(9)98×102

$=(100-2)(100+2)$

$=100^2-2^2$

$=9996$

【210】 (1)$a(a-4)$ (2)$x=6$ (3)$x=3$, $y=-1$

(4)$x=4$, -3 (5)$n=6$ (6)$a=6$

〈解説〉

(1)a^2-4a

$=a(a-4)$

(2)$2x+3=-3x+33$

$5x=30$

$x=6$

(3)$\begin{cases}2x+5y=1\cdots①\\4x-5y=17\cdots②\end{cases}$

①×2−②よりyを求めると

$y=-1\cdots③$

③を①に代入してxを求める。

$2x-5=1$

$x=3$

$\therefore x=3$, $y=-1$

(4)$x^2-x-12=0$

$(x-4)(x+3)=0$

$x=4$, -3

(5)$24n=2^2\times 6n$

よって，$n=6$

(6)この直線の式を，$y=bx+c$とすると

(2，1)(4，5)を通るので

$1=2b+c$，$5=4b+c$

これらを解いてb，cを求めると

$b=2$，$c=-3$

よって直線の式は，$y=2x-3$

$y=9$とすると

$9=2x-3$

$x=6$

よって，$a=6$

【211】 (1)250ml (2)750ml

〈解説〉

20％のブドウ糖液の量を$x$ml，加える水の量を$y$mlとすると

$x+y=1000\cdots①$

20％のブドウ糖液には，$\frac{20}{100}x=0.2x$

のブドウ糖が入っているので

$\frac{0.2x}{1000}=0.05\cdots②$

②より$x=250$，①に代入して$y=750$

よって，20％のブドウ糖液の量は250ml，加える水の量は750ml

【212】 (1)$0\leqq x\leqq 5$ (2)$y=8x$

〈解説〉

(1) 5分後に満水になるので

$0 \leqq x \leqq 5$

(2)毎分8 ℓの水を入れるとき，x分後の水の量は$8x$

よって，$y = 8x$

【213】 $\frac{3}{10}$

〈解説〉

はじめに赤玉を取り出す確率は，$\frac{3}{5}$

次に，再び赤玉を取り出す確率は，$\frac{2}{4}$

よって，2つとも赤玉が出る確率は

$\frac{3}{5} \times \frac{2}{4} = \frac{3}{10}$

【214】 (1)115°　(2)2cm

〈解説〉

(1)円に内接する四角形の対角の和は180°なので

$x + 65° = 180°$

$x = 115°$

(2)

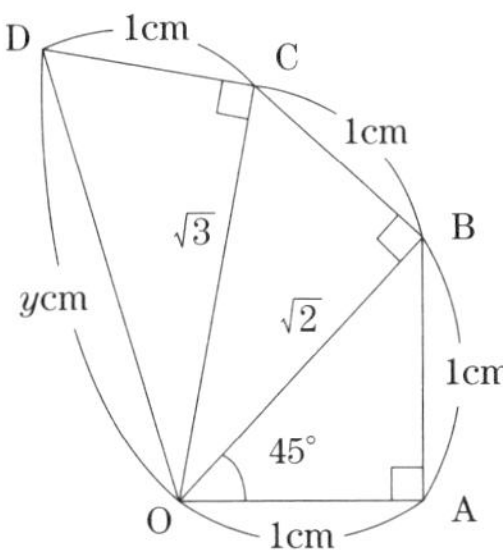

△OABは，∠OAB＝∠Rの直角三角形なので

$OB = \sqrt{2}$

同様に，△OBCは，∠OBC＝∠Rの直角三角形なので，三平方の定理より

$OC^2 = (\sqrt{2})^2 + 1^2 = 3$

$OC = \sqrt{3}$

△OCDは，∠OCD＝∠Rの直角三角形なので，三平方の定理より

$y^2 = (\sqrt{3})^2 + 1^2 = 4$

よって，$y = 2$cm

【215】 (1)相似比2：3　(2)$\frac{9}{2}$cm

(3)体積比8：27　表面積の比4：9

〈解説〉

(1)対応する辺の長さの比はすべて等しいので

AD：A′D′＝4：6＝2：3

(2)AB：A′B′＝3：x

$3 : x = 2 : 3$

$2x = 9$

$x = \frac{9}{2}$

(3)アの体積は，$2 \times 3 \times 4 = 24\text{cm}^3$

イの体積は，$3 \times \frac{9}{2} \times 6 = 81\text{cm}^3$

よって体積の比は

24：81＝8：27

アの表面積は

$2 \times (2 \times 3 + 3 \times 4 + 4 \times 2) = 52\text{cm}^2$

イの表面積は

$2 \times \left(3 \times \frac{9}{2} + \frac{9}{2} \times 6 + 3 \times 6\right) = 117\text{cm}^2$

よって表面積比は

52：117＝4：9

【216】 (1)$x = -\frac{3}{2}$　(2)$x = 7$　(3)$x = 2,\ y = -3$

(4)$x = \pm\frac{2}{3}$　(5)$x = 9,\ -6$

〈解説〉

(1)$7x - 6 = 3(x - 4)$

$7x - 3x = 6 - 12$

$4x = -6$

$x = -\frac{3}{2}$

(2)$\frac{5x - 1}{2} = \frac{2 + 7x}{3}$

両辺に6をかけると

$3(5x - 1) = 2(2 + 7x)$

$15x - 14x = 4 + 3$

$x = 7$

(3)$\begin{cases} 5x + 2y = 4 \cdots ① \\ 2x + y = 1 \cdots ② \end{cases}$

①－②×2よりxを求める。

$x = 2 \cdots ③$

③を②に代入してyを求める。

$4 + y = 1$

$y = -3$

$\therefore x = 2,\ y = -3$

(4)$9x^2 - 4 = 0$

$x^2 = \frac{4}{9}$

$x = \pm\frac{2}{3}$

(5) $(x-5)(x+2)=44$
$x^2-3x-10=44$
$x^2-3x-54=0$
$(x-9)(x+6)=0$
$x=9,\ -6$

【217】 (1)9通り (2)① $\frac{1}{6}$ ② $\frac{5}{12}$ ③ $\frac{1}{6}$ (3) $\frac{7}{8}$

〈解説〉
(1)樹形図で表すと

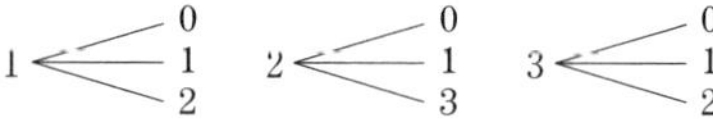

よって，9通り
(2)①目の和が2桁になるのは，10，11，12。
10…(4，6)(5，5)(6，4)
11…(5，6)(6，5)
12…(6，6)
すべての目の出方は，$6\times6=36$通りあるので
$\frac{6}{36}=\frac{1}{6}$
②目の積が6の倍数になるのは，6，12，18，24，30，36の6通り。
6…(1，6)(2，3)(3，2)(6，1)
12…(2，6)(3，4)(4，3)(6，2)
18…(3，6)(6，3)
24…(4，6)(6，4)
30…(5，6)(6，5)
36…(6，6)
よって，$\frac{15}{36}=\frac{5}{12}$
③出る目の数の差が3になるのは，
(1，4)(2，5)(3，6)(4，1)(2，5)(6，3)
の6通り。
よって，$\frac{6}{36}=\frac{1}{6}$
(3)すべての出方は樹形図で

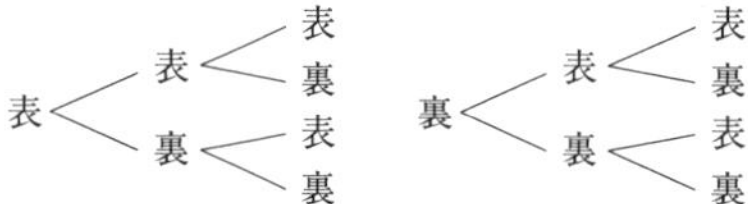

の8通りである。
よって，少なくとも1枚が裏になるのは
$\frac{7}{8}$

【218】 (1)① $6ab(a+3b)$ ② $(a-7)^2$
③ $5(x+4)(x-1)$
(2) $y=-2x$ (3)7角形

〈解説〉
(1)③ $5x^2+15x-20$
$=5(x^2+3x-4)$
$=5(x+4)(x-1)$
(2) $y=ax$とすると
$-6=3\times a$
$a=-2$
よって，$y=-2x$
(3) n角形の内角の和は，$2(n-2)\angle R$より
$2(n-2)\times90=900$
$2(n-2)=10$
$n-2=5$
$n=7$
よって，7角形

【219】 (1)120° (2) $9\pi\ \text{cm}^2$ (3) $27\pi\ \text{cm}^2$
(4) $6\sqrt{2}$ cm (5) $18\sqrt{2}\pi\ \text{cm}^3$

〈解説〉
(1)

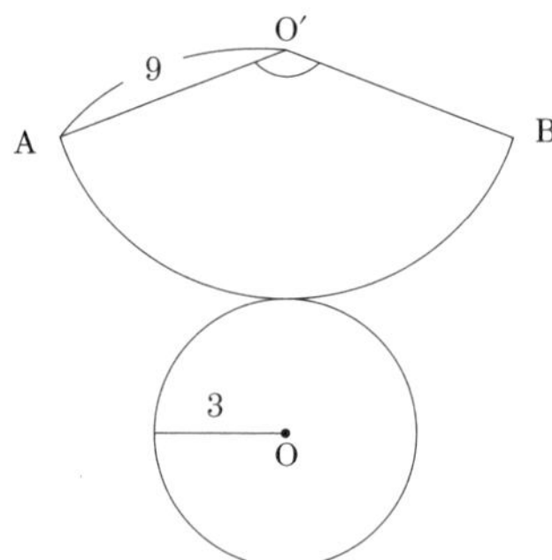

円Oの円周の長さは，
$2\times3\times\pi=6\pi$
円O′の円周の長さは
$2\times9\times\pi=18\pi$
よって，$\frac{6\pi}{18\pi}=\frac{1}{3}$となるので
$\angle AO'B=360°\times\frac{1}{3}=120°$
(2)底面積$=\pi\times3^2=9\pi\ \text{cm}^2$
(3)円O′の面積は，$\pi\times9^2=81\pi\ \text{cm}^2$なので
$81\pi\times\frac{1}{3}=27\pi\ \text{cm}^2$
(4)三平方の定理より
$3^2+h^2=9^2$
$h=6\sqrt{2}$ cm
(5)体積$=\frac{1}{3}\times\pi\times3^2\times6\sqrt{2}=18\sqrt{2}\pi\ \text{cm}^3$

【220】 $y=\frac{12}{x}$

〈解説〉

yがxに反比例するので，$y=\frac{a}{x}$とおくことができる。これに，$x=2$，$y=6$を代入してaを求めると，$a=12$

よって，$y=\frac{12}{x}$

【221】 (1)540° (2)72°

〈解説〉

(1)

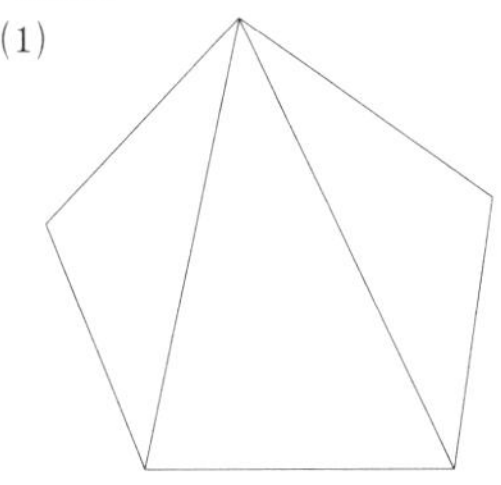

図より，三角形3個分の内角の和に等しいので

180°×3＝540°

(2)正五角形の1つの内角は

540°÷5＝108°

よって外角は

180°－108°＝72°

【222】 $\frac{3}{8}$

〈解説〉

すべての出方は，(表，表，表)(表，表，裏)(表，裏，表)(表，裏，裏)(裏，表，表)(裏，裏，表)(裏，表，裏)(裏，裏，裏)の8通り。このうち裏が2枚であるのは3通りあるので

$\frac{3}{8}$

【223】 (1)$x=84°$ (2)$y=\frac{4}{5}$cm

〈解説〉

(1)∠BACは孤BCの円周角より

∠BAC＝48°

∠APB＝180°－(48°＋36°)＝96°

よって

$x=180°-96°=84°$

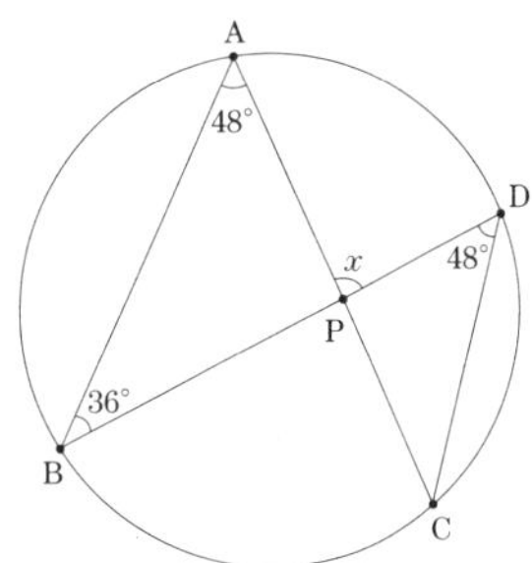

(2)∠BAD＝∠CADより，DC：BD＝AC：AB

(角の二等分線と線分比)

$y:(2-y)=2:3$

$4-2y=3y$

$y=\frac{4}{5}$cm

【224】 (1)5cm (2)$\sqrt{29}$cm (3)$\sqrt{53}$cm

〈解説〉

(1)三平方の定理より

$AC^2=AB^2+BC^2$

$AC^2=3^2+4^2$

$=25$

∴AC＝5cm

(2)直角三角形ACGにおいて，三平方の定理より

$AG^2=AC^2+CG^2$

$=5^2+2^2$

$=29$

∴AG＝$\sqrt{29}$cm

(3)最も短くなるのは，展開図のようにAPGが一直線になるときである。

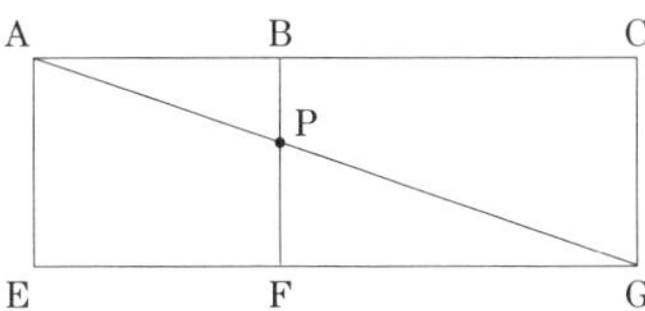

三平方の定理より

$AG^2=AE^2+EG^2$

$=2^2+(3+4)^2$

$=53$

∴AG＝$\sqrt{53}$cm

【225】 (1)$\frac{10}{3}\pi$ cm²

(2)高さ：$2\sqrt{21}$cm，体積：$\frac{32}{3}\sqrt{21}\pi$ cm³

(3)$x=70°$，$y=15°$

〈解説〉

(1)全体のおうぎ形の面積は

$S_1 = \frac{60}{360} \times \pi \times (4+2)^2 = 6\pi$

白いおうぎ形の面積は

$S_2 = \frac{60}{360} \times \pi \times 4^2 = \frac{8}{3}\pi$

求める面積は

$S_1 - S_2 = 6\pi - \frac{8}{3}\pi$

$= \frac{10}{3}\pi \text{ cm}^2$

⑵高さをhとすると

三平方の定理から

$h^2 + 4^2 = 10^2$

$h^2 = 100 - 16$

$= 84$

$h = \sqrt{84} = 2\sqrt{21}\text{cm}$

体積は

$V = \frac{1}{3} \times \pi \times 4^2 \times 2\sqrt{21}$

$= \frac{32}{3}\sqrt{21}\,\pi \text{ cm}^3$

⑶∠AOBは孤ABの中心角なので

∠AOB＝35°×2＝70°

∴x＝70°

APとOBの接点をCとする。

∠BCP＝180°－(50°＋35°)＝95°

∠BCP＝∠OCA＝95°(対頂角)

∠OAC＝180°－(95°＋70°)＝15°

∴y＝15°

【226】 ⑴$a = \frac{1}{4}$　⑵$y = \frac{1}{2}x + 6$　⑶(0, 6)

⑷30　⑸$0 \leqq y \leqq 9$

〈解説〉

⑴A(6, 9)を通るので

$9 = a \times 6^2$

$a = \frac{1}{4}$

⑵求める直線の式を，$y = bx + c$とする。

２点A，Bを通るので

$$\begin{cases} 9 = 6b + c \cdots ① \\ 4 = -4b + c \cdots ② \end{cases}$$

①－②よりbを求めると

$b = \frac{1}{2}$

②に代入してcを求めると

$c = 6$

よって，$y = \frac{1}{2}x + 6$

⑶$y = \frac{1}{2}x + 6$で$x = 0$とすると，$y = 6$

∴C(0, 6)

⑷△OAB＝△OCB＋△OCA

$\triangle OCB + \triangle OCA = \frac{1}{2} \times 6 \times 4 + \frac{1}{2} \times 6 \times 6$

$= 30$

⑸$y = \frac{1}{4}x^2$において

$x = -6$のとき，$y = 9$

$x = 2$のとき，$y = 1$

よって，$0 \leqq y \leqq 9$

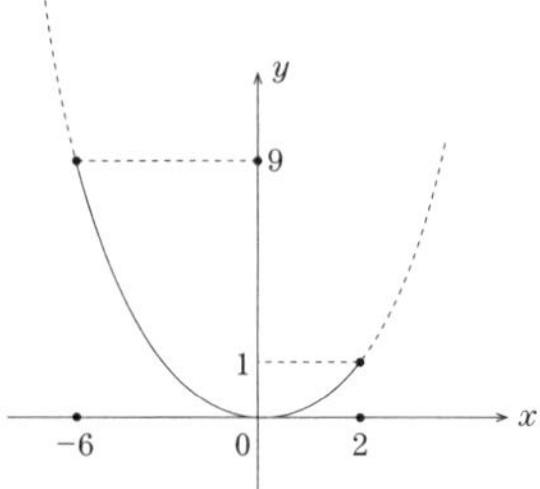

【227】 $4\sqrt{3}\text{ cm}^2$

〈解説〉

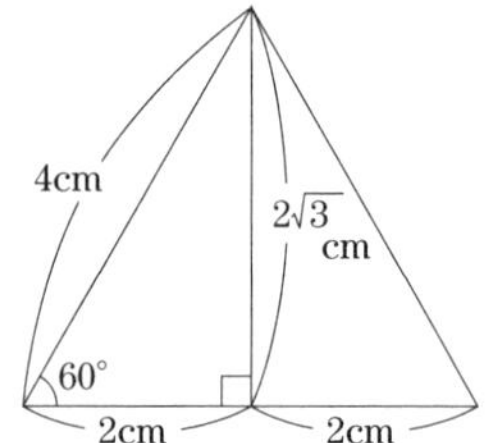

三平方の定理より高さを求めると，$2\sqrt{3}$ cm

よって

$\frac{1}{2} \times 4 \times 2\sqrt{3} = 4\sqrt{3}\text{ cm}^2$

【228】 $\frac{1}{3}$

〈解説〉

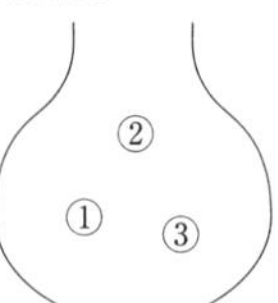

①→①となるのは，$\frac{1}{3} \times \frac{1}{3} = \frac{1}{9}$

②→②となるのは，$\frac{1}{3} \times \frac{1}{3} = \frac{1}{9}$

③→③となるのは，$\frac{1}{3} \times \frac{1}{3} = \frac{1}{9}$

よって，2回とも同じ数字になるのは

$\frac{1}{9}+\frac{1}{9}+\frac{1}{9}=\frac{1}{3}$

【229】 (1)円柱 (2)45π cm^3 (3)30π cm^2

〈解説〉

(2)体積をVとすると，V＝底面積×高さより

$V=3\times3\times\pi\times5$

$=45\pi$ cm^3

(3)展開すると，縦5cm，横(円周)6π cmの長方形になるので面積は

$5\times6\pi=30\pi$ cm^2

【230】 (1)$y=-3x+24$ (2)(8，0) (3)24

(4)$y=-\frac{1}{3}x+8$ (5)$y=\frac{1}{5}x$

〈解説〉

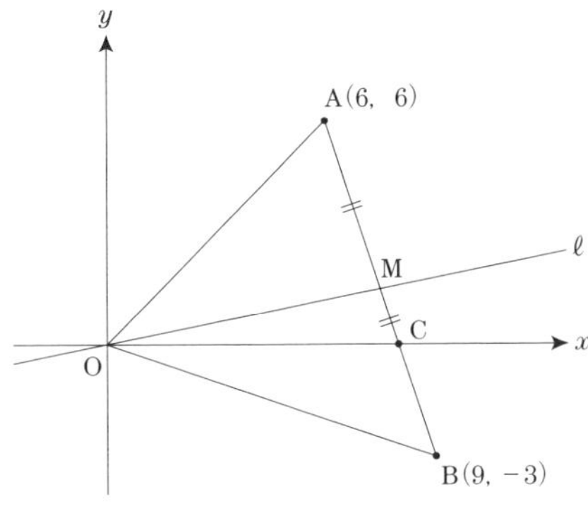

(1)求める直線の式を，$y=ax+b$とする。

2点(6，6)(9，−3)を通るので

$\begin{cases}6=6a+b\\-3=9a+b\end{cases}$

これを解いて，$a=-3$，$b=24$

$y=-3x+24$…①

(2)①で$y=0$とすると

$0=-3x+24$

$x=8$

∴C(8，0)

(3)$\triangle OAC=\frac{1}{2}\times8\times6=24$

(4)求める直線はOBに平行。

OBの傾きはO(0，0)，B(9，−3)より

$\frac{-3-0}{9-0}=-\frac{1}{3}$

よって，$y=-\frac{1}{3}x+c$とおける。

これがA(6，6)を通るので

$6=-\frac{1}{3}\times6+c$

$c=8$

よって，$y=-\frac{1}{3}x+8$

(5)線分ABの中点Mは

$x=\frac{6+9}{2}=\frac{15}{2}$

$y=\frac{6-3}{2}=\frac{3}{2}$

直線ℓが中点$M\left(\frac{15}{2},\frac{3}{2}\right)$を通るときに，面積は2等分される。

直線ℓは原点を通るので，$y=kx$とおくと

$\frac{3}{2}=\frac{15}{2}k$

$k=\frac{1}{5}$

よって求める直線の式は，$y=\frac{1}{5}x$

【231】 6cm

〈解説〉

AB//CDより

∠EDC＝∠EAB

∠ECD＝∠EBA

△ECDと△EBAにおいて3つの角が等しいので，△ECD∽△EBA

よって

EC：CD＝EB：BA

3：CD＝2：4

2CD＝12

CD＝6

【232】 (1)15cm^2 (2)$\frac{10}{3}$秒後 (3)5秒後 (4)$y=\frac{15}{2}x$

〈解説〉

(1)出発して2秒後のP，Qの位置は

AP＝2cm，BQ＝4cm

四角形ABQPは台形であるので面積は

$\frac{1}{2}(2+4)\times5=15$cm^2

(2)四角形ABCDの面積は，$5\times10=50$cm^2

x秒後の四角形ABQPの面積は

$y=\frac{1}{2}\times(x+2x)\times5=\frac{15}{2}x$ なので

$\frac{15}{2}x=50\times\frac{1}{2}$

よって，$x=\frac{10}{3}$秒後

(3)PQの長さが一番長くなるのは点Qが点Cの位置に来たときである。
BQ＝10cmとなるのは，5秒後
(4)(2)より，$y=\frac{15}{2}x$

【233】 (1)11個 (2)$\frac{3}{5}$

〈解説〉
(1)12，13，14，15
21，23，24，25
31，32，34
の11個。
(2)5枚のカードから，2枚を選んで2けたの整数を作る組み合わせは
5×4＝20通り
奇数になるには，1の位が1，3，5のとき。
10の位は，1の位で使う1，3，5のいずれか1つを除いた4つの数字のどれでもよい。よって，
奇数になる確率は，$\frac{4\times3}{20}=\frac{3}{5}$

【234】 (1)(5，5) (2)$\frac{15}{2}$ (3)25π

〈解説〉
(1)$\frac{4}{5}x+1=\frac{1}{5}x+4$

$\frac{3}{5}x=3$

$x=5$

$y=\frac{4}{5}\times5+1=5$

∴C(5，5)
(2)AB間を底辺，Cのx座標を高さとして求める。

$S=(4-1)\times5\times\frac{1}{2}=\frac{15}{2}$

(3)図のように，Cからy軸に垂線Hをおろし，△AHCをy軸まわりに1回転させてできる円錐から，△BHCでできる円錐をひけばよい。

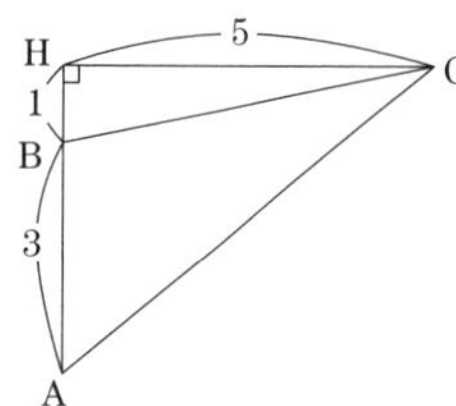

$V=\frac{1}{3}\times5^2\times\pi\times(3+1)-\frac{1}{3}\times5^2\times\pi\times1$

$=\frac{100\pi}{3}-\frac{25\pi}{3}$

$=\frac{75\pi}{3}$

$=25\pi$

【235】 (1)$x=20°$ (2)$\frac{36}{5}$

〈解説〉

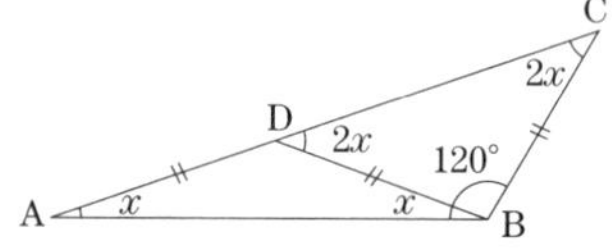

(1)∠CDBは∠ADBの外角より，
∠CDB＝$2x$
$x+2x=180-120$
$3x=60$
$x=20°$
(2)AB，CD，EFが平行より
BD：BF＝18：x
DB：DF＝12：x
よって
BF：DF
⇔$x:18-x=12-x:x$

$x^2=(18-x)(12-x)$

$x^2=x^2-30x+18\times12$

$x=\frac{18\times12}{30}$

$=\frac{36}{5}$

【236】 (1)$a=-\frac{1}{3}$ (2)-1

〈解説〉
(1)$y=ax^2$に点Aを代入してaを求める。
$-3=a\times3^2$

$a=-\frac{1}{3}$

(2)変化の割合＝$\frac{y\text{の増加量}}{x\text{の増加量}}$

$y=-\frac{1}{3}\times0=0$

$y=-\frac{1}{3}\times3^2=-3$

xは0から3に増加するので，

$\frac{-3-0}{3-0}=-1$

【237】 $2^2\times3^3$

〈解説〉
素因数分解…素数の積であらわすこと
素数…約数が1とその数自身の2個しかないもの

$108=2\times2\times3\times3\times3$
$=2^2\times3^3$

【238】 (1)①3通り ②$\frac{1}{6}$ (2)$\frac{17}{36}$

(3)①20通り ②$\frac{7}{18}$

〈解説〉
(1)①(1, 3), (2, 2), (3, 1)の3通り。
②和が10以上になる組み合わせは,
(4, 6)
(5, 5)
(5, 6)
(6, 6)
(6, 5)
(6, 4)
の6通り。
目の出方の総数は, $6\times6=36$通り。

$\therefore\frac{6}{36}=\frac{1}{6}$

(2)表参照。

大＼小	1	2	3	4	5	6
1	1	2	3	4	5	6
2	2	4	6	8	10	12
3	3	6	9	12	15	18
4	4	8	12	16	20	24
5	5	10	15	20	25	30
6	6	12	18	24	30	36

$\therefore\frac{17}{36}$

(3)①(2)の表参照。
②bをaで割った商が整数になるときを書き出すと,
小が1のとき, 大は1, 2, 3, 4, 5, 6
小が2のとき, 大は2, 4, 6
小が3のとき, 大は3, 6
小が4のとき, 大は4
小が5のとき, 大は5
小が6のとき, 大は6

$\therefore\frac{14}{36}=\frac{7}{18}$

国語解答例

【1】 問一　A. イ　B. ア　C.エ
問二　ウ
問三　書物を書くことも読むこともほとんどなかったが、それでも知的であったということ。
問四　エ
問五　書物をさまざま読んでも、観念的にならず、先人や賢者の見解に縛られず、先入観なしにものごとを見られるような、自由で自立した読書。
〈解説〉
問一　空欄の前後関係をよく見ること。
A.「百分の一」「もっと少なかった」は両方分量を示す語なので、対比や対応、選択の関係になるような語を選ぶ。
B.「日本の場合はとくべつ」とあるので、日本は他国とは違うことを補足説明している段落。
C.「白紙の状態」「先入観なしに」は言い換え。
問二　①は「～（すれ）ば～（する）ほど」の形で、一方の程度が高まるにつれて、他方の程度も高まる意を表す。
ア. 時間的な程度。
イ. 動作や状態の程度。
エ. 限度。
問三　「現代人と比較して」という指示なので、対比的に整理して考える。また、第一段落の「全く逆」という語は、強い否定を表す。「全く」という語も、「逆」という語も、言葉の勢いの強い語であるので、説明文や評論文に出てきたら必ずチェックするとよい。ここでは先人たちが、書物に触れる機会がほとんどなくても「知的」であったことを強調している。「知的」がキーワードなので、この語は解答に必ず入れること。
問四　「而して」の直訳は、そうして・それに加えて。傍線部の直後が、傍線部の説明となっているので、それと対応する内容を選ぶ。
問五　筆者が否定している部分と肯定している部分を丁寧に拾い上げ、それを一つにまとめる。「観念的になって、自発的にものを考えることが出来ない人間」「書物に縛られてしまっては困る」の部分に着目する。また、「先入観なしにものごとを見たい」という筆者の態度にも着目する。書物に振り回されたり、書物に頼りすぎたりして、自分の意見が持てなくなるのは、筆者の考える読書とは違うことを念頭においてまとめると、整理された解答になる。

【2】 ①しつじつごうけん・ウ
②てまえみそ・ア　③いしょくどうげん・オ
④たりきほんがん・イ　⑤ゆいいつむに・エ
⑥ごえつどうしゅう・カ

【3】 ①ウ　②ア　③エ　④イ　⑤オ
〈解説〉
①④は入試問題によく出題されるので覚えておこう。⑤については、代表作を知っておくとよい。
①紫式部（むらさきしきぶ）：平安時代の歌人・作家・女房（一条天皇の中宮彰子に仕える）。『源氏物語』は光源氏を主人公とする長編物語。
②窪美澄（くぼみすみ）：平成・令和時代の小説家。『夜に星を放つ』は第167回直木賞受賞作品。
③細井和喜蔵（ほそいわきぞう）：大正時代の文筆家。『女工哀史』は紡績工場で働く女性労働者の生活を克明に記録したルポルタージュ（現地報告）。
④石川啄木（いしかわたくぼく）：明治時代の歌人・詩人。『一握の砂』は啄木の第一歌集。
⑤村上春樹（むらかみはるき）：昭和・平成・令和時代の小説家・翻訳家。「雨やどり」は短編小説。代表作は『ノルウェイの森』『羊をめぐる冒険』『ねじまき鳥クロニクル』『海辺のカフカ』など。

【4】 ①ウ　②キ　③コ　④オ　⑤ア　⑥ク
⑦ケ　⑧カ　⑨イ　⑩エ
〈解説〉
①いしゃのふようじょう：人に養生を勧める医者が、自分は健康に注意しないこと。そこから、他人には立派なことを教えながら、自分では実行しないことのたとえにもなった。

②うそからでたまこと：はじめは嘘のつもりであったものが、結果的に本当となってしまうこと。
③ぎょふのり：シギとハマグリが争っているのを利用して、漁夫が両方ともつかまえたという故事から。当事者同士が争っているすきにつけ込んで、第三者が何の苦労もなく利益を収めることのたとえ。
④せんどうおおくしてふねやまにのぼる：指図する人間が多すぎると混乱して物事がうまく進まず、見当違いの方向に物事が進んでしまうことのたとえ。
⑤なしのつぶて：投げられた小石のように、便りを出したのに返事のないこと。「梨」は「無し」の意味で、語呂合わせ（言葉遊び）したもの。
⑥しらはのやがたつ：元々は、多くの中から犠牲者として選び出されることのたとえ。最近では、多くの中から特に選び出されることのたとえにもなっている。
⑦きをみてもりをみず：細部に気をとられて、物事の全体を見ていないことのたとえ。
⑧なさけはひとのためならず：人に情をかけておけば、めぐりめぐって、やがては自分にもよい報いが来るということ。
⑨あぶないはしをわたる：危険な手段を用いる。特に、違法と承知の上で、法律に違反するような行為を行うこと。
⑩やけいしにみず：火に焼かれ熱くなった石を冷まそうとして水を少しばかりかけても、すぐに蒸発してしまい効果がないことから、援助や努力が小さすぎて効果があがらないことのたとえ。

【5】 ①いしょく　②かんるい　③ろうきゅう　④しんさつ　⑤にゅうわ　⑥すいこう

【6】 問一　①きづか　②ぶよう　③だせい　④しゅうかん　⑤きりつ
問二　ウ
問三　文化
〈解説〉
問二　喫茶（きっさ）：茶を飲むこと。
なりふり（形振り）：身なりと振る舞い。服装と態度。
ア．生け花（いけばな）：木の枝や草花などを切りとり、枝葉の形をととのえて、花器にさすこと。華道(かどう)。
イ．歌舞伎（かぶき）：音楽や舞踊と一体となった日本の演劇。伝統芸能の一つ。
ウ．茶の湯：喫茶を中心とした室内芸能。客を招き、抹茶をたてて楽しむ。茶道（さどう）。
エ．精進料理（しょうじんりょうり）：野菜、海藻、穀類だけを材料として、魚介類・肉類を一切用いない料理。
問三　直前に「意識された時に」「誕生する」とあるので、対応する部分を本文から探す。本文の二文目に「意識し始めたとき」「生活は文化になる」とある。

【7】 ①創作　②操作　③演奏　④通訳　⑤幼虫

【8】 問一　松尾芭蕉
問二　①はくたい　②いきかう・いきこう　③とらえて　④むかうる・むこうる
問三　過客
問四　ウ
問五　①青葉若葉・夏（初夏）　②夏草・夏　③蝉・夏　④天河・秋
〈解説〉
問一　『奥の細道（おくのほそみち）』：江戸時代（1702年）に成立。作者は、松尾芭蕉（まつおばしょう）。ジャンルは、紀行文。元禄2年（1689年）、江戸を出発し、東北・北陸地方を経て大垣に到着した旅を素材としている。同行した曾良（そら）の日記と比べると、事実を変えて作品を書いていることがわかり、虚構も交えた文学作品となっている。
問二　歴史的仮名遣いを現代仮名遣いに直す際には、「は・ひ・ふ・へ・ほ」を「わ・い・う・え・お」に直す。「かう」は「kau」で、さらに「—au」は「—ou」と読むため「kou」となり、「こう」と書く。
問四　古人：古（いにしえ）の人。昔の人。
問五　季語や季節は教科書などで目にしたときに覚えておくとよい。句の簡単な意味を記しておく。
①ああ、尊いことよ。この日光山の霊域の青葉若葉に降りそそぐ、明るく輝く初夏の日の光は。
②夏草が生い茂っている。ここは義経たち勇士が奮戦した、夢の跡なのだ。
③ああ何という静けさだ。その中で岩に染み通っていくような蝉の声が、いよいよ静けさを強めている。
④荒波が立つ海の彼方（かなた）、佐渡島にかけて天の河が横たわっている。

【9】 ①霧　②援　③専　④単

〈解説〉

①霧の中にいるように、迷って判断や方針などがつかないこと。

②仲間がいずに一人ぼっちで、援助する者のいないこと。

③自分の判断で押し通すこと。

④前置きなしに、いきなり本題に入ること。

【10】 ①関与　②意図　③旬　④透明化　⑤満喫

【11】 問一　エ

問二　12

問三　僕は

問四　ア

問五　ア

問六　ウ

問七　Ⅱ

問八　ア

問九　ア

問十　イ

〈解説〉

問一　連体詞：体言（名詞）を修飾する語。

ア．副詞、イ．形容動詞、ウ．副詞、エ．連体詞。

問二　文節は〈自立語のみ〉か、〈自立語＋付属語〉なので、〈付属語のみ〉だと文節にならない。自立語とは通常それだけで意味を持つ・意味が分かる単語。付属語とは通常それだけでは何の意味か分からない単語。品詞でいえば、助動詞と助詞が付属語で、それ以外は自立語。

たとえば、「私」「家」という単語は自立語で、「が」「に」という単語は付属語。意味で分けようとすると迷う時があるので、自立語か付属語かで分けること。

だから／最初の／うち／僕は／これらの／スケッチを／活字に／しようと／いう／つもりは／まったく／なかった

問五　本文内容は、「我々はどこにも行けない」＝「（B）の本質」であるので、「どこにも行けない」というマイナスの感情と近いものを答えとして選ぶ。また受験技術として覚えておくとよいのは、通常「この」の指示内容は、直前の文あるいは直前の文章にある。今回の文章では、文の前後を入れ替えてみると、はっきりする。「この（B）の本質は、我々はどこへも行けないというものだ。」こうしてみると「この」の直前に「無力感」があることがわかるので、確かめ算ともなる。

問六　「パン」は作品、「小麦粉」は材料である。パン屋は「パン」を作るために（実在させるために）、材料に小麦粉やバターやその他を使用する。同じように小説家は「小説」を作る際に、様々な材料や素材（土地であったり、人物であったり、季節であったり）を使用しているということ。パン屋にとっては「パン」が、小説家にとっては「小説」が現実感のあるもので、主眼は小麦粉などの元にした材料にあるわけではないということ。

リアリティ：現実・実在・現実性・現実感・真実性、など。

マテリアル：物質・材料・原料・素材、など。

問七　「マテリアル」の話題がある部分を探すこと。【Ⅱ】の直後にある。また、脱文の部分に「まとめあげる」とあるので対応する部分を探すと、【Ⅱ】の段落の冒頭に「まとめるしか手はなかった」とあるので、【Ⅱ】が最も妥当だと判断する。

受験の際、自分にとって前後の意味が不明瞭で確信が持てなくても、自分で探し当てたキーワードを信じて、おそらくここと推定して解答するとよい。

問八　直後の段落の最後に「語られる機会が来るのをじっと待ちつづけていた」とあるので、語られたがっていると捉え、ここを手掛かりとして解答を選択する。

問九　「あらゆる行為は善だ」は、筆者の行為も善だということになるので、責められる義理はないということ。つまり、「善」なので批判しないでね、責めることではないよね、ということになると考えればアにたどり着ける。

選択肢は出題者の見解なので、出題者が何を答えさせたいかを十分に考えて選択肢を選ばないと正解にはならない。自分の解釈は最小限にとどめて、よく選択肢を吟味しよう。

肩をすくめる：両肩を上下させ、場合により両方の手のひらを上に向けることにより、どうしようもない気持ちや、わからない・確信がない・無関心といった感情を表す動作で、主に欧米人のしぐさとされる。

問十　直後の文に「意志」が「失われて」いるのに「認めることができず」とあるので、認識できないという趣旨が反映された解答を選ぶ。するとイかウとなるが、ウは「所有」を「認識していない」なので解答ではない。選択肢は基本的に削除方式で解答したほうがよい。

【12】 ①いただき・謙譲語
②ます・丁寧語
③おっしゃい・尊敬語
〈解説〉
①自分の動作や行為には謙譲語を使用する。もらう→いただく
②「です」「ます」を用いて丁寧な表現にする。食べる→食べます
③相手の動作や行為には尊敬語を使用する。言う→おっしゃる

【13】 ①オ　②イ　③エ
〈解説〉
ア．四面楚歌（しめんそか）：周囲が敵や反対者ばかりで、味方のないことのたとえ。
イ．呉越同舟（ごえつどうしゅう）：仲の悪い者同士や敵味方が同じ場所に居合わせること。また、そうした者同士が、共通の困難や利害に対して協力しあうことのたとえ。
ウ．断腸の思い（だんちょうのおもい）：腸（はらわた）がちぎれるほどにつらく苦しい思いのこと。
エ．背水の陣（はいすいのじん）：川や湖、海などを背に陣を立てること。もう逃げ場はないと覚悟した上でものごとに取り組むことのたとえ。また、もし失敗すれば滅びる覚悟で事に当たること。
オ．杜撰（ずさん）：詩や文などで、典拠の正確でないことを述べること。また、誤りが多くていいかげんなこと。
カ．朝令暮改（ちょうれいぼかい）：朝に出した命令が夕方にはもう改められるというところから、命令や政令などが頻繁に変更されて一定しないこと。

【14】 問一　①おの　②た　③しょせん
④はいき　⑤みきわ
問二　⑥簡単　⑦捨　⑧格差　⑨関心
⑩対処
問三　目に留まること。
問四　ア．手　イ．足　ウ．骨
問五　A．もちろん　B．そして
C．つまり　D．しかし
問六　（ア）いつか食べる　（イ）生きていく
問七　「生きていくこと」の本質を見えなくしてしまった
問八　（解答例）
日々の献立を考えてから食品を購入する。
特売だからといって買わないようにする。
食べられる分量を把握して計画的に買う。
〈解説〉
問三　目につく：①目に染み付いて離れなくなる。②見て気に入る。③目に留まる、目立って見える。ここでは③の意味。
問六　（ア）直前の繰り返しの表現に着目する。（イ）本文の中ほどに「食っていく」とは「生きていく」こととある。「食べる」＝「生きる」という両者の関係を把握して解答する。
問七　本文の主眼を問う問題なので、筆者の主張が最も表れている部分を探す。抜き出しではないので変えてもよいが、「できるだけ本文の言葉を使って」とあるので今回の問題に関しては抜き出しでも可。「食っていく」とは「生きていく」ことで、誰もが関心を持たねばならぬ「ポイント」とあり、また、「食っていける」とは「どういうことなのか」を「見失ってしまっている」とあるので、こうした点をつなげてまとめてもよい。
問八　二十字なので、自分の考えをストレートに書けばよい。

【15】 ①うなが　②ゆる　③おだ　④ふんいき
⑤たずさ　⑥もよお　⑦にゅうわ　⑧はげ
⑨あお　⑩いしょく

【16】 ①いらっしゃいますか
②おっしゃった
③ご利用になれます
④おっしゃった
⑤ご説明ください
〈解説〉
①「おる」は謙譲語。「いらっしゃる」に直すと尊敬語。
②「申す」は謙譲語。「おっしゃる」に直すと尊敬語。
③「ご～できる」は謙譲語なので相手の動作には使用しない。「ご～になれる」に直すと尊敬語。「ご利用いただけます」に直すと自分の動作に使用する謙譲語なので可（「私はあなたにこれを利用していただいてかまいません」という意味になる）。
④「おっしゃられる」は「おっしゃる＋れる」という、尊敬語が二回使われる二重敬語なので誤り。「おっしゃる」のみにして、ここでは「た」に続くように答える。
⑤「して」が不適切。「お（ご）……くださる」の形を使用する。

【17】 ア．いたづらに
イ．露にぬれつつ
ウ．雪は降りつつ
エ．思ふころかな
オ．雪ならで
〈解説〉
いずれも『小倉百人一首』に収録された和歌。
ア．桜の花の色は、すっかり色あせてしまったことよ。長雨を眺めながら恋の思いにむなしく日を送っている間に（私の美貌も衰えてしまったなあ）。
小野小町(おののこまち．六歌仙の一人．伝説的な美女として有名．各地に伝説が残っている)
イ．秋の田のほとりにある仮小屋の、屋根を葺いた苫の編み目が粗いので、私の衣の袖は露に濡れていくばかりだ。
天智天皇（てんじてんのう．626～672年．第38代天皇）
ウ．あなたにさしあげるため、春の野原に出かけて若菜を摘んでいる私の着物の袖に、雪がしきりに降りかかってくることだ。
光孝天皇（こうこうてんのう．830～887年．第58代天皇）
エ．風が激しいので、岩に打ち当たる波が（岩はびくともしないのに）自分だけ砕け散るように、（相手は平気なのに）私だけが心も砕けんばかりに恋に思い悩んでいるこの頃だなあ。
源重之（みなもとのしげゆき．？～1003年頃．清和天皇の曾孫）
オ．桜の花を誘って吹き散らす嵐の日の庭は、桜の花びらがまるで雪のように降って一面真っ白だが、実は老いさらばえて古（ふ）りゆくのは、私自身なのだなあ。
入道前太政大臣（藤原公経．ふじわらのきんつね．1171～1244年．西園寺家の祖）

【18】 ①しかん　②はなは　③しゅうぶん
④こうちゃく　⑤あいまい

【19】 ①損害　②家屋　③冒険　④展開　⑤得意
⑥押収　⑦暗黙　⑧元栓　⑨相違　⑩機嫌

【20】 問一　ア．おお（われた）　イ．独占
ウ．もぐ（る）
問二　ウ
問三　海へは入らない
問四　ウ
問五　イ
問六　安全
問七　エ
〈解説〉
問三　「子どもが破り」とある。「破り」だから、決まり事やルールや習慣を破ったということ。ここでは「しきたり」＝「文化」。
問四　大の好物のピーナツが食べられないこと、他のサルたちに取られてしまっていることが「いまいまし」いので、ア．言うことを聞かずに、イ．遠慮して、エ．言ったから、がそれぞれ不適。
問五　ア．消極⇔積極、イ．革新⇔保守、
ウ．直接⇔間接
問七　最終段落に着目する。「子どもたち」が「新しい世界を拓いた」とある。本文全体を通して「子どもたち」と「年寄りたち」の行動の違いや対比的な部分を整理するとよい。

【21】 ①イ　②オ　③エ　④カ　⑤ウ
〈解説〉
ア．首→首が回らない
支払うべきお金が多くてやりくりがつかない。

【22】 ①イ　②イ　③ア　④ア　⑤ア
〈解説〉
①先生の動作には尊敬語を用いる。
参る：謙譲語／いらっしゃる：尊敬語
②お客様の動作には尊敬語を用いる。
いただく：謙譲語／お～ください：尊敬語
③駅の利用者（お客様）の動作には尊敬語を用いる。
ご～ください：尊敬語／いただく：謙譲語
④自分の動作には謙譲語を用いる。
拝見：謙譲語／ご～ください(尊敬語)＋拝見（謙譲語）＋して（不要)。「ご拝見」も「拝見して」も言葉の使い方として誤り。「ご覧ください」であれば敬語の使い方として可。
⑤お客様に話す際には、社内の人間に尊敬語は用いず謙譲語を用いる。
イ．「部長さん」・「お出かけになって」が不適切。

【23】 問一　木馬
問二　ア
問三　父が話してくれたトロイア戦争の伝説は作り話であること。
問四　エ
問五　イ
問六　⑥オ　⑦ウ　⑧イ
問七　シュリーマンのように特別な才能と強い信念がなければ実行が難しい方法だから。
問八　A．そしていつ

B. 一生の大目的, 幼い日に抱いた夢
問九　イ, オ
〈解説〉
問一　トロイアの木馬・トロイの木馬：トロイア戦争で、ギリシャ軍がトロイア軍を攻略するため、兵を巨大な木馬にひそませて侵入したという故事から、正体を偽って潜入し、破壊工作を行う者のたとえ。そこから現在は、有益なソフトウエアに見せかけて、コンピューターのデータ消去・かいざん・流出などの破壊活動を行うプログラムの名称となった。
問二　源義経（みなもとのよしつね）：平治元年〜文治五年（1159〜89年）。平安末期から鎌倉初期の武将。義朝の第九子。母は常盤（ときわ）。幼名は牛若（うしわか）。平治の乱で平氏に捕えられ鞍馬寺に入れられたが、ひそかに陸奥藤原秀衡の下におもむいて庇護をうけた。治承四年（1180年）頼朝の挙兵に参じ、その武将として義仲追討、平氏滅亡に活躍したが、後、頼朝と不和となり、再び奥州へおもむく。秀衡死後、泰衡に襲われ、衣川の館で自殺した。義経の生涯については、不明な点が多く、後に義経伝説が生まれた。俗に九郎判官（くろうほうがん）とも呼ばれる。
問三　二十五字程度とあるので、文字数が二十五字を超えてもかまわない。指定字数に近い文字数で解答すること。例えば三十字程度であれば、次のようになる。「父が話してくれたトロイア戦争の伝説が全部作り話であること。」
問四　小躍りする：小さくはねること。はねること。また、とびあがらんばかりに喜ぶ様子をいう。
問五　直後の段落の冒頭にヒントがある。父親も含め周囲の人々は架空だと思っていたが、ハインリッヒだけはそう考えなかったとある。
問六　アはポーランド、エはフランス。
問七　傍線部の直後に「常人とは異なった才能」とある。また本文の中ほどに「特別な才能を持った人」「勉強を怠らない」ともある。さらに最終段落には「並たいていの意志で完遂できることではあるまい」とある。いかに意志の強い人間であるかということが強調されている。つまり、才能があり努力ができる人間であることがわかる。その彼だから「簡単に」できるのであって常人には難しいということ。
問八　A. 傍線部⑤の次の段落に、「だけは」「けっして」「証明したい」「証明せずにおくものか」「信念」「燃やし続けた」等の言葉が使われている。非常に強い言葉が並ぶ箇所は、作者が強調したい箇所でもあるので、初読の際に傍線を引いておくとよい。自分のやりたいことが明確に記述されている部分で、強い意志が表れているところでもある。
問九　「信念を燃やし続けた」「たえずトロイアを思いつづけ」などに、一つのことを深く思いつめる心や一途で純粋なところが表れている。

【24】　①関節痛　②危ぶむ　③司会　④隔絶
⑤潔白　⑥易しい　⑦推測　⑧気概

【25】　問一　A. エ　B. オ
問二　ア
問三　内面の状態、つまり、動物がどういう感情をもつのかが解らないということ。
問四　「感情の涙
〈解説〉
問一　A：Aをはさんで、「いるのだろうか」「なのだろうか」とある。
B：Bの後で具体例が述べられている。
問二　動物における「感情の涙」については「正確で信用できるような報告はない」、動物が「感情の涙」を流したという報告は「過剰」な「解釈」のように思われる、と筆者は述べている。すると、「連続性の涙」を「感情の涙」と解釈してしまったのではないか、という文脈になる。
問三　「内的状態」というのは、その存在の内部の状態のこと。本文は「感情」が話題であるから、内面の状態と理解するとよい。
問四　最終文の「〜こそが、〜重要なのである。」という表現（文体形式）に着目する。

【26】　問一　エ
問二　オ
問三　ア
問四　ア
問五　6
〈解説〉
問一　ず：打消しの助動詞・〜ない。
いはず：言わない。
問二　文末が名詞で終わっているので、体言止め。
問三　「菜種のはな」とあるので、季節は春。
問四　「5　さびしいぞ」「10　しんにさびし

いぞ」とあるので、孤独が正解。

問五　場面・視点の変化があるので、６からが後半。前半は目にしている風景と感情、後半は、自分の状態・行動と風景と感情が語られている。

室生犀星（むろうさいせい）：明治22年（1889）～昭和37年（1962）（72歳）。石川県生まれ。詩人・小説家。飾り気のない叙情的民衆詩人。後に詩を離れ、小説に専念。『愛の詩集』『抒情小曲集』（詩集）・『性に眼覚める頃』（小説）

【27】①がでんいんすい・イ
②がりょうてんせい・エ
③ごりむちゅう・オ
④いちげんこじ・ウ
⑤ぎょくせきこんこう・ア
⑥いしんでんしん・カ

【28】①ウ　②キ　③エ　④コ　⑤オ　⑥ケ　⑦イ　⑧カ　⑨ア　⑩ク

〈解説〉

①人生はほんの少し先のことでも何が起こるかまったくわからないということ。

②すらすらと話すこと。

③ふだんは信仰心を持たない人が、病気や災難で困ったときにだけ、神仏に祈って助けを求めようとすること。そこから、日頃疎遠な人や義理を欠いている人に、苦しい時だけ助けを求めることのたとえにもなった。

④高価なものや貴重なものを与えても、価値のわからない人には何の意味もないこと。
（＝豚に真珠，猫に石仏）

⑤健康のためには、満腹するまで食べないで、八分目ぐらいでやめておくのがよいということ。

⑥親の愛情や苦労は子に通じにくく、子は勝手なふるまいをするものだということ。

⑦力のない者が強い者の権威を頼みにしていばること。

⑧子どもがかわいければ、甘やかさず世間に出して、さまざまな経験をさせることが大切だということ。

⑨労をいとわず動きまわるうちに思いがけない幸運に出会うこと。また、物事を積極的に行う者は、それだけ災難に遭うことも多いということ。

⑩血のつながりは他人同士の関係よりも強いということ。

【29】①けはい　②けいだい　③へいおん　④びみょう　⑤さいく　⑥けんしん

【30】①混雑　②価値　③責任　④優　⑤支　⑥暮

【31】（Ａ群・Ｂ群の順に）
①ウ・ａ　②エ・ｂ　③イ・ｆ　④カ・ｃ

【32】①エ　②ア　③オ　④イ　⑤カ　⑥ウ

〈解説〉

①『枕草子（まくらのそうし）』：平安時代・1001年ごろ成立。筆者は、清少納言（せいしょうなごん）（平安時代・一条天皇の中宮定子に仕える）。ジャンルは、随筆。約300段。宮中での見聞や事物に関する評言などを自由に綴る。わが国最初の随筆。古典三大随筆は、『枕草子』（清少納言）・『方丈記』（鴨長明）・『徒然草』（吉田兼好）。

②『源氏物語（げんじものがたり）』：平安時代・1008年ごろ成立。作者は、紫式部（むらさきしきぶ）（平安時代、一条天皇の中宮彰子に仕える）。ジャンルは、物語。光源氏（ひかるげんじ）を中心に貴族社会の恋愛の諸相を描写。日本古典文学の最高傑作。三部構成・五十四帖から成る。

③『土佐日記（とさにっき）』：平安時代・935年ごろ成立。作者は、紀貫之（きのつらゆき）。ジャンルは、日記（日本で最初の、仮名による日記文学）。内容は、土佐から京までの55日間にわたる旅の紀行文。作者は男性であるが、女性の作として、仮名で書かれている。

④『奥の細道（おくのほそみち）』：江戸時代（1702年）に成立。作者は、松尾芭蕉（まつおばしょう）。ジャンルは、紀行文。1689年（元禄２年）の、江戸を出発し、東北・北陸地方を経て大垣に到着した旅を素材としている。同行した曾良（そら）の日記と比べると、事実を変えて作品を書いていることがわかり、虚構も交えた文学作品となっている。

⑤『破戒（はかい）』：明治39年（1906）発表。作者は、島崎藤村（しまざきとうそん）。ジャンルは、小説。父親の戒めを破り、苦悩の末、自己の素性を告白する青年が主人公。日本初の本格的な自然主義文学作品。

⑥『伊豆の踊子（いずのおどりこ）』：大正15年（1926）発表。作者は、川端康成（かわばたやすなり）。ジャンルは、小説。孤児意識に苦しむ旧制高校の学生が、踊り子たちとの旅を通してその意識を浄化していく。踊り子への淡い恋心と別れも描かれている。川端康成

は、日本で最初のノーベル文学賞受賞者。

【33】 ①いる　②とおき　③こえ
④いらう（別解：いろう）　⑤もうす

【34】（誤→正の順に）
①意→以　②夢→霧　③我→画
〈解説〉
①以心伝心：言葉では表わせない悟りや真理を心から心へと伝えること。無言のうちに心が互いに通じ合うこと。
②五里霧中：方向を失うこと。物事の判断がつかなくて、どうしていいか迷うこと。
③自画自賛：自分で、自分の行為や自分自身をほめること。

【35】 問一　①ていぎ　②なが
③き（え）う（せて）　④とりょう
⑤てつがくてき
問二　⑥微妙　⑦照明　⑧降り注ぐ
⑨言い換え　⑩錯覚
問三　空を見上げ、全天の雲量が２割から８割であること。
問四　空の色はいったいどこからやってくるのだろうか
問五　ウ
問六　表面・塗料・白色光・赤い光・反射
問七　エ
〈解説〉
問三「快晴」の説明を省いて、「晴れ」に関する記述だけを使用すること。
問四　疑問を表す、「一体」「どこから」「のだろうか」などの言葉に着目する。
問五　７段落の最後「色を生み出しているのは光なのだ」、８段落の最後「全ての色を含んだ光が白色光、太陽の光なのだ。」に着目する。
問七　最後の３つの段落に、筆者の考えや主張が書かれているので、それと対応するものを選ぶ。

【36】 ①けんあん　②ういてんぺん　③つくろ
④いちもくさん　⑤かんぼつ

【37】 問一　11
問二　オランウータンが
問三　ア
問四　エ
問五　イ
問六　ウ
問七　ア
問八　種
問九　エ
問十　ウ
〈解説〉
問一　文節とは、一自立語（＋付属語）からなる文を構成する単位。音で切れる部分でもあるので「ね」や「よ」で区切って読むことができる。しばらく／前、／仙台の／町に／いる／時に／たまたま／暇が／できたので、／動物園に／行った。
問四　おずおずと：恐れてためらいながら。おそるおそる。
問五　よくない：よい（形容詞）＋ない（補助形容詞）
ア．おさない：幼い
イ．少なくない：少ない（形容詞）＋ない（補助形容詞）
ウ．食べない：食べる（動詞）＋ない（助動詞）
エ．しれない：知れる（動詞）＋ない（助動詞）
形容詞「ない」には、「不在」の意味と「否定」の意味がある。不在のほうが形容詞、否定のほうが補助形容詞。
問六　ばかり：副助詞。
ア．…ために・…が原因で。
イ．動作が完了してまもない状態。
ウ．ある動作が今にも行われようとする状態。
エ．…ほど・…くらい。
「言わんばかりの顔」：言いそうな顔。
「泣かんばかりの顔」：泣きそうな顔。
問七　詩の前に、「いずれは見られるかもしれない」とあり、その後で、具体例として詩を挙げている。Ⅲ段落の最後にも、「本当にその日が来るかもしれないとぼくは思うのだ」とあるので現実的・具体的に考えていることがわかる。
問九「しかしながら」がヒント。これまでとは別のことを述べようとするときに使う言葉。
問十　Ⅳ段落の初めに「偏見」とあるのがヒント。

【38】 ①危険　②複雑　③冷静　④成功　⑤特殊

【39】（意味・漢字の順に）
①イ・四　②ア・百　③イ・八　④ウ・石
⑤イ・東
〈解説〉
①しめんそか
②ごじっぽひゃっぽ
③おかめはちもく（「傍目八目」とも書く）
④やけいしにみず
⑤ばじとうふう

【40】 問一 ②不思議に思って近寄ってみると
③かわいらしいことはこの上もない
問二 ア.（名前）さかきの造 （反対語）媼
イ. 三寸（9cm）くらいの姿・かぐや姫
ウ.「この子」を見つけて以降、竹を取るときに、黄金が入った竹を見つけることが重なったから。
問三 Ⅰ. 竹取物語 Ⅱ. 平安
Ⅲ. 源氏物語 Ⅳ. 清少納言 Ⅴ. 随筆
〈解説〉
問一 ②あやしがる：動詞（ラ行四段活用）・不思議に思う。
③うつくし：形容詞（シク活用）・いとしい。かわいい。美しい。見事だ。
「うつくし」は複数の意味があるので、文脈に適するように訳す。とても小さくて（9cm）、とても幼いので、籠に入れて育てているところから考えるとよい。
問二 ①翁：年をとった男。老爺。おじいさん
媼：年をとった女。老婆。おばあさん。
⑤「よごとに金ある竹」：節と節の間ごとに黄金が入っている竹。
問三 『竹取物語』：平安時代・900年ごろ成立。作者・未詳。全1巻。ジャンルは、物語。「物語の出で来はじめの祖（おや）」と『源氏物語』に書かれている（日本で最初の「物語」だということ）。かぐや姫の生い立ちから始まり、次に五人の貴公子と帝の求婚、最後にかぐや姫の昇天が描かれる。
（本文訳）
今からみると昔のことだが、竹取の翁という人がいた。
野山に分け入っていつも竹を取っては、（それを）いろいろなことに使っていた。
名を「さかきの造」といった。
（ある時）取っていた竹の中に、根元が光っている竹が一本あった。
不思議に思って近寄ってみると、筒の中が光っている。
それを見ると、三寸（約9センチメートル）ぐらいの人が、大変かわいらしい姿で座っている。
翁が言うには、「私が毎朝毎夕見る竹の中にいらっしゃるのでわかった。（竹は籠になるのだから、私の）子におなりになるはずの人のようだ。」
と言って、手の中に入れて家へ持って来た。
妻である老婆に預けて養わせる。
かわいらしいことはこの上もない。
たいへん幼いので籠に入れて育てる。
竹取の翁が竹を取ると、この子を見つけてからのちに、竹を取ると、節と節の間ごとに黄金が入った竹を見つけることがたび重なった。
こうして、翁はしだいに裕福になってゆく。

【41】 問一 ア. やはらかに イ. はるけし
ウ. 外の面の草に エ. いたく寂しく
問二 ①どうか鳴くなよ ②夕方になると
問三 B・大伴家持
〈解説〉
問一 A. 読み方：くれないの にしゃくのびたる ばらのめの はりやわらかに はるさめのふる
解釈：赤い色で二尺ほど伸びたばらの芽は、まだそのトゲもやわらかく、そこにやわらかな春雨が降っていることだ。
B. 読み方：あさどこに きけばはるけし いみずがわ あさこぎしつつ うたうふなびと
解釈：朝の床で聞くと遠く遥かに聞こえてくる。射水河を朝漕ぎながら唱う舟人の声だ。
C. 読み方：はるのとり ななきそなきそ あかあかと とのものくさに ひのいるゆうべ
解釈：春の鳥よ、そんなに鳴かないでおくれ。外の草原を赤々と染めながら夕日が沈もうとしている。
D. 読み方：ゆうされば だいこんのはに ふるしぐれ いたくさびしく ふりにけるかも
解釈：夕方になって、大根の葉に降る時雨は、とても寂しく降ることであるなぁ。
問三 A. 正岡子規（まさおかしき）：慶応3年（1867）～明治35年（1902）（35歳）。愛媛県生まれ。俳句・短歌・文章の革新を推し進めた。『寒山落木』（句集）・『竹乃里歌』（歌集）・『病床六尺』（随筆）
B. 大伴家持（おおとものやかもち）：？718年～785年。奈良時代の歌人。『万葉集』の最終的な編者と考えられる。『万葉集』：奈良時代後期（759年以降）に成立。現存するわが国最古の歌集。編者不明だが、大伴家持が編纂に関与していたとみられる。歌人の階層は皇族から庶民に及び、地域はほぼ全国に広がる。直情的で素朴な歌風。二〇巻。約四五〇〇首。相聞（そうもん）・挽歌（ばんか）・雑歌（ぞうか）などに分類して収められる。

C．北原白秋（きたはらはくしゅう）：明治18年（1885）～昭和17年（1942）（57歳）。福岡県生まれ。詩人・歌人。『邪宗門』（詩集）・『桐の花』（歌集）

D．斎藤茂吉（さいとうもきち）：明治15年（1882）～昭和28年（1953）（70歳）。山形県生まれ。東大医学部を卒業し精神科医となる。歌誌『馬酔木』『アララギ』に短歌を発表。『赤光』（歌集）・『あらたま』（歌集）

【42】 問一 ⑴③ ⑶④ ⑷①

問二 すぐにでも大ゲンカになってしまいそうな、危険で険悪な雰囲気。

問三 現実を教えるのが年長者の義務だと言ったことで、太田の面倒を見る羽目になったこと。

問四 修復不能と思われたいさかいを、社長の一声で強引に収束してしまう集団の狂信的なあり方に、同調できないものを感じたから。

〈解説〉

問一 意味の選択の手順は、まず、辞書的な意味に符合するものを選び、次に、文脈に即したものを選ぶ。小説の場合、登場人物たちのおかれた状況と、抱え持つ心情の、両方を考慮しながら選択することが肝要。日頃から、意味調べの習慣が持てるとよい。

問二 記述は、字数に合わせる形で作成する。内容の全部は書けないので、取捨選択が必要。この場合、傍線部後半の、「そうな、」の後の「きな臭い、ひりつくような空気」の説明が最も必要。

きな臭い：今にも何か物騒なことが起こりそうな気配。

ひりつくような：嫌な気持ち、憂鬱な気持ちになること。

「そうな、」までは修飾部に当たるので、被修飾部のほうがイイタイコトになるので、後半をきちんと説明できるように考えて書くとよい。

問三 墓穴を掘る：身を滅ぼす原因を自分から作ること。

ここでは、愛が言ったことと、愛が陥った状況の両方を答える。因果関係がはっきりするようにつなげることが必要。

問四 亮磨が店を辞めようと思う理由は、直前の出来事が影響している。したがって、直前の出来事を手短にまとめる。そして、それが嫌であることをきちんと述べる。「気をひきしめた」とあるから、自分がそこにいる人たちと同じようにならないように注意しようということである。同調できないもの、交わりたくないものが、その店の人々にはあったということである。

別解：仲間・夢・奉仕という考え、遊び感覚の抜けない飲食店、社長の一声でいさかいが収束する狂信的な雰囲気などに、なじめないから。

【43】 ①A ②C ③C

【44】 問一 ア．方便 イ．泥棒 ウ．実

問二 ウ

問三 ものをありのままに観察して研究するもの

問四 ア

問五 ウ

問六 体操

問七 排斥・抑圧・抑制

問八 経済

問九 B．自分でも信じることができないようなものも含め、様々な可能性を検討することが大切

C．日本人はうそに対する抑制心が強く、常識的な発想から抜け出せない

問十 ア．○ イ．× ウ．× エ．×

オ．○

〈解説〉

問一 ウはまこと。漢字は「実」。「真」でも「誠」でも可。

問三 5段落に「科学というものは、」「と思われています」とある。

問四 ア．ジョン・ドルトン：イギリスの化学者・物理学者・気象学者。〈原子論〉。

イ．サー・アイザック・ニュートン：イギリスの数学者・物理学者・天文学者・神学者。〈万有引力の法則〉。

ウ．チャールズ・ロバート・ダーウィン：イギリスの自然科学者。地質学者・生物学者。〈進化論〉。『種の起源』。

エ．オーガスタス・ド・モルガン：イギリスの数学者・論理学者。〈ド・モルガンの法則〉。

問六 頭の体操：思考の柔軟性・記憶力の向上、知的能力の発揮などを目的とした問題や遊びなどのこと。慣用句的に使用するので、覚えておこう。

別解：運動

問八 日本国憲法の「自由権」：「精神の自由」

「身体の自由」「経済活動の自由」
問九　「大発見のためには」の部分については、傍線部の直前の段落をまとめる。日本人には大発見が乏しい理由については、傍線部の直後をまとめる。
問十　イ．「教えに反しているので」が不適。
ウ．「もののほうがよい」が不適。
エ．「主張してはならない」のではなくて、「真理を主張する自由」と考えてはいけないと述べている。「自分には本当と思えることを考え、主張する自由だ」ととらえるべきだと筆者は述べているので、エは不適。

【45】 ①ゆうらん　②こうけん　③ぞうしょ　④ひっし　⑤ちょめい　⑥きょうちゅう　⑦うちわけ　⑧ろっこつ

【46】 ①衛生　②案内　③省く　④無益　⑤清潔　⑥映る　⑦処置　⑧浴びる

【47】 問一　①提示　②とら　③断片　④はあく　⑤焦点
問二　ア
問三　1．ア　2．ア　3．イ　4．ア　5．ア　6．ア　7．ア
問四　W．ウ　X．ア　Y．オ　Z．イ

【48】 問一　い（に）
問二　①エ　③イ
問三　主人公：ウ　書名：伊勢物語
〈解説〉
『伊勢物語』：平安時代前期の作。作者未詳。ジャンルは、歌物語。在原業平の和歌を中心に据え、「男」と呼ばれる主人公の「初冠」から「臨終」までの一生涯を描く。「昔、男ありけり」で始まる章段が多い。「みやび」の文学と言われる。ちなみに、『枕草子』は「をかし」の文学、『源氏物語』は「あはれ」の文学と言われる。

【49】 ①遅　②晩　③我（此）　④拙　⑤悪
〈解説〉
③「我」でも「此」でもどちらでもよい。
彼我（ひが）：他人と自分のこと。
彼此（かれこれ）：あの事とこの事・あの人とこの人・ごたごた・とやかく、など多くの意味がある。

【50】 ①キ　②エ　③ウ　④オ　⑤ア

【51】 問一　「来月のお小遣いで返すつもりだったんだ」
問二　つい魔がさしたとしか言いようがない。
問三　ウ
問四　エ
問五　E．イ　F．エ
問六　いつもより早くベッドにもぐりこんだ。
問七　父：息子が自分の行為を反省したら、盗んだり嘘をついたりしたことは忘れていい。
母：父親にしっかりと叱ってもらうことで、息子にきちんと反省してほしい。
〈解説〉
問二　魔がさす：心の中に悪魔が入ったように、ふと悪念を起こすこと。
別解：まじめな彼が万引きなどした理由は分らないが、きっと魔がさしたのに違いない。
問三　几帳面：細かいところまで、物事をきちんと行うさま。
問六　遠回りして本屋に立ち寄った。できるだけゆっくり家へ向かって歩いた。なども可。他に要素として、トースト一枚きり・教室に一番乗り・掃除を手伝う、などのところでも可。
問七　母の立場と父の立場をよく読み取る。母が父に託した理由を考えよう。また、父が怒らずに自分の過去を話したのはなぜか、忘れていいといったのはなぜかをそれぞれ考えよう。父は、息子に、自分で反省して欲しかったのであろう。

【52】 ア．しゅしゃせんたく　イ．おんこちしん　ウ．ゆうじゅうふだん　エ．有言実行　オ．起承転結

【53】 ①ぎょうし　②ちゅうやけんこう　③ゆる　④けねん　⑤じゅんのうせい

【54】 ①核心　②典型的　③陶酔　④阻止　⑤摘

【55】 問一　エ
問二　ア
問三　9
問四　イ
問五　ウ
問六　ウ
問七　ウ
問八　イ
問九　E
問十　ア
〈解説〉
問一　ア．形容詞の一部。くだらない、少ない、なども同じ。
イ．形容詞。助詞の後に続く場合は形容詞。
ウ．形容詞。
エ．打消しの助動詞。動詞の後に続く場合は打消しの助動詞。行かない、食べない、なども同じ。

問二　ア．連体詞。連体詞は名詞を修飾する。「あの」山、「この」本、「わが」街、「たいした」人だ、など。
イ．形容詞。「よい」のくだけた言い方。
ウ．副詞。
エ．動詞。
問三　この／ことは／地球を／金魚鉢に／例えて／見ると／簡単に／理解／できる。
問五　枯渇：かわいて水分がなくなること・ものが尽きてなくなること。
ア．美しいいろどり・活気ある姿。
イ．失うこと。
ウ．うるおうこと・情けのあること。
エ．豊かでうるおいのあること。
問七　ⅱは、範囲内でやめておくということ。したがって、「今以上」の「浪費」による「経済発展」は止めて、世界中の皆で浪費を止めて節約していこうという意味をもつウを選ぶ。
問十　最終段落に「整理」「縮小」が必要だとあり、後ろから二段落目にも「危険ラインを越してしまった」とある。したがって、「今のうちから」「回避」「対策」とあるアを選ぶ。

【56】 問一　イ．いらいら
ロ．B．ひたすら　C．なぜ　D．半面
問二　①渋滞　②費　③要請　④しんちょく
⑤気遣
問三　大雪による立ち往生に関する情報で、いつごろ解消するのか、また現在どのような状況であるのかという進捗状況に関する情報。
問四　お客さんを待たせる料理人（のこと）。
患者さんを待たせる医者（のこと）。
問五　除雪作業などによる立往生の早い解消。
食料や水の配布などによる人命救助。
ＳＮＳなどでのこまめな情報発信。
問六　求められる雪害への備えと綿密な対応
〈解説〉
問三　傍線部の次の文に「進捗状況をこまめに発信できなかったものか。」とあるので、進捗状況（物事の進み具合）をこまめに発信していれば「不満」は生じなかったということになる。皆が知りたかったのは、今どういう状況で、いつごろ車が動くのか（助かるのか）ということ。それをまとめて解答する。
問四　最終文は、本文全体を通した主張。したがって、提供する側、かつ、待たせている側の例を挙げる。冒頭を思い出せるとよい。どういうことか、と聞かれているので、どういう存在かを答えればよい。
問五　「大雪の状況で」「望んでいること」を答える。大雪の中ですべき三つのことを答える。
問六　別解：人命救助と人心救助の在り方、災害への備えと被災者への気遣い、など。

【57】 ①いざよい　②あいまい　③すいか
④さんま　⑤いくどうおん

【58】 ①四・ウ　②百・ケ　③二・ア　④千・オ
⑤万・キ

【59】 問一　ア．あけぼの　イ．夜　ウ．ほたる
エ．夕暮れ　オ．からす　カ．をかし
キ．つとめて
問二　①言うまでもなく
②これはまた、言いようもなく趣深い
③とても似つかわしい
問三　Ⅰ．清少納言　Ⅱ．枕草子
Ⅲ．鴨長明　Ⅳ．徒然草　Ⅴ．源氏物語
〈解説〉
問三　Ⅱ．『枕草子』：平安時代・1001年ごろ成立。筆者は、清少納言（平安時代・一条天皇の中宮定子に仕える）。ジャンルは、随筆。約300段。宮中での見聞や事物に関する評言などを自由に綴る。わが国最初の随筆。
三大随筆：『枕草子』（清少納言）・『方丈記』（鴨長明）・『徒然草』（吉田兼好）
Ⅲ．『方丈記』：鎌倉時代前期・1212年成立。筆者は、鴨長明（1155頃～1216）。ジャンルは、随筆。中世的無常観を基に五大事件と自身の生涯について述懐。和漢混交文。対句・比喩を多用した、格調高い文体。
Ⅳ．『徒然草』：鎌倉時代末期成立。筆者は、吉田兼好（＝兼好法師・1283頃～1352頃．鎌倉・室町時代）。ジャンルは、随筆。独自の無常観をもとに、諸事を批評する。主題は多岐にわたっており、筆者の並々ならぬ博識ぶりがうかがえる。
Ⅴ．『源氏物語』：平安時代・1008年ごろ成立。作者は、紫式部（平安時代、一条天皇の中宮彰子に仕える）。ジャンルは、物語。光源氏（ひかるげんじ）を中心に貴族社会の恋愛の諸相を描写。日本古典文学の最高傑作。三部構成・五十四帖から成る。

【60】 問一　ａ．糧　ｂ．獲得　ｃ．介護
ｄ．探検　ｅ．寛大
問二　Ａ．③　Ｂ．①　Ｃ．②　Ｄ．⑤
問三　自己の成長、進歩

問四　④
問五　①
問六　大手を振って
問七　働く女性自身が意識改革をしないと、女性が自分のペースで無理なく働ける社会にはならないから。
〈解説〉
問三　直後の段落に「自己実現」「進歩」などの言葉がある。自己実現は「止まる」という言い方はせず、「自己実現ができない」という言い方をする。「進歩」は「止まる」という言い方をする。また、最終段落の最後にも着目するとよい。
問四　「止まるのはいけないことですか」という質問は、「自分が止まっちゃう」と止まることを嫌がっている相手にとって当然のこととされている価値観を、根本から問うことになる。その質問をあえてすると、相手を困らせる可能性や答えが出ない可能性がある。筆者は「止まるのはいけないこと」と思っていないので、自分の価値観を押し付けないよう注意して発言している。
②は「難しい内容」が不適。
問五　大義名分：行動のよりどころとなる正当な理由のこと。
傍線部の直前に「仕事を得るための」とあるので、①を選ぶ。
方便とは、手段のこと。
問七　働く女性が大義名分に縛られて、ストレスなく生きることができない現状を変えなければいけないという趣旨を踏まえる。最終段落には、働く女性が大義名分に縛られて、自分のペースで生きられない状態が書かれている。傍線部の文のはじめにも「周囲も」とある。周りも変わらなければ問題は解決しないという筆者の考えを読み取る。
別解１：女性が大義名分に縛られることなく、自分のペースで無理なく自由に働くことができるような社会にするため。
また、社会に焦点を当てず、個人に焦点を当てると次のような解答になる。
別解２：もっと自由にペース調整して働くことができ、疲れやストレスから病気になることもなくなるから。

【61】 問一　ウ
問二　ウ
問三　エ
問四　心理状態
問五　日本人は場の倫理に基づいた発想をし、アメリカ人は個の倫理に基づいた発想をする。
問六　イ
問七　曖昧
問八　平衡状態
問九　ア
問十　ウ
問十一　ア．×　イ．○　ウ．×　エ．×
〈解説〉
問一　昭和元年は１９２６年。１９３４年は昭和９年。
問二　ウ．何か飲み物をいただけますか？の意味なので、聞かれることではない。
問三　あらかじめ知識として「禁句」と知っていたので、制御が働いた、つまり禁句を言わなかったということ。
問五　一段落に日本人の「場」の倫理が書かれていて、四段落にアメリカ人の「個」の倫理が書かれている。二つの対比がわかるようにまとめればよい。
問十　傍線部の後に、個の倫理は、「出来ない子はそれにふさわしい級に留めておくのが親切と考える」とあるので、アの学校の評判、イの能力を過信、エの正しく評価は不適。
問十一　アの捨て、ウの主張できなく、エの対立などが不適。イは後ろから二段落目に書かれている。

【62】 ①煙突　②恩人　③途絶える　④勇ましい　⑤感覚　⑥厚い　⑦濃い　⑧複写　⑨詳細　⑩誤字

【63】 １．ぶんべつ　２．かいこ　３．めんえき　４．こごと　５．もうい　６．じしゅく　７．教訓　８．看病　９．紹介　10. 警察　11. 風邪　12. 環境

【64】 問一　植木屋→私→妻→きみ→東京からの看護婦→左枝子
問二　きみが自身の家に帰り、東京からの看護婦も帰ってしまって、看病や家のことをする人が足りなくなった。
問三　石が、昼間も普段の倍以上働き、夜も疲れ切った体で左枝子をおぶったまま横にもならずにいるから。
問四　①他人には喧しく言っていた自身が感染し、家の者にも伝染してしまったから。
②仕事を辞めてもらうぞと言われた石だけが無事で、皆の世話をしているから。

問五 （前）嘘をついて芝居に行っていたので、邪慳にしていて、いい感情を持っていなかった。

（後）只一生懸命に働く石の姿から、総てが善意に解せられ、いい感情を持つようになった。

問六 （解説参照）

〈解説〉

問三 傍線部の直前をふまえて解答する。石は、日中働いて疲れているのに、夜も子供の面倒を見ている。横になってゆっくりと休んではいないのである。そうした石の献身的な姿に、いい感情を持ったのである。

問六 内容を理解して感想が書いてあればよいので、自分の素直な感想を書く。例えば、〈人は善人と悪人というふうに二つに分けられないものだと思った。また、「私」は非常にいろいろなことに気付く人で、率直な人でもあると思った。〉でもよいし、〈普段はあまり働かない人でも、非常時にはよく働いて役に立つ人もいるのだと思った。人を一面的に見て決めつけてはいけないと思った。また、「私」はこの出来事を通して、石の見方が変わったようなので、石にとっても「私」にとっても良かったと思った。〉などでもよい。

【65】 ①ア ②エ ③ウ ④ウ

〈解説〉

二字熟語の構成には、次のようなものがある。

1．意味が似た漢字を組み合わせた熟語（例：創造・温暖）

2．意味が対になる漢字を組み合わせた熟語（例：明暗・慶弔）

3．上下で修飾・被修飾の関係になる熟語（例：曲線・早春）

4．下の字が上の字の目的語や補語になる熟語（例：登山・読書）

5．上下で主語述語の関係になる熟語（例：船出・地震）

6．上の字が下の字を打ち消している熟語（例：未知・不明）

①は1、②は3、③は2、④は6である。

【66】 ①晩成 ②千差 ③選択 ④有名

〈解説〉

①たいきばんせい：大きな器が早く出来上がらないように、大人物は世に出るまでに時間がかかるということ。

②せんさばんべつ：種々様々のちがいがあること。多くの差異があること。

③しゅしゃせんたく：よいものを取り、悪いものを捨てて選ぶこと。

④ゆうめいむじつ：名ばかりで実質の伴わないこと。

【67】 ①エ ②カ ③オ ④ウ

〈解説〉

ア．考証：古い文書や物品などを考え調べ、証拠を引いて、物事の説明をすること。

イ．公称：①一般に発表されていること。公表。②おおやけの名称。名義。

ウ．工商：工業と商業。また、職人と商人。

エ．交渉：①ある事柄を取り決めようとして、相手と話し合うこと。

②かかわりをもつこと。

オ．口承：口から口へと言い伝えること。

カ．校章：学校の記章。学校を象徴するためにデザインされたシンボルマーク。

【68】 問一 余韻

問二 ②書き出し ③結び

問三 イ

問四 最初の一行は論全体をささえる基本姿勢を出すように、最後の一行は全体の論をしっかりとおさえて書かねばならない。

〈解説〉

問一 ①は直前の部分の言い換えである。「ジーンと何かが残る」やその前の「味を残す」と関係のある言葉を探す。

問二 三段落は、一段落と二段落の説明が書かれている。②と③の部分は「文章の場合」の話であるから、二段落に着目する。②と③の後ろに「配慮が必要」とあるが、この表現と対応するのが「ぬかりがあると、せっかくの内容も死んでしまう」という部分なので、その直前の一文に書いてある内容が②と③に対応する。

問三 「むろん――。しかし……。」「もちろん――。だが……。」のように、よくセットで使われるので覚えておこう。この場合「もちろん――が、……」。最初に一般論などを認めておいて、その上で、自分の強調したいことを書く際に使用する構文（譲歩逆説構文）。

問四 「最初の一行」については五段落に、「最後の一行」については六段落に説明があるので、その部分の言葉を使う。両段落とも「なければならない。」という強い表現をとっているので、その部分に着目する。

【69】 ①ちょうれいぼかい・エ

②いっしょくそくはつ・ア
③くうぜんぜつご・イ
④せんさばんべつ・オ
⑤ゆうじゅうふだん・ウ

【70】 ①エ ②イ

〈解説〉

①「の」の識別。

1．連体修飾語を作る。「の」のままで意味をとる。（私の本・潮の香り）

2．主語を表す。「が」で言い換えられる。（母の作るケーキはおいしい）

3．体言の代用をする。「こと」「もの」に置き換えられる。（絵を描くのが楽しい・一番安いのにする）

①は「こと」で3。アは「の」で1。イは「が」で2。ウは「ので」という接続助詞の一部。エは「こと」で3。

②「ない」の識別。

1．形容詞：「有る」に対する「無い」の意味。独立して熟語となる。（何も無い）

2．補助形容詞：ないの直前に「は」が入る。（悲しくない→悲しくはない・おいしくない→おいしくはない）

3．助動詞：「ぬ」に置き換えられる。（咲かぬ・止めぬ・驚かぬ）

②は「騒がぬ」で3。騒ぐ（動詞）＋ない（助動詞）。アは「無い」で1。イは「くじけぬ」で3。くじける（動詞）＋ない（助動詞）。ウは「さりげない」という形容詞の一部。エは「遠くはない」で2。

【71】 ①イ ②ウ ③ア

〈解説〉

敬語については、尊敬語、謙譲語、丁寧語の区別が大切。

尊敬語は敬意を示す人自身の動作を表すもの。例えば「校長先生がおっしゃる」など。

謙譲語は敬意を示す人に対する動作で、「校長先生に申し上げる」など。

丁寧語は単純に「〜です・〜ます・〜ございます」や「ご飯」や「お菓子」というような「ご〜・お〜」を付けるものだけである。

（覚えておくとよい敬語表現）

◎行く・来る：（尊敬語）いらっしゃる・おいでになる
（謙譲語）まいる・うかがう
◎いる：（尊敬語）いらっしゃる・おいでになる
（謙譲語）おる
◎言う：（尊敬語）おっしゃる
（謙譲語）申す・申し上げる
◎する：（尊敬語）なさる
（謙譲語）いたす
◎見る：（尊敬語）ご覧になる
（謙譲語）拝見する
◎食べる・飲む：（尊敬語）あがる・めしあがる
（謙譲語）いただく
◎もらう：（尊敬語）お受け取りになる
（謙譲語）いただく
◎与える・やる・くれる：（尊敬語）くださる
（謙譲語）差し上げる
◎思う・知る：（尊敬語）お思いになる・お知りになる
（謙譲語）存ずる
◎着る：（尊敬語）めす・おめしになる
（謙譲語）（なし）
◎聞く：（尊敬語）お聞きになる
（謙譲語）うかがう
◎たずねる：（尊敬語）おたずねになる
（謙譲語）うかがう
◎会う：（尊敬語）お会いになる
（謙譲語）お目にかかる

【72】 ①えんかつ ②つくろ ③たずさ ④ゆる ⑤じょうじゅ

【73】 ①復旧 ②誤 ③容易 ④預 ⑤捨

【74】 問一 a．ほうろう b．ふ

問二 ①考古学 ②遺跡 ③確認 ④肯定

問三 ウ

問四 A．イ B．ウ C．イ D．ウ E．ア F．ア

問五 エ

〈解説〉

問一 放浪：あてもなくさまよい歩くこと。
腑に落ちる：納得できる。合点がいく。

問四 A〜Dは、読書と体験の関係に注意しながら、前後をよく見て判断する。EとFがある最終段落は「暗黙知」「身体知」の話題に移っている。「読書」により「暗黙知」や「身体知」が「言語化」されると筆者は述べている。話題の移り変わりに注意しながら丁寧に読んでいくとよい。

【75】 問一 エ

問二 ①エ ②ア

問三 （作品名）方丈記 （作者）イ

〈解説〉

問一　かつ：一方では。同時に一方で。二つの事柄が並行して行われていることを表す。「かつ…かつ…」の形、また、単独でも用いられる。穴埋めのある一文の意味は、川の流れが滞っている所に浮かんでいる水の泡は、一方では消え、同時に一方ではできて、そのまま（川の面に）長くとどまっている例はない、である。

古語の「結ぶ」：（霧・露・霜・水・泡などが）できる。生じる。形をなす。固まる。

問三　『方丈記』：鎌倉時代前期・1212年成立．筆者は鴨長明（1155年頃～1216年）．ジャンルは随筆．中世的無常観を基に五大事件と自身の生涯について述懐．和漢混交文．対句・比喩を多用した格調高い文体．

ア．松尾芭蕉：江戸時代の俳人．『野ざらし紀行』『笈の小文（おいのこぶみ）』『奥の細道』

イ．鴨長明：平安後期・鎌倉初期の歌人・随筆家・文学者。父は京都下鴨神社の神職。随筆『方丈記』・説話集『発心（ほっしん）集』・歌論書『無名（むみょう）抄』

ウ．吉田兼好：兼好法師のこと．鎌倉・室町時代の歌人・随筆家．『徒然草』

エ．清少納言：平安時代の女性の歌人・随筆家．中宮定子に仕える．『枕草子』

オ．小林一茶：江戸時代の俳人．『おらが春』

【76】　①エ　②オ　③ア　④ウ

〈解説〉

①樋口一葉：明治5年（1872）～明治29年（1896）（24歳）．東京都生まれ．小説家・歌人．『大つごもり』『たけくらべ』『にごりえ』『十三夜』．

②森鷗外：文久2年（1862）～大正11年（1922）（60歳）．島根県生まれ．小説家・医者（陸軍軍医総監）．ドイツへ官費留学．『舞姫』『青年』『雁』『高瀬舟』『渋江抽斎』．

③石川啄木：明治19年（1886）～明治45年（1912）（26歳）．岩手県生まれ．詩人・歌人．詩集『あこがれ』．歌集『一握の砂』『悲しき玩具』．

④志賀直哉：明治16年（1883）～昭和46年（1971）（88歳）．宮城県生まれ．明治から昭和の小説家．武者小路実篤らと雑誌「白樺」を創刊．文化勲章受章．『城の崎にて』『和解』『暗夜行路』『灰色の月』．

【77】　問一　6

問二　エ

問三　ア

問四　イ，ウ

問五　C

問六　イ

問七　エ

問八　ローカルな世界

問九　オ

問十　ア

〈解説〉

問一　過去には、／二種類の／ものが／あるような／気が／する

問二　「現在にまで受け継がれてきたもの」「過去から受け継がれたもの」と対応するものを選ぶ。

問三　文末に「知りたかったから」とある。

問四　傍線①の「ない」は助動詞。

ア．形容詞、イ．助動詞、ウ．助動詞、

エ．形容詞の一部。

問五　「みつけだせない」「不安」と対応・対立するものを探す。Cの直前に、「みつけだし」「安心した」とあるのでCが適切。

問六　傍線部エと対応する一文が、最後から二段落目の最後にある。そして、その直前に理由が書かれている。そこをヒントに選択肢を選ぶとよい。「範囲」がキーワードとなる。

問八　捨てた世界を探す。広い世界でも狭い世界でもない。等身大であるから、自身と範囲や規模が同じということ。七文字で「世界」というワードを探す。

問九　直前の一文がヒント。出題箇所の前後をよく見る習慣をつけるとよい。解くのが早くなる。

問十　アの内容が四段落に書かれている。

【78】　問一　a．高齢者　b．適切　c．対象　d．普通　e．神聖

問二　A．④　B．②　C．③

問三　リスクのある患者の重大な決断を必要とする手術や治療法の選択にかかわることだから。

問四　患者は安心して、手術や治療法の選択ができるから。

問五　本音を語りながら、その直情をぶつけない

問六　③

問七　③

〈解説〉

問三　「単に説明を済ませて同意書をとればよ

い」というやり方が、なぜ「安易な印象」を与えるのか、つまり、薄っぺらな、軽薄な印象を与えるのか。それは、そもそもインフォームド・コンセントが必要な人たちには、リスクがあるからで、生き死ににかかわる問題なのに、ちゃんと対応しているようには見えないためである。非常に機械的で患者の「納得」を第一に考えていないように見えるからである。「本文の語句を使って」とあるので、「重大な決断」のところを用いて書く。

問四　インフォームド・コンセントが問題になるのは、リスクのある場合である。生き死ににかかわるリスクがあるから、知識や情報が必要で、納得や覚悟が必要になる。リスクがなく完治の見込みがあるなら、手術に対しても治療法に対しても全く不安を持つことなく向き合える。

問五　最後の二つの段落に「的」をつける理由が説明されている。字数を考えて最終段落から選ぶ。

問六　「的」をつけるような表現法のことを指している。①聞く人に違和感を与えない、②「現象」を「可視化」、④若者風な表現、⑤冷徹な振り、がそれぞれ不適。「オブラートに包」んで「間接化」するのは、何のためかを本文から読み取る。

問七　前半はインフォームド・コンセントの訳語の話題。後半は言語学が対象にすべきテーマについての話題。

【79】 問一　a．威勢　b．規模　c．かんば　d．せんざい　e．熟知　f．緊張

問二　A．判　C．勘定

問三　B．イ　D．ア

問四　Ⅰ．オ　Ⅱ．ア

問五　エ

問六　ウ

問七　売り上げ増

問八　一石二鳥

問九 イ

〈解説〉

問二　A．判で押したよう：まったく同じことの繰り返しで、少しの変化もないこと。また、きまりきっていることをいう。はんこうで押したよう。

C．そろばん勘定（算盤勘定）：金銭勘定の意で、金銭的な損得をいう。

問三　B．婉曲表現：えんきょくひょうげん

D．士気を鼓舞：しきをこぶ

問五　「他の店員たちが次々とこだまのように」とある。

問六　どのような「効果」を期待して、「やまびこ挨拶」をしているのかを考える。波線部②の次の段落に、「売り上げ増」「そろばん」「戦略」などあるので、売り上げにつなげるためのサービスのつもりであることがわかる。その逆であるから、「過剰サービス」「不快」というウを選ぶ。

問八　「やまびこ挨拶」という一つの行為で、「仕事へのモチベーションを高める」という効果と、「客への礼儀」という効果の二つがあるということなので、そこから考える。

問九　最終段落に筆者の推測が書かれている。ア．すべての客に好印象、ウ．客の購買意欲を高める、エ．業種を越えた、がそれぞれ不適。

【80】 ①ちょうもん　②ちくば　③しかん　④こんりゅう　⑤しにせ

【81】 ①幻覚　②憎悪　③疾患　④点滴　⑤掌握

【82】 ①濃厚（濃密）　②混沌　③浪費　④瞭　⑤狼

〈解説〉

④一目瞭然（いちもくりょうぜん）：ものごとの有様が、一目見ただけではっきりとわかるさま。明瞭（めいりょう）。

⑤周章狼狽（しゅうしょうろうばい）：（同意の語を重ねて意味を強めたもの）大いにあわてふためくこと。うろたえ騒ぐこと。

【83】 ①ウ　②エ　③カ　④イ　⑤キ

〈解説〉

①垢抜ける：容姿・動作や技芸などが洗練されている。いきですっきりしている。

②歯に衣着せぬ：つつみ隠すことなく、思ったままを率直に言う。はっきりと、飾らないで言う。

③枚挙にいとまがない：たくさんありすぎて、いちいち数えきれない。

④尾ひれをつける：実際にないことを付け加えて話を大げさにする。

⑤立て板に水：よどみなく、すらすらと話すことのたとえ。

ア．こうまん、イ．こちょう、ウ．せんれん、エ．そっちょく、オ．だんねん、カ．たりょう、キ．りゅうちょう、ク．ぶあいそう

【84】 問一　宝石のように

問二　やしきの主
問三　エ
問四　ア．×　イ．○　ウ．○　エ．×
問五　ア
問六　公的
問七　ア．×　イ．○　ウ．×　エ．×
〈解説〉
問二　筆者たちが「特定」したかったものは何か。二段落目に「所有者を特定できずに終わるのか」とあるので、「所有者」を五文字で言い換えたものを探す。
問三　傍線部②の次の段落に、「私的な生活を知る格好の材料となった」とある。
問四　ア．聖徳太子：574～622年．飛鳥時代の皇族・政治家。用明天皇の皇子．名は厩戸皇子（うまやどのおうじ）．叔母推古天皇の摂政として蘇我馬子とともに内政・外交に尽力．冠位十二階・十七条憲法を制定して集権的官僚国家の基礎をつくり、遣隋使を派遣して大陸文化の導入に努めた．また、法隆寺・四天王寺などを建立して仏教の興隆に尽くした．
イ．風土記（ふどき）：奈良時代の地誌．諸国の産物・地形・古伝説や地名の由来などを記して撰進させたもの．
ウ．聖武（しょうむ）天皇：701～756年．奈良時代の天皇．積極的に唐の文物制度を採用するなどして国政を充実させた。一方、仏教をあつく信仰し、国分寺・東大寺大仏を創建し、天平文化をつくりだした。
エ．遣唐使の廃止：907年・平安時代．
問五　天武（てんむ）天皇：？～686年．在位673～686年．名は、大海人皇子（おおあまのおうじ）。兄天智天皇を助け大化の改新政治の確立に尽くしたが、皇位継承問題などをめぐって不和となった。天智天皇死後吉野に退き、大友皇子(弘文天皇)との間に壬申の乱(672年)がおこったが、東国を基盤としてこれに勝ち、673年飛鳥浄御原（あすかきよみはら）宮で即位．律令の制定や国史の編纂に着手し、八色の姓（やくさのかばね）の制定など大化の改新以来の事業を確立した．
天智（てんじ）天皇：626～671年．在位668～671年．名は、葛城皇子・中大兄皇子（なかのおおえのおうじ）。中臣(藤原)鎌足とはかり、645年蘇我氏を倒し、孝徳・斉明天皇の皇太子として大化の改新政治を指導。斉明天皇死後も皇太子のまま政治を行った（称制）が、都を近江の大津宮に移し、668年正式に即位．近江令の制定や最古の戸籍の作成など内政整備に尽くした。
ア．大化の改新：645年．中大兄皇子（天智天皇）・中臣鎌足（藤原鎌足）らが、蘇我入鹿・蘇我蝦夷を倒して権力を握ったクーデター、およびそれに続いて行なわれた政治上の大改革。
イ．正徳の治：江戸時代、正徳年代を中心とした将軍家宣、家継の時代、新井白石を中心に行なった文治政治．財政の立て直し、正徳金銀の発行などを行なった．
ウ．南北朝の合一：1392年．南朝と北朝が一つになったこと．南朝の天皇が京都にもどり、北朝の天皇に三種の神器をわたして譲位（じょうい）する形で行われた．
エ．壬申の乱：672年．天智天皇の弟の大海人皇子（おおあまのおうじ）と天皇の長子である大友皇子が、皇位継承をめぐって起こした内乱．大友皇子は敗北して自殺し、翌年、大海人皇子は即位して天武天皇となった．
問七　最終段落に筆者の思いが書かれている。入試問題では、最終段落や最後から二番目の段落に、筆者の主張や筆者の思いが書かれていることが多いので、それらの段落は特に丁寧に読むとよい。

【85】　①心構え　②中枢　③序文　④洗練
⑤晩年　⑥勤める　⑦反映　⑧至り　⑨過大
⑩横隔膜

【86】　1．しゅくじょ　2．よい　3．おぼ
4．すうこう　5．しっつい　6．宣伝
7．情緒　8．膨大　9．恐怖　10．悲劇

【87】　1．弾きました
2．誤解です（誤解でございます）
3．召し上がった（お食べになった）
4．いただいた
5．いらっしゃる（おいでになる）
6．うかがう（参る）
〈解説〉
敬語については、尊敬語、謙譲語、丁寧語の区別が重要である。
尊敬語は、敬意を示す人自身の動作を表すもの。例えば「校長先生がおっしゃる」など。
謙譲語は、敬意を示す人に対する動作で、「校長先生に申し上げる」など。
丁寧語は、単純に「～です・～ます・～ございます」や「ご飯」や「お菓子」というよう

な「ご～・お～」を付けるものだけである。

【88】 問一　ア．ふくいくかん　イ．文物
ウ．あいせき　エ．沢山
問二　ウ
問三　ウ
問四　戦争
問五　ア
問六　ア．価値　イ．固有
問七　ア．○　イ．×　ウ．×　エ．○
オ．×

〈解説〉

問一　ア．馥郁：よい香りがただよっているさま。かぐわしい香り。

問二　空欄が接続詞の場合は、前後の文脈をしっかりと把握する。（桜が）「つねに生きつづけていたことに気がついた。」から「吉野の桜に会いに行った」というつながりだから、逆接の接続詞は入らない。したがって、選択肢ア、エは消去。イの「つまり」は前の内容をまとめる接続詞なので、ここでは当てはまらない。

問三　「そういう」が指している内容を確認する。直前の文章が倒置しているのでわかりにくいかもしれないが、〈「さくら」と聞いて、知識としてではなく、遺伝子として組み込まれているように、馥郁感を思い浮かべる〉とまとめ直してみるとよい。また、文の最後の「愛している」という言葉と合うものを探す。
アは「知識を何も持たなくても」と本文にあるので不可。
イ「遺伝子」はたとえなので、そのたとえを用いて、何を言いたいのかを考える。
エ「文化」の優劣、オ「身につきすぎた古いもの」については、後の話題なので不可。

問五　正しい使い方の選択肢は、次のような意味となる。
イ．馬鹿にする
ウ．はぐらかす
エ．追い払う
オ．態勢を崩す

問六　アは最終段落に、イは後ろから二段落目にそれぞれ同一の言葉があるので、それを手がかりにして答える。

問七　本文全体の趣旨を踏まえた上で、「心から心へ」という題名と合うものを選ぶ。
イ「冷淡だ」とはあるが、「冷淡になる時間が必要」とは述べていない。
オ「知識の共有化」については本文に書かれていない。
ウ「旅してみたい」とあるが、すでに筆者は旅をしている。
アは三段落目、エは最終段落にそれぞれ関連する記述がある。

【89】 問一　エ
問二　ア．やわらか　イ．あおめる
問三　①ケ　②イ　③ソ　④オ　⑤コ

〈解説〉

問一　ア．斎藤茂吉（さいとうもきち）：明治15年（1882）～昭和28年（1953）．山形県生まれ．東大医学部を卒業し精神科医となる．歌誌『馬酔木』『アララギ』に短歌を発表．『赤光（しゃっこう）』（歌集）．『あらたま』（歌集）．
イ．与謝野晶子（よさのあきこ）：明治11年（1878）～昭和17年（1942）．大阪府生まれ．歌人．鉄幹の妻．雑誌『明星』で活躍．日露戦争中に弟を思い詠んだ歌「君死にたまふことなかれ」は大きな社会的反響を呼ぶ．歌集『みだれ髪』．現代語訳『新訳源氏物語』．
ウ．北原白秋（きたはらはくしゅう）：明治18年（1885）～昭和17年（1942）．福岡県生まれ．詩人・歌人．『明星』『スバル』に作品を発表．詩集『邪宗門』『思ひ出』．歌集『桐の花』．童謡集『トンボの眼玉』．
エ．石川啄木（いしかわたくぼく）：明治19年（1886）～明治45年（1912）．岩手県生まれ．歌人．歌誌『明星』に短歌を発表．与謝野鉄幹に認められる．生活と闘いながら文学に情熱を燃やす．『一握の砂（いちあくのすな）』『悲しき玩具（かなしきがんぐ）』．

問三　イ．一握の砂：石川啄木の第一歌集。一首三行書きの新形式で生活感情を平易な言葉で表現。
ウ．赤光：斎藤茂吉の第一歌集。

【90】 ①首　②腕　③肩　④手　⑤顔

〈解説〉

①「首が回らない」：借金などでお金のやりくりがつかないこと。
②「腕の見せどころ」：能力や実力を見せて欲しいと期待される場面のこと。
③「肩の荷を下ろす」：責任や負担から解放され、気が楽になること。
④「手に負えない」：自分の力ではどうにもならないこと。「手に余る」とも。
⑤「顔から火が出る」：恥ずかしさから顔が赤

くなったり熱くなったりすることの例え。

【91】 1．びょうしょうすう　2．ともな（う）
3　ア．ほころ（び）　イ．つくろ（う）
4．わいきょく
〈解説〉
4　歪曲：物や事実を、ゆがめまげること。

【92】 1．臨　2．顧　3．和　4．介護士
5．高齢者
〈解説〉
2．過去などをふり返る場合は「顧」。反省する意味の場合は「省」。

【93】 ①売る　②脱ぐ　③水

【94】 ①ごんごどうだん
②たいぜんじじゃく
③がでんいんすい
〈解説〉
①言葉に表せないほどひどいこと。もってのほか。（もともとは仏教用語で、根本的な真理は言葉では説明尽くせないという意味。あまりに立派で、言葉ではそれが言い尽くせないという逆の意味もある。）
②落ち着いていて、どんなことにも慌てない様子。
③他人のことを考えず、自分の都合の良いように行動すること。

【95】 ①ア　②イ　③ア　④ア　⑤エ　⑥ウ
⑦ア　⑧エ
〈解説〉
二字熟語の構成は、
1．似た意味のもの（温暖・救助）
2．対になっているもの（上下・明暗）
3．主語と述語の関係（県立・地震）
4．上の字が下の字を修飾している（早春・夕日）
5．上の字の動作の対象を下の字が補っているもの（読書・就職）
に分けられる。
例えば、①「痛感」は「痛」いほど「感」じる、と分かりやすく言い換えると判別がしやすい。

【96】 ①オ　②ア　③ウ　④イ　⑤エ
〈解説〉
①太宰治：明治42年(1909)～昭和23年(1948)(38歳). 青森県生まれ. 小説家.『富嶽百景』『走れメロス』『斜陽』『人間失格』.
②芥川龍之介：明治25年（1892）～昭和2年(1927)(35歳). 東京都生まれ. 小説家.『羅生門』『鼻』『地獄変』『河童』.
③森鷗外：文久2年(1862)～大正11年(1922)(60歳). 島根県生まれ. 小説家・医者（陸軍軍医総監）. ドイツへ官費留学.『舞姫』『青年』『雁』『高瀬舟』『渋江抽斎』.
④夏目漱石：慶応3年（1867）～大正5年(1916)（49歳）. 東京都生まれ. 小説家. イギリスへ留学（最初の国費留学生）.『吾輩は猫である』『坊ちゃん』『三四郎』『門』『こころ』.
⑤川端康成：明治32年（1899）～昭和47年(1972)（72歳）. 大阪府生まれ. 小説家. 昭和43年にノーベル文学賞受賞（日本人で初めて）.『伊豆の踊子』『雪国』『古都』.

【97】 問一　ア．いく　イ．す　ウ．きおく
エ．てんぼう　オ．ふたし
問二　①教訓　②助走　③素晴　④逆算
⑤抱
問三　A．ア　B．ウ
問四　子供であ～にある。
問五　イ
問六　オ
〈解説〉
問三　A．空欄の後ろの文の述語を確認する。空欄前後の内容をまとめると、〈夢があることが大切だと信じているかもしれない。〔A〕夢が大切だと大人が吹き込む決まりになっているからだ。〉となる。文末の「からだ。」につながることも合わせて考える。
B．「夢を思い出すことができなかった。〔B〕夢がなくても楽しかった。」というつながり。Bには「でも」や「しかし」などの逆接の接続詞が入るので、それと同様のものを選ぶ。
問四　「元々どのようであるからか」と問われているので、「元々」と関係が深い表現を本文から探してみる。すると〔B〕の段落に「元来」という言葉があるので、その部分の内容がふさわしいようであればそこを抜き出す。
問五　Ⅱは、直前の「『今を楽しむ』という～否定する命令」を具体的に言い直したものになる。簡単に考えれば「今を楽しむ」ことを否定する内容になるので、選択肢ア、ウは消去できる。
エ「過去を重視して」は本文の未来についての内容と異なる。
オは「充実した思春期」が今を肯定するか否定するか、どちらにも受け取れるので紛らわしいが、より具体的に今を否定する内容になっている選択肢イと比較すれば、オは不適とな

る。

問六　イ「不要な考え」、ウ「素敵なもの」がそれぞれ本文の内容とは異なる。

アは本文にはあるが、筆者の最も伝えたいことではない。

エ、オともに筆者が述べていることだが、エについて筆者は「自分自身の内側から自然に湧き上がってきた夢であるのなら」という条件を付けている。条件を付けるということは、全面的に賛成しているのではないということ。この部分も含めて、筆者の考えが述べられている最後の段落の内容を簡単にまとめると、〈本当に自分で持った夢ならいいが、義務からの夢なら持たない方が良い〉となる。この内容をふまえて、選択肢エとオを比較すると、オの方が筆者が伝えたい内容だと考えられる。

【98】　①イ　②ウ　③ア　④カ　⑤オ

【99】　問一　a．①　b．③　c．⑤　d．②

問二　A．髪　B．虫

問三　④

問四　アンデルセンについて、すぐに思い出せないから。

問五　②

問六　グリムを知らないと聞いて、あまりに驚き呆れたから。

〈解説〉

問一　a「渡り合う」とは、お互いに争うという意味の慣用句。

c「お布施」は、本来は仏教で功徳を積むために他人に施したりすること。現在は一般的に僧侶に御礼の意味で渡す金品のこと。

問二　A「間髪を入れず」で、「すぐに」の意味の慣用句。「かんはつをいれず」が正しい読み。

B「虫の居所が悪い」で、不機嫌なことを表す。

問三　傍線部の後ろに「『パン屋でしょ』という若い人に反撥」とあるので、「このほうが正しい」の「このほう」が指しているのは、アンデルセンを作家と思っていることである。

①「パンを食べていた」かどうかは関係ない。

③「知識を、まったく持っていない」のではない。

⑤「目印」の話ではない。

②は紛らわしいが、「アンデルセン」と聞いてすぐに何を思い浮かべるかということなので、「納得」するかどうかが問題ではない。よって、④が解答として適当である。

問四　「絶句」とは言葉が出ないこと。「アンデルセン」と聞いて若い人がパン屋以外に言葉が出ないのは、「アンデルセン」について知らないか、もしくは、すぐには思い出せないからである。

問五　傍線部は、アンデルセンをすぐに思い出せない若い人に対して、筆者が感じたことを表現している。自分が子供のころはアンデルセンを夢中で読んだが、若い人はそうではないことに対して、私は古くさく取り残されていると皮肉な表現をしている。

①筆者の「成長」はここでは関係がない。

③「愛する者たちとの別れ」、④「別の土地」もここでは関係がない。

⑤「青春の思い出」について述べているのではない。

「時は流れ」と「私は残る」の両方の部分と対応するのが②となる。

問六　問四と言葉だけ見ると対応しているが、意味合いは正反対である。ここでの絶句は、本の「編集者」でありながら（文学に関係する仕事をしているのにもかかわらず）、グリムを知らないということに仰天（ぎょうてん）した、つまり、びっくりしすぎて言葉が出なかったのである。「子供のとき」「読んだことないの」と聞いている。筆者にとっては子供の頃「夢中」で読んだ作品の作者なのである。

別解：知らないということが意外すぎて、衝撃を受けたから。

(参考)

アンデルセンの作品：「雪の女王」「裸の王様」「みにくいアヒルの子」「親指姫」「人魚姫」「マッチ売りの少女」など。

グリムの作品：「かえるの王さま」「ラプンツェル」「ヘンゼルとグレーテル」「シンデレラ」「白雪姫」「赤ずきん」「ブレーメンの音楽隊」など。

【100】　問一　a．我慢　b．戻（って）　c．案外　e．うなず（いた）　f．唐突

問二　ウ

問三　A．オ　B．ア

問四　①茶色い皮の、大きくてボタンのある財布。

②交番に届けられた財布。

問五　ウ

問六　ア

問七　(1)ほおずきの花束を抱えた奇妙な女の子

⑵イ
問八　意図していなくても、優しさや善意が人を救うことがあるのだ。
〈解説〉
問二　他に同じ意味で「腑に落ちる」がある。
問三　ア「不覚にも」は思わず、不意にの意味。イ「忽然と」は突然。
Ａは「取り出した」を修飾している。動作を飾る言葉として適当なのは、エ「けだるそうに」か、オ「こともなげに」だが、「大声で」や「若いお巡りさん」からエよりもオ「こともなげに」の方が適当。
Ｂは「涙ぐみそうになり」を飾っている。「久しぶりに他人に優しくされ」て思わず「涙ぐみそうにな」ったと考えると、アが適当である。
問四　①と②がそれぞれ財布を指しているのはわかるが、具体的にどのような違いがあるかを考える。
問五　波線部の前の段落に、「夏代は久しぶりに、～明るい気持ちになっていたから」「お礼を言おうと考えた」とある。そのためにほおずきを買ったのである。このことから、イ「誇らしい」は不適。
エも単に「先駆けたものを見つけ、喜ばしい」のではないから不適。
アとウが紛らわしいが、「明るい気持ち」とあることから考えると、「すがすがしい」よりも「朗らかな気持ち」の方が適当である。
問六　初めて会う人にお礼を言わなければならないという状況を考える。
イ「気難しそうな」は本文からは読み取れない。
ウ「正式」にお礼を言うわけではないし、お礼を言うことが「照れくさい」のでもない。
エ「急に」現れたのではないし、驚いたという描写もない。
ア「緊張している」というの最も適当である。
問七　⑴ほとんどが夏代の視点から描かれているので、老人から見た夏代が描かれている部分を探すのは難しくないはずである。老人が夏代を初めて見たときに、どのように描かれているか。
⑵直前に「涙が～流れ落ちた。びっくりしたのと恥ずかしいのが一緒くたになって」とあるのに注意する。夏代が突然涙を流したのは、悪いことが重なり落ち込んでいたときに財布を届けてもらい、人の優しさを感じて救われたからである。波線部の後にも「人間救うことがある」とある。
アやエは涙を流したことに触れていないので不適。
ウの「恥ずかしい」は気持ちとしては当てはまるが、それだけでは涙を流した理由としては不足している。
イ「あたたかみを実感」して涙を流し、「びっくりしたのと恥ずかしいの」とで「動揺し」たと考えれば、最も適当である。
問八　「そのぶん」とは直前にある「汗のぶん」を指している。走って流した汗のぶんだけ心が軽くなったということなので、走りながら夏代が考えていたことをまとめればよい。
波線部の直前の段落に、夏代が走りながら考えていることが描写されている。「そう思ってしたことでなく」、「優しさとか善意」、「人間を救う」という内容が必ず解答に必要である。
設問に「どのようなことを」とあるので、通常は文末は「こと。」で終わらせる。しかし、字数指定があるため、文末を「こと。」で終わらせる場合、「優しさ」をカットしなければならなくなる。（意図していなくても、善意が人間を救うことがあるということ。）そこで、この解答の場合は、文末は「こと。」にせず、夏代の「思い」のみを解答すると「優しさ」を削除しなくて済む。

【101】　⑴①どしゃ　②あんぴ　③はあく　④おかん　⑤そうしつ
⑵①倒壊　②閉鎖　③浸水　④対策　⑤負傷
⑶①棒・オ　②筆・エ　③石・ア　④腕・イ　⑤白・ウ
〈解説〉
⑶①思いも寄らないことが突然起こること。
②どんな名人でも失敗すること。
③他の出来事などが自分を改めることに役立つこと。
④まったく手応えのないこと。
⑤の読みは「こうやのしろばかま」。その道に精通している人が、自分のことに関してはおろそかにすること。

【102】　問一　1．体　2．非言語的　3．言語的記憶
問二　A．理解力　B．記憶力　C．理解力
問三　ウ
問四　①エ　②ウ　③カ　④ア
問五　ものごとに強い関心を持ち、脈絡を追って理解しようとする人。

問六　ア．○　イ．○　ウ．○　エ．×
〈解説〉
問一　本文全体の内容から考える。〈記憶には言語的なものと非言語的なものがあるが、一般に、言語的な記憶力のいい人を「記憶力のいい人」ということが多い。しかし、「頭」がいい人と言われる人は、単に記憶力がいいだけではなく、全体を脈略でもとらえている。〉という内容。本文にそのまま述べられている部分もあるので、空欄の前後を読み、同じ内容が述べられている部分を押さえる。
問二　〔A〕の段落のはじめの、「しっかりと理解することができれば、ひとりでに憶えてしまう」という表現に着目する。
〔B〕と〔C〕は反対になる。Bは一見そう見えるが、実はBでなくてCだ、ということ。
問四　イ．1232年　オ．1877年
問五　「大きな全体としてとらえる」であるから、一部でなくてつながりで考えるということ。したがって、本文中の表現でいえば、ものごとを「脈絡」としてとらえる、ということになる。
傍線部の直前に、「記憶力の弱い人」は「強い関心を持てない人である場合が多い」とあるので、逆に考えれば「記憶力のいい人」は「強い関心を持て」る人ということになる。本文最終部に「繰り返してその対象に接する努力が必要」とある。「関心」を持っていないと「接する」ことはしない。したがって、解答のキーワードは「脈絡」と「関心」ということになる。
問六　エ「訓練で」が不適。筆者は後ろから二段落目で「『記憶力をよくしよう』などと努力するのではなく、ものごとを理解することが先決」と述べている。

【103】　問一　エ
問二　ア
問三　イ
問四　作り出そうとするものです
問五　１．物理　２．心理
問六　１．主として奥山の存在
２．幹以外はおおむね地味
３．一部の人にしか真価が認められていなかった
〈解説〉
問一　二重傍線部の「ない」は助動詞。ア．形容詞の一部。イ．補助形容詞。ウ．形容詞。エ．助動詞。
補助形容詞の「ない」は、その直前に「は」や「も」が補える。つらく（は）ない・食べられなく（も）ない、など。
助動詞の「ない」は直前を打ち消すときに使う言葉で、「ぬ」や「ず」に置き換えられる。言えない・食べない、など。
形容詞の「ない」は、「存在がない」場合に使用するので、意味が逆の「ある」と言い換えられる。本がない→本がある。
ウの「図書館にしかない」は、強調表現が入っているので難しくなっているが、「図書館にはある」と言い換えてみるとよい。
問二　譲歩の文体形式。「もちろんＡ。しかしＢ。」「たしかにＡ。けれどもＢ。」というパターンが代表例。ここでは、もちろん「そのままとは言えない」が、「ほっとした思いがする」ということ。
問三　季語：ア．菜の花、イ．水温む、ウ．流し雛、エ．行く春、オ．桜貝。すべて春の季語。解答には、冬から春へと季節が明らかに移っているものを選ぶ。
イ「水温む」は、春になって水がだんだんなま温かくなることをいう。
エ「行く春」は、過ぎ去ろうとしている春のこと。
問四　創出：物事を新しく作り出すこと。
問五　「居住空間とブナ」とあるので、たとえではなく実際に測定できる距離。
「親近感の深さ」とあるので、こちらは気持ち的な距離。
問六　傍線部の直後からその理由が語られているので、空欄に適するように工夫する。「知る人ぞ知る」は、だれもが知っているというわけではないが、一部の人にはその存在や価値が認められていること。

【104】　問一　はつゆき
問二　庵
問三　自分の家で初雪を見るため。
問四　エ
〈解説〉
問一　はつゆき：冬の季語。
問二　草の戸：草ぶきの庵（いおり）の戸。粗末なわびしい住まい。
庵：草木を結ぶなどして作った質素な小屋や小さな家。
問三　「はつゆき見んと」：初雪を見ようと。
「あまた」は数量の多いこと、「たび」は回数。

急いで帰ることが何度もあったということ。

問四　まかりあり：あります、おります。初雪が降った際に、運良く庵に居たということ。自分の庵に降る「はつゆき」を見たいと願っていた読み手（松尾芭蕉）の気持ちを考える。

【105】 1．ウ　2．カ　3．エ　4．ク　5．ケ

〈解説〉

1．源氏物語：平安時代・物語。作者は紫式部（むらさきしきぶ）。

2．枕草子：平安時代・随筆。筆者は清少納言（せいしょうなごん）。

3．奥の細道：江戸時代・紀行文。作者は松尾芭蕉（まつおばしょう）。

4．徒然草：鎌倉時代（末期）・随筆。筆者は兼好（けんこう）（兼好法師、吉田兼好とも呼ばれる）。

5．方丈記：鎌倉時代（前期）・随筆。筆者は鴨長明（かものちょうめい）。

ア．紀貫之（きのつらゆき）：平安前期の歌人、歌学者。『土左日記』。『古今和歌集』の撰者。

イ．大伴家持（おおとものやかもち）：奈良時代の歌人。『万葉集』で歌数が最も多く、編纂者の一人と考えられている。

オ．小林一茶（こばやしいっさ）：江戸時代（後期）の俳人。『おらが春』。

キ．藤原定家（ふじわらのていか）：鎌倉時代（初期）の歌人、歌学者、古典学者。『新古今和歌集』の撰者の一人。

【106】 問一　①すぐ（れた）　②紹介　③破片　④がらす　⑤失笑

問二　エ

問三　イ

問四　多い

問五　ウ

問六　ア．事実　イ．真実　ウ．砂漠　エ．索漠

問七　イ，オ

〈解説〉

問二　空欄の前には「偶然」ととらえる人が多いことが書かれている。空欄の後には、「亡き『母が助けてくれた』」という小林さんの「確信」が書かれている。つまり、小林さんは「偶然」ではないと信じている。したがって、逆の関係の接続語を選ぶ。

問三　直後がヒント。「一週間前～ホームから墜ちた人は即死している」のに対して、小林さんの命が助かったことを「幸福」といっている。

ア「酔って墜落した」は、命が助かったことが分からない。

ウ「すぐに母が助けに来てくれた」は、亡くなっている母が助けに来てくれたのではないので不適。

エ「空き地だった」ことが「幸福」なのではない。

オは「幸福」とは全く関係がない。

問四　あまた：数多く、たくさん。

問五　筆者が「偶然」を信じない人に対してどのように感じているかを、本文全体も参考にして考える。

「亡き母の助け」と考えるのは愚かだと考える人に出会うたびに、筆者は「落莫とした」気持ちになったと述べている。さらに直後に、そのような人の心を「砂漠のような味気なさ」と表現している。したがって、この「砂漠のような味気なさ」とイメージの重なるものを選ぶ。

問六　傍線部の段落とその直前の段落に、穴埋めの文と共通の言葉がある。「ちがいがわから」や「のような味気」など。それを頼りに探すとよい。

問七　ア「傍で見ていた」とは書いていない。

ウ「真実になりえない」だと、筆者の述べたこととは真逆になる。最終段落に「小林さんにとって真実なのだ」とある。

エ「たんなる幸運だけ」は不適。3段落に「たんなる幸運だけではなく」とある。

【107】 ①エ　②イ　③ア　④ア　⑤イ　⑥ウ　⑦エ

【108】 ①頭　②手　③腕　④足　⑤顔

〈解説〉

①頭ごなし：人の言うことも聞かずに最初からがみがみ言ったり押さえつけたりすること。

②手に負えない：自分の力ではどうにもならないこと。

③腕によりをかける：腕前を十分に発揮しようと意気込むこと。

④足が棒になる：歩きすぎて非常にくたびれ、足の筋肉がこわばること。

⑤顔から火が出る：とても恥ずかしく、顔が真っ赤になること。

【109】 ア．×　イ．○　ウ．×

〈解説〉

ア．「行く」の尊敬語は「いらっしゃる」。正

しくは「いらっしゃったのですか」。

ウ.「おっしゃる」は「言う」の尊敬語。ここでは身内の母が先生に対して「言う」ので、謙譲語の「申す」「申し上げる」でなければならない。正しくは「申しております」。

【110】 問一　イ

問二　エ

問三　イ

問四　降ってはつもりつもっては降るはげしい雪

問五　イ

〈解説〉

問一　文末に着目して判別するとよい。この詩は、「見える」「聴いている」など、現在私たちが使う表現と同じ語句や表現を用いているので「口語」。字数や行数に一定数の決まりがないので自由詩となる。

文語：書き言葉（特に平安時代の語を基礎に発達をとげた書き言葉）。

口語：話し言葉（明治時代以後に標準化された話し言葉）。

定型詩：詩句の数や配列順序に一定の形式をもっている詩。

自由詩：詩句の数や配列順序に一定の形式をもたない詩。

問二　次の行の「柔らかい」と対応するものを選ぶ。

問三　第一連では「おと」「音」「音」とあるので、そこに着目する。それに対して、第二連には「ながめて」とある。

問五　ア. 漢語、ウ. 文語、エ. 連用形、がそれぞれ不適。

【111】 ①コ　②ケ　③オ　④カ　⑤エ　⑥ク　⑦ア　⑧キ　⑨イ　⑩ウ

【112】 問一　a. 激（しく）　b. 潜在　c. 獲得　f. 依頼　g. 確保

問二　d. オ　e. ア　h. ウ

問三　A. オ　B. エ　C. ア

問四　ウ

問五　命の世話

問六　家族や地域の人々でお互いに治療や介護をし、亡くなったときには看取り見送ること。(39字)

問七　イ

問八　①委託　②支払っ　③購入

問九　ウ

〈解説〉

問三　Aは直後に、前に述べられたことの具体例が述べられているので、例示を表す「たとえば」が入る。

B「あるいは」は選択を表す。「魚を届けてくれる」か「近くの市場で買」うという選択になる。

Cは前後の文脈を考える。医療などを「地域」で行っていたことを、「国家」が行うようになる関係を結ぶのに適当な接続詞は逆接である。「しかし」などに言い換えてみるとわかりやすい。選択肢の中で逆接を表すのは「ところが」だけである。

問四　空欄のある段落とその前の段落で述べられている内容は、人が生まれてから死ぬまでのことである。元々は仏教語で人が生きる上での苦しみを「生老病死」といった。

ア. 起死回生：絶望的なものが立ち直ること。

イ. 切磋琢磨：お互いに励まし合って向上すること。

エ. 生殺与奪：生かしたり殺したりというように、他人を自分の思うままに支配すること。

問五　波線部で述べていることの具体的内容を考えればわかりやすい。例えば「出産」などだが、そのことを簡潔に言い換えている部分を探す。

問六　波線部の後に「こうしたカルチャー」とあるので、「こうした」が指示している内容をまとめればよい。「こうした」は前段落の内容を指している。さらに前段落冒頭にも「こうしたこと」という指示語があるので、その前の段落の内容も「相互医療」に関することになる。この二段落の中から必要な言葉を使い、説明する。「家族」「地域（近所）」「治療」「介護」「看取り」「見送る（葬儀）」は最低限必要な語である。これらの語を使い、お互いにケアするという内容でまとめられればよい。

問七　波線部直前の「人」は「医師」のことである。医師がどのような「行為」をするかを基準に考える。選択肢ア、ウ、エはいずれも医師の行為ではないので不適ということになる。

問八　最終段落にほぼ同じ内容が述べられている。

問九　直後「我々は業務をきちんと果たしている。～落ち度はない。」から考える。自分たちに責任はなく、そのサービスを提供する側に責任があるのだから、そこに「文句を付ける」

ということになる。

ア「国家」が「命の世話」に目を向けなくなったのではなく、すべて行うようになったので不適。

イ「対処方法が分からず」「文句を付け」たのではないので不適。

エ「すべて有資格者に従わざるを得なくなった」は文脈から推測できるが、「文句を付けることしか」なくなった直接的な理由ではないので不適である。

【113】 問一　さいとうもきち

問二　エ

問三　①イ　②オ　③ウ　④キ

〈解説〉

問一　斉藤茂吉：明治・大正・昭和の時代の歌人。精神科医。雑誌『アララギ』を創刊。第一歌集『赤光』・第二歌集『あらたま』。

問二　ア．奥の細道：江戸時代に成立。筆者は松尾芭蕉。ジャンルは、紀行文。江戸を出発し、東北・北陸地方を経て大垣に到着した旅。同行した弟子は曾良（そら）。

イ．古今和歌集：平安時代に成立。撰者は紀貫之（きのつらゆき）ら４名。日本で最初の勅撰和歌集（天皇の命令で作った歌集）。

ウ．みだれ髪：明治時代に成立した歌集。作者は与謝野晶子（よさのあきこ）。

問三　つばくらめ（つばめ）：春の季語。

枕詞：和歌の修辞法の一つ。イメージをふくらませる役割などがある。基本的に５音の言葉。修飾関係には一定の決まりがある。たとえば「ひさかたの（久方の）」という枕詞は、「光」や「天」などという言葉を修飾する。「くさまくら（草枕）」という枕詞は、「旅」や「夕」などという言葉を修飾する。

【114】 ①ウ　②キ　③エ　④オ　⑤サ　⑥イ

〈解説〉

①馬の耳に念仏・②豚に真珠・⑥猫に小判：どんなに価値のあるものでも、価値のわからない者にとっては、値打ちもなく、役にも立たないさま。

③犬も歩けば棒に当たる：もともとは「物事をしようとすると思わぬ災難にあう」という意味だったが、後に、「物事をしようとすると思わぬ幸運に出会う」という意味に転じた。

④猿も木から落ちる：いかにすぐれた専門家でも、ときには失敗することもある。

⑤井の中の蛙：「井の中の蛙大海を知らず」。考えや見聞が狭いこと。

【115】 問一　ａ．イ　ｂ．エ　ｃ．ウ

問二　①ア　⑨ウ　⑫エ

問三　ウ

問四　エ

問五　イ

問六　ア

問七　ア

問八　イ

問九　エ

問十　イ

問十一　ウ

問十二　ウ

〈解説〉

問一　ａ．「涙は拭くあとからあとから流れ落ちた」とあるので、「しきりに涙を流す」という意味を持つ「さめざめと」を入れる。

ｂ．母の涙が今どこにしまわれているかわからないが、どこにあろうと「お前たちだけの尊い所有物」だということだから、「いろいろ事情や問題があるが、それはひとまず保留にして」という意味の「ともかくも」を入れる。

ｃ．「もし～があったら」

問二　①小康（しょうこう）：しばらくの間無事なこと。どうにか穏やかなこと。

②頑是ない（がんぜない）：まだ幼くてものの道理がよくわからないさま。あどけないさま。無邪気なさま。

③崇高な（崇高な）：気高くて尊いこと。

問三　「彼」＝「運命」。「運命」が「仕遂げ」たこととは何か。

問四　「無沙汰」は、しばらくあいさつや連絡がないこと。

問五　妻の病気、子の病気で、「私」は倒れてしまう。またそれらによって「私の仕事」もできない。それでも「お前たちの為めに」つまり家族のために、「最後まで戦おう」としている。

問六　「一生涯」「駆り立てる」とは、「ずっと」「そうせずにはいられない」ということ。

問七　「冷たい覚悟」とは何か。直後の文に、何に対する覚悟なのかが書かれている。

問八　子供に対する「根強い執着」とはどのようなものか。母はそのために「逢わない覚悟」をする。最終段落にも、「血の涙を泣きながら、死んでもお前たちに会わない決心を翻さなかった」とある。そこには母の子に対する何

があるのか。「お前たちの伸び伸びて行かねばならぬ霊魂に少しでも大きな傷を残す事を恐れた」という言葉もある。

問九　なぜ「泣顔などは見せた事がない」妻が「あとからあとから」涙を流したのか。

問十　「男らしく」に着目する。「敢然と」は、困難や危険を伴うことは覚悟の上で、思い切って物事を行うさま。

問十一　妻も闘い、「私」も闘い、子供たちも闘ったが、「死」によってそれら「総て」が終わったということ。「家族」が抱えていた辛さの中身を考えてみる。

問十二　子供たちを見てしまうと、どういう思いが出てきて、どんな覚悟が壊れてしまうのかを考える。二つ前の段落に「母上は死に対して最上の態度を取る為めに」とある。

【116】 1．イ　2．エ　3．ウ　4．ア　5．オ

〈解説〉

1．用意周到（よういしゅうとう）：用意が十分で、手ぬかりのないこと。

2．付和雷同（ふわらいどう）：自分にしっかりとした考えや主義がなく、他人の意見にすぐ同調すること。

3．前代未聞（ぜんだいみもん）：今までに一度も聞いたことがない、非常に珍しいこと。

4．栄枯盛衰（えいこせいすい）：人でも国家でも、勢いの盛んなときと衰えるときがあること。

5．隠忍自重（いんにんじちょう）：ひたすら我慢して、軽はずみな行動をしないこと。

【117】 問一　臨床家たちは

問二　エ

問三　12

問四　エ

問五　イ

問六　イ

問七　混沌そのもの

問八　どうしようもないやり切れなさ

問九　ア

問十　ウ

〈解説〉

問一　一文節：自立語のみの場合と、自立語＋付属語の場合がある。

問二　②「れる」：受身の助動詞。

ア．「れる」：自発の助動詞。

イ．「れる」：動詞の一部。

ウ．「れる」：可能の助動詞。

エ．「れる」：受身の助動詞。

問三　そこで、／もう／一度／きっちりと／捉え／なおす／必要が／あると／感じたので／その／話を／した。

問五　ア．島崎藤村：明治・大正・昭和時代の詩人・作家。長野県生まれ。詩集に『若菜集』、小説に『破戒』『夜明け前』などがある。

イ．夏目漱石：明治・大正時代の俳人・作家。東京都生まれ。最初の国費留学生（ロンドン）。『吾輩は猫である』『坊ちゃん』『三四郎』『こころ』『道草』など多数。

ウ．三島由紀夫：昭和時代の作家・劇作家。東京都生まれ。代表作『金閣寺』『潮騒』『豊饒の海』など多数。

エ．森鷗外：明治・大正時代の作家。医者（陸軍軍医）。島根県生まれ。ドイツへ官費留学。『舞姫』『雁』『高瀬舟』『渋江抽斎』など多数。

問六　「彼が」「思っている」ことは、直前の文にある。

問七　「何なのだろうか。」の直後の文が説明となっていて、「なのだ」と断言している。

問八　直後に「どうしようもないと感じつつ」とある。ここを手がかりに、字数の適する箇所を探す。

問九　最初の段落に「たいていの人が知っているほどになった」とある。

問十　最終段落に着目する。

【118】 問一　秋

問二　ア，カ

問三　エ

問四　イ，オ

〈解説〉

問一　「銀杏」が「ちる」ので、秋。

問二　末尾を見ると「に」で終わっているので、語順が変わっていると予測する。「夕日の岡に」「銀杏ちるなり」が普通の順序。「銀杏」は「鳥」ではないので、たとえである。

倒置法：普通の語順と逆にして、言いたいことを強調する方法。前に来たものが強調される。

体言止め：句の最後を体言（名詞）で終えること。

対句：同じ形式で、対立する内容や似ている内容を並べることで、調子を整える方法。

反復法：同じ言葉や似た表現を繰り返して強調する方法。

押韻：韻を踏むこと。詩歌などで、句末を同

じまたは類似の音韻をもつ語でそろえること。
比喩：表現する際に、類似したものを借りて表現すること。たとえ。
問三　「銀杏ちるなり」に着目する。ア．風で、イ．鳥が、ウ．木が、オ．懐かしく、がそれぞれ誤り。
問四　与謝野晶子（よさのあきこ）：明治11年（1878）～昭和17年（1942）．堺（大阪府）生まれ．歌人．鉄幹の妻．歌誌『明星(みょうじょう)』で活躍．歌集『みだれ髪(みだれがみ)』『恋衣』『白桜集』．日露戦争中に弟を思い詠んだ歌「君死にたまふことなかれ」は大きな社会的反響を呼ぶ．
ア．石川啄木：明治19年（1886）～明治45年（1912）．岩手県生まれ．歌人．歌誌『明星』に短歌を発表．与謝野鉄幹に認められる．生活と闘いながら文学に情熱を燃やす．『一握の砂（いちあくのすな）』『悲しき玩具（かなしきがんぐ）』．
ウ．清少納言（せいしょうなごん）：平安時代、一条天皇の中宮定子に仕える．『枕草子（まくらのそうし）』：平安時代・1001年頃成立．約300段．宮中での見聞や事物に関する評言などが記されている．わが国最初の随筆．『源氏物語』が「もののあはれ」の文学と言われるのに対して、『枕草子』は「をかし」の文学と言われる．
エ．伊藤左千夫（いとうさちお）：元治元年（1864）～大正２年（1913）．千葉県生まれ．歌人．正岡子規に傾倒．根岸短歌会に参加．歌誌『馬酔木（あしび）』を創刊し、のちに歌誌『アララギ』の編集発行人となる．小説に『野菊の墓（のぎくのはか）』がある．

【119】　①口　②手　③足　④目　⑤鼻　⑥腹
〈解説〉
①口を出す：他人の会話に割り込んでものを言う。口出しする。
口を割る：隠していたことを白状する。
口を利く：ものを言う。仲を取りもつ。
②手を出す：自分から積極的にかかわりをもつ。暴力をふるう。人のものを盗む。
手を切る：関係を絶つ。
手を焼く：取り扱いに困る。
③足が出る：使ったお金が予算を超えて赤字になる。
足がつく：逃亡者の足取りがわかる。事件解決の手がかりが見つかる。
足を洗う：今までの境遇から抜け出す。
④目につく：目立つ。目に焼き付く。
目が利く：鑑識眼が優れている。
目をかける：特に配慮し、世話をする。
⑤鼻につく：飽きて不快に感じる。嫌味な感じがする。
鼻を明かす：出し抜いてあっと言わせる。
鼻が高い：得意である。自慢である。
⑥腹を割る：包み隠さず真意を語る。
腹が黒い：不正や悪事をたくらむ性質である。根性が悪い。腹を探る：相手の心中を探り出そうとする。

【120】　問一　A．エ　B．オ
問二　オ
問三　平家物語
〈解説〉
問三　平家物語（へいけものがたり）：鎌倉時代初期成立。作者は、信濃前司行長とする説もあるが不明。ジャンルは、軍記物語。原型は三巻であったと推定されるが、後に、六巻、十二巻となった。琵琶法師（びわほうし）が琵琶の演奏に合わせて「平曲（へいきょく）」として語り伝えるうちに、改訂・増補が繰り返され、成長していったといわれる。約70年の平氏の興亡史と合戦の模様を描く。戦いに生きる武士の悲壮、歴史に翻弄される女性たちの悲哀などが、仏教的無常観を背景に和漢混交文で生き生きと描かれる。

【121】　①カ　②ウ　③オ　④ア
〈解説〉
①寒冷：同類の意味をもつ語の組み合わせ。
②帰宅：後の文字が、前の文字を補うという組み合わせ。「宅」に「帰」る。ウは「職」に「就」く。
③腹痛：主語と述語の組み合わせ。
④明暗：反対の意味を持つ語の組み合わせ。

【122】　①申しました（申しておりました）
②いらっしゃった
③外出中（不在）
〈解説〉
①おっしゃる：「言う」の尊敬語。申す：「言う」の謙譲語。他人と話すときに、自分の親の動作・行為に尊敬語は使わず、謙譲語を用いる。この書き直しの場合、「申しておりました」でも可。むしろ、この方が自然な言い方である。
②いらっしゃる：「行く」の尊敬語。先生な

ど、目上の人の動作・行為には尊敬語を使う。
③ご：他人の行為や持ち物などを表す語に付いて、その人に対する尊敬の意を表す。社長や上司であっても、自分の所属する会社・部署の者、いわば身内となるので、親のことを話す際と同様、他者からの問い合わせの際には、尊敬語は使わない。いないという状態なので、「不在」や「外出中」などの言葉を用いる。通常は、「社長はただいま席をはずしております」と言う。

【123】 ①キ　②ケ　③ア

〈解説〉

①大同小異：大体同じで細かい点が異なること。

②暗中模索：暗闇の中で手探りして探すこと。手掛かりがないままいろいろとやってみること。

③変幻自在：思うままに姿を変えて、現れ消えること。

ア．千変万化（せんぺんばんか）：さまざまに変化すること。

イ．深謀遠慮（しんぼうえんりょ）：遠い将来のことまで考えた、深いはかりごと。

ウ．枝葉末節（しようまっせつ）：主要でない部分。細かい部分。

エ．粉骨砕身（ふんこつさいしん）：力の限りを尽くすこと。一生懸命働くこと。

オ．自画自賛（じがじさん）：自分で自分のした行為をほめること。

カ．厚顔無恥（こうがんむち）：あつかましく恥知らずなこと。

キ．同工異曲（どうこういきょく）：①技量は同じだが、趣が異なること。②見かけは違うようでも、内容は同じであること。

ク．周章狼狽（しゅうしょうろうばい）：あわてふためくこと。うろたえ騒ぐこと。

ケ．五里霧中（ごりむちゅう）：方角がわからなくなってしまうこと。物事の判断がつかず迷うこと。

【124】 問一　冒険（挑戦）

問二　〔若いサル〕たちと、〔オトナのサル〕たち。

問三　新しい行動を開発するのは少年少女で、年取ったオトナはそれを拒否するということ。

問四　④

〈解説〉

問三　傍線部に「これは」という指示語があるので、この指示語の内容をまとめればよい。「これ」という場合、直前にある内容を指すことが多い。まずは直前の内容に着目するとよい。

【125】 ①お休み　②申して　③ご覧　④うかがう　⑤おこし（おいで）

〈解説〉

覚えておくとよい敬語動詞（〔普通の動詞〕，尊敬動詞，謙譲動詞の順。「———」は該当なし）

〔行く・来る〕
・尊敬→いらっしゃる（おいでになる）
・謙譲→まいる

〔いる〕
・尊敬→いらっしゃる（おいでになる）
・謙譲→おる

〔言う〕
・尊敬→おっしゃる
・謙譲→申す（申し上げる）

〔する〕
・尊敬→なさる
・謙譲→いたす

〔見る〕
・尊敬→ご覧になる
・謙譲→拝見する

〔食べる〕
・尊敬→あがる（めしあがる）
・謙譲→いただく

〔もらう〕
・尊敬→———
・謙譲→いただく

〔やる（くれる）〕
・尊敬→くださる
・謙譲→差し上げる（あげる）

〔思う・知る〕
・尊敬→———
・謙譲→存ずる（存じあげる）

〔着る〕
・尊敬→めす（おめしになる）
・謙譲→———

〔聞く〕
・尊敬→———
・謙譲→うかがう（うけたまわる）

〔たずねる〕
・尊敬→———
・謙譲→うかがう

【126】 ①イ　②エ　③ア　④ウ

〈解説〉
①『枕草子』：平安時代・1001年頃成立。筆者は、清少納言（平安時代・一条天皇の中宮定子に仕える）。ジャンルは、随筆。約300段。宮中での見聞や事物に関する評言などが記されている。わが国最初の随筆。『源氏物語』が「もののあはれ」の文学と言われるのに対して、『枕草子』は「をかし」の文学と言われる。
②『方丈記』：鎌倉時代前期・1212年成立。筆者は、鴨長明（1155頃～1216）。ジャンルは、随筆。全一巻。前半は、筆者の体験した大火・飢饉・地震などの社会変動が描かれている。後半は、出家して筆者が草庵生活で得た心の安定などが描かれている。全体が、無常観に貫かれており、動乱の世に生きた苦悩や孤独が描かれている。和漢混交文。対句・比喩を多用した、格調高い文体。
③『徒然草』：鎌倉時代末期・1330年頃成立。筆者は、兼好（兼好法師、吉田兼好とも呼ばれる。1283頃～1352頃。鎌倉・室町時代）。ジャンルは、随筆。全二巻・243段。仏教的無常観を基調とし、諸事を批評する。主題は多岐にわたっており、筆者の並々ならぬ博識ぶりがうかがえる。清少納言の『枕草子』と鴨長明の『方丈記』とあわせて、「古典三大随筆」と呼ばれる。
④『奥の細道』：江戸時代（1702年）に成立。作者は、松尾芭蕉。ジャンルは、紀行文。1689（元禄２）年の、江戸を出発し、東北・北陸地方を経て大垣に到着した旅。同行した曾良（そら）の日記と比べると、事実を変えて作品を書いていることがわかる。松尾芭蕉：1644～94・伊賀上野（現在の三重県上野市）生まれ・室町から江戸時代初期に流行した滑稽な俳諧連歌の芸術性を高めて蕉風俳諧を確立した。

【127】 ①イ　②ク　③エ

〈解説〉
ア．断腸の思い（だんちょうのおもい）：きわめて辛く悲しい思いのたとえ。
イ．綸言汗の如し（りんげんあせのごとし）：天子の言葉は、一度口から出したら取り消すことができないということ。
ウ．逆鱗に触れる（げきりんにふれる）：天子の怒りに触れることのたとえ。目上の人を激しく怒らせることのたとえ。
エ．塞翁が馬（さいおうがうま）：人生の禍福は転々として予測できないことのたとえ。
オ．臥薪嘗胆（がしんしょうたん）：目的を遂げるために苦心し、努力を重ねること。
カ．羊頭狗肉（ようとうくにく）：見かけや表面と、実際・実質とが一致しないたとえ。
キ．管鮑の交わり（かんぽうのまじわり）：非常に仲のよい友人づきあい。
ク．刎頚の交わり（ふんけいのまじわり）：きわめて親しく、堅い交わりのこと。
ケ．蛍雪の功（けいせつのこう）：苦労して勉学に励んだその成果。
コ．漱石枕流（そうせきちんりゅう）：自分の失敗を認めず、屁理屈を並べて言い逃れをすること。負け惜しみの強いこと。

【128】 問一　①即興　②啓発　③いっかだんらん　④触角　⑤創造
問二　a．ア　b．ア　c．イ
問三　イ
問四　イ
問五　ア
問六　ア
問七　太宰治

〈解説〉
問二　直後の文に「そのような」「事実にこそ」とあるので、aは事実。bは直前に「世の中に表彰せられている」とあるので事実。cは直前に「よりも、さらに」と比較の言葉があるので、bとの対比から真実。
問四　ア．長者の万灯より貧者の一灯：貧しい人の誠意のこもったわずかなささげ物は、金持ちの世間体を飾った多くのささげ物よりまさっている。真心の尊さをいうたとえ。
イ．事実は小説よりも奇なり：世の中の実際の出来事には、作られた小説よりも不思議で変わったことがある。
ウ．天は自ら助くる者を助く
問五　「誰にも目撃せられていない人生の片隅に於いて行われている事実」とはどういうものかを考える。本文中では、「燈台の窓縁」に「しがみついた男」が、「一家団欒」の「仕合せ」を前にして「遠慮」した話が書かれている。その話と対応するものを選ぶ。
問六　遭難した「男」の話は、「仕合せ」を前に「躊躇」したという男の心の動きが語られている話である。男はそのとき、自分の命を犠牲にしてその仕合せを守ろうなどとは考えていない。ただ、「あっ」と思っただけであろう。したがって、この話に見られる人間の真実とはどういうものであるのかを考えよう。

問七　太宰治：明治42年（1909）～昭和23（1948）年（38歳）。青森生まれ。小説家。本名は津島修治。『走れメロス』『斜陽』『人間失格』

【129】 ①カ　②ウ　③オ　④ケ　⑤キ　⑥エ

〈解説〉

①猿も木から落ちる：その方面の達人も時には失敗すること。

②泣きっ面に蜂：不幸に不幸が重なるたとえ。

③忠言耳に逆らう：忠言はとかく耳に痛いので、素直には聞き入れにくいものだ。

④三人寄れば文殊の知恵：三人も集まって知恵を出し合えば、優れた考えが出るものだ。

⑤うどの大木柱にならぬ：身体ばかり大きくて役に立たないもののたとえ。

⑥後は野となれ山となれ：今さえよければ後がどうなろうとかまわない。

ア．下手の横好き：下手であるにもかかわらず、その物事をするのが好きであること。

イ．善は急げ：よいことはためらわずすぐに行え。

ウ．弱り目にたたり目：②と同じ。

エ．立つ鳥あとを濁さず：潔くきれいに身をひくたとえ。

オ．良薬口に苦し：③と同じ。

カ．弘法にも筆の誤り：①と同じ。

キ．山椒は小粒でもぴりりと辛い：小さくても侮れないことのたとえ。

ク．馬耳東風：他人の忠言や批評などを聞いてもまったく心に留めず、少しも反省しないことのたとえ。

ケ．船頭多くして船山に登る：指図する人が多くて仕事が進まないこと。

【130】（作品名，作者名の順に）

ア．④，⑤　イ．⑧，⑦　ウ．⑩，⑨

エ．②，③　オ．⑥，①

〈解説〉

ア．『徒然草』：鎌倉時代末期成立。筆者は、兼好（兼好法師、吉田兼好とも呼ばれる。1283年頃～1352年頃。鎌倉・室町時代）。ジャンルは、随筆。独自の無常観をもとに、諸事を批評する。主題は多岐にわたっており、筆者の並々ならぬ博識ぶりがうかがえる。

イ．『枕草子』：平安時代・1001年ごろ成立。筆者は、清少納言（平安時代・一条天皇の中宮定子に仕える）。ジャンルは、随筆。約300段。宮中での見聞や事物に関する評言などを自由に綴る。わが国最初の随筆。三大随筆：『枕草子』（清少納言）・『方丈記』（鴨長明）・『徒然草』（兼好）

ウ．『奥の細道』：江戸時代（1702年）に成立。作者は、松尾芭蕉。ジャンルは、紀行文。1689（元禄2）年の、江戸を出発し、東北・北陸地方を経て大垣に到着した旅を素材としている。同行した曾良（そら）の日記と比べると、事実を変えて作品を書いていることがわかり、虚構も交えた文学作品となっている。松尾芭蕉：1644～94年・伊賀上野（現在の三重県上野市）生まれ・室町から江戸時代初期に流行した滑稽な俳諧連歌の芸術性を高めて蕉風俳諧を確立した。『奥の細道』の旅の後、俳諧は「不易」（永遠に変わらないもの）と「流行」（時に応じて変化するもの）の両面に立脚しているという「不易流行論」を説くにいたる。俳諧七部集（芭蕉七部集）：『冬の日』『春の日』『曠野』『ひさご』『猿蓑』『炭俵』『続猿蓑』

エ．『方丈記』：鎌倉時代前期・1212年成立。筆者は、鴨長明（1155年頃～1216年）。ジャンルは、随筆。中世的無常観を基に五大事件と自身の生涯について述懐。和漢混交文。対句・比喩を多用した、格調高い文体。

オ．『伊豆の踊子』：大正15年（1926）。作者は、川端康成。ジャンルは、小説。孤独に悩む主人公の旅先での物語。踊り子への淡い恋心や晩秋の伊豆の道中が美しく描かれている。

①『源氏物語』：平安時代・1008年ごろ成立。作者は、紫式部。ジャンルは、物語。光源氏（ひかるげんじ）を中心に貴族社会の恋愛の諸相を描写。日本古典文学の最高傑作。三部構成・五十四帖から成る。紫式部：平安時代、一条天皇の中宮彰子に仕える。『紫式部日記』。

③『金閣寺』：昭和31年（1956）。作者は、三島由紀夫。ジャンルは、小説。実際にあった、金閣寺放火事件を題材に描いている。

⑦『土佐日記』：平安時代前期成立。作者は、紀貫之（きのつらゆき）。ジャンルは、日記。土佐から京までの55日間にわたる旅の紀行文。作者は男性であるが、女性の作として、女性の立場で仮名で書かれている。

⑨『平家物語』：鎌倉時代初期成立。作者は、信濃前司行長とする説もあるが不明。ジャン

ルは、軍記物語。原型は三巻であったと推定されるが、後に、六巻、十二巻となった。琵琶法師が琵琶の演奏に合わせて「平曲」として語り伝えるうちに、改訂・増補が繰り返され、成長していったといわれる。約70年の平氏の興亡史と合戦の模様を描く。戦いに生きる武士の悲壮、歴史に翻弄される女性たちの悲哀などが、仏教的無常観を背景に和漢混交文で生き生きと描かれる。

【131】 ア・シ　ウ・サ　オ・ケ　キ・コ

〈解説〉

ア．あぶはち取らず：二つのものを同時に取ろうとして両方とも得られないこと。欲を出しすぎると失敗することのたとえ。

イ．笑う門には福きたる：家族の仲がよく、いつもにこにこしている家には、自然に幸運がめぐってくる。

ウ．紺屋の白ばかま：紺屋が、自分の袴は染めないで、いつも白袴をはいていること。他人のことに忙しくて、自分自身のことには手が回らないことのたとえ。

エ．かえるの子はかえる：子供は結局親に似るもので、凡人の子はやはり凡人になるケースが多いというたとえ。

オ．猫に小判：貴重なものを与えても、本人にはその値うちがわからないことのたとえ。

カ．朱に交われば赤くなる：人は交わる友、また環境によって、良くも悪くもなる。

キ．ぬかにくぎ：ぬかに釘を打つこと。なんの手ごたえもなく、効き目のないことのたとえ。暖簾（のれん）に腕押し。

ク．弘法にも筆の誤り：名人も失敗することがあるということのたとえ。

ケ．豚に真珠：オの「猫に小判」に同じ。

コ．豆腐にかすがい：意見をしても手ごたえがなく、効果のないことのたとえ。「かすがい」はくぎ（材木と材木をつなぎとめる「コ」の字をした金具）のこと。

サ．医者の不養生：患者に養生をすすめる医者が、自分自身はかえって不養生をしていることから。理屈ではわかっていながら、実行が伴わないこと。坊主の不信心。儒者の不身持ち。

シ．二兎を追う者一兎も得ず：同時に違った二つの事をしようとすれば、結局どちらも成功しないというたとえ。

全国准看護学校案内

◈北　海　道◈

岩見沢市医師会附属看護高等専修学校
〒068-0030　岩見沢市10条西3-1-4
TEL.0126-22-5453
深川医師会附属准看護学院
〒074-0022　深川市北光町2-11-12
TEL.0164-23-4406
旭川市医師会看護専門学校
〒070-0029　旭川市金星町1-1-50
TEL.0166-23-5716

◈青　森◈

青森市医師会立青森准看護学院
〒030-0821　青森市勝田1-16-16
TEL.0177-76-7130
弘前市医師会看護専門学校
〒036-8045　弘前市大字野田2-7-1
TEL.0172-33-2209
八戸市医師会立八戸准看護学院
〒031-0804　八戸市青葉2-17-4
TEL.0178-43-4946
三沢中央病院附属准看護学院
〒033-0001　三沢市中央町3-11-2
TEL.0176-57-1111
済誠会附属十和田准看護学院
〒034-0089　十和田市西23番町1-2
TEL.0176-23-5683
双仁会厚生看護専門学校
〒036-0351　黒石市大字黒石字建石9-1
TEL.0172-53-6060

◈岩　手◈

盛岡市医師会附属盛岡准看護学院
〒020-0013　盛岡市愛宕町18-6
TEL.019-622-5872
一関市医師会附属一関准看護高等専修学校
〒021-0884　一関市大手町3-31
TEL.0191-23-4571

◈宮　城◈

石巻市医師会附属准看護学校
〒986-0826　石巻市鋳銭場1-27
TEL.0225-94-2310
大崎市医師会附属准看護学校
〒989-6162　大崎市古川駅前大通3-3-17
TEL.0229-23-2451

◈福　島◈

公立双葉准看護学院
〒975-0036　南相馬市原町区萱浜字巣掛場45-76
TEL.0244-32-0990
郡山看護専門学校
〒963-8031　郡山市字上亀田14-4
TEL.024-953-3155
会津若松医師会附属会津准看護高等専修学校
〒965-0059　会津若松市インター西33-5
TEL.0242-93-5616
喜多方准看護高等専修学校
〒966-0069　喜多方市字稲清水2333-1
TEL.0241-22-1219
白河医師会白河准看護学院
〒961-0054　白河市北中川原313
TEL.0248-23-3701
いわき市医師会附属いわき准看護学校
〒970-8044　いわき市中央台飯野4-7-1
TEL.0246-38-4202

◈茨　城◈

水戸市医師会看護専門学院
〒311-4153　水戸市河和田町107-2
TEL.029-251-3840
土浦市医師会附属准看護学院
〒300-0052　土浦市東真鍋町2-39
TEL.029-824-2131
真壁医師会准看護学院
〒308-0841　筑西市二木成827-1
TEL.0296-22-7702
鹿島医師会附属准看護学院
〒314-0031　鹿嶋市宮中1998-2
TEL.0299-82-7278

◈栃　木◈

報徳会宇都宮病院附属准看護学校
〒320-8521　宇都宮市陽南4-6-34
TEL.028-658-2121
宇都宮准看護高等専修学校
〒321-0974　宇都宮市竹林町968
TEL.028-625-2216
佐野市医師会附属佐野准看護学校

〒327-0832　佐野市植上町1678
TEL.0283-23-7538
足利市医師会付属准看護学校
〒326-0808　足利市本城3-2022-1
TEL.0284-22-4064

群　馬

前橋市医師会立前橋准看護学校
〒371-0035　前橋市岩神町2-3-5
TEL.027-231-5795
高崎市医師会看護専門学校
〒370-0006　高崎市問屋町4-8-11
TEL.027-363-3555
桐生市医師会立桐生准看護学校
〒376-0027　桐生市元宿町18-2
TEL.0277-47-2504
沼田准看護学校
〒378-0051　沼田市上原町1801-68
TEL.0278-23-2053
安中市医師会立安中准看護学校
〒379-0116　安中市安中1-1-20
TEL.027-382-3776
吾妻郡医師会立吾妻准看護学校
〒377-0423　吾妻郡中之条町伊勢町25-9
TEL.0279-75-3904

埼　玉

幸手看護専門学校
〒340-0164　幸手市香日向4-5-1
TEL.0480-31-7121
入間地区医師会立入間准看護学校
〒358-0014　入間市宮寺528-2
TEL.04-2934-1822
桶川北本伊奈地区医師会立准看護学校
〒364-0014　北本市二ツ家3-183
TEL.048-592-8926
川越市医師会川越看護専門学校
〒350-0036　川越市小仙波町2-53-1
TEL.049-224-8421
熊谷市医師会看護専門学校
〒360-0812　熊谷市大原1-5-28
TEL.048-523-1020
熊谷准看護学校
〒360-0816　熊谷市石原529-17
TEL.048-521-2461
大宮医師会立大宮准看護学校
〒331-8689　さいたま市北区東大成町2-107
TEL.048-778-7567
桔梗十字専修学校
〒332-0017　川口市栄町2-7-16
TEL.048-452-4044
所沢市医師会立所沢准看護学院
〒359-0025　所沢市上安松1224-7
TEL.04-2994-7087
飯能看護専門学校
〒357-0016　飯能市下加治359
TEL.042-974-1736
比企准看護学校
〒355-0016　東松山市材木町2-36
TEL.0493-22-1202
狭山市医師会立狭山准看護学校
〒350-1304　狭山市狭山台1-21
TEL.04-2958-4411
北埼玉医師会准看護学校
〒348-0058　羽生市中央1-2-3
TEL.048-561-3426
鴻巣准看護学校
〒365-0032　鴻巣市中央2-2
TEL.048-543-1812
草加八潮医師会准看護学校
〒340-0022　草加市瀬崎5-34-5
TEL.048-925-2950
朝霞准看護学校
〒351-0011　朝霞市本町1-7-3
TEL.048-461-5051

千　葉

木更津看護学院
〒292-0832　木更津市新田3-4-30
TEL.0438-23-9320
香取郡市医師会附属佐原准看護学校
〒287-0001　香取市佐原ロ2097-72
TEL.0478-52-2745
市原看護専門学校
〒290-0062　市原市八幡1050
TEL.0436-41-7065

東　京

世田谷中央看護高等専修学校
〒154-0017　世田谷区世田谷1-34-10
TEL.03-3429-7341
世田谷区医師会立看護高等専修学校
〒156-0043　世田谷区松原6-37-10-4F
TEL.03-6704-9113
下谷医師会立看護高等専修学校
〒110-0015　台東区東上野3-38-1
TEL.03-3836-0007
葛飾区医師会附属看護専門学校
〒124-0011　葛飾区四つ木1-6-5
TEL.03-3691-3635
東京精神科病院協会府中看護高等専修学校
〒183-0055　府中市府中町1-23-3
TEL.042-361-3638

富　山

富山市医師会看護専門学校
〒930-0083　富山市総曲輪4-4-10

TEL.076-425-4110
砺波准看護学院
〒939-1386　砺波市幸町6-4
TEL.0763-33-2837

◇石　川◇

石川県立総合看護専門学校
〒920-8201　金沢市鞍月東2-1
TEL.076-238-5877
小松市医師会附属小松准看護学院
〒923-0918　小松市京町81-2
TEL.0761-22-2671

◇山　梨◇

甲府看護専門学校
〒400-0026　甲府市塩部3-1-4
TEL.055-254-3300

◇長　野◇

長野看護専門学校
〒380-0928　長野市若里7-1-5
TEL.026-226-0600
諏訪市医師会附属准看護学院
〒392-0027　諏訪市湖岸通り5-12-5
TEL.0266-52-0632
上伊那医師会附属准看護学院
〒396-0014　伊那市狐島4176
TEL.0265-72-2856

◇静　岡◇

浜松市医師会看護高等専修学校
〒430-0935　浜松市中区伝馬町311-2
TEL.053-452-6917

◇愛　知◇

豊橋准看護学校
〒441-8149　豊橋市中野町字中原100-3
TEL.0532-45-0007
西尾市医師会准看護学校
〒445-0071　西尾市熊味町小松島34
TEL.0563-54-2841

◇岐　阜◇

岐阜市医師会准看護学校
〒500-8881　岐阜市青柳町5-4
TEL.058-255-1560
大垣市医師会准看護学校
〒503-0856　大垣市新田町1-8
TEL.0584-89-5802
多治見市医師会准看護学校
〒507-0037　多治見市音羽町3-19
TEL.0572-26-8302
羽島市医師会准看護学校
〒501-6236　羽島市江吉良町1997-1
TEL.058-392-8338
可茂准看護学校
〒509-0214　可児市広見5-20
TEL.0574-60-5137
土岐医師会准看護学校
〒509-5121　土岐市土岐津町高山4
TEL.0572-55-3895
各務原市医師会准看護学校
〒504-0022　各務原市那加東亜町106
TEL.058-389-3118

◇三　重◇

伊勢地区医師会准看護学校
〒516-0035　伊勢市勢田町613-12
TEL.0596-24-8228

◇滋　賀◇

大津市医師会立看護専修学校
〒520-0036　大津市園城寺町字常在寺233-5
TEL.077-526-2059

◇京　都◇

福知山医師会看護高等専修学校
〒620-0042　福知山市北本町二区35-1
TEL.0773-22-2546

◇大　阪◇

錦秀会看護専門学校
〒586-0077　河内長野市南花台4-24-1
TEL.0721-21-9015
大精協看護専門学校
〒591-8003　堺市北区船堂町2-8-7
TEL.072-253-3223
泉大津市医師会附属看護高等専修学校
〒595-0013　泉大津市宮町2-25
TEL.0725-32-0660
高槻市医師会看護学校
〒569-0065　高槻市城西町2-31
TEL.072-675-0001
河崎会看護専門学校
〒597-0104　貝塚市水間511
TEL.072-446-7649
藤井会東大阪看護学校
〒579-8013　東大阪市西石切町1-3-41
TEL.072-920-7287

◇◇兵　庫◇◇

宝塚三田病院附属准看護学校
〒669-1537　三田市西山2-22-10
TEL.079-563-4871

◇◇奈　良◇◇

阪奈中央看護専門学校
〒630-0243　生駒市俵口町450
TEL.0743-74-9058

◇◇和　歌　山◇◇

新宮市医師会准看護学院
〒647-0012　新宮市伊佐田町1-2-12
TEL.0735-21-2529

◇◇鳥　取◇◇

鳥取看護高等専修学校
〒680-0845　鳥取市富安1-27
TEL.0857-24-0888

◇◇島　根◇◇

松江看護高等専修学校
〒690-0048　松江市西嫁島2-2-23
TEL.0852-21-0106
浜田准看護学校
〒697-0021　浜田市松原町277-8
TEL.0855-22-0967

◇◇広　島◇◇

広島市医師会看護専門学校
〒733-8548　広島市西区観音本町1-1-1
TEL.082-293-4562
安佐准看護学院
〒731-0223　広島市安佐北区可部南2-1-38
TEL.082-555-8602
尾道准看護学院
〒722-0025　尾道市栗原東2-4-33
TEL.0848-24-1945

◇◇山　口◇◇

東亜大学附属下関看護専門学校
〒751-8503　下関市一の宮学園町2-1
TEL.083-256-1118
宇部看護専門学校
〒755-0072　宇部市中村3-12-53
TEL.0836-31-5368
萩准看護学院
〒758-0074　萩市平安古町209-1
TEL.0838-25-6665
防府看護専門学校
〒747-0814　防府市三田尻1-3-1
TEL.0835-24-5424
吉南准看護学院
〒754-0002　山口市小郡下郷799
TEL.083-972-0634

◇◇香　川◇◇

高松市医師会看護専門学校
〒760-0068　高松市松島町1-16-20
TEL.087-831-9585
丸亀市医師会附属准看護学院
〒763-0033　丸亀市中府町5-1-3
TEL.0877-22-4809
坂出市医師会附属准看護学院
〒762-0003　坂出市久米町1-17-11
TEL.0877-45-4080
三豊准看護学院
〒769-1506　三豊市豊中町本山甲201-1
TEL.0875-62-4100
木田地区医師会附属准看護学院
〒761-0701　木田郡三木町池戸2991-2
TEL.087-898-1020
小豆郡医師会立小豆島准看護学院
〒761-4431　小豆郡小豆島町片城甲44-341
TEL.0879-82-0498
大川地区医師会附属准看護学院
〒769-2401　さぬき市津田町津田1673-2
TEL.0879-42-3424

◇◇徳　島◇◇

徳島県立総合看護学校
〒770-0046　徳島市鮎喰町2-41-6
TEL.088-633-6611
医療法人敬愛会南海病院附属准看護学院
〒772-0053　鳴門市鳴門町土佐泊浦字高砂45-1
TEL.088-687-2230
三好市医師会准看護学院
〒778-0005　三好市池田町シマ842-1
TEL.0883-72-0586

◇◇愛　媛◇◇

松山看護専門学校
〒790-0014　松山市柳井町2-85
TEL.089-915-7702
今治看護専門学校
〒794-0026　今治市別宮町7-3-2
TEL.0898-22-6545

◇◇高　知◇◇

清和准看護学院

〒789-1202　高岡郡佐川町乙1774-1
TEL.0889-20-0034

◇◇福　岡◇◇

福岡市医師会看護専門学校
〒814-0001　福岡市早良区百道浜1-6-9
TEL.092-852-1530
北九州小倉看護専門学校
〒802-0076　北九州市小倉北区中島1-19-17
TEL.093-551-3183
八幡医師会看護専門学院
〒805-0062　北九州市八幡東区平野2-1-1
TEL.093-671-1507
久留米医師会看護専門学校
〒830-0013　久留米市櫛原町45
TEL.0942-34-4184
大牟田医師会看護専門学校
〒836-0843　大牟田市不知火町3-104
TEL.0944-52-7698
直方看護専修学校
〒822-0034　直方市大字山部808-13
TEL.0949-22-0512
飯塚医師会看護高等専修学校
〒820-0040　飯塚市吉原町1-1
TEL.0948-22-3559
八女筑後看護専門学校
〒834-0063　八女市本村656-1
TEL.0943-23-6284
豊前築上医師会看護高等専修学校
〒828-0021　豊前市大字八屋1522-2
TEL.0979-82-0607
筑紫看護高等専修学校
〒818-0132　太宰府市国分3-13-1
TEL.092-922-5684
福間看護高等専修学校
〒811-3295　福津市花見が浜1-5-1
TEL.0940-42-7928
柳川山門医師会看護高等専修学校
〒832-0827　柳川市三橋町蒲船津1401-10
TEL.0944-72-8086

◇◇佐　賀◇◇

佐賀市医師会立看護専門学校
〒840-0054　佐賀市水ヶ江1-12-11
TEL.0952-23-1414
唐津看護専門学校
〒847-0011　唐津市栄町2588-8
TEL.0955-74-6125
鹿島藤津地区医師会立看護高等専修学校
〒849-1311　鹿島市大字高津原813
TEL.0954-63-3969
伊万里看護学校
〒848-0027　伊万里市立花町通谷1542-15
TEL.0955-23-4635
鳥栖三養基医師会立看護高等専修学校
〒841-0062　鳥栖市幸津町1923
TEL.0942-83-2282
武雄看護学校
〒843-0023　武雄市武雄町大字昭和297
TEL.0954-23-7171

◇◇長　崎◇◇

長崎市医師会看護専門学校
〒850-8511　長崎市栄町2-22
TEL.095-818-5800

◇◇熊　本◇◇

熊本市医師会看護専門学校
〒860-0811　熊本市中央区本荘3-3-3
TEL.096-366-3638
八代看護学校
〒866-0074　八代市平山新町4453-2
TEL.0965-34-5573
人吉市医師会附属人吉球磨准看護学院
〒868-0037　人吉市南泉田町72-2
TEL.0966-22-2962
鹿本医師会看護学校
〒861-0501　山鹿市大字山鹿332-1
TEL.0968-44-6098
天草郡市医師会附属天草准看護高等専修学校
〒863-0002　天草市本渡町本戸馬場1078-2
TEL.0969-22-2309
菊池郡市医師会立看護高等専修学校
〒861-1331　菊池市隈府764-1
TEL.0968-25-2182
宇城看護高等専修学校
〒869-0502　宇城市松橋町松橋351
TEL.0964-33-7474

◇◇大　分◇◇

大分市医師会立大分准看護専門学院
〒870-1133　大分市大字宮崎字古園1315
TEL.097-569-3328
中津ファビオラ看護学校
〒871-0162　中津市大字永添小森2110
TEL.0979-24-7270
日田市医師会立日田准看護学院
〒877-1232　日田市清水町802-5
TEL.0973-23-8836
佐伯市医師会立佐伯准看護学院
〒876-0835　佐伯市鶴岡町2-2-1
TEL.0972-23-1310
豊後大野市竹田市医師会共立豊西准看護学院
〒879-6643　豊後大野市緒方町下自在字大石137-1
TEL.0974-42-2432

◇◇◇宮　崎◇◇◇

都城看護専門学校
〒885-0073　都城市姫城町8街区23号
TEL.0986-22-0711

日向看護高等専修学校
〒883-0052　日向市鶴町1-6-2
TEL.0982-52-0222

児湯准看護学校
〒884-0002　児湯郡高鍋町北高鍋160-1
TEL.0983-23-2008

◇◇◇鹿　児　島◇◇◇

出水郡医師会准看護学校
〒899-0202　出水市昭和町18-18
TEL.0996-62-3335

※募集停止予定・閉校予定の判明している学校は、掲載しておりません。

2025年版

准看護学校入試問題解答集

2024年5月31日発行

編　者　入試問題編集部
発行者　　　青木　一彦

発行所
東京都文京区本郷1-11-16
株式会社 啓明書房
電話　03-3811-2772
FAX　03-3811-2698

印刷／有限会社ミノル印刷
製本／根本製本株式会社

落丁・乱丁本はおとりかえいたします。
定価はカバーに表示してあります。

ISBN978-4-7671-1315-9